일원론자 홍대용

─ 정치, 예, 과학 ─

이화연구총서 29

일원론자 홍대용

— 정치, 예, 과학 —

인현정 지음

역락

이화연구총서 발간사

이화여자대학교 총장 김 혜 숙

이화는 1886년 여성교육을 위한 첫 발걸음을 내딛었습니다. 소외되고 가난하고 교육의 기회를 갖지 못한 여성을 위한 겨자씨 한 알의 믿음이 자라나 이제 132년의 역사를 갖게 되었습니다. 배움을 향한 여성의 간절함에 응답하겠다는 이화의 노력을 통해 근현대 한국사회의 변화·발전이 이룩되었습니다.

이화여자대학교는 한국 근현대사의 중심에 서있었고, 이화가 길러낸 이화인들은 한국사회에서 최초와 최고의 여성인재로 한국사회, 나아가 세계를 선도하는 역할을 수행해 왔습니다. 오랜 역사 동안 이화는 전통과 명성에 안주하지 않고 항상 새로운 길을 개척하며 연구와 교육의 수월성 확보를 통해 세계적 경쟁력을 갖춘 대학으로 거듭나고자 매진해왔습니다.

이화여자대학교의 성취는 한 명의 개인이나 한 학교 차원에서 그치는 것이 아니라 사회적 책무를 다하려는 소명 의식 속에서 더 큰 빛을 발해왔다고 자부합니다. 섬김과 나눔, 희생과 봉사의 이화정신은 이화의 역사에서 일관되게 나타났습니다. 시대정신에 부응하려 노력하고, 스스로를 성찰하고, 민주적 절차를 통해 미래를 선택하려 한 것은 이러한 이화정신의 연장선에 놓여 있는 것입니다.

섬김과 나눔의 이화 정신은 이화의 학문에도 반영되어 있습니다. 이화의 교육목표는 한 개인의 역량과 수월성을 강화하는 것에서 머무르지 않고, 사회적 약자와 소수자를 외면하지 않고 타인과의 소통과 공감능력을 갖춘 인재를 배출하는 것입니다. 이화는 급변하는 시대의 변화 속에서 뚜렷한 가치관과 방향성을 갖고 융합적 지식을 갖춘 인재를 양성하려고 노력해 왔습니다. 또한 학문의 지속성을 확보하기 위해 차세대 연구자에게 연구기반을 마련해줌으로써 학문공동체를 건설하려고 애써왔습니다. 한국문화의 자기정체성에 대한 투철한 문제의식 하에 이화는 끊임없는 학문적 성찰을 해왔다고 자부합니다.

한국문화의 우수성을 국내외에 알리고자 만들어진 한국문화연구원은 세계와 호흡하지만 자신이 서있는 토대를 굳건히 하려는 이화의 정신이 반영된 기관입니다.

한국문화연구원에서는 최초와 최고를 향한 도전과 혁신을 주도할 이화의 학문후속세대를 지원하기 위해 매년 이화연구총서를 간행해오고 있습니다. 이 총서는 최근 박사학위를 취득한 신진 학자들의 연구논문 가운데 우수논문을 선정하여 발간하는 것입니다. 이를 통해 신진 학자들의 연구를 널리 소개하고, 그 성과를 공유하여 이들이 학문 세계를 이끌 주역으로 성장할 수 있도록 도움을 주고자 합니다. 신진연구자들의 활발한 연구야말로 이화는 물론 한국의 학문적 토대이자 미래가 되기 때문입니다.

앞으로도 이화연구총서가 신진학자들의 도전에 든든한 발판이 되고, 학계에 탄탄한 주춧돌이 되기를 기원합니다. 이화연구총서의 발간을 위해 애써주신 연구진과 필진, 그리고 한국문화연구원의 원장을 비롯한 연구원들의 노고에 진심으로 감사드립니다.

머리말

　누구나 그러하듯, 제 젊은 날의 관심사는 '사랑'이었습니다. 저는 어쩌다 대한민국 땅에서 태어나 철학을 공부하게 되었고, 동양철학을 공부하다 옛 사람들이 그 사랑을 '인(仁)'이라 불렀다는 것을 알게 되었습니다. 그래서 그것을 더 공부했는데 그 결론은 그다지 놀랍지 않았습니다. 내 밖의 생명 원리와 내 안의 씨앗[仁]의 성장이 분리되어 있지 않다는 것, 그것은 이해하기 그리 어렵지 않았기 때문입니다. 저는 저에게 물을 주었고, 햇볕을 받기 위해 쏘다녔습니다. 문제는 '사랑'에도 실패(?)가 존재한다는 것을 알게 된 이후였습니다. 저는 원하는 만큼 사랑받고 사랑 줄 수 없다는 것을 알게 되었던 겁니다. 그리하여 저는 '방법'을 공부하기 시작했고, 그 과정에서 옛 사람들이 '인(仁)'으로 가는 가장 안정적인 길[道] ― 그 방법을 '예(禮)'를 통해 궁구했다는 것을 알게 되었습니다. 그래서 그것을 또 좀 더 공부하게 되었는데 저는 깜짝 놀라지 않을 수 없었습니다. '예'는 물(物)의 부족한 언어로 물(物)의 표현방식을 읽게 하는, 이 작은 인간의 몸으로 우주의 질서에 다가갈 수 있게 하는, 동서고금을 뛰어 넘는 만물(萬物)의 소통 형식이었던 것입니다. 그것도 변화하면서 변화하지 않는 표현형식! 결국 저는, '예'의 그 큰 덕분에 배부를 수 있게 되었고, '예'의 그 섬세함 덕분에 허기질 수 있게 되었습니다.

　저는 공부하는 동안 분노와 또 분노의 순간이 매일이었습니다. 제 변덕스런 시간을 함께 해준 이들에게 고맙고 또 고마울 뿐입니다. 저에게 밥을 사주신 분들에게는 이미 양말을 배달했습니다. 제게 노래를 불러준 분들에게는 이미 카드를 썼습니다. 그런데, 홍대용님에게는 뭔가 해줄 수 없어서 마음이 편치 않습니다.

공부는 끝이 보이지 않는데, 세상은 끝을 보이고 있습니다. 이것이 요즘 저의 고민입니다. 마스크 없인 쉴 수 없는 공기, 방사능 오염수가 흘러들어가는 바다, 검은 머리 외국인의 교육, 불신의 정치, 반사실주의의 언론, 머니 신(神)의 쳇바퀴를 탄 기술과학, 자기 조직[家]만이 최고인줄 아는 공무원, 그리고 불민함에 자소 짓는[自笑身邊無六蕃] 나. 기록되지 않았다고 존재하지 않은 것이 아닌데, 말하지 않고 있다고 모르는 게 아닌데… 시간은 누구에게나 공평하건만 째깍째깍 대는 저 시계는 이 시계를 노려보며 말합니다. '글'을 안 쓰면 존재 가치도 경제 가치도 생기지 않는다고.

가치를 드러낼 기회를 준 이화연구총서 발행 관계자 및 선생님들께 다시 한 번 깊은, 깊은 감사를 드립니다. 끝을 넘기 위해선 큰 도약이 필요한데, 저는 체력도 허약합니다. 네, 부지런히 땅[土]을 쌓아올려야겠습니다. 겨울이 오기 전에!

'나의 애틋한 황금돼지'의 해(己亥年) 여름
저자 인현정

차례

제1부 머리말

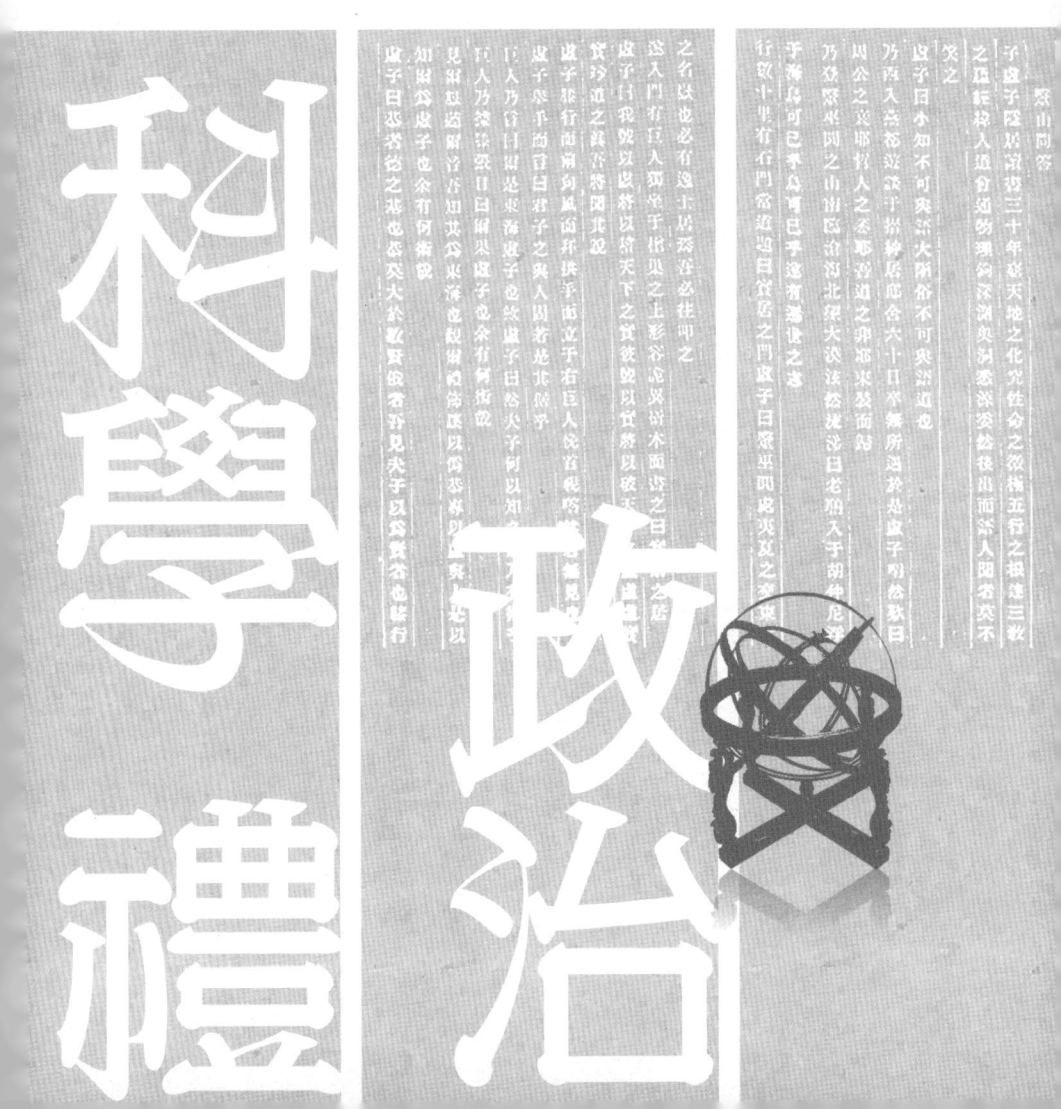

머리말

1. 오늘의 담헌 홍대용 철학을 위한 문제제기

홍대용은 아마 가장 많은 명함을 가진 철학자 중 한 명일 것이다. 천안에 가면 홍대용과학관이 있다. 필자는 학창시절 교과서에서 홍대용을 박지원이나 박제가와 같은 북학파의 일원으로 배웠다. 그런데 막상『담헌서(湛軒書)』를 읽어보면 홍대용의 모습은 이 규정의 경계를 우습게 만든다. 그는 정조를 가르치는 노론계 성리학 선생님이었고, 연행기를 유행시킨 베스트셀러 작가였으며, 자신은 시(詩)에 소질이 없다 말하면서도 친구를 그리워하며 시를 쓰며 술과 눈물에 뒤엉켜 거문고를 켜는 예술가이기도 했다. 본 연구의 시작은 이 다채로운 한 사람을 고유한 한 사람으로 만들게 하는 힘을 이해하고자 시작되었다. 홍대용이란 사람의 퍼즐이 한 조각씩 모아질수록, 점차 필자는 '이런 사람이 있었다!'고 설명하고 싶었다. 특히, 이를 철학적으로 서술하기 위해서는 그의 삶을 오늘의 학적 기준에 맞춰 재구성할 필요가 있었다. 사유를 관통하는 여러 개념들도 가정해야 했다. 그래서 본서는 18세기 조선 홍대용이 가졌던 정치철학과 과학에 일관된 생각을 읽자고 범위를 좁혔다.

그런데 여기서 두 가지 숙제를 마주하지 않을 수 없었다. 하나는 18세기의 담헌은 우리가 사용하고 있는 '과학' 개념을 알지 못했다는 점이고 따라서 다른 하나, 그가 이른바 '과학' 개념 없이 어떻게 물적 지식의 가치와 방법론들을 시대와 자신의 '실질적 학문[實學]'으로 이해했는가에 대한 의문이었다. 전자를 풀려면 당연히 오늘의 '과학' 개념을 대치할 수 있는 속성들이 18세기의 맥락에서 제시되어야 했다. 더불어 후자와 연관하여 성리학적 독특성이 설명될 수 있어야 했다. 후자의 문제는 사실 일원론자가 어떻게 '물학(物學)'을 이해하고 있었는가에 대한 규명과 맞물려 있다. 왜냐하면 다수의 성리학자들은 (정말이지 조선이 망할 때까지) 이 일원론적 세계관을 포기하지 않았기 때문이다. 그래서 본서는 이 문제의 시작점이자 중심 개념에 '예(禮)'를 가정하였다. 담헌이 이해했던 '예'를 설명할 수 있다면, 그가 어떻게 정치철학의 문제와 과학의 문제를 같은 관점의 지평에서 잇고 있었는지를 보일 수 있을 것이라 생각했다.

오랫동안 동아시아인들에게 '예'는 사람과 자연의 질서를 아우르는 개념이었다. 또한 성리학자들에게 '예'는 반드시 일[事]과 더불어 드러나는 가치이자 만물에 내재된 '인(仁)'을 드러내는 표현형식으로 기능했다. 홍대용은 혼천의(渾天儀)를 직접 만들 정도로 새로운 물학(物學)의 기술을 적극적으로 탐색하고 있었고, 「주해수용(籌解需用)」이란 산학서를 저술할 정도로 새로운 서학의 정보에도 높은 관심을 가지고 있었다. 뿐만 아니라 정치철학적 입장에 있어서 그는 『중용(中庸)』의 구절을 전통적 체용관이 아닌 분합의 구도로 해석하여 사물성과 인간성이 분리되어 있지 않다는 주장을 하고 있었다. 마침내 본서는 '예'를 중심으로 다양한 문헌들을 입체적으로 검토하면서 마침내 담헌 철학의 근저에서 다음의 주요한 특징을 결론한다. 하나는 일원론적 세계관이 그의 사유를 관통하고 있다는 점이고, 다른 하나는, 그 일원론적 철학이 가능케 하는 중요개념에 '예(禮)'가 놓여 있다는 점이다.

하지만 이제껏 학계는 주로 정치철학과 과학의 문제를 '실학'을 통해 설명해왔다. 17-18세기를 '예'를 통해 바라보지 못한 것은, 지금 우리가 '예'에 대해 가지고 있는 불편함 때문이 컸을 것이다. 게다가 이미 16세기는 예학의 시대였기에 헥토 히스토리(HECTO-HISTORY)에 익숙한 학자들은 17-18세기를 위해 다른 카테고리를 요청했을 것이다. 혹자에겐 반-주자학에 대응하는 근대학문의 맹아를 발견하기 위해서라도 '예'에 대한 논의는 구태의연한 변명이자 복고일 수도 있었다. 모방의 흔적이 아닌 독자적 자취를 찾는 일이야 말로 근대화의 속도에 조급한 이들에게 깔끔한 주체성을 선물할 수 있지 않았던가. 하지만 설령 18세기의 '예'가 담헌에 의해 새로운 변주로서 탈바꿈되고 있었다 한들, 지금 우리와 담헌 사이에게 놓여진 '예'의 개념적 거리는 너무도 멀다. 급속한 서구화를 경험한 오늘의 남녀노소에게 '예'가 지닌 갑갑하고 엄숙한 이미지는 너무도 크다. 하지만 바로잡아야 할 것이 있다. 유가의 정체성은 조선과 노나라를 막론하고 '예'로서 드러났다는 사실이고, '실(實)' 이전에 분명 '예'가 있었다는 사실이다.

물론 16세기 조선 예학의 모습은 이미 많은 이들의 비판을 통해 그 문제점을 노출하고 있었다. 그러나 살펴보건대 '실' 개념은 언제나 '허(虛)'

에 대한 대대적 반응일 때에 그 상대적 가치를 더해왔다. 그리고 이 허실의 이분성과 무한 반복되는 상대성은 정확히 「의산문답」이 지양하고자 한 결론이지 않은가. '예'의 앞엔, 오직 '인(仁)'이 있을 뿐이었다. 동아시아인들은 아주 오랫동안, '예'를 인의 옷으로 입고 입혀왔다. 아무리 우리의 상상이 홍대용의 예를 새로운 대안으로 받아들이지 않는다 해도, 홍대용이 지양한 이원성과 홍대용이 지향한 인의의 가치는 지금 우리의 모습[體]을 정직하게 비춘다. 왜곡된 거울을 바로잡는[正] 이 과정 속에서, 우리의 아이덴티티는 새롭게 갱신해 나갈 수 있지 않을까? 본서는 홍대용 철학을 '예'로 읽는 일이 우리가 가진 정체성을 바로 직시할 수 있는 용기를, 분명 줄 수 있다고 생각했다. 이 책은 그러한 솔직한 기운[浩然之氣]을 바라는 발로에서 낳은 결과물이다.

2. 기존의 연구로부터 방법론적 도약

그동안의 담헌 연구는 크게 세 가지 관점에서 진행되어 왔다. 첫째, 실학자로서 홍대용을 보는 일이다. 금장태, 김도환, 김인규, 김태준, 류인희, 문석윤, 박성래, 박홍식, 백민정, 신정근, 이동환, 이해영, 허남진 등의 연구가 이에 해당된다. 실학자 담헌의 연구는 그가 성리학의 기본 교육을 받은 사대부임을 인정하는 가운데 그 내부에서 북학파 혹은 노론계의 아웃사이더로서의 특징들을 고찰했다. 또한 이는 성리학적 심성론 및 정치적 입장과 맞물려 진행되었던 조선후기의 인물성동이(人物性同異) 논쟁 속에서 그의 위치를 드러내는 역할을 했다. 특히 이 과정은 연경 여행록 분석에 집중하여 정조의 개혁정치를 뒷받침했던 북학파의 역할을 드러냄으로써 실학이 지닌 근대성의 측면들을 부각시켰다. 이러한 접근방식은 사상사적으로 홍대용의 철학과 주장을 검토할 수 있다는 점에서 의의가 있다. 하지만 오늘날 '실학파', '북학파', '실용주의', '근대성' 등으로 규정하는 학계의 개념들이 과연 담헌의 사상을 읽는 적절한 기준인가에 대한 의문은 여전히 남아있다.

둘째, 과학자로서 홍대용을 보는 일이다. 구만옥, 김문용, 문중양, 이장주, 전용훈, 홍성사 등의 연구가 이에 해당된다. 많은 『의산문답』의 연구서들을 통해 알려진 바와 같이 홍대용은 실제 천문을 관측하고 과학 기기를 만든, 서양과학의 유입에 공헌을 보여준 학자이다. 과학자로서의 담헌의 행적을 규명하는 연구들은 그의 적극적 탐구 정신을 드러낼 뿐만이 아니라, 당대의 동서 교류가 보여준 문명사적 결실들과 18세기 실용과학의 관점들을 보여준다는 점에서 그 의의로 평가되었다. 문제는 과학자 홍대용을 연구하는 거의 모든 선행연구들이 우리에게 익숙한 바로 그 '과학'이란 용어를 담헌 사상 속에서 아무런 비판적 성찰 없이 사용하고 있다는 점이다. 『담헌서』에는 '과학'이란 단어가 등장하지 않으며, 오늘날 '과학'을 개념 정의하기 위해 사용되는 단어들 역시 당시 낯선 것들이었다. 따라서 우리가 알고 있는 '과학'이란 용어를 가지고 담헌 사상에 접근하는 일은, 지금 있는 과학이 그에게 발견되느냐, 발견되면 무엇이 어느 정도 발견되느냐 하는 부분만을 두고 그의 의미를 평가하는 한계를 갖는다.

셋째, 사회정치의 참여자로서 홍대용을 보는 일이다. 김권집, 박희병, 서동환, 송영배, 신용하, 조광, 조성을 등의 연구가 이에 해당된다. 이 방법을 통해서는 정치적 참여자로서의 담헌의 면모들이 강조된다. 담헌은 성리학의 문헌들을 연구하는 정치학자로서의 역할을 넘어 연행록을 한문과 한글 이중으로 작성하여 사대부들 및 일반인들에게 새로운 시야와 문물의 유행을 열었다. 뿐만 아니라 청나라 선비들과 주고받은 편지를 통해선 현실정치의 문제점과 한계에 대해 가감 없는 비판을 남겼다. 태인 현감, 영천 군수를 지내면서 사회정치제도의 실질적 변화와 혁신을 도모하고 자신의 생각을 현실 속에 구체적으로 적용한 삶의 궤적들은 그를 정치의 주체적 실행자로서 평가할 수 있는 뚜렷한 특징들이다. 이러한 내용을 포괄하는 연구들은 그의 능동적 참여의식과 다양한 학문적 배경 및 그 영향관계를 아울러 고찰한다는 점에서 담헌의 정치철학을 다면적으로 접근하게 한다. 하지만 담헌 본인의 저술 자체가 많은 것이 아니라 고증(考證)의 위험부담이 있다는 점, 그리고 그의 관직생활이 결과론적으로 봤을 때 너무 빨리 마무리되었다는 점들은 이러한 연구의 제한적 요소로 지적된다.

담헌 연구가 이처럼 다양하게 분지되어 온 것은 그의 삶만큼이나 당연한 결과일 수 있다. 기존 연구가 지닌 의의와 한계는 다양하다. 그러나 상기해야 할 것은 이 모든 해석이 한 사람의 몸으로부터 추출되었다는 점이다. 다양한 삶을 보여준, 그리고 다양한 해석을 낳은 그 연원에는 단지 한 사람의 고유한 생애가 있을 뿐이다. 그래서 본서의 문제의식은 바로 이 고유한 시간적 경험이 일관된 모습을 표현하고 있다는 전제에서 시작한 것이다. 한 사람이 다양한 모습으로 살았다고 평가하려면, 그 다양성을 응집하는 기본적 조건이 무엇인지에 대해 말할 수 있어야 한다고 생각한다. 본서는 그 근본적 관심의 뿌리에서 흩어져 나오는 줄기들의 연관성을 가장 적합한 근거를 가지고 유기적 방식으로 해석하려 했다. 그래서 이상의 세 가지 연구 성과들을 모두 검토할 것이다. 나아가 그의 정치적 문제의식과 과학 개념, 18세기의 이론적 배경들도 고찰할 것이다.

먼저 본서가 실학자로서, 과학자로서, 사회정치의 참여자로서의 담헌의 면모들을 하나로 묶기 위해서 취한 방법은 그의 사상과 삶을 일원론의 관점에서 연관시키는 일이었다. 20세기 이래 급격하게 발전된 동아시아인들의 정치철학 역시 서구적 다원론의 큰 빚을 지고 성장해 왔지만 동시에 '개인의 소외'나 '소통의 당위'에 대해서도 난제를 껴안은 채 전통과 유리된 길을 걷고 있다. 하지만 18세기 동아시아인들은 분명 일원론의 정치를 구현하고자 했고 일원론 안에서 새로운 과학을 맞이하고 있었으며, 본서는 바로 그 일원론이 과학논리의 발전을 저해한 요소라기보다 오히려 사물의 이해와 소통의 가능성을 추동한 요소이자 노력의 지점이었다고 판단했다. 그리고 그 다양한 활동의 연원이 되는 일원적 구조속에 다름 아닌 '예(禮)'가 놓여있다고 보았기에, 예 개념을 중심으로 실학자의 가치[實]와 과학자의 실용[用], 사회정치적 참여자로서의 어진 마음[仁]을 아울러 설명하고자 한다.

또한, 담헌이 비판했던 기존 예 개념에 대한 해석의 문제점들을 검토하여 담헌이 강조하고 또한 확장하려고 했던 '예' 개념을 설명하려고 한다. '예'는 선진 시대 질서 개념으로 정착된 이래로 다양한 의미로 해석, 확대되어 왔다. 신유학에서 '예'는 내재적 '인(仁)'과 대비되어 구체적인 상황과 삶속에서 인을 표현하고 드러내는 적극적 역할을 부여받는다. 만물은 각자의 형식[器]으로 자신의 씨앗을 발아시키고 있다. 따라서 성리학자들에게 사물에 대한 지식을 습득하는 격물(格物) 과정은 생명의 원리를 이해하고 나아가 다양한 사물의 표현들과 소통하는 실질적인 학습으로 강조되었다. 이 원리적 질서에 대한 배움의 당위성은 결국 타물과의 이해를 가능케 하는 통약성으로서 요청된다. 담헌 역시 이러한 실용적 과정을 중시했다. 그런데 담헌은 '예'에 관해 논하는 한 편지에서, 격물로서 천문(天文)이나 산수(算數)를 공부하는 일이 개물성무(開物成務)의 큰 단서[大端]라고 말하며 '예' 개념에 대한 확장적 인식을 보여준다. 이 책은 인물성동(人物性同)의 전제하에 담헌이 궁구했던 사물의 질서와 구체적 소통 방식이 이른바 18세기 과학의 내용들을 '예' 개념의 틀 안에서 이해했다는 것의 증거라 보고 이 과정을 보이고자 하였다.

담헌이 가졌던 새로운 지식에 대한 이해를 조망하기 위해서는 기존의 유가적 사유 틀 안에서부터의 내재적 접근이 불가피하다. 이 기존의 틀에서 열려진 접점을 찾는 일이 중요하다. 단일 지식들을 사물에 연관시키는 것은 여전히 원리[理]의 몫이었다. 따라서 본서는 물학(物學)으로 수집된 다양한 물리들이 사물이 표현하는 개별 질서로 변환되어 예 개념의 틀로 수용되는 과정을 보일 것이다. 또한 본서는 『담헌서』를 통해 담헌이 새로운 과학적 사실 및 방법론에 접근하게 된 계기가 '예'에 접근하는 계기와 동일하고, 또한 그 실효성과 가치 역시 '예'에서 발견되는 것과 유사한 형태로 취해지고 있다는 점에 주목했다. 근원적으로 하나로 소통할 수밖에 없는 만물은 서로가 표현하고 있는 질서의 형식[禮]들을 더 적극적으로 해석하고 이해해야 할 책임을 갖는다. 물리적 질서를 정밀히 이해하는 방법과 인사(人事)에서 마땅히 드러나야 하는 정치적 질서의 표현 방식이 '예'가 가지고 있는 보편적 원리이해와 시중(時中)의 지혜 속에서 함께 궁구된다. 담헌의 예는 모든 사물과 사람을 동등하게 잇는 표현 양식이자 추구해야 할 기준으로서 물학과 정치철학을 매개하고 있었다.

동아시아인들의 사상이 철학의 분과 내에서 연구된 이래로, 바로 이러한 종합적 이해의 작업들은 언제나 서양 전통의 해석을 기준으로 모호한 입장으로 평가받거나 철학 개념 밖의 활동으로 비판받아 왔다. 게다가 우리가 사용하고 있는 과학 개념 역시 근대 학문적 개념의 수입과 더불어 정착된 틀이기에 과학과 철학의 문제는 동아시아 고유의 전통 개념들과 유리되어 분석되어 왔다. 담헌의 일원론을 이해하는 주요한 개념으로서 '예'를 분석한 본서의 연구는, 바로 이러한 애초부터 당연하게 여겼던 우리의 철학연구의 틀, 보편성의 기준들을 조금 더 열린 공간에서 풀어놓고자 하는 의도를 갖는다.

담헌은 고전적 정치적 질서[禮]를 해석하면서도 현실의 물결 속에서 정치철학의 이념을 시대적 정신[中]에 맞게 실천해야 하는 사대부의 당연한 직분을 입고 있었다. 이러한 점에서 보면 그는 전통과의 고리를 만들어내면서도 오늘에 적합한 사상의 변화를 도모하는, 과거 및 현실과의 소통을 중시한 철학자라 할 수 있다. 또한 담헌은 전통적 기(氣) 개념을 통해 자연세계의 원리적 규칙성[禮]을 학습하면서도 서학의 신학문과 오랑캐의 문물들을 새로운 물학(物學)의 실질로 이해하려는 실학자의 열린 관점을 지니고 있었다. 이러한 점에서 보면 그는 성리학적 조선이라는 공간적 한계를 넘어서 보다 넓은 개방세계로 나아가려 한, 미래적 감통(感通)의 철학자라 할 수 있다. 자신이 몸담고 있는 시공간에 대한 책무를 다하면서도 열린 태도를 통해 예가 지녀왔던 '실(實)'의 가치론적 지평을 확장한 데에는 '예'가 지녀왔던 이중적 역할이 있었다. 담헌의 예는 주관적 개념인식을 공적 실천력과 분리시키지 않게 하는 매개의 개념이자, 인사(人事)에 관한 정치적 표현의 문제와 자연사물에 대한 원리적 이해를 아우르는 이념적 틀이었다.

본론 1장에서는 담헌의 정치철학을 설명하기 위해 조선후기 정치사상의 핵심 쟁점이 되었던 인성론의 문제로부터 담헌의 인물성동론이 도출되는 과정을 살펴보려 한다. 전통적으로 정치적 이론과 실천의 문제는 인간본성에 대한 탐구와 분리된 적이 없었다. 때문에 인물성동이론을 둘러싼 사상적·정치적 배경을 살펴보고 그 여파의 흐름을 읽는 작업은 조선 정치사상사를 큰 틀에서 조망하게 도울 것이다. 또한 본서는 담헌의 중화관이나 탕평책, 그리고 성인론이 모두 동론(同論)을 구심점으로 해석되어야 한다고 보았다. 때문에 각 장으로 분리해 이 연관관계를 다루었다. 특히 2), 3)장에서 포괄적으로 다룰 체용론(體用論)은 『중용』의 여러 장구들을 '분합(分合)의 논리'로 해석하고 있는 담헌 특유의 논의로서 정치철학적으로 성인론과 인물성동론을 관련시키는 중요한 단서가 될 것이다.

본론 2장에서는 담헌이 왜 동론의 실질적 결과물로서 '예' 개념의 확장을 제시하는지, 어떻게 '예' 개념을 확장시킬 수 있었는지, 그 이유를 살펴봄으로써 정치적 표현의 문제로서 예가 갖는 의미들에 대해 살펴보려 한다. 담헌은 새로운 시대가 성인의 존재를 진리체나 역사적 위인으로 간주하기보다 고심과 가치의 미래적 기준으로서 여길 때 오히려 더 큰 현실의 설득력을 지닐 수 있다고 보았다. 또한 담헌은 평등성[同論]의 결론이 모두의 이해가 되기 위해서는 주관적 시선이 배제된 비근한 설명이 필요하다고 보았다. 그래서 첫 절에서는 성인론을 통해 극복되는 현실과 이상의 갈등을 다루고 두 번째 절에서는 현실을 비판하고 새로운 대안을 찾는 과정에서 드러나는 담헌 특유의 조망적 사고를 분석하려 한다. 예 개념의 역사는 예가 여러 가지 모습으로 변모해왔음을 보여준다. 특히 성리학자들에게 '예'를 배우는 일은 '실(實)'의 가치를 얻는 활동이었기 때문에 그들은 격물활동이 '예'의 본래적 몫인 소통을 위해서라도 필요하다고 역설했다. 또한 그들은 일원론적 사유방식을 통해 예가 '인'을 표현하는 다양한 활동[氣/用]이면서 각각의 물이 드러내는 질서형식[理/分]으로 이해된 점을 강조했다. 담헌이 '예'의 역사에 대한 폭 넓은 이해를 가지고 18세기를 만나고 있었음을 보이기 위해서 예 개념을 둘러싼 다양한 해석과 활용의 면모들을 기, 리, 일원의 개념과 연관하려 한다.

본론 3장에서는 『담헌서』에 등장하는 구체적 자취들을 통해 그가 어떠한 새로운 과학에 관심을 보였고 또 어떻게 서학이 보여주는 가치에 접근하고 있었는지를 보일 것이다. 기존의 동아시아 제반 학문을 대하는 개방적 태도에서부터, 시간에 대한 예민한 의식, 서학을 통한 새로운 문물의 가치발견, 그리고 기하학에 대한 이해까지, 예 개념 안으로 신지식들을 포섭해 가는 담헌 특유의 기록들을 보게 될 것이다. 특히 (2)절 예학에 관한 논의에서는 담헌이 천문학이나 산학과 같은 격물학을 개물성무의 대단(大端)으로서 강조하고 있었음을 보이는 중요한 증거가 제시될 것이다. 담헌은 물학을 예학의 일환으로 이해하고 또한 설파하고 있었다. '예' 개념의 개방적 성취가 있었기에 담헌은 자연세계의 질서에 인간의 정감적 가치를 부여해왔던 전통 유가들의 인식을 계승하면서도 서학의 명료한 측정방법들을 수용하여 상(象)과 수(數)의 원리로 접근했던 기존의 물학을 보완·발전시킬 수 있었다. 이어서 2)에서는 담헌이 수용했던 신학문의 내용들을 검토하고 그 과정에서의 담헌의 인식변화와 판단들을 살펴 볼 것인데, (3)절에서는 서학의 여러 정보 중에서 특히 기하학이 담헌에게 남겼던 여러 가지 자극 지점들에 대해 고찰할 것이다. 이는 담헌을 이른바 '과학자'로 읽었던 우리의 오해를 풀고 담헌이 중시했던 서학의 핵심에 대해 이해하는 기점이 될 것이다. 그리고 3장 말미에서는 이러한 예 개념의 변용이 보여주는 오늘의 의미를 종합적으로 제시하려 한다. 연행기를 통해 분석되는 가마라고 하는 도구의 물성(物性), 세신의 노동교환 속에서 드러나는 인성(人性), 동물의 활동을 통해 읽는 자연적 물성(物性)과 토성(土性) 등은 담헌의 전통적 인성론이 새로운 문명 세계의 질서와 일원론적 통합을 시도하고 있었다는 증거가 될 것이다. 담헌은 이러한 만물의 성(性)에 대한 이해를 정감의 결로 접근하면서도 그 구체적 삶의 양식과 작동의 질서를 궁구하는 과정에 있어서는 분별적 앎을 중시한다. 더불어 최대한 객관적 시선을 통해 상황의 정보를 입체적으로 전달하는 방식을 고수한다.

끝으로는 1장에서 다루었던 「중용」의 내용이 다시 분석될 것이다. 인물성동론자인 담헌은 성인(聖人)의 예가 남겼던 가치 경쟁의 의미를 정치적 숙제로 껴안으면서도. 전통적 체용관이 지녔던 상하적 구도의 전 방위적 적용을 경계했다. 사물세계의 질서에 일관했던 인간중심의 관점은 분합의 구도가 보여줬던 수평적 질서를 통해 정리되어, 인성(人性)과 물성(物性), 나아가 토성(土性)이 모두 일원론적 세계관 속에서 각각 존중받고 또한 하나로 만난다. 본서는 이 논의에서 담헌이 무엇보다 예가 자처했던 단순성의 원리를 높이 평가하여 불필요한 허례허식이 사라진 공간에서 이루어지는 자율적 활동의 의미를 강조했음을 보이려 한다. 예학의 자율성은 시중(時中)의 가치와 만나 시간활용에 대한 서학의 방법론을 적절히 모방, 수용할 수 있게 도왔다. 더불어 이 자율이 남긴 여유는 그때 그때 적합한 표현양식을 고민하는 정치철학의 소통문제를 물리에 관한 호기심과 연결될 수 있게 도왔다. 예지리(禮之理)가 지양하는 번다함은 기하학이 목표로 했던 명료한 단순성에 담헌이 어떻게 개방적으로 접근할 수 있었던 지를 더 유비적으로 이해할 수 있게 하는 단서가 될 것이다.

서학(과학)이 제시하는 사실의 문제들은 전통적 정치철학과 물학 모두에 실질적 효용을 부여하고 있었다. 담헌은 사물이해의 한계를 해결하는 새로운 돌파로 예에 대한 개념적 확장을 시도했기 때문에, 이 방법론의 의미는 서구적 시선으로 읽는 일련의 조선사·과학사 연구에 비판적 고찰을 남길 수 있다. 담헌철학이 남긴 실질[實]은 오늘의 질서개념이 갖는 분리적 사유의 문제점들을 전통의 회귀로 보완하는 데 있지 않다. 담헌 철학의 의의는—담헌의 삶이 보여주었던 방식 그대로—지금 우리에게 남겨진 개념들을 정밀히 이해하고 개방적으로 변용하여 세계 내 일원의 의미를 오늘의 것으로 구현하려는 의식 속에 있다. 후반의 논의들에서 발견되는 의의들은 우리가 알지 못했던 예와 18세기적 특징들에 대해 새롭게 재고할 기회를 줄 수 있을 것이다. 또한 소통의 방식을 강조하는 지금의 정치철학과 과학개념을 다루는 연구들에게도 의미 있는 시선들을 던져 줄 수 있을 것이다. 담헌 철학을 기점으로 18세기의 조선은 다시 조명되어야 한다. 이 논의들이 담헌에 관한 새로운 독해를 던져주는 마중물이길 희망할 뿐이다.

제2부 본론

제1장

홍담헌의 정치철학

1. 정치사상으로서 인성론(人性論)

오랜 시간동안 동아시아 유가들이 탐구한 타자를 향한 선한 마음과 인간 본성에 대한 관심은 '인(仁)'에 대한 확장적 해석과 맞물려 진행되어왔다. 공자가 강조한 어진 마음은 주유천하했던 본인의 삶만큼이나 시대를 따라 주행하였는데, 증자를 거쳐 온 맹자의 측은지심(惻隱之心), 자하를 거쳐 온 순자의 예(禮), 안회를 거쳐 온 장자의 제물(濟物)은 모두 '인'이 던져 놓았던 가치의 숙제들을 각각의 방점을 가지고 드러냈던 사례이다. 또한 공자 그 자신의 열린 성격만큼이나 '인'은 후대로 오면서 도교가 지닌 탈세속적 의식, 불교가 지닌 형이상학적 관념들과도 자연스레 섞여갔다. 그리하여 공자가 사랑[仁]을 말한 지 천여 년이 훨씬 지난 무렵, 유가들은 '인'에 더 풍부한 의미의 지평을 열어가야 할 필요성을 언표하기 시작한다. 중국 송(宋)대의 도학자들은 '성과 리는 분리되어 있지 않다[性卽

理’의 표어를 내세워 ‘리(理)’를 생명의 원리로서 만물에 내재되어 있으면서 동시에 ‘인’이라고 하는 선한 씨앗으로 인간의 발아를 기다리는, 마음 본연의 성질로 위치 짓는다. 그리고 이 새로운 인의 원리[仁之理], 곧 생명의 원리[生之理]에 대한 이해가 송대를 지나 전 중국인의 지식으로 확대되어갈 무렵, 이를 담은 책들을 가지고 와 새로운 체계의 국가를 꿈꾸고 있었던 이들이 조선의 유가들이었다.

조선을 건국한 유가들은 성리학을 새로운 정치적 기본이념으로 삼아 자신들의 미래적 희망을 실현시키고자 했다. 그들은 어진 마음을 강조하고 선한 마음을 고양시키기 위해 정치적, 윤리적 장치[禮]들을 고안했다. 그런데 이렇게 인위적으로 명문화된 예학교육이나 법률 등은 비근한 거리에서 개인들에게 선함의 당위를 고무시켜주는 장치가 되지만, 여기에 익숙해지게 되면 자율적인 선(善)의 실행은 상대적으로 잊히게 된다. 단계적으로 구체화된 규정들은 공동체가 지향하는 목표를 분명하게 할 수 있게 돕기도 하지만, 대신 과정에서 드러나는 충동적 활동들은 그것이 선한 의도에서 시작된 것일지라도 오히려 부자연스럽다고 간주하는 것이다. 또한 인위적 노력의 유무로 이른바 더 선하고 더 인간다운 사람을 결과적으로 판별할 수는 있겠지만, 과연 그것이 진정 원래적 소통의 마음 바탕으로 돌아가는 길인가에 대해서는 여전히 의구심이 남는다. ‘더 선한 것’, ‘더 인간다운 것’을 찾기 위해 예(禮)를 배웠던 마음이 오히려 자연과 다른 나, 타인과 다른 나라고 하는 비교의식으로 채워진다면 이것은 감통(感通)의 길이라 할 수 없다. 이것은 곧 덕[善]의 정치를 위해 인위적인 장치를 개발하면서도 끝임 없이 그 인위성의 한계를 극복해야 하는 성리학자들의 숙제이기도 했다.[1]

1) 성리학의 인물성동이론(人物性同異論):
맹자와 고자의 숙제, 그리고『중용』

조선 중·후기로 내려오면서 이러한 문제의식은 더욱 첨예하게 드러나고 있었다. 사회적 분업화와 다양화는 개별 이해관계의 충돌을 불가피하게 했다. 이 시기에 진행되었던 '리기심성론(理氣心性論)', '사단칠정론(四端七情論)', '인물성동이론(人物性同異論)',─세 개의 주요한 논쟁에는 인간의 이타성을 외적장치나 외적질서[禮]를 통해 과연 드러낼 수 있는가에 대한 오랜 동아시아인들의 정치적 문제의식이 담겨 있다고 해도 과언이 아니다. '더 나은 나/우리'를 꿈꾸며 일정 정치적 시스템에 합의를 하고, 또한 그 시스템의 준수를 통해 자신과 서로의 변화를 유도했던 시도들이 오히려 서로의 경계를 허무는 '인'의 본래적 방향과 모순을 보일 때, 우리는 어떠한 전제를 믿고 그것을 미래적 희망으로 끌고 나갈지에 대한 근본적 고민을 한다. 18세기를 살았던 한 조선인 담헌 홍대용은, 분수(分殊)의 세계 속에서 충돌하는 만물의 본성을 같게 볼 것인지, 다르게 볼 것인지에 대한 물음에 답함으로써 이 시대적 고민에 대한 자신만의 문답을 시작한다. 이미 조선 중기를 지나면서 조선의 사대부들은 내적으로 수신(修身)하는 과정에서 요청되는 인물성동이와 외적으로 새로운 중국 청의 존재를 어떻게 바라볼 것인가에서 요청되는 인물성동이, 이 두 가지 숙제에 난

---

1) 유가의 '덕 의 정치'가 이중적 역할을 가지고 있었다는 것은 동아시아인들이 생각했던 '덕의 범위'가 얼마나 컸는지를 이해하는 중요한 지점으로서 이는 '덕' 개념 자체가 이중적 층위를 가지고 있었다는 점을 통해서도 살펴 볼 수 있다. 덕은 업과 대대하면서도 업(業)을 포괄하는 상위 개념이었다. '인' 역시 인의예지 속에 놓여 있으면서도 인의예지를 포괄하는 상위 개념 이었다. 그리고 본서는 '예' 역시 그러하다는 것을 이하에서 보이려 한다.

황을 겪고 있었다. 담헌은 세도가 날로 무너지고 날로 나빠지는 시대의 상황을 우려했으며 대립과 분열로 갈라진 붕당(朋黨)의 화(禍)에 대해 수차례 개탄의 말을 남긴 바 있다.[2] 하지만 여전히 '인물성동이(人物性同異)'에 대한 진단은 현실의 분열적 상황을 도피하지 않게 하는, 생생한 경험의 해석을 경전의 권위에 따라 도습하지 않게 하는, 그리고 진리 상실[道之衰]의 책임을 물을 수 있게 하는 주요한 기점이었다. 그러한 점에서 본서는 먼저 인물성동이에 관한 이견과 혼란의 시발점이 되었던 두 텍스트, 『맹자』와 『중용』의 문구에 대해 살펴보고 이를 통해 담헌의 논의로 이어가려 한다.

① 고자가 말했다. 태어나면서 생긴 성이 성입니다. 맹자가 말했다. 생긴 대로를 성이라고 한다면 그것은 하얀 것을 희다고 하는 것과 같은가?
그렇습니다. / 흰 깃의 흰 것은 흰 눈의 흰 것과 같으며, 흰 눈의 흰 것은 흰 옥의 흰 것과 같은가?
그렇습니다. / 그렇다면 개의 성은 소의 성과 같고, 소의 성은 사람의 성과 같다는 것인가?[3]

---

2) 「內集 3」, 『湛軒書』: ○ 嗚呼, 世道日壞, 時象日惡. 아! 세도는 날로 무너지고 시대의 상황은 날로 나빠집니다./ ○ 吾道之衰久矣. 우리의 도가 쇠퇴한지 오래다./ ○ 朋黨之禍, 何代無之, 豈有若今日之邪正互爭, 忠逆角立, 上而宗國屢危, 下而士論分裂, 駸駸然入夷狄禽獸之域而莫之救也哉. 붕당의 화가 어느 시대엔들 없겠는가만, 어찌 오늘날처럼 邪正이 서로 다투고 忠逆이 서로 대립하여, 위로는 종국이 자주 위태하고 아래로는 士論이 모두 분열되어 점점 이적 금수의 지경으로 들어가되 구제할 수 없게끔 된 때가 있었습니까?

3) 「告子 : 生之謂性章」, 『孟子集註』: 告子曰生之謂性. 孟子曰生之謂性也, 猶白之謂白與? 曰然. 白羽之白也, 猶白雪之白. 白雪之白, 猶白玉之白與? 曰然. 然則犬之性 猶牛之性. 牛之性, 猶人之性與?

② 하늘이 명한 것을 '성(性)'이라 하고, 성에 따름을 '도(道)'라 하고, 도를 닦는 것을 '교(敎)'라고 한다.[4]

①에서 맹자는 고자에게 태어나서 생긴 성을 '성[生之謂性]'이라고 한다면 그것은 하얀 것을 희다고 하는 것과 같은 맥락이 아니냐는 첫 번째 질의를 한다. 맹자와 고자 모두 기본적으로 성(性)이라는 것은 탄생과 동시에 개체가 갖게 되는 것이라는 점에 동의하고 있다. 맹자는 다시금 고자에게 "그렇다면 개의 성은 소의 성과 같고, 소의 성은 사람의 성과 같다는 것인가?"라고 묻는다. 즉 '성(性)'이라는 것이 태어남과 동시에 우리가 갖게 되는 어떤 것이라 한다면 수많은 생물의 '성' 속에서 발견되는 보편적인 성은 어떻게 생긴 것인가? 만약 성이 밖에서 온 것이라면 당신(고자)의 '성'은 무엇을 말하고 있는가? 하며 그 의도를 다시금 질의하는 것이다. 이에 대해 고자는 답하지 않는다.(혹은 고자의 답은 실려 있지 않다.) ②『중용』 텍스트는 바로 성이라는 것이 하늘로부터 왔다고 답하며 그 성이 따르는 것이 당연한 길[道]임을 말한다.

그런데 이 두 텍스트를 함께 놓고 보다보면 문제가 생긴다. 『중용』에서는 하늘이 인간과 사물을 생성시킬 때 인의예지라고 하는 성을 주었다고 말하고 있지만, 이 기준으로 ①의 맹자를 보게 되면 '인의예지의 성을 인간에게만 준 것이 아닌가?'라는 의문을 갖게 되는 것이다. 그리고 만약 그렇다고 한다면, 천명은 보편이 아닌 것이 된다. 맹자와 고자의 대화, 그리고 『중용』의 말을 두고 후대의 유가들은 인간본성이 과연 선한지, 만물이 태어나면서부터 똑같은 인의예지라는 성을 갖게 되는 것이 맞는

---

4) 『中庸』: 天命之謂性, 率性之謂道, 修道之謂敎.

지에 대해 의구심을 갖는다. 결국 이 구절이 지닌 오해를 풀고자 주희는 '생지위성(생긴 대로의 성, 태어나면서 받은 성)'에 대해 다음과 같이 주석을 단다.

> ③ (그러나) '기'로서 말하면 지각하고 운동하는 점에 있어서 인간과 사물(ㄱ동물)은 다르지 않은 것 같지만, '리'로서 말하면 인의예지를 품수 받는데 다른 사물이 어떻게 온전하게 얻을 수 있겠는가? 이것은 사람의 성품이 선하지 않음이 없다는 것이며 그래서 만물의 영장이 된다는 것이다. 고자는 性이 理가 되는 것을 알지 못하고 이른바 이른바 氣로 대하였다. 이러므로 고리버들[杞柳]과 여우물[湍水]의 비유와 식색이 善이 없고 不善이 없다는 설명이 종횡으로 얽혀 어긋나고 어지럽고 엉클어지고 어수선하게 되었으니 이 장의 착오가 여기에 뿌리를 둔다. 그 까닭은 (고자가) 단지 지각과 운동의 꿈틀거림에 있어 인간과 사물이 같은 줄만을 알뿐, 인의예지의 순수함에 있어 인간과 사물이 다르다는 점은 몰랐기 때문이다. 맹자께서 이것으로 분석하셨으니 그 뜻이 정밀하다.[5]

③ 텍스트에는 맹자를 통해 설명되지 않았던 '리'와 '기'가 인간의 본성에 대한 설명을 부연하는 개념으로 등장한다. 주희는 만물이 태어나는 과정에 작용하는 보편적 생명의 원리와 선(善)의 연관성을 쉽게 이해할

---

5) 「告子 : 生之謂性章」,『孟子集註』: 然以氣言之, 則知覺運動, 人與物若不異也; 以理言之, 則仁義禮智之稟豈物之所得而全哉? 此人之性所以無不善, 而爲萬物之靈也. 告子不知性之爲理, 而以所謂氣者當之, 是以杞柳湍水之喩, 食色無善無不善之說, 縱橫繆戾, 紛紜舛錯, 而此章之誤乃其本根. 所以然者, 蓋徒知知覺運動之蠢然者, 人與物同; 而不知仁義禮智之粹然者, 人與物異也. 孟子以是折之, 其義精矣.

수 있게 '리(理)' 개념을 인의예지의 덕(德)과 연관시킨다. 북송의 신 유가들처럼 그 역시 자연만물에 작용하는 원리를 정감의 언어로 읽는 것이다. 더불어 그는 개체의 탄생 시 형성되는 형질을 설명하기 위해 우주에 가득 차 있는 기(氣)의 응집과 취산을 언급하면서 기의 운동성이 개체의 생명 활동과 연관되어 있음을 설명한다. 주희는 리/기의 차이를 언급함으로써 맹자와 고자가 '생지위성'을 통해 말하려는 강조점이 다를 수 있음을 보인 셈이다. 고자는 인간이나 사물이 기(氣)로 만들어졌다는 점에서 그 생지위성(生之謂性)의 공통분모를 언급했을 뿐이다. 반면 맹자는 인간이 사물과 달리 탄생과 동시에 인의예지의 더 순수한 성을 부여받았다고 보아 그 현실적 모습에 있어 차이가 날 수밖에 없다고 말했다. ③ 텍스트의 버들과 여우물의 비유를 명확히 이해하기 위해서는 『맹자』 「고자」에 나오는 이야기를 조금 더 살펴 볼 필요가 있다.

고자는 맹자와의 대화에서 성(性)을 버들에, 의(義)를 버들 그릇에 비유하며, 사람의 성으로 인(仁)과 의를 행하게 하는 것이 마치 버들로써 버들 그릇을 만드는 것과 같다고 말한다. 이에 맹자는 버들의 성을 그대로 살려서 버들그릇을 만드는 것이 과연 가능한지를 반문하며, 버들 그릇을 만드는 일은 원 재료인 버들 자체를 상하게 할 수밖에 없음을 지적한다. 그리고 버들 그릇을 만들게 되면 결국 그것은 사람의 본성을 상하게 하여 인과 의를 행하게 하는 것과 다름없을 터이니, 그것은 결국 화를 가져오는 게 아니냐고 고자에게 묻는다. 고자의 말대로 하면 사람의 본성은 여울물과 같아서 동쪽으로도 서쪽으로도 흘러갈 수 있다. 고자에게 인간의 본성은 착하지도 악하지도 않다. 하지만 맹자에게 있어서 그러한 전제는 결국 아무것도 없는 상태에 가해지는 외부적 힘들의 인위성만을 증폭시킬 뿐이다. 그리고 그것은 본체를 기르는 것[生]이 아니라 상하게 하는 일일 수 있다. 중심이 없다면 휘둘릴 수 있고, 본래의 모습이 없다면 자신의 현재를 반성·반추하기보다 무엇이 되고(버들그릇), 어디로 흐를 지만을 보기 마련이다. 고자가 말하는 무선무악의 자연 상태는 태초 만물의 상태로부터 추출할 수 있는 성향과 성격이란 없다는 점을 강조하고 있기에 그것은 우리 모두가 동일한 조건에서 생애를 시작한다는 점을 부각시킨다. 하지만 동시에 이러한 관점은 후천적 활동에만 선악의 책임성을 묻기 때문에, 우리가 이미 가지고 있는 다양한 가치의 가능태를 바라보지 못하는 측면이 있다. 주희를 비롯한 성리학자들에게 인의예지(仁義禮智)는 잠재된 능력으로서 우리 안에 이미 존재하는 것이었다. 그리고 탄생과 동시에 시작되는 그 발아과정은 인간과 사물이 같을 수가 없다. 따라서 주희는 이러한 맥락 속에서 고자의 문제점을 지적하고, 나아가 맹자의 말을 리와 기라고 하는 두 개의 개념으로 분석하여 부연한 것이다.

그러나 주희의 이러한 구분과 부연은 오히려 조선중후기의 성리학자들의 또 다른 의문꺼리가 된다. 왜냐하면 주희는 『중용』 구절의 주(註)뿐만이 아니라 「주자어류」의 많은 곳에서 기질이 선한 성을 방해하는 것으로 설명하면서 동시에 본연지성(本然之性)과 기질지성(氣質之性), 리선재(理先在), 리선(理善) 등과 같은 선후/본말/대대로 엮어진 이분법화된 개념을 통해서 이 기질의 방해를 교화[教]로서 극복해야 한다고 강조하고 있기 때문이다.

사람과 사물이 태어날 때 각기 그들이 부여받은 理로써 건순과 오상의 덕을 삼는데 이른바 性이다. (…) 사람과 사물이 각각 그 성의 스스로 그러한 점을 따르면 날마다의 일과 물 사이에 마땅히 행할 방법이 각각 있지 아니한 것이 없으니 이것이 이른바 道이다. (…) 성과 도가 비록 같으나 기품이 때로 다르므로 능히 과하거나 모자라는 차이가 없지 않다. 성인이 사람과 사물이 마땅히 행할 바로 인하여 구분하고 나누어서 천하가 본받아야 할 것을 삼으면 이를 敎라 한다. 예컨대 예악 형정이 여기에 속한다.6)

천명지성은 본래 치우친 적이 없다. 다만 품수 받은 기질에 치우친 것이 있을 뿐이다. 氣에는 어둡고 밝음, 두텁고 얇음의 차이가 있지만 인의예지는 어느 하나 빠질 수 없는 理다. (…) 그대는 품수 받은 기가 어떠한 기인지를 보고자 하겠지만 이 리는 단지 선할 뿐이다. 이미 이 리가 그러한데 어찌 (리가) 악할 수 있겠는가? 이른바 악하다는 것은 도리어 기이다.7)

주희는 『중용』에서 말한 천명지성이 본래 치우친 적이 없다고 말하면서 태어남과 동시에 하늘로부터 받은 성(性)이 가진 온전함을 강조한다. 그러면서 개체가 지닌 차이의 원인을 기질의 몫으로 돌린다. 성(性)은 리(理)이고 이 리(理)는 지선(至善)하다는 도식을 전제로 삼아 성의 선함, 성의 선해야 함을 설명하는 것이다.

그런데 이와 동시에 선함이 기질지성에 의해 방해 받는다고 하면 기질

---

6)「中庸集註」: 人物之生, 因各得其所賦之理, 以爲健順五常之德, 所謂性也. (…) 人物各循其性之自然, 則其日用事物之間, 莫不各有當行之路, 是則所謂道也. (…) 性道雖同, 而氣稟或異, 故不能無過不及之差, 聖人因人物之所當行者而品節之, 以爲法於天下, 則謂之敎, 若禮樂刑政之屬是也.

7)「朱子語類」: 天命之性, 本未嘗偏. 但氣質所稟, 卻有偏處. 氣有昏明厚薄之不同, 然仁義禮智, 亦無闕一之理. 卻看你稟得氣如何, 然此理卻只是善. 旣是此理, 如何得惡！所謂惡者, 卻是氣也.

및 기질에 영향을 주는 요인들과 선함의 관계가 불명확해지는 면이 있다. 성(性)이 학습의 대상이 되면 결국 천명지성은 지선이 아니게 되고, 그렇다고 처음부터 천명지성이 지선이라 하면 학습의 당위는 감소될 수밖에 없다. 게다가 사람과 사물 모두가 태어나면서 오상의 덕(德)을 본성으로 가지고 있는데 기를 품수 받았다, 기는 악(惡)하다고 하면 리의 영역과 기의 영역이 개체 내에서 분리된 것이냐는 문제도 생긴다. 인간과 동물뿐만이 아니라 인간과 인간, 한 인간 삶 내부에서도 수많은 선(善)의 차이가 존재하는데, 성이 기질에 의해 영향을 받으면서 그 개별 인간, 개별 사물의 성 개념 안에 오상의 보편적 덕이 자리 잡는다는 것은 모순처럼 보이기도 한다. 이러한 의문점은 주희가 기질지성과 본연지성, 그리고 기와 리 개념을 구분하여 앞선 ① 텍스트의 개와 소의 성을 기질지성이라고 정의내리면서8) 더욱 가중된다.

건국시기부터 조선의 성리학자들은 정주학을 강하게 종주로 삼고 있었고, 특히 주희의 개념을 그들의 정치철학적 문제를 푸는 주된 도구로 활용하고 있었다. 따라서 조선중기의 시대적 배경과 별개로 주희에 관한 연구가 진행될수록, 주희의 권위를 빌은 분석과 해석들은 당연한 학적 논쟁으로 이어질 수밖에 없었다. 40대 이후로 전환되는 주희의 입장(이른바 中和舊說과 新說)은 이러한 혼란과 적극적 해설을 자극시켰다. 더구나 인간의 본성과 교화문제는 오래도록 왕도정치의 근간을 이루고 있었기 때

---

8)「朱子語類」：○ '天命之謂性', 則通天下一性耳, 何相近之有? 言相近者, 是指氣質之性而言, 孟子所謂 '犬牛人性之殊'者, 亦指此而言也. / ○ 生之謂氣, 生之理謂性. / ○ 性, 孟子所言理, 告子所言氣. 同. / ○ 問：生之謂性. 曰：告子只說那生來底便是性, 手足運行, 耳目視聽, 與夫心有知覺之類. 他卻不知生便屬氣稟, 自氣稟而言, 人物便有不同處. 若說 '理之謂性', 則可. 然理之在人在物, 亦不可做一等說.

문에 기에 의해 영향을 받는 성과 기에 영향을 받지 않는 보편적 선한 성을 어떻게 관계 지을 것인가의 문제는 더욱 그들의 이목을 끌었다. 주지하다시피 이 시기에 이루어졌던 리기심성에 관한 논쟁이나 사단칠정에 관한 논쟁은 모두 학습을 통해서 인간의 성/마음을 선하게 할 수 있다면 우리가 일반적으로 이야기할 수 있는 성(性)의 영역이 어떠한 그림 속에 놓여 있어야 하고 또한 어떤 관계로 강조되어야 하는지에 대한 고민을 담고 있다.9)

그런데 이러한 인간본성에 관한 관심은 양란(兩亂) 이후로 넘어오면서 훨씬 더 복잡한 양상을 지니게 된다. 주희가 뜻을 정밀히 하기 위해 분석했던[析之, 其義精矣] 개념들은 오히려 더욱 서로의 입장을 분화시키고 배제하여 정통하지 못하게 방해하는 요인이 되고 있었다. 애초 경전 해석에서부터 강조점이 달랐던 사람들은 각자 자기 입장에 충실한 문(門)을 세우고 문하생을 통해 편을 갈랐다. 부지런히 살피고 배워야 하는 실질

---

9) 예컨대 이황은 주희의 글에서 리와 기가 개념적으로 명백히 구분되어 언급되고 있다는 점에 천착하여 '서로 섞이지 않는다(不相雜)'는 관점에서 리기를 접근한다. 그에게 마음 안의 순선의 성은 기질의 성과 섞일 수 없는 고유의 영역에 존재한다(혹은 존재해야 한다). 그리고 이 고유성을 지키는 일을 통해 선한 마음의 당위성을 이어나간다. 반면 이이는 주희의 글에서 리와 기가 '서로 떨어져 있지 않다(不相離)'는 관점을 중시한다. 그래서 기가 발했을 때 그 위에 떨어지지 않고 타고 있는 리의 존재를 강조한다. 그는 리기가 구분된다고 해서 리기의 비분리를 강조하지 않으면 오히려 마음을 자꾸 이원화 시키는 병폐를 낳는다고 본다.

이승환은 『횡설과 수설 : 400년을 이어온 성리논쟁에 대한 언어분석적 해명』에서, 조선 성리학자들이 가졌던 이러한 대비적 이해를 횡설과 수설의 관계로 푼바 있다. 퇴계는 리기의 관계를 나란히 배치했기에 횡설, 율곡을 수직으로 배치했기에 수설이라고 본 것이다. 그는 횡설이 인물간의 가치론적 배치, 수설이 인물간의 존재론적 배치를 부각시킨다고 말하고 있다. 본서가 보기에 불상리는 공간의 관점에서, 불상리는 시간의 관점에서 취해진 개념이라 본다. 그리고 그러한 방점에서 '中'을 강조했기에 이황은 초시간의 문제를 고민하려 했고 이이는 현실공간의 변화에 참여하려 했다고 본다.

적인 선한 행동과 선한 마음/몸가짐은 개념의 도식적인 틀 속에서 잊혀가고 있었다. 인(仁)의 확장적 해석은 실천과 인식이 함께 만들어 낸 것이었다. 하지만 담헌에게 영향을 준 17-18세기는 인간의 마음과 인간의 변화를 바라보는 정형화된 시선이 사람과 자연(및 동물), 사람과 사람을 구분하는 틀로서 기능하고 있었다. 인물성에 대한 다른 이해가 정치, 사회, 외교 등의 행사(行事)의 영역에서 전방위적으로 결부되어 논의된다. 이 복잡한 논의를 이해하기 위해서는 먼저 인물성논쟁에 내외적으로 영향을 주었던 조선중후기의 상황을 살펴볼 필요가 있다.

2) 논쟁의 외적·내적 배경 및 여파

인물성동이론이 등장하게 된 사회적 배경 및 여파의 고찰에는 몇 가지 연구 선례가 있기에 이를 먼저 살펴보고자 한다. 이에 대한 이해는 담헌의 철학을 실질적 문제의식[實心]에 근거한 실학의 조류로 규정하게 하는 근거가 될 것이다.

김현우는 17-18세기 사회적 배경으로 다음 세 가지를 언급한다.[10) 첫 번째는 국제관계 청의 등장과 일본의 성장이 있었다는 것, 두 번째는 율곡의 후학인 노론의 정치 독식이 있었다는 것, 세 번째는 새로운 세계관을 가진 서학(西學)이 등장했다는 점이다. 조성산은 호락논쟁 전개의 배경으로 다음 네 가지를 언급한다. 첫째, 18세기 사상계가 성리학-실학-사학(邪學)의 대립구도로 점차 재편되어가기 시기였다는 점, 둘째, 조선지배층

---

10) 김현우, 「조선후기 호락논쟁에서 보이는 근대적 사유에 관한 연구」, 210-211쪽.

이 병자호란이후 심각한 주체상실의 위기에 직면하고 있었다는 점, 셋째, 18세기 수리시설의 보급되고 이앙법(移秧法), 견종법(畎種法) 등의 새로운 농법이 전국적으로 보급되어 경작의 범위가 넓어져 일정정도의 경영형 부농층이 성장했다는 점, 넷째, 18세기 도시적 양상이 변화하여 서울에 자유로운 기풍이 유행하고 새로운 인간관계가 가능해졌다는 점이다.11) 한편 정민은 이러한 요소의 주요 원인을 물적 토대 및 정보처리 방식의 변화로 보고 18세기를 관통하는 시장의 확대와 도서유통의 역할을 분석한다. "조선의 18세기는 사회내부의 급격한 변화와 함께 외국과의 활발한 문화교류를 통해 이전까지 지배담론이었던 성리학의 권위가 급격히 쇠퇴하고 생동하는 도시 문화가 급속도로 보급되었다."12)

이상의 선례 외에도 사회, 정치, 문화 등과의 영향관계를 언급하는 연구 자료는 많지만 본서는 그 가운데 공통적인 부분을 뽑아 18세기의 주요 배경 8가지를 다음과 같이 정리하고 넘어가려 한다.

첫째, 왜란(1592-98)과 호란(1627-37) 이후 조선의 정치는 지배층의 당쟁과 관료층의 부패로 정치적 중흥을 기다리고 있었다. 붕당정치가 절정에 당했고, 왕권은 약화되고 있었다. 둘째, 상공업과 수공업이 발달하면서 양반중심의 사회가 동요되고 있었고, 중인들의 경제적 지위가 상승하고

---

11) 조성산, 「18세기 호락논쟁과 노론사상계의 분화」, 77-78쪽, 118-111쪽. 낙론계는 계층 통합적 방향에서, 호론계는 계층질서의 공고화의 방향에서 봉건지배 질서의 위기를 극복해 가려 했다. 서울에 근거했던 지배층들은 경작을 통한 부농층과 중인, 상민층의 성장을 목도했고, 이들의 생산력을 최대한 봉건체제 속에 포섭하기 위해서라도 낙론의 동론을 인정할 필요가 있었을 것이다. 반면 중소지주가 대부분이었던 향촌사회의 토족들은 사회적 변화에 위기감 느끼고 있었기에 분별을 통한 계층 질서 강조하지 않을 수 없었다.

12) 정민, 『18세기 조선 지식인의 발견. 조선 후기 지식 패러다임의 변화와 문화변동』, 61쪽, 85쪽.

있었다.13) 셋째, 변화된 국제정세로 말미암아 외교적 관계와 대외 정책적 노선들이 변화를 겪었다. 넷째, 정치적 이익을 정당화 하는 명분 중심의 성리학적 해석보다 실정과 실리, 실증을 도모하는 학문들이 주목받기 시작했다. 이러한 학문적 관심은 서민문화에도 영향을 미쳤고, 경제적 활동의 실리성을 이끄는 제도적 바탕이 된다. 다섯째, 척불(斥佛)은 강화되는 한편 서학을 통해 소개된 천주교[西敎]가 일반으로 확대되었으며, 유교는 그에 대한 반발력으로 사림세력의 응집력과 가부장적 체제의 강화에 기여하고 있었다. 여섯째, 자연적 변화로 극심한 기근과 전염병이 있었다. 이는 실질적 치료가 되지 못하는 학문체계의 재고와 생활경제에 필요한 고정적 생산물 확보의 필요성을 상기 시켰다. 일곱째, 전쟁 이후로 이방의 문화들이 자연스럽게 사회전반으로 소개되었고, 부연사행의 증가로 기존의 관행과 이질적인 문물들이 유입, 가시적 사회변동의 중요 인자로 작용하기 시작했다. 예컨대 곤여만국전도와 같은 세계지도, 직방외기와 같은 지리서, 여지구(=지구의)와 같은 새로운 기기뿐만이 아니라 한문으로 쓰여진 서학서 등이 이에 해당된다. 여덟째, 인구가 비약적으로 증가하고 그에 의한 토지제도가 개량된다. 여덟째, 내외적 변화에 대응하고 중심을 잡으려는 강한 왕권 도래의 노력들이 있었다.

사회적 변화를 주도하려는 움직임들은 이처럼 내재적 동인과 외래적 계기에 의해 촉진되고 있었다. 변화된 상황은 인물성동이에 관한 사대부들의 관심에 이념적으로 중요한 영향을 끼쳤으며,14) 다수의 사대부들은

---

13) 동서양을 막론하고 18세기의 이러한 경제적 번영을 자본의 세기로 규정하는 연구도 있다. 한국18세기학회, 『위대한 백년 18세기 - 동서문화 비교 살롱토그』, 5쪽.

14) 조성산, 「18세기 후반 낙론계 경세사상의 심성론적 기반」, 71쪽 : "역사적 의의를 조명한 연구들은 호락논쟁이 집권층의 현실대응론을 반영하는 사상 논쟁이었다는 점에 의견을

정치적 계파, 실리적 당론, 사적 이해관계에 맞물려 이 논쟁에 개입하고 있었다. 그리고 이는 인물성동이논쟁을 호락논쟁(湖洛論爭)이라고 부르는 이유이기도 하다. 동이(同異)의 입장을 지닌 각각의 무리가 지역을 기반으로 하는 문하 세력의 패턴과 유사하게 맞물려 있었기 때문이다.15) 인물성이론을 주장한 이들은 주로 호강(湖江, 금강) 주변에 거주한다고 해서 호론(湖論)이라 불렸고, 인물성동론을 주장한 이들은 주로 서울(경기) 수도 근교[落下]에 몰려 있다 해서 낙론(洛論)이라 불렸다. 이 계보적 시발은 노론 내부에서 시작되었는데 이이-송시열-권상하 계열의 문인이었던 한원진과 이간의 논쟁으로부터라고 알려져 있다.16)

이 쟁점을 간략히 요약하면 다음과 같다. 호론인 한원진은 마음이 발하지 않았을 때[未發]의 상태에도 선악이 혼재한다고 보고 리기를 분리해서 생각할 수 없다는 점을 강조한다. : "마음이 고요한 때라고 해도 어찌 기가 없겠습니까? 리기는 애초부터 분리될 수 없으니, 감각이 발동하지 않았다 해도 리와 기를 분리해서 생각할 수는 없습니다.", "사람과 사물의 성이 같지 않다는 것은 다만 그 (오상의) 치우침과 온전함에 대해서만 논쟁할 수 있는 것이지, 그 선함과 불선함을 논쟁하는 것은 부당하다."17) 반면 이간은 마음이 발하지 않았을 때[未發]의 순선을 강조하며 하나의

같이하고 있다. 호락논쟁은 노론이 남인 소론과 맞서서 정치사상논쟁을 전개하는 과정에서 표출된 내부분열이자 이념의 재정비운동이며, 나아가 경세관의 차이를 반영한 사상 논쟁이었다."

15) 유봉학은 당시 학계의 경향분기(京·鄕分岐)가 인물성동이 논쟁의 중요한 배경이 되었다고 지적한바 있다. 유봉학, 『연암일파 북학사상 연구』 참조.

16) 이간과 한원진의 입장 차이는 다음 논문 참조 : 김낙진, 「만물일체론과 인물성동이론을 통해본 명 유학과 조선 유학의 비교」, 254-261쪽; 문석윤, 「외암과 남당의 '미발' 논변」, 『태동고전연구』 Vol.11, 한림대학교 태동고전연구소, 1995. 등등.

17) 南塘, 「生之謂性章」, 『經義記聞錄 卷6』 : 人物本性之不同, 只爭其偏全, 不當爭其善不善也.

마음에 초점을 둔다. : "마음이 고요할 때는 순수한 도덕만이 존재하기 때문에 오로지 선하다고 볼 수 있습니다. 잘못에 빠질 수 있는 기질지성이 함께 있다고는 말할 수 없습니다.", "리기의 선후를 따져본즉, 리가 있은 다음에 기가 있고, 명실의 선후를 논한즉, 실질이 있은 다음에 명칭이 있게 된다."18)

이들의 주장을 동이론의 대체적 구도와 연관하자면, 동론(同論)은 『중용』 「1장」 '천명지위성(天命之謂性)'의 근거를 인용하여 천명을 개체가 성으로 품수 받듯 하늘의 원리가 개체를 관통한다는 점 ― 즉 성즉리(性卽理)의 비분리를 강조한다. 이론(異論)은 『맹자』 「고자 上」의 '생지위성'에 대한 주자주석을 언급하여, 개와 소의 성이 다르다는 점, ― 즉 기 차이에 의한 인/물 차이를 인정해야 한다고 설파한다. 동론은 이론의 인성론이 맹자 성선설의 본지를 벗어나 지나친 분별론에 경도되어 있음을 우려한다. 이론은 동론이 인수(人獸)와 화이(華夷)의 무분론(無分論)에 빠져 있으며 불교와 양명의 (순선한) 심과도 구분되지 못한다고 비판한다.

여기서 문제는, 송시열의 적통으로 알려진 권상하가 한원진의 입장을 지지했고 이로써 이 호서 사림계 내 논쟁이 끝나는 듯 했으나 이것이 다시 낙하 사람들에게 알려지고 이재나 박필주 등이 적극적으로 이간의 주장을 지지하면서 다시 시작됐다. 문하 밑으로 이름 줄이 세워지면서 호론과 낙론의 이견은 18세기 내내 이어졌고, 크게는 동론, 이론, 그리고 절충적 입장 등이 혼재되어 간다.

그런데 홍대용은 사실 이러한 낙론계의 무리와도 한 발짝 떨어져 있었

---

18) 巍巖, 『五常辨 卷12』 : 況原理氣先後, 則有理而有氣. 論名實先後, 則有實而有名矣.

다. 조성산은 그의 논문19)에서 이재, 김원행, 김리안, 박윤원, 황윤석, 민우수, 김종후, 김종수, 김양행 등은 당시 사회질서에 충실하면서 리기의 절충입장에 서있었지만, 임성주, 박지원, 홍대용은 기론의 강조, 사승관계의 단절로 인해 사상논쟁에서 소외되었다고 평가한다. 이와 같은 계보 속에서 홍대용을 봐야 할지는 조금 더 논의가 필요한 것 같다. 홍대용의 행보를 보건대 낙론과의 거리는 사실이지만, 본서가 보건대 임성주, 박지원과 홍대용의 결은 또한 차이가 있다. 홍대용이 어떤 정치적 계열의 추천과 지지를 받아 관직을 이행했으며, 정말로 논쟁에서 소외되었는지 아니면 본인이 논쟁을 원하지 않았는지 등은 더 많은 설명이 필요하다. 그러나 홍대용 스스로가 인물성동이론의 주요 텍스트『중용』을 중요하게 다루고 있다는 점은 집고 넘어가지 않을 수가 없다. 그는 「맹자문의」에서 주희의 모호한 주석에 관해 일침을 남기고 있으며, 심(心)과 기(氣)를 설명하면서 순자의 말이 가장 현묘하다고 언급한다.20) 또한 『중용』의 내용은 「중용문의」뿐만이 아니라 연행관련 기록문, 편지글 곳곳에서도 빈번히 언급된다.

---

19) 조성산, 「18세기 후반 낙론계 경세사상의 심성론적 기반」, 96쪽.
20) 『湛軒書』의 「四書問辨」, ≪孟子問疑≫에서 주희를 비판하는 부분은 크게 두 가지 이다. 하나는 주희가 心을 설명함에 있어서 理로 보아야 한다고 말하고 또 전연 氣를 떠나서 볼 수는 없다고 말하며 명확치 못한 주석을 남기고 있는 부분이다. 이에 담헌은 "理는 理고 氣가 아니고 氣는 氣고 理가 아니다. 理는 形이 없고 氣는 形이 있으니 理/氣의 구별은 천지와 같이 현격하다[盖理者理也非氣也, 氣者氣也非理也. 理無形而氣有形, 理氣之別, 天地懸隔]."라고 답하고 있다. 또 하나는 養氣가 어찌 知言 앞에 있을 수 있는 지를 비판하면서, 맹자의 호연지기를 두고 주자가 '이러한 氣가 없다가 사람의 선양을 기다린 연후에 다만 그 일신의 기가 천지에 충색할 수 있다' 운운한 것을 문제 삼는 부분이다. 이에 담헌은 맹자의 원 뜻은 충색하여 사이가 없음을 말한 것이므로 "호연한 氣는 천인이 매한가지라 본래 스스로 충색한 것이다[浩然之氣, 天人一也, 本自充塞]."라고 답하고 있다.

기본적으로『중용(中庸)』텍스트는 '성(性)'이라는 글자를 전면적으로 다루고 있다는 점에서 인물성동이론자들을 넘어 전 유가(儒家) 및 동양정치철학사에 있어 매우 중요한 경전으로 취급되어왔다. 그런데 이 고전은 공자의 말을 직접 기록한 책이 아니다. 공자의 손자 자사(子思)가 지은 글로『대학』과 마찬가지로 오랜 시간『예기(禮記)』의 한 편을 구성하고 있다가, 송(宋)대의 정자(程子) 형제가 여기에 주석을 더해 독립적 단행본의 위상으로 다루면서 성리학의 주요한 텍스트가 되었다. 송대에는 공자-증자-자사-맹자로 이어지는 학통을 특히 존숭하였기 때문에, 조선의 성리학자들이『중용』을 얼마나 중요한 텍스트로 여겼는지는 굳이 서술할 필요가 없을 것이다. 단지 잊지 말아야 할 것은『중용』이 담겨진 원 책은『예기』라는 책이었고 이 책의 시작과 가치를 유의 깊게 봐야 한다는 점이다.

담헌은 노론의 문하에서 배우고 절충론 혹은 이론에 가까운 입장을 지닌 지인들과도 어울렸지만 인물성동론을 주창했으며, 동시에 낙론의 인물성동론자들과도 그 행보를 달리 했다. 그는 분명 기론을 실천하면서도 리의 중심적 역할을 누누이 언급했다. 본서는 담헌사상이 당시 동론를 주장했던 여느 무리 가운데서도 가장 포괄적이면서 급진적으로 나아갔다고 본다. 그리고 이를 보이기 위해 담헌이 관심 가졌던 구체적 맥락들을 다각도로 살펴보려 한다. 그가 '인·물의 성이 같다/다르다'고 말하는 것에 어떤 의미들이 내포되었는지를 본서는 세 가지 관점으로 접근하려 한다. 첫째는 중화관(中華觀)과 인물성동이론, 둘째는 탕평책(蕩平策)과 인물성동이론, 셋째는 성인론(聖人論)과 인물성동이론이다. 첫 번째 고찰은 담헌의 인물성동론이 기존의 예 개념을 비판하고 확장시키게 하는 중요한 기점이 되기 때문에, 두 번째 고찰은 담헌의 인물성동론이 개별질서나 공동체의 기준을 무마시키는 원리가 아님을 보여주는 근거가 되기 때문에, 세 번째 고찰은 담헌의 인물성동론이 기존의 사회적 준거를 존숭하는 가운데 얻어진 소통의 결과물이자 언어적 분별의 과정을 통과한 이해의 결과물임을 다양한 각도에서 고찰해 볼 수 있기 때문에, 필요하다.

2. 홍담헌의 인물성동론(人物性同論)

1) 중화관의 문제 :
예(禮)와 물(物)의 관계로부터 화이일야(華夷一也)의 결론까지

양란(兩亂)의 사회적 변화를 겪으면서 조선 지식인들의 인식에 가장 큰 변화를 주게 만든 것을 뽑으라면 '중화관'을 언급하지 않을 수 없을 것이다. 이 중화관과 인물성동이론의 관계는 서로 영향을 주고받은 상호적 영향관계라 해야 적절할 것이다. 조성을이 정리하였듯, 그동안의 담헌 연구 성과 중에 그의 중화사상 또는 화이관의 극복 이란 주제를 다룬 저작물은 상당하다. 그리고 대체로 이는 실학에서 '근대 민족주의적' 성격을 찾으려는 의도와 관련되었었다. 그는 조선후기 중화관을 종족적, 지리적 화이관의 극복과 문화적 화이관의 극복으로 나누어서 주자학자와의 문화적 차이 선상에서 이해한다.[21] 조영록은 소화(小華)라는 용어적 한계에도 불구하고 실학자들의 화이관을 자강을 도모하려는 존아적(尊我的) 화

---

21) 조성을, 「홍대용의 역사인식 - 화이관을 중심으로」 참조.

이관으로 분석한다.[22] 이러한 연구들은 기본적으로 역사적 관점에서의 인식의 변화를 해석하고는 있지만 개념적 논의의 문제를 본격적으로 제시하지 않는다.

반면 본서가 중화관을 인물성동이론과 연관하는 가장 첫 번째 이해 지점으로 삼는 이유는, 중화관을 이해해야 '성(性)'과 '물(物)'의 지시대상이 개·소라는 자연세계의 생물에서 인간세계의 특정 사람(人)의 부류로 이동하는 개념의 변화에 접근할 수 있기 때문이다. 담헌의 경우는 '물(物)'이 지시하는 대상을 개와 소의 층차에서만 다루지 않았다. 예컨대 연행관련 기록과 편지글에서 대다수의 경우는 '물'을 문화를 보여주지 못하는 인간, 마땅히 인간이면 갖추어야 하는 상식(그들의 기준에서 믿는 상식)을 보여주지 못하는 인간에 대입했다. 여기서 주의해야 할 것은 연행기에 언급된 오랑캐가 모두 '오랑캐=物'의 도식적 문법으로 서술된 것은 아니라는 점이다. 이는 「의산문답」의 경우도 마찬가지다. 혹자는 연경에서의 '물' 개념이 「의산문답」에 이르러서야 자연세계의 물에 적용, 확장시키게 되었다 말하지만, 이러한 선후관계는 협소한 지칭 도식에 갇힌 풀이일 뿐이다. 이미 담헌이 사용하는 '물' 개념에는 다층적 개념이 혼재되어 있었다. 「의산문답」의 '물'이 '물' 개념의 범주를 더욱 적극적으로 확장시켜 보이고는 있지만 그 의식이 도드라진 것은 「의산문답」을 전체를 통해 표현하고자 하는 바의 맥락에서 '물' 개념이 확장되어 추출되었기 때문이지 '물' 개념의 확장(일종의 깨달음, 선행적 명제의 구성)이 이루어졌기 때문에 「의산문답」을 서술했다 볼 수는 없다.

---

22) 조영록, 「17-18세기 존아적 화이관의 한 시각」 참조.

철학적 개념과 관련된 이전의 연구들은 '물(物)' 글자의 지시대상을 호론과 낙론의 경향으로 구분했다. 예컨대 조성산에 의하면 원래 호론계에서 인물성동이의 물은 금수(禽獸)와 동일한 어휘로 인지되는 경향이 강했다고 한다. 반면 낙론계는 물을 외물(外物), 비아(非我) 등을 나타내는 주관적 감정 이전의 객관세계를 지칭하는 넓은 범위의 말로 사용했다고 한다. 그는 김종후, 임성주. 김원행, 박지원의 글을 이용하여 이러한 물 개념의 용례가 상수학과 박물지학 등 북학파가 전개시킨 과학사상에 일정한 영향을 끼쳤다고 분석하고 있다.23) 유봉학과 안재순도 물 개념이 이용대상물로 변환된 점을 언급한다.24) 김문용은 '물' 개념을 전면적으로 언급하지는 않지만, 낙론의 인물성동론이 도덕에 치중된 반면 북학파의 실학사상은 상수학과 경세지학으로 보다 더 확장되었다고 말한다.25) 모두 '물' 개념에 관한 담헌의 확장적 해석을 지적하는 연구이다. 요컨대 담헌이 '물'에 대한 열린 탐구의 자세를 보여준 것은 '물'의 범주를 확장하여 활용하지 않았다면 불가능했음에는 분명하다. 하지만 담헌이 '물' 개념을 포괄적으로 사용하게 된 독특성을 이전의 성리학자들에겐 없었던 발견으로 간주할 수는 없을 것이다. '물' 개념의 용례로 인해 물학과 상수학에 천착했다는 것은 그러한 용례를 통해 의미를 파악하고 있었던 이들의 선지(先知)와 능지(能知를) 초라하게 만들 뿐이다. 담헌의 '물'은 그가 표현하고자 하는 맥락에서 응용되고 발전되어 드러났을 뿐이다. 이미 '물'의 다양한 용례와 범주는 존재해왔고, 그랬기에 담헌의 글이 읽히고

---

23) 조성산, 「18세기 후반 낙론계 경세사상의 심성론적 기반」, 83-84쪽.

24) 유봉학, 「연암일파 북학사상 연구」, 80-86쪽. / 안재순, 「조선후기 실학파의 사상적 계보」, 72-76쪽.

25) 김문용, 「북학파의 인물성동론」; 한국사상사연구회, 『인성물성론』, 606쪽.

이해될 수 있었다. 따라서 담헌의 '물'은 개념적 확장의 소이(所以), 즉 담헌이 그 물 개념을 통해 '표현하고자 하는 것'으로부터 읽혀져야 한다. '물'을 둘러싼 담헌의 다양한 언어 사용은 담헌이 드러내고자 하는 뜻과의 연관선상에서 풀이되어야 하는 것이다.

다시 돌아와 보자. '중화'라는 말은 중국이 세계의 중심임을 보여주는 그자체로 민족적 우월성이 담긴 언어이다. 그동안의 연구들은 중화 속에 담긴 문화중심성에 주목, 대국이 지닌 다양한 문화에 비해 양과 질적인 면에서 부족한 조선의 문화를 중화의 비교잣대로 삼았다. 특히 유가적 관점에서 문화는 무(武)보다 문(文)을 숭상하는 바탕위에 건설되었기 때문에, 문화적 중심주의 안에는 실제로 역사, 군사, 정치 등의 제반 영역이 포괄되었다. '사대(事大)'라는 말도 그러한 문화적 열등성에 밀린 소국의 외교 정책을 표현했다. 그리고 이 열등의 기준이자 문화중심성의 핵심으로 작용했던 것이, '예(禮)'이다.

허벽은 대만 고등학교 국어교과과정의 필수과목인『中國(華)文化基本教材』26)의 내용을 언급하면서, 중화문화의 바탕이 윤리, 민주, 과학을 바탕으로 하였지만 이 가운데 예를 중심으로 하는 윤리사상이 가장 뛰어나게 발달되어 있음을 지적한 바 있다. 사서(四書)에서 '예'에 관해 언급된 구절은『중용』18번,『논어』75번,『맹자』65번이 등장한다. 다음 순자의 말은 예의 가치를 가장 잘 설명한 것으로 평가 받는다. : "사람이란 태어나면서부터 욕망이 있으니 그 욕망이 채워지지 않을 때면 수단 방법을 가리지 않고 무분별하게 욕구 충족에 몰두하게 되어 다투지 않을 수 없게

---

26) 三民書館,『中國文化基本教材 : 倫理, 民主, 科學爲中國文化的基礎』참조.

된다. 다투면 어지럽게 되고 어지러워지면 궁해지니 선왕이 그 혼란을 싫어하셨으므로 예의를 제정하여 이를 규제하고 구분하신 것이다."27) 중국인들은 고대로부터 이 야만스러움을 벗기는 역할이 '예'에게 있다고 보았고, 예를 강조해가며 문화를 형성해온 역사가 중화정체성의 핵심이 되었다고 자부해왔다.28)

  이종우의 경우는 이 예의 실질적 내용을 좀 더 구체적으로 지시한다. 그는 중화의 실질적 기준이 주도(周道)에 있었다고 말하며, 주도의 실천여부에 따라 화이의 우열이 있었다고 지적한다. 따라서 그는 홍대용 역시 북경방문 이후에 화이평등으로 변화하였다고는 하나 일관적이지 않으며, 주도를 특정지역의 특수한 윤리가 아니라 보편적 윤리로 생각한 까닭에 여전히 우열의식이 남아있었다고 평가한다. 단지 홍대용은 주관적 판단에 의해 중화와 오랑캐의 풍속이 우열 없이 평등하다고 여겼으며, 지구설과 지전설에 근거해 모든 지역이 중앙이 될 수 있다는 생각을 가졌을 뿐29)이라는 것이다. 그러나 이종우가 이런 부연 끝에 인용하는 「의산문답」의 말, 즉 "러시아를 정계(正界)로 하면 캄보디아는 횡계(橫界)가 되고, 중국을 정계로 하면 서양은 도계(到界)가 된다."30)는 말은 단순히 상

---

27) 「禮論」, 『荀子』: 禮起於何也? 曰, 人生而有欲, 欲而不得, 則不能無求, 求而無度量分界, 則不能不爭.爭則亂, 亂則窮, 先王惡其亂也, 故制禮義以分之.

28) 허벽, 「중화 문화의 특질과 예」, 32쪽, 43쪽, 46쪽.

29) 이종우, 「담헌 홍대용의 북경방문 이후 화이평등과 그 우열의식 - 담헌서의 의산문답과 김종후에게 보낸 편지를 중심으로」, 217-218쪽.

30) 「醫山問答」, 『湛軒書』: 今中國舟車之通, 北有鄂羅, 南有眞臘. 鄂羅之天頂, 北距北極爲二十度, 眞臘之天頂, 南距南極爲六十度, 兩頂相距爲九十度, 兩地相距爲二萬二千五百里. 是以鄂羅之人, 以鄂羅爲正界, 以眞臘爲橫界. 眞臘之人, 以眞臘爲正界, 以鄂羅爲橫界. 且中國之於西洋, 經度之差, 至于一百八十, 中國之人, 以中國爲正界, 以西洋爲倒界, 西洋之人, 以西洋爲正界, 以中國爲倒界. 其實戴天履地, 隨界皆然, 無橫無倒, 均是正界.

대적 진실을 이야기 한 것이 아닐 뿐더러 인간의 주관적 의식에 의거한 결론으로 보기에도 모순적이다. 왜냐하면 주관적이고도 상대적 인식을 가능케 뒷받침 해주는 그 근거, 즉 지구설과 지전설 자체가 이미 불변의 객관적 사실이기 때문이다. 담헌은 지구설과 지전설 등을 물리적 사실로서 익숙히 그리고 온전히 받아들이고 있었다. 그리고 이는 이미 이전부터 그에게 영향을 주는 단초들이 많았기 때문이다. 예컨대 지원설은 이전의 김만중, 김석문, 정제두, 서명응 등을 통해서 수용되어 왔고, 이익과 그의 제자 안정복[31]은 세계지도의 영향을 받아 이미 지구설을 확신하고 있었다. 이들은 모두 중국을 통해 건너온 서양학의 영향과 기존 상수학적 학문 체계 속에서 지구설을 종합적으로 이해하고 있었기 때문에,[32] 지구가 둥글다는 이유로 중심이 지금의 중국일 필요가 없다는 것 정도는 폭넓게 인지하고 있었다. 그들은 지역적인 이유로 오랑캐로 치부하는 구도에 대해서 부정적이었다.[33] 일찍이 이러한 학문에 관심을 갖고 있었던 담헌의 사고는 이미, 지계(地界) 밖에 있었다.

한편 중화의식을 가능케 한 '예'나 '주도'의 기준 이외에도 중화의 문화적 개념을 조금 더 세분화하여 중화관을 분석하는 연구도 있다. 배우성은 『조선과 중화』에서 '문화적 중화관'과 '지리적 고증을 통한 중화관'을 구분하여 설명하는데, 예컨대 그는 (이 책 제3장에서) 송시열을 문화적

---

31) 안정복(1712-1791)은 1753년에 사헌부감찰에 있었고 홍대용은 1777년에 사헌부감찰에 있었다. 안정복이 1712-1791년 목천현감(천안 목천)으로 지낼 때, 홍대용은 충청도 태안에서 현감(1778년부터)을 맡고 있었다.

32) 박권수, 「서명응의 역학적 천문관」. / 문중양, 「18세기 조선 실학자의 자연지식의 성격 - 상수학적 우주론을 중심으로」 참조.

33) 安鼎福, 「答上星湖先生 書」, 『順菴先生文集』: 自古儒者每嚴華夷之分. 若不生于中土, 則盡謂之夷, 此不通之論也. 天意何嘗有界限.

인 중화의식과 지리적 중화관을 내면화한 풍토부동론(지리적 전제 때문에 풍토가 중국과 다를 수밖에 없다)의 입장에 서있는 인물로 설명한다. 동이(東夷)였던 아동(我東)이 중화의 나라가 되는 것은 사람의 노력에 달려 있다. 동이의 지기(地氣)가 중화의 땅보다 못한 것 역시 지리의 구역상 그렇게 주어졌기 때문이다. 이처럼 송시열은 원래 중화의 땅이었던 곳이 아무리 오랑캐의 소굴로 변했다 하더라도 언젠가 지기(地氣)에 의해 중화가 회복되리라는 기대를 저버릴 수 없었다.

한편 허목은 신시(神市)가 단군을 낳기 전에 백성들에게 생민의 정치를 가르쳤다는 점을 언급하면서 기자가 은이 망하고 조선에 왔을 때 조선을 교화 시킨 것은 맞지만 기자가 와서 이(夷)를 화(華)로 바꾸었다고는 말하지 않는다. 허목은 단군조선의 문화를 오랑캐의 풍습[夷風]이라 천시하지 않는다.[34)]

여기서 담헌이 연행길에서 수없이 들었던 말, 즉 '당신(담헌, 조선인)은 예의바르다', '기자의 후손이지 않은가'와 같은 말들을 상기할 필요가 있다. 이는 사실상 '조선(고려)인은 기자의 후손인데 어찌 예의 바르지 않은 민족이겠는가'라는 속뜻이 담겨 있는 칭찬의 말이다. 그런데 그가 중국에서 만난 벗들에게 급히 (마땅한 참고서적도 없이) 척독(尺牘)으로 조선을 소개하기 위해 쓴 「동국기략(東國記略)」[35)]에서는, 가장 먼저 단군을 설명하고 그 다음으로 기자를 언급한다. 담헌은 단군이 신인(神人)이 태백산 단목(檀木) 아래 내려와 추대하여 임금으로 삼은 자라고 소개한다. 이는 분명 '조선인의 예'를 기자의 것으로 소급했던, 혹은 그렇게 연관하여 인

---

34) 한영우, 『조선후기 사학사 연구』, 115-120쪽.
35) ≪杭傳尺牘 : 乾淨衕筆談≫, 「外集 2」, 『湛軒書』.

식했던 중국인들에게 조선의 독립적 역사를 설파하는 말이다. 그는 조선의 독자적 정통성을 언급하고 있다.

연행을 마친 이후에도 담헌은 조선의 친구들과 대화 하면서 자신이 그동안 지켜왔던 전통적 화이론에 자체에 의구심을 보인다. 그는 이미 중국에 있을 때 중국 친구들과 돌림편지로 대화하며 화이의 구별에 대해 애탄했었다.[36] 귀국 후, 한족이지만 청 문화의 양식에 맞춰 살아가고 있는 중국 친구들을 '천애결지기(天涯結知己)'으로 소개하기도 했다. 그런데 연행기록에서 그는 중국 여행에서 만난 수많은 만주인들, 이민족들의 삶을 때론 금수라 묘사하면서도 또 때로는 그 나름의 문화 양식을 인정하며 이중적 평가를 내리고 있다. 후에 지은 「의산문답」에서는 노골적으로 조선의 사대부들에게 '화(華)'와 '이(夷)' 구분 자체에 대해 질문한다.

배우성은 「의산문답」에 나오는 맨 마지막 구절 '화이일야(華夷一也)'를 두고 두 가지 평가를 내린다. 담헌이 내외, 화(華)와 이(夷) 구분을 하지 말자고 주장한 것이 아니라 내(內)가 지향하는 가치와 외(外)가 지향하는 가치를 다른 이름으로 부를 필요가 없다고 주장한 것이라 보는 것이다. 즉, '화이일야'는 '화와 이가 하나다'라고 새길 수도 있지만, '화와 이가 마찬가지다'라고 해석할 수 있다. 전자로 보면 화와 이를 범주적으로 구분할 수 없다는 의미가 되고, 후자로 보면 어떠한 가치를 공유한다는 점에서는 지리적으로 화이를 동일시 여겼다는 의미가 된다. '공자가 바다를 건너와 구이의 땅에서 살았더라면 존양의 뜻이 스스로 역외춘추에 있으리

---

36) ≪杭傳尺牘：乾淨衕筆談≫, 「外集 2」, 『湛軒書』：何以得此哉? 朋友參之人倫, 顧不重歟, 天地爲一大父母, 同胞何間於華夷哉! 어찌 이럴 수 있습니까? 붕우는 인륜에 참하는 것이니 어찌 중하지 않겠으며 천지가 한 큰 부모가 되니 동포에 어찌 화이의 간격이 있겠습니까!

라'는 담헌의 말은 곧 땅의 구분(전제) 자체를 부정한 것이 아니라는 것이다.[37]

> 우리 동방(東邦)이 오랑캐가 되는 것은 지계(地界)가 그런 것이니 [①], 어찌 숨길 필요가 있겠습니까. 이적으로 태어나 이적의 행동을 하다가 성인되고 현인이 되었다면 진실로 훌륭한 일이니 우리가 어찌 부끄러워하겠습니까. 우리나라가 중국을 본받아 이적됨을 잊은 지는 오래라고 합니다. 비록 그러하나 중국에 비하면 모방이 있고, 그 등분이 스스로 있는 것입니다. 오직 용렬해서 스스로 만족함으로써 작은 지식에 국한하는 자들이 이러한 말 등을 들으면, 발끈 화를 내거나 부끄러움을 감추려 합니다. 이는 아동의 풍속이 편벽되기 때문입니다.[38]

화이의 범주가 국경의 한계로 비롯된 것이었기 때문에 "중화와 이적의 지리적 경계는 원래 그런 상태로 주어진 것"이었다. 송시열이 조선이 중화문화의 계승자가 되고 또 나아가 역외 춘추가 될 수 있다고 본 것 역시 "이 조건이 주어진 다음의 문제"로 여겼기 때문이었다. 배우성은 송시열이나 홍대용이 이러한 지역성을 전제로 삼았기 때문에 조선이 지향해야 하는 문화에 집중할 수 있었다고 설명한다. 그리고 1765년 연행 길에 만난 손유의와의 대화에서 홍대용이 우리나라의 언어문제를 언급한 부분 — "언어만은 아직도 이풍을 면하지 못했으니 부끄러운 일입니

---

37) 배우성, 『조선과 중화』, 162쪽, 164쪽 : "춘추가 구현된 그 땅이 여전히 역외인 한, 역외를 구역 혹은 구주의 땅과 동일시 할 수는 없는 것",

38) ≪又答直齋書≫, 「內集 3」, 『湛軒書』 : 我東之爲夷, 地界然矣, 亦何必諱哉. 素夷狄行乎夷狄, 爲聖爲賢, 固大有事在, 吾何慊乎. 我東之慕效中國, 忘其爲夷也久矣. 雖然, 比中國而方之, 其分自在也. 惟其沾沾自喜, 局於小知者, 驟聞此等語, 類多怫然包羞, 不欲以甘心焉, 則乃東俗之偏也.

다"—를 그 근거로 덧붙인다.

하지만 이상에 언급된 입장들, 즉 문화적 중심의 기준을 '주도'의 실천 여부, '예'의 유무 기준으로 환원하는 논의나 풍토부동론의 한계가 있었기에 담헌이 문화에 집중하여 중화의 의미를 개진시키려 했다는 논의는 모두 담헌 사상의 지형도에 모순을 남기고 있다. 본서는 그 이유를 다음 세 가지 측면을 통해 부연하려 한다.

첫째, 지리적 한계 관한 담헌의 문제의식은 이미 「의산문답」에서 드러나듯 중화의 범주 밖에 놓여있었다. '화이일야' 혹은 '인물성동'이라는 하나의 관점을 가지고 그 영향관계를 살폈다기보다 객관적으로 시선 자체의 이동이 선행했다는 말이다. 담헌의 시선은 지계라는 틀 속에서 화/이, 인성/물성을 나누는 바로 그 시각 위에 있었다. 즉 하늘의 관점, 그것도 상징적이고 서사적 하늘이 아니라 물리적으로 실재하는 하늘, 지구, 우주에서 중국을 바라보고 있었다. 때문에 지리적 형세의 크기가 문화에 영향을 미친다 해도 그것이 인물성 본질에 끼치는 영향은 미세한 먼지에도 미치지 못했다.

> 지구 세계[地界]를 태허(太虛)에 비교한다면 미세한 티끌에도 미치지 못하고, 저 중국을 지계와 비교한다면 10여분의 1도 되지 않는다.[39]

또한 배우성을 비롯한 많은 연구에서 풍토의 문화적 한계 근거로 인용하고 있는 「우답직재서」는, 직재김종후가 담헌이 연행길에 변발을 한 중

---

39) ≪補遺 : 毉山問答≫, 「內集 4」, 『湛軒書』 : 夫地界之於太虛, 不啻微塵爾, 中國之於地界, 十數分之一爾.

국인들과 교제한 것을 두고 못 마땅히 여겨 질책과 힐난의 말을 전파하자 담헌이 그에게 답한 편지글이라는 점에서 앞뒤의 맥락을 살펴 볼 필요가 있다. 그리고 이를 위해 먼저, 담헌이 자주 청자(聽者)가 누구냐에 따라서 그 말하기의 용법을 달리하는 모습을 보인다는 특성을 상기해야 한다.

편지 서두에서 담헌은 "군자가 사람을 사귐은 또한 각각 취하는 점이 있는 것이오. 그런데 어찌 오로지 제일등의 사람만 사귀고 그 제이등 이하의 사람은 모두 더럽게 여기고 사귀지 않겠소."[40]라고 말한다. 즉 담헌은 김종후의 시각이야 말로 오히려 지계에 머물러 군자의 호연한 마음, 무애한 사귐을 보여주지 못하고 있다고 에둘러 비판하고 있다. 어진 군자라면, 불행한 때에 태어나 슬픔과 억울함을 참아야 하는 누군가의 상황을 이해해야 하고 돌봐주며 나아가 애석히 여겨야 한다. 군자의 올바른 태도는 조선의 군자이던, 중국의 군자이던 지역의 구획과 상관이 없다. 어디서 태어나던 언제 태어나던, 상황이 만든 한계를 그 사람의 본래적 무시와 핍박으로 연결해서는 안 되는 것이다. 따라서 화/이의 구분은 풍토부동론과 같은 불변의 한계로 연결시키기 어렵다. 지계 자체가 이미 고정된 것이 아니며 그에 따른 풍토 역시 언제든지 바뀔 수 있기 때문이다.

그렇다면 위 ①의 말은 어떻게 이해해야 할까? 이 말의 핵심은 그 뒤에 이어지는 담헌의 말에서 찾을 수 있다. 담헌은 오랑캐 땅에서 태어난 오랑캐라 할지라도 진실로 성인이, 대현이 될 수 있다고 말한다. 오랑캐

---

40) ≪書 : 與金直齋鍾厚書≫, 「內集 3」, 『湛軒書』.

가 된 여러 까닭 중 하나는 지계에 있겠지만 그 지계라는 것은 고정된 것이 아니고, 따라서 성인이라고 하는 존재도 중국 땅, 중국 역사의 전유물이 아니라는 것이다. 담헌은 난공과 나누던 대화 가운데 "순(舜)은 동이(東夷)의 사람이고, 문왕(文王)은 서이(西夷)의 사람이니, 왕·후·장·상(王侯將相)이 어찌 종자가 있겠습니까?"[41]라는 말을 한다. 순임금과 문임금을 '오랑캐[夷]'로 표현하는 이 대담함은 단순한 호기가 아니다. 여기에는 의식 자체의 전환이 있다. 또한 담헌은 일본의 학문을 언급하면서 "저 이물(伊物 : 이토진사이伊藤仁齋와 오규소라이荻生徂徠)의 학술은 비록 자세히 알 수 없으나 그 요체만은 몸을 닦고 백성을 구제하는 것이었으니, 그것도 또한 성인의 무리인 것이다. 그 학술대로 다스린다 하더라도 또한 가하지 않겠는가?"[42]라는 말을 남긴 바 있다. 자신의 말의 방점이 땅의 경계 자체를 넘어 사람, 성인의 경계까지도 넘어서고 있음을 보인 것이다.

중화의식으로써 대국을 섬기는 문화적 제1원인은 그곳에 모든 배움의 표준과 규범의 근거가 놓여 있기 때문이었다. 주도(周道)도, 예(禮)도 그러한 맥락에서 사유된 결과이다. 하지만 한걸음 더 살펴보면 일단 그 근원의 정점에는 (地勢보다는) 예를 담지한 자, 곧 성인(聖人)이 있었다. 그는 성인이 오랑캐 땅에 있다면 오랑캐 땅이 중화고 연경이 오랑캐일 수 있다고 말한다. 따라서 굳이 어떤 민족이 오랑캐가 된 원인을 그에게 묻는

---

41) ≪杭傳尺牘≫, 「外集 3」, 『湛軒書』 : 余曰, 舜,東夷之人也. 文王,西夷之人也. 王侯將相,寧有種乎. 苟可以奉天時而安斯民, 此天下之義主也. 本朝入關以後, 削平流賊, 到今百有餘年, 生民按堵, 其治道可謂盛矣. 惟禮樂名物, 一遵先王之舊, 則天下尙論之士, 庶可以無憾, 亦可以有辭於後世矣. 담헌이 성인을 존중하는 것은 그들이 생민의 안정을 위해 훌륭한 禮+樂+名+物을 보였기 때문이다.

42) ≪跋 : 日東藻雅跋≫, 「外集 7」, 『湛軒書』 : 然彼伊物之學, 雖未詳其說, 要以修身而濟民, 則是亦聖人之徒也, 因其學而治之, 不亦可乎. cf. 荻生徂徠의 중국식 自称이 物徂徠이다.

다면, 담헌의 궁극적인 답은 땅이 아니라 '사람(ㄱ성인)'이 되어야 맞다. 그래야 "스스로 중국과 비교하여 등분을 만드는 것은 편협함"에 다름 아니라는 이어지는 비판과도 연관된다. 또한 "내외의 구분과 세류의 차별은 진실로 하늘이 정한 경계[世類之別, 固天之有限矣.]"라는 뒤의 말과도 연관된다. 지세를 만든 것은 사람에게 있는데 사람이 스스로 지세에 의해 스스로를 옭아매는 것은 열등감과 자격지심, 편협함에 다름 아니다. 물론 담헌은 예의 없는 사람을 두고 금수 운운하는 말을 한 적이 있다. 그러나 담헌이 화이관을 통해 궁극적으로 말하고자 하는 것은 지금 당장 만난 저 사람의 예의 유무에 있지 않았다. 예는 문화를 구성하고, 문화를 구성하는 요소에는 지형이나 지세도 영향을 미친다. 정통으로 따르고 있는 주나라의 전통 역시 중요하다. 하지만 중국식 예의 유무는 담헌의 미래적 시선과 인물성동의 결론에 본질적으로 영향을 미치지 못한다.

따라서 둘째, 담헌이 주도(周道)의 세세한 실천 여부나 '그' 예의 유무에 얽매이지 않는 모습을 보인다는 점은 중요하다. 처음 연행기에 등장하는 담헌은 명나라의 예, 주나라의 예 등의 기준을 가지고 지금은 사라져 버린 청나라 사람들의 삶의 양식에 탄식한다. 하지만 정작 청나라에 살고 있는 다양한 사람들을 만났을 때 담헌은 독자적 문화양식에 끊임없이 질문을 던지며 지금의 양식에 대한 객관적 타당성을 점검하려 했다. 그가 예에 대한 기준을 매우 폭넓게 수용하고 있다는 점은 단순히 전통적 예의 기준들을 문자오류설에 입각하여 숭상하고 있는 것이 아니란 증거다. 또한 성인의 경계를 부수고, 단군을 운운하며, 변발한 친구들을 장난삼아 놀릴 수 있는 것은 이러한 화이의 경계가 어떤 정해진 틀에 의해서 금 그어지는 것을 거부한 처사다. 그렇다면 배우성이 지적하는, 담헌이 손유의와의 대화 속에서 국어에 대해 폄하 발언을 했다는 사례 역시 재고해야 한다.43) 담헌은 연행길에서 만주어를 비롯한 라틴어, 몽고어 등을 접한다. 그리고 민족 고유의 언어를 가지고 경전 공부를 하고 나름의 문화를 구성하는 모습을 보았을 때 어김없이 찬탄을 보냈다. 담헌은 중국어의 필요성을 절감하며 중국을 다녀왔지만, 바로 그 답답했던 마음이 불러온 경험의 가치를 공유하고자 한문과 언문(국어) 이중으로 연행기를 기록한다. 척독의 대화에서 가장 불편했던 것이 '음'(音 : 소리)이다. 이 상황에서 '서동문(書同文)'이라는 칭찬에 대한 겸양의 표시로 한 언사를 마치 이풍의 국어를 버리고 음까지 조선의 지향해야 하는 문화로 끌어간 것은 과도한 해석이다. 조정에서 사람을 뽑아 쓸 때 동서남북의 토음에 상관없이 쓰고 또 그것에 의해 차별하지 않는다는 손유의의 말에 오히려 놀라서 기록한 것이 바로 담헌이다.

셋째, 담헌이 인식한 중화의 기준을 문화나 지세에 두게 되면, 그가 편지에서 신랄하게 비판하는 수많은 유형의 사람들을 설명할 방도가 없다.

그런데 (족하가) 머리 깎은 과거를 보는 사람들[擧子]들과 더불어 형제처럼 사귀고 더불어 말하지 못하는 바가 없는 데까지 이르렀다는 말을 들으니, 나는 나도 모르게 경탄하고 잘못 헤아려서 그 정미한 부분은 궁구할 겨를이 없었습니다. 지금 보내온 편지를 받고 연달아 그것에 대해 생각해보니 다시 변론할 것이 있습니다. 이른바, '제1등인'의 사람은 과연 어떤 사람 이길래, 족하가 저 오랑캐[胡虜]의 무리들에게

---

43) ≪燕記≫, 「外集 7」, 『湛軒書』: 又曰, 貴邦文字. 亦遵朱子乎? 余曰, 經與禮, 一遵朱子, 無敢少差. 蓉洲曰, 中庸云書同文, 信不誣矣. 余曰, 弊邦慕向中國, 衣冠文物. 彷彿華制, 自古中國或見稱以小中華, 惟言語尙不免夷風爲可愧. 蓉洲曰, 久仰貴邦人物俊雅, 風俗醇厚, 不減中華. 至于土音, 又何害焉? 且以中國言之, 東西南北, 語亦不類, 而朝廷取士用人, 亦幷不以此而別.

분주하게 다가가 일을 구하고 일에 있어 의논과 가부를 따지는 것입니까? 그대는 주자(朱子)가 이른바 '제1등인은 반드시 과거(科擧)에 응하지 않는다.'고 한 것을 보지 못하였습니까? 주자의 '제 1등인'에 대한 논의는 평상시에 있어서도 과거에 응하지 않는 다는데 있습니다. 족하의 '제 1등인'에 대한 논의는 오랑캐의 과거에 응하지 않으면 된다는데 있습니다. 무릇 오랑캐의 과거에 응하지 않는다면 진실로 어질다 할 수는 있겠으나 어찌 이로써 갑자기 제1등인이 된다고 할 수 있겠습니까? 제1등인은 스스로 일을 가짐에 마음을 바르게 하고 몸을 가지런히 하며 배워서 성현이 되겠다는 이가 제1등인입니다. 물세계가 드러나는 곳에 뜻을 구하고, 사사로운 욕심에 얽매이지 않는 것이 제1등인입니다. 만약 단지 오랑캐의 과거에는 응하지 않더라도 마음을 바루지 않고 몸을 닦지 아니하며 욕심을 떨어 없애내지 않는다면, 제2등, 제3등인이라 할 수밖에 없는 겁니다.[44)

이 글은 김종후가 담헌에게 보낸 편지이며, 김종후는 주자의 말을 인용하여 사람의 등분에 대해 논하고 있다. 그는 주자가 제1등인이라 말한 이들이 과거에 응하지 않는 자, 정확히 말하면 평상시에도 과거에 응하지 않는 자를 의미한다고 말하고 있다. 아마 이전에 담헌이 오랑캐와 다름없는 자들에 대해 논의를 하다 제1등인이란 오랑캐의 과거에만 응하지 않으면 되지 않느냐라고 말했던 듯하다. 담헌의 친구 엄성과 반정균은

---

44) ≪書 : 直齋答書≫, 「內集 3」, 『湛軒書』: 及聞其與剃頭擧子結交如兄弟, 至無所不與語, 則不覺驚歎失圖而未暇究其精微. 今因來諭而繹思之, 則有可復者. 夫所謂第一等人, 是何如人也, 而足下乃以擬議可否於奔走求事胡虜之徒耶? 足下不見朱子所謂第一等人定不應科擧者乎? 朱子之論第一等人, 在於平常時節不應擧者, 而足下之論第一等人, 乃在於不應虜擧. 夫不應虜擧, 固屢矣, 然豈得以是而遽爲第一等人哉? 第一等人, 自有事在正心修身, 學爲聖賢, 第一等人也. 抗志物表, 不累私慾, 第一等人也. 若其只能不應虜擧而心未正身未修慾未祛, 則不害爲第二第三等人也.

모두 머리를 깎고 청조의 과거를 준비하고 있는 한족이었다. 그들은 세 번까지 해보고 안 되면 낙향할 각오가 있었고, 담헌도 그들의 사정을 이해하고 충심한 뜻을 응원하고 있었다. 그런데 김종후는 주자 운운하며, 담헌이 만난 친구들이 어떤 친구인지도 알려 하지 않은 채 자신이 명나라 사람인 냥 제1등, 제2등을 논하고 있다. 담헌은 김종후가 '상투 튼 외국인'과 다름없게 느껴졌을지도 모른다.[45] 제이등이 제일등이 못된 것은 어떠한 풍토와 문화가 주어졌기에 어쩔 수 없이 그렇게 된 것도 아니고, 오롯이 행위 주체의 책임 탓만도 할 수 있는 것도 아니다. 담헌은 일찍이 명나라 본토의 사람으로서 의리를 지키지 못하고 강희 이후 벼슬로 초빙되어 간 이들을 깊이 꾸짖을 필요가 없다고 말했다. 옛 선조에 대한 생각들을 백년이 지난 이후에도 없어지지 않도록 하는 것은 "곧 인정으로도 반드시 할 수 없고 천리로도 반드시 그렇지 않은 일"[46]이라고 말했었다. 삶의 복잡한 씨실과 날실은 고려하지 않고, 어찌할 수 없는 상황은 무시한 채 다그치는 그에게 담헌이 똑같은 방식으로 감정적 언사를 담고 있

---

45) 이와 같은 담헌의 생각이 드러나는 구절은 ≪杭傳尺牘：乾淨衕筆談≫,「外集 2」,『湛軒書』에도 있다. 여기서 담헌은 친구들과 둘러 앉아 여러 가지 이야기를 나누다가, '우리 나라는 明에 대해 재조의 은혜를 입었다, 왜란이 있을 때, 신종황제가 도와줘서 그 뒤 200년의 생민의 樂利가 다 明의 은덕이다'라고 말하며, 명이 망했다고 슬퍼 사모하는 (조선의) 사람들의 존재에 대해 언급한다. 그런데 이 대화를 다 묘사하고 나서 담헌이 남긴 메모는 "이 이야기를 들은 두 사람 모두 답이 없었다[兩人皆無答]."이다. 이 대화를 굳이 남기면서 상황에 대해 묘사를 한 것은 이것을 읽게 되는 조선의 사대부들을 명백히 의식했기 때문이다. 중국인보다 더 중국인스러운 조선인의 명에 대한 극렬한 사모와 애모의 표현, 그리고 이에 대해 청나라 한족 사람들이 느끼는 이 할 말 없음, ─그것을 적나라하게 기록하고 있는 담헌의 소리 없는 일갈은 (21세기 검은머리 외국인처럼) 조선에 살고 있는 상투 튼 중국인들을 향하고 있었다고 본다.

46) ≪書：與金直齋鍾厚書≫,「內集 3」,『湛軒書』：若以其不思明朝, 爲非忠且義, 則天下之革代, 自古然矣. 君子之澤, 亦五世而斬矣. 欲其沒世之思, 不衰於百年之後, 則此人情之必不能而天理之必不然也.

는 것은 어찌 보면 당연하다. 담헌은 "빈틈을 타서 위를 바로잡고 은연히 중화로 자처하는" 이들 ― 바로 그 제일등과 제이등의 기준을 아전인수하고 있는 이들을 비판한다. 더불어 "단지 행동이 금수와 같다고 단정하는 것은 가하겠지만 바로 사람이 아니라 함은 너무 지나친 것입니다."라고 말하며 이 말을 중국인이 아닌 우리가(오랑캐인 조선인이) 한다는 것은 오히려 옛 중국인들에게 비웃음을 사는 일이라고 일갈한다.[47] 필요에 의해 요청하는 중화의식은 제이동의 약한 사람들을 의식한 제일등의 강한척이자, 자국의 미래보다 타국의 미래를 더 걱정하는 제일등의 과도한 작태다. 담헌이 "저 오랑캐도 중궁과 자로 이상으로 뛰어날 것[且將突過仲弓, 子路以上矣.]"이라 말했을 때 중화의 기준은 '지세'에도 '문화'에도 있지 않았다. 담헌에게 이적의 이적된 까닭은 '개별 사람' 그 자체에 있었다. 인(人)과 물(物), 화(華)와 이(夷)를 끊임없이 구분하려는 의식, 본성을 생득적 전제가 아닌 현실의 문제로 끌어들여 개별 사람들의 가능성(누구나 군자와 대현과 성인이 될 수 있는)을 무시하는 관점, 그리고 순수한 만남이 가지는 교류를 두고 "억지로 말을 만들어서 의리를" 해치는 공평치 못한 언행, 이 모든 것은 중화를 만들어낸 사람들의 이중적 마음에 의거해 있다. 담헌은 울타리[藩籬]를 없애고 물아를 공변되게 하는 것이 군자의 마음[48]이라고 했다. 경계는 "치우친 의론을 깊이 병 되게 여기게"할 뿐이다. 담헌

---

47) ≪書 : 又答直齋書≫, 「內集 3」, 『湛軒書』: 但斷之以行類禽獸, 可矣, 直謂之非人則亦過矣. 此言雖出於中國, 亦爲辭氣之過當, 況以我輩而爲此言, 豈不見笑於中國之古人乎. 그러나 행동이 금수와 같다고 단정하는 것만은 가하겠지만, 바로 사람이 아니라 함은 너무 지나친 것입니다. 이 말이 비록 중국에서 나왔다 하더라도 또한 너무 지나치다 할 것인데, 더구나 우리들로서 이런 말을 하면 어찌 중국의 옛 사람들에게 비웃음을 당하지 않겠습니까?

48) ≪與蔡生書≫, 「內集 3」, 『湛軒書』: 此可見君子破藩籬公物我之心.

의 중화론이 표면적이고도 가변적인 행위 차원 너머에서, 그리고 개개인(개별성)을 바라보는 차별적 의식의 관점에서 논의되어야 하는 이유가 여기에 있다.

담헌의 연행기에서 '금수(禽獸)'라는 단어는 35번 등장한다. 대다수는 인물성 관련 논증하는 글, 「의산문답」, 그리고 연행기에서 등장하였는데, 특히 그가 직접적으로 금수라는 단어를 입 밖으로 내뱉는 것은 모두 연행기에서 만난 사람들을 묘사할 때이다. 그런데 이렇게 직접적인 묘사에서 금수라는 단어를 사용할 때 어김없이 함께 등장하는 말이 있다. '예(禮)'이다. 즉, 예의 없는 사람을 만났을 때 그는 금수와 같다는 표현을 사용하고 있다. 그런데 '예'라는 것은 (이하 2장에서 상술하겠지만) 자기 내면의 본성을 직접 지시하는 말이 아니다. 결국 '금수 같다', 즉 '예의 없다'는 그의 판단과 언행은 그 사람의 본질적 바탕을 가늠하는 기준, 인물성이론을 통해 존재의 층차를 두려는 구별이 아니다. 그것은 지금 내 앞에 드러난 '그 사람의 모습'을 어떠한 기준에 따라 논의하기 위해 요청한 비판적 언행인 셈이다.[49]

---

49) 「外集 7」에 등장하는 '금수'단어의 맥락만 대표적으로 살펴보자. ① ≪拉助敎≫ : 대비달자가 남 앞에서 심지어 부인들 앞에서도 함부로 오줌을 누는 장면을 이야기를 듣고 그들의 어긋난 행동이 금수와 그리 멀지 않다고 말한다. 그리고는 그 추잡한 행동은 밉지만 굳세고 날래게 전투를 잘하는 것은 두렵다고 첨언한다. [因言大鼻㺚子對人溲溺, 雖婦人不以爲嫌. 吸烟不以口而以鼻. 余曰, 此違禽獸不遠. 助敎大笑曰, 然矣. 余曰, 其醜行雖可惡, 摯悍健鬪, 亦可畏. 助敎曰, 有勇而無謀, 臨戰無陣法, 亦不足畏也.] / ② ≪藩夷殊俗≫ : 몽고 추장을 만났을 때 담배를 권해서 피웠는데 피고 나서 다시 담배를 담아주니 추장은 고개만 끄덕인다. 이를 두고 담헌은 그 우둔함[蠢蠢]이 금수로부터 멀지않았다고 적고 있다. [裝烟勸余及億成. 吸畢, 余又裝烟而酬之, 辭出, 只點頭而已. 其蠢蠢去禽獸不遠也.] / ③ ≪衙門諸官≫ : 통관들 앞에서 담헌은 어제 몽고관에 나녀온 일에 대해 뒤늦게 보고하며 우려를 끼쳐 드리게 죄서 미안하다고 말한다. 이에 통관들이 몽고사람들은 미련하기가 금수 같아서 담헌이 오히려 봉변당할까 걱정했다고 말한다. 이에 담헌은 "그들도

담헌의 중화의식은 동론의 기준을 유지하면서도 상황과 시중(時中)에 의해 그 표현을 달리 하고 있었다. 그래서 북벌론을 주장하는 이전 사람들과도 의식이 달랐다. 송시열이 기존의 의견을 바꿔 북벌을 주장할 때, 그는 인간의 노력에 따라 누구나 중화가 될 수 있다는 생각을 갖고 있었을 것이다. 동쪽의 오랑캐가 본래 조선의 시작이었지만 우리의 예가 저들보다 높으니 열세를 극복한다면 조선도 중화가 될 수 있고, 나아가 저 만주 오랑캐로 오염된 중원 땅, 청나라 역시 우리의 두려움이 아니라고 말하고 싶었을 것이다. 송시열이 효종과 달리 적극적 무력을 통한 전쟁을 주장한 것이 아니라, 국력을 먼저 증강시킨 후 중화의 문화를 보존한채 북벌을 진행해야 한다고 단계적 접근을 한 것은, 이상에서 살펴본 풍토부동론 등을 운운하지 않더라도 송시열을 이해할 수 있는 부분이다. 애당초 송시열의 중화의식은 고정되어 있었기 때문이다. 아니 혹은 흔들리는 사회 속에서 (대의) 명분을 구조하려면 중화의식은 고정되어 있었어야 했을지도 모른다. 고정된 기준에선 더 과격하고 더 온건한 의리가 존재할 뿐이다. 그리고 그 고정된 기준이 결국 정치적 진보, 나아가 예의 진보를 방해했다.

담헌은 「한중유에 답하는 편지」50)에서, 명나라의 멸망이후 조선의 대외정책에 두 가지를 문제시 삼는다. 하나는 잘못이 척화(斥和)가 아니라 화(和)에[則失在和, 不在斥和], 정확히는 화(和)를 아무런 기준도 없이 느슨하

사람입니다. 내가 예의로써 대한다면 어찌 봉변당할 것을 염려하겠습니까?"라고 답한다. [二十五日. 將往北城外, 至衙門, 諸通官在焉. 余曰, 昨日妄至蒙舘, 致諸公憂慮. 皆謝曰, 蒙人頑如禽獸, 惟恐公子之受侮, 非敢阻行也. 余曰, 彼亦人也, 自我待之以禮, 何慮其受侮. 他人尙可慮此, 諸公知余已熟, 寧以此慮之乎. 諸官皆笑.]
50) ≪書 : 答韓仲由書≫, 「內集 3」, 『湛軒書』.

게 말한[緩辭] 지점에 있었다는 것이다. 만약 척화를 (제대로) 할 것이라면 억지로 말을 부드럽게 하여 그들에게 아첨하지 말고 우리의 기가 먼저 꺾이지 않게 전일케 했었어야 했다. 다른 하나는 우리가 예를 숭상한다고 자칭하여 화를 말한다면 그에 맞게 끝까지 행동했어야 했고, 만약 우리의 무력을 의심했다면 우리의 승군과 의병을 왜군이 두려워했던 것에 대해 충분히 설명하여 설득했었어야 했다는 것이다. 담헌이 '화이일야(華夷一也)'를 말할 때 담헌의 세계는 불필요한 차등의식과 허울뿐인 명분이 사라진 실리(實理)의 꽉 찬 공간을 전제하고 있었다. 이로움[利]과 사특함[私]이 비집고 들어갈 수 없는 이 우주적 공간에는 생명의 원리가 생명의 흐름 속에 가득 차 있다. 이 실리를 관조한 실옹이 지계의 경계를 지웠듯 담헌 역시 불필요한 틈들을 지우고 있었다. 실리가 일관되는 관점, 실리가 가득찬 세계는 담헌이 드러내고자 하는 모든 말을 통해 증명되고 있다. '화이일(華夷一)'과 '인물성동(人物性同)'은 담헌의 언어 속에서 일관되지 않은 적이 없었다.

2) 동론자의 탕평책 비판 : 「채생에게 주는 편지」

앞서 살펴본 중화론과 인물성동이에 관한 논의는 대체로 담헌 스스로의 국외적 경험으로부터 구성한 면이 크다. 반면 이 장에서 논의할 탕평책과 인물성동이의 연관성은 국내의 당파적 경험과 깊은 관련이 있다. 크게 보면 중화론이 인물성동론 배경구조의 외부적 원인으로 작동되었다면, 호락논쟁과 얽혀있는 정치적 당파의 이해관계는 인물성동론에 대한 내부적 원인이 되었다고 해도 무방할 것이다. 먼저 탕평책의 등장 배경과 전개에 대해 간략히 살펴보자.

탕평이란 말은 본래 『서경』 홍범구주(洪範九疇)의 제5조 가운데 '치우침이 없고 아당(阿黨)이 없으면 왕도가 순조롭고 공평하다.[無偏無黨 王道蕩蕩 無黨無偏 王道平平]'에서 나온 말이고, 탕평책은 영조말기 붕당 간의 다툼을 완화시키기 위해 등장한 불편부당(不偏不黨)의 정책이다. 붕당의 갈라짐은 조선중기 선조 말 왜란이 수습되는 과정에서부터 어지럽게 진행되었는데, 이때 갈라진 동인과 서인 중 동인은 다시 남인과 북인으로 나눠지고, 다시 후기로 오면서 서인은 노론과 소론으로 나누어진다. 이러한 갈라짐의 표면에는 각 정파에 결부된 명분론, 왕실의 특정 의례를 문제 삼는 서로 다른 '예(禮)'의 해석이 드러나 있었지만, 그 배경에는 언제나 왕권을 키우고 다시 왕권을 강화하는 과정에서 누가, 어느 쪽 사람들이 주도권을 가질 것인가에 대한 상이한 실리적 이해와 욕망이 자리 잡고 있었다.[51] 문제는 이 과정에서 자신의 편에 방해되는 이들과 자신의 세력에

---

51) 영조의 정권은 경종 때 물러났던 노론의 지지에 기반하여 시작되었다. 노론들은 경종 때 노론의 실각을 유도했던 壬寅獄事의 책임을 소론에게 묻기를 원했고, 영조는 즉위 직후 소론파 대신들을 처벌함으로써 노론의 지지에 응했다. 그런데 노론의 강경파는 이에 만족하지 않고 소론의 생존자들을 처형하기를 주청한다. 영조는 오히려 자신의 탕평을 신뢰하는 소론 대신을 기용함으로써 탕평 정책을 실현하려 하는데, 여기서 소론의 강경파가 다시 격분하여 일을 벌여서 다시 소론이 타격을 입고 노론이 재집권하게 된다. 이와 같은 양상이 반복되자 영조는 탕평에 대한 생각을 재고, 1729년 노론과 소론을 막론, 고루 등용하는 緩論의 정책을 편다. 여기서 적용되었던 인사정책의 기준이 '雙擧互對'이다. 문제는 이러한 화합조성의 기운이 강압적이어서 오히려 정조시기 노론내부에 시파와 벽파가 나누어지는 부작용을 야기시켰다는 점이다. 또한 혼인관계를 통한 온건한 노론계 대신들과의 유대는 戚臣의 세력을 키우는 빌미가 되었고, 조정에 들어온 남인과 소론 등이 장헌세자(사도세자)를 업고 정권을 잡으려다 이를 간파한 노론의 계교로 세자가 뒤주 속에서 죽게 되는 참사까지 일어난다. 시비를 따지지 않고 탕평의 기준만을 앞세운 나머지, 오히려 '탕평당'이란 이름까지 생겨, 왕의 비호를 받는 이들의 만행이 이어졌다.

도움을 주지 않는 자들을 물리적으로 처단함으로써 정권의 장악과 유지가 교대하고 있었다는 점이고, 이런 배제와 독점의 욕망이 반복적으로 충돌하면서 당쟁이 계속되고 있었다는 점이다. 그리고 이 가운데 18세기 초 등극한 정조는 정당간의 융화를 강조하는 영조식 완론(緩論)이 가지는 단점을 극복하고자 옳고 그름을 가리는 준론(峻論)의 탕평을 지향하면서 능력위주의 인재등용[有才是用]을 확장하고 있었다.

주지하다시피, 담헌은 젊었을 때 석실서원에서 김원행의 제자로 공부했다. 김원행은 담헌의 당고모부였다. 김원행의 아버지는 김제겸, 할아버지는 김창집이지만 어려서 당숙인 김숭겸에게 입양되었기에 김원행은 김창협의 손자로 알려져 있다. 김창협의 스승은 송시열이었지만, 김창협과 김창흡(종조부)을 위시로 하는 낙론계 일반은 탕평정국에 대해 비교적 유연한 입장으로 대응하고 있었다. 대다수의 관련 연구에서는 낙론계가 성인과 범인의 마음은 본질적으로 동일하다는 시각을 가지고 있었기 때문에 소론과 남인을 어느 정도 포용·포섭하고자 했었다고 평가한다. 반면 충청지역의 노론, 즉 호론계는 성인과 범인의 마음이 다르다는 관점을 고수하고 있었기 때문에 강경하고 단일한 입장에서 소론과 남인을 철저하게 배제하고자 했었다고 평가한다.52) 여기서 담헌이 노론계열의 추이를 따라 탕평책을 비판하면서 동시에 인물성동론을 주장하고 있다는 부분은 주시해야 한다. 담헌은 영조 후기부터 정조 전기의 왕권이 교체되는 시기, 즉 탕평의 장단점을 모두 비추어 볼 수 있는 시대에 살면서 어린 정조의 스승으로 조정에 나아갔던 경험53)을 가지고 있었다. 그리고

52) 관련 연구는 조성산, 『조선후기 낙론계 학풍 연구』, 참고 바람.
53) 「桂坊日記」는 1774년(영조50)과 1775년에 있었던 동궁(이산, 정조)과의 대화를 담고

담헌은 정조에게 타인에게 너그러운 마음을 갖기보다 위엄과 과단성을 가질 것을 요청한 바 있다.[54] 따라서 이러한 맥락 하에 담헌의 탕평론을 살펴야 한다. 다음의 「채생에게 주는 편지」에서 개진되는 담헌의 논점들을 살펴보자.

대개 의론이란 진실로 정직함이 마땅하고 치우침이 불가한 것입니다. 그러나 세상 사람들 중에서 탕평의 의론을 지지하여 저기나 여기에 치우치지 않는다고 스스로 생각하는 자는 반드시 사정을 혼란시키고 충역을 뒤섞어 놓음으로써 끝내는 인심을 무너뜨리고 한 세상을 멸망시키는 지경에 이르게 할 것입니다. 붕당의 화도 진실로 심하지만 탕평의 화는 붕당보다 백배 더하여, 반드시 나라를 망쳐 놓고 난 다음에야 말 것이니, 아아! 두렵지 않습니까?[55]

이상에서 담헌은 탕평의 화를 언급하며 두 가지 점에서 비판한다. 하나는 간사함과 정직함은 그 자체로서 섞일 수가 없는데 이를 탕평이란 말로 묶어 혼란을 주고 있다는 점과 다른 하나는 탕평을 지지하는 이들

있다.

54) 「계방일기」가 묘사하는 한 일화가 있다. 홍국영이 동궁에게 일전에 중관을 처분한 일에 대해서 지나쳤던 것 같다고 말하자 정조도 마음이 흔들렸는지 옆에 앉아있던 담헌에게 의견을 묻는다. 허물이 있을 때 마다 스스로를 책망하는 마음이 크다고 토로까지 한다. 여기서 담헌은 제가 잘 알지 못하는 일이라는 전제를 하면서도, 허물 고침을 이미 했다면 마음속에 허물을 남겨 둘 이유가 없다면서 과감한 마음가짐에 대해 역설한다. 동궁의 어질고 총명함[仁明]과 넉넉함[優] 등은 충분하니 다음으로 '威重' 두 글자를 급선무로 배워야 한다는 말도 덧붙인다. 어린 동궁이 탕평의 시류 속에서 자기 심지를 굳건히 하길 바라는 담헌의 마음이 읽힌다.

55) ≪與蔡生書≫, 「內集 3」, 『湛軒書』: 盖論固當正, 偏固不可. 然世人之自以爲持論蕩平而不偏於彼此者, 必變亂邪正, 雜進忠逆, 終至於壞亂人心而淪喪一世. 朋黨之禍固甚矣, 蕩平之禍, 其百倍於朋黨而必至於亡國而後已, 嗚呼! 其可畏也哉?

의 의론에 기준이 없어 폐해를 낳고 있다는 점이다. 담헌이 생각하는 의론(義論)은 "이쪽 이가 정직하면 저쪽 이는 간사하고, 저쪽 이가 충성하면 이쪽 이는 반드시 거역하는 것"이었다. "충신과 역적을 혼동시킬 수는 없었다."56) 담헌은 채생에게 당신이 생각한 정론이 있다면 나를 더럽게 여기지 말고 솔직히 보여 달라고 요청한다. 주고받았던 편지의 내용은 과거 예론(효종의 초상 때 자의대비의 복제에 대한 논쟁을 벌인 것)과 신임의 변고(경종 즉위 후 노론 쪽에서 延祁君을 왕세제로 책봉하자 소론 쪽에서 이를 반대하여 생긴 士禍)에 대한 것이었다. 편지에서 담헌은 누가 정직하고 누가 간사했는지, 누가 충성한 이이고 누가 거역한 이인지를 물으며 이에 대한 근거의 대답이 '춘추(春秋)의 의리'에 있다고 말한다. 춘추의 기준으로 보면 정론은 혼용될 수 없는 명확한 것이었기 때문이다.

> 춘추의 의리를 엄하게 하는 자는 그 의론을 치우치게 아니 할 것입니다.57)

> '진실로 옳고 그름을 가리는 마음으로 춘추의 의리를 아는 자'58)

그런데 당시 이 춘추의 의리는 사실상 우암 송시열의 핵심 정신이라고 해도 과언이 아닌 용어였다. 만약 담헌이 당시 통용되는 맥락을 고려해

---

56) ≪與蔡生書≫, 「內集 3」, 『湛軒書』: ○ 必也此正則彼邪, 彼忠則此逆. / ○ 忠逆不可混.
57) ≪與蔡生書≫, 「內集 3」, 『湛軒書』: 嚴春秋之義者, 不偏其論矣以哉.
58) ≪與嶺伯論瀟陽祠書≫, 「內集 3」, 『湛軒書』: 雖布衣韋帶鄕曲賤士, 苟有是非之心而知春秋之義者, 必將奮臂提斧, 斫破神牌, 以雪神人之憤. 비록 향곡의 가난하고 미천한 신미일지라도 진실로 옳고 그름을 가리는 마음을 가진 春秋의 의리를 아는 자가 있으면 반드시 흥분해서 소매를 걷고 도끼로 神道碑를 깨뜨려서 神과 사람의 울분을 씻을 것입니다.

서 송시열의 말을 빌린 거라면, 담헌은 송시열의 일부 제자들이 고수하는 탕평의 근거가 송시열의 논리로 맞지 않다고 주장하는 셈이다. 도대체 춘추의 의리에 따라 탕평의 의론이 잘못되었다는 것은 무슨 말인가? 담헌이 말하는 '춘추의 의리'는 무엇을 의미할까?

「춘추」는 노나라 은공(隱公) 원년부터 애공(哀公) 14년까지 대략 243년 동안을 기록한 노나라의 역사서이다. 공자는 여기서 역사적 인물과 사건에 대해서 포폄을 가하고 대의를 밝혔는데 공자가 「춘추」를 통해 밝힌 의리를 일명 춘추의리(春秋義理)라고 한다. 공자가 밝힌 정의로움과 대의명분은 난신 패자가 횡횡하는 세상을 바로 잡고 태평을 실현하려는 의지의 표현이었다. 특히 그는 왕을 힘으로 무시하고 아비와 형제를 죽여 제후가 되는 일을 서슴지 않았던 춘추시대를 비판하고 무너진 주나라의 질서를 '예'로서 회복·유지할 것을 강조했다.59) 사실상 춘추의 뜻에 주례의 원리가 녹아 있는 셈이다. 뒷날의 성인(聖人)이 이러한 역사의 기록을 통해 올바른 의로움의 기준을 세우고 나아가 사회 곳곳의 자리가 그에 알맞은 직위를 얻어 정치경제사회적으로 평안한 사회가 되기를 바랐기 때문에,60) 공자는 직접 「춘추」를 남겼다.

그런데 담헌은 「춘추」에서 밝힌 바로 그 정의로움에 따라 말한다. 작

---

59) 흥미로운 점은 송시열은 "공자가 춘추를 지으시니 그 대의가 수십 가지이나 尊周가 가장 크다"고 말하며 주나라를 존숭하는 정신이 춘추의 핵심이라 설명하고 있다는 점이다. 바로 이 지점에서 송시열의 의견을 둘러싼 이견이 커져나간다. 담헌은 공자의 춘추를 통해서 역사를 보았지 지역을 본 것이 아니다. 하지만 송시열이 춘추의 정신을 '尊周'라 명명한 것은 그것을 의도하건 의도하지 않았던 간에 '춘추의 정신이 있는 곳=주나라와 주나라가 있는 중국'이라는 프레임을 만들어 냈다. 담헌에게 오기까지 이 '지역의 한계'는 끊임없이 조선의 지식인의 아킬레스 건으로 작용했다.

60) 「哀公」, 『春秋公羊傳』: 制春秋之義, 以俟後聖, 何休云待聖漢之王, 以爲法也.

금의 첨예한 정치사회적 문제를 탕평이라는 이름으로 해결하려는 것은 그 방도도 적합지 않을뿐더러 결실에도 문제가 있다는 것이다. 담헌이 보기에 탕평은 각론을 가지고 토론을 통해 풀어나가야 하는 문제를 융합과 화합이란 이름으로 섞어 문제의식 자체를 희석시키고 있었다. 뿐만이 아니라 공적 영역의 가치론적 질서를 사적 감정으로 뒤섞어 역신을 충신으로 충신을 역신으로 내몰고 있었다. 겉으로는 양적 균등의 형식을 앞세워 함께 공존한다는 명분을 내세우지만 안으로의 폐단은 컸다. 탕평책은 이익과 영달을 추구하는 개인들의 이합집산으로 말미암아 오랫동안 지켜왔던 춘추의리의 토대마저 무너뜨리고 있었다. 따라서 담헌은 사라진 정의를 위해 사라진 기준을 요청할 것을 역설한다. "군자의 마음 씀은 오직 그 의리에 합당한지의 여부만을 따질 뿐"[61]이라고 말하며 탕평책의 폐해를 더 가시적으로 설파한다.

춘추의 의리가 가진 올곧음을 정치사회적으로 쉬이 관철시키려면 기본적으로 가치의 문제를 수직적으로 배열하는 질서가 안정적이다. 즉 어떠한 정책이 다른 정책보다 먼저 시행되어야 하고 더 크게 시행되어야 한다면, 그 정책이 가진 가치가 비교되는 다른 것보다 우위에 있어야 편리한 것이다. 정치의 과정은 이러한 가치들의 경합을 통해 실효를 얻고 이 경합 속에서 다수의 동의와 건의가 더해질 때, 논쟁의 의미 역시 배가된다. 그런데 모두의 의견이 옳다고, 아무개의 의견들이 다 비슷비슷하다고 해서 이러한 가치의 경쟁을 포기한다면 정치의 장(場)에서 의로움[公義]의 기준은 아무런 역할을 할 수가 없다. 성인의 가치는 각 시대별로

---

61) ≪與人書≫, 「內集 3」, 『湛軒書』: 君子用心, 惟見其義理之如何.

팽배했던 시기, 질투, 폄훼, 왜곡 속에서 현자들이 죽음으로 지켜온 생동의 씨앗이었다. 성리학자들은 비간(比干)의 죽음을 인(仁)으로 보았다. 담헌이 정치의 영역에서 참을 수 없는 분노를 표현하는 것은 바로 이러한 가치의 수직적 질서를 무시하는 이들의 행태였다.62) 그 무시의 한 부류에는 사회적 식자층으로서 자신의 공적 책무에 방관하는 무지에의 무시가 있었다. 담헌에게 이들은 가치의 위계를 알려 하지 않는 사람들[世之不識何狀而徒人云亦云者]이자 동론이던 이론이던 어느 부류에도 속하지 않고 도피하는 이들이다. 또 다른 부류에는 가치의 경쟁 속에 자신의 사익을 교묘히 투영시킨 자들의 의도적 무시가 있었다. 자신의 본성과 개·소의 성이 다르다고 말하는 사람들의 의도가 무엇일까? 그 안에는 결국 고른 차이성이 아닌 자신만의 우월성을 숨기고 있는 것이 아닐까? 그들은 자신의 우월을 무기로 사적 이익이 마땅하다 여기며 가치의 정직성을 조작한다. 독서를 많이 하고 문장을 잘하지만 밖을 속이고 잘못된 것을 꾸며 자신의 천진(天眞)을 잃어버리는 자들이다.63) 여기서 담헌은 과재(果哉)64)

---

62) 「內集 3」의 정광현에게 주는 편지 《與鄭光鉉書》에는 특히 담헌이 비판하는 유형의 사람들을 묘사하는 글들이 많이 보인다. 이들은 대부분 지조[志]'가 없는 이들인데, 달리 말하면 합의된 기준을 무시하는 이들, 충실한 마음이 없는 이들이라 할 수 있다. 또한 담헌은 건정록 후어에서 그가 왜 철교를 매우 좋아하여 더불어 벗 삼을 만하다고 생각했는지, 그 까닭을 적고 있다. : 《杭傳尺牘, 乾淨錄後語》, 「外集 3」, 『湛軒書』: 鐵橋始聞余論斥王陸及佛學, 頗有不悅之色. 當其時有問而多不肯答, 有答而多不肯詳. 間以玩世不恭之語. 觀其意, 盖嫉世之不識何狀而徒人云亦云者也. 是以於余頗有傲色, 此其氣質之偏處. 雖然, 余之所以喜之深而謂其可與友者, 亦以此也. 철교는 처음 내가 王·陸과 불학을 논박하는 것을 듣고서 자못 좋아하지 않는 기색을 가졌다. 그 당시에는 물어도 대개 답변하려 하지 않았고, 답변을 해도 자세히 말하려 하지 않았다. 세태를 희롱해서 공손치 못한 말을 간간이 섞었다. 그 뜻을 보건대, 아마도 세상에서 무엇이 무엇인지 모르면서 한갓 남이 무엇이라 하면 따라서 무엇이라 하는 자들을 미워한 것이 아닌가 한다. 이러므로 나에게 대하여 자못 오만한 빛을 가졌으니, 이것은 그 氣質의 편벽된 곳이었다. 그러나 내가 그를 매우 좋아하여 더불어 벗 삼을 만하다고 생각한 까닭은 역시 이것 때문이었다.

하는 이들을 가장 비판한다. 과재하는 자들, 그들은 세상일이야 어찌 되든 자기만 피하여 사는 은자들이다. 담헌은, 모든 것을 좋게 보아 기준을 세우는 노력들을 탕평으로 무마시키거나, 일신의 편안함 뒤에 숨어 남의 의견을 훔쳐 뒷공론을 하는 이들[竊議於後者]을 비판한다. 아는 자와는 더 말할 수 있어도 모르는 자와는 말할 수조차 없기 때문이다.[65]

　개·소의 차이를 주장하는 이들의 근거에는 언제나 '예(禮)'의 문제가 남아 있었다. 그런데 예는 다르다는 것을 전제로 한 가치이다. 예의 학습과 실행은 인간 내부의 마음가짐을 그때그때의 외적 상황에 맞는 가치와 결부되도록 추동한다. 여기서 인간은 자신이 배운 예에 견주어 판단하고 선택을 해야 하기 때문에, 변화와 갱신의 경쟁이 불가피하다. 이 가치의 경쟁이 끊임없는 타자의 이해를 요청하고, 이 가운데 더 많은 공감을 얻은 자가 성스러움을 체회한다. 담헌은 이러한 수직적 가치의 세계와 태어나면서 모두가 갖고 있는 인간 본성의 평등성이 균형을 이룰 때 각각의 의미가 더욱 분명해질 것이라 보았다. 본서가 탕평책을 인물성동론과 연관시키는 이유도 여기에 있다. 탕평책을 주장하는 이들은 무엇이 중요한지를 알려고 하지 않거나, 동론에서 보이는 관계의 수평적 잣대를 자의적으로 활용한다. 그들이 이러한 혼용과 임의적 변용을 하는 이유는

---

63) ≪燕記≫, 「外集 2」, 『湛軒書』: 世間多讀書好文章, 多誣外飾非, 喪其天眞, 何足貴乎.

64) 『論語』 「憲問」의 '果哉 末之難已'를 일컫는다. 子擊磬於衛, 有荷蕢而過孔氏之門者, 曰, "有心哉, 擊磬乎!" 旣而曰, "鄙哉, 硜硜乎! 莫己知也, 斯己而已矣. 深則厲, 淺則揭." 子曰, "果哉! 末之難矣.

65) ≪與人書≫, 「內集 3」, 『湛軒書』: ○ 此可與知者道, 不可與不知者言也. 이는 아는 자와는 더 말할 수 있어도 모르는 자와는 말할 수 없는 것입니다. / ○ 然則所以使我慨然於心而竊議於後者, 其故安在. 是不難知也. 亦寔安毒之爾. 그러나 나로 하여금 마음속으로 애석하게 여기게 하고 뒷공론을 하게 것은 그 까닭이 宴安한데 있기 때문입니다. 이것은 알기가 어렵지 않습니다. 역시나 연안함이 毒이 되었기 때문입니다.

성인의 진리를 바르게[正] 알지 못하기 때문이다. 성인은 (하늘에서 보면) 범인보다 훨씬 더 높은 가치평가를 받는 자이지만, 성인 그 자신은 언제나 물아일체의 관계를 실천하고 인(仁)과 서(恕)의 평등가치를 말했다. 동론이 강조하는 타인과 자신을 가르지 않는 마음은 일사일물 속에서 드러나는 풍부한 가치의 여과지를 통과하면서 자신 안의 선함을 깨닫는 마음으로 연결된다. 성인론은 개별 사람들 간의 차이성을 포기하지 않았다. 동아시아인들은 이 성인론 때문에 자신의 가능성을 포기한 적이 없었다. 그래서 각자는 배우면서도 모두의 성스러움[聖]은 그려졌다. 이에 대한 논의를 조금 더 심화하기 위해, 담헌이 어떻게 성인론을 자신의 인물성동론 속에서 설명하는지 살펴보도록 하자.

3) 인물성동이론을 관통하는 홍담헌의 성인론

명대의 심학(心學)의 유행은 조선 유학자들에게 인간 마음의 보편적 선함에 대한 주의를 다시 한 번 환기시키는 계기였다.[66] 하지만 인간 마음의 발현 상태에 대해 끊임없는 의심을 보이는 조선 지식인들의 의식은 아무리 양명학이 인심에 대한 신뢰를 바탕으로 실천력을 이끌어 낸다고 해도 여전히 부족한 것이었다.[67] 담헌은 인물성동에 대한 확신을 가지고

---

66) 정제두는 조선을 대표하는 양명학자로 알려져 있지만 그는 인물성이론자였다. 그는 양쪽의 의견을 취합, 물리와 생리의 구별을 통해 인물성이론을, 생리와 진리의 구별을 통해 聖凡心異論을 지지한다. 임홍태, 「하곡 정제두의 인물성이론 연구」 참조.

67) 김낙진은 조선유학자들이 개인이 가진 지각능력에 대해 불신을 가지고 있었으며 인간한계에 대한 의식이 철저하여 현재적 인간성을 긍정하는 일에 매우 인색한 태도를 가지고 있었다고 설명한다. 김낙진, 「만물일체론과 인물성동이론을 통해본 명 유학과 조선 유학의 비교」 참조.

있었지만, 성인[人]과 나[物], 나[人]과 오랑캐[物]의 구도로 맞물려 진행되는 이러한 갈등은 그의 동론과의 긴장관계를 불가피하게 만들었다. 기존의 성인론(체용의 정치적 구도 속에서 범인의 존재자체를 주변부로 밀어내는)을 강조할수록 상중하의 위계성은 더 분연히 드러나기 때문이다. 담헌은 성인론을 인물성동론 안으로 포섭한다. 성인도 인간이고 오랑캐도 인간이기에, 성인의 본성[體]과 범인의 본성[體]은 같다. 그런데 배움이 가능한 것이 또 인간이다. 그리고 배워서 누구나 성인이 될 수 있다. 배우는 과정[用] 속에서 성인의 가치는 위계성을 보이며 범인의 활동을 추동한다. 물들의 정체(停滯)됨을 흔들고 범인의 소외를 살핀다. 배우는 과정 속에서 분명 성인과 범인은 다르다. 담헌에게 가치의 경쟁은 인물성동의 시작과 끝을 위해서 불가피했다.

이 시기 담헌과 유사하게 인물동론과 성인론에 관한 고민을 한 선배들과 동료들이 있었다. 인물성동이론과 성·범인심동이(聖凡人心同異) 논쟁이 함께 진행했다는 것은 알려진 바이다. 예컨대 앞서 언급했던 한원진 윤봉구는 '인물성이'와 '성범심이'를 주장한 것으로, 박필주, 이재는 '인물성동'과 '성범심동'을 주장한 것으로 알려져 있다.68) 또한 이 두 개의 논쟁적 관점에는 미발심체(未發心體)에 관한 논쟁과 인간성선의 근거에 대한 상이한 접근방법 역시 뒤섞여 있었다. 그 가운데 본격적 동이론의 논쟁을 촉발했던 이들 간의 가장 큰 입장차가 '氣를 어떻게 인식할 것인가'에

---

68) "성범심동이문제는 인성물성, 미발심체 문제를 종합하여 논하는 성격이 매우 강했다.", "호론계는 본연성이 지닌 선의 본래적 절대성을 강조하고자 한 반면, 낙론계는 본연성이 지닌 선의 이질적으로 독특한 고귀성을 주장하고자 하였다.", 윤사순, 「인성물성의 동이논쟁에 대한 연구」; 한국사상사연구회, 『인성물성론』, 「호락논쟁과 노론 사상계의 분화」, 81-82쪽.

있었다는 점은 중요하다.69) 호론이 기를 인욕의 매개인 형기지사(形氣之私)로 인식하여 기질의 의미로 파악한 데 비하여, 낙론은 기질로서의 의미를 인정하면서도 기의 심연한 측면을 더 강조하는 경향을 보였다. 후자인 낙론(동론) 가운데서의 입장 차이는 주로 개인의 주관적 안목과 견식의 강조 차이에서 발생했다. 이들 가운데는 노론이면서도 양명학을 폭넓게 수용하는 이들이 있었는데, 이들은 성인과 범인 사이의 고른 존재가치를 인정하며 특히 이를 천기론(天機論)를 통해 이어나갔다.70)

천기는 '자연이라는 틀'이란 의미이다. 이들은 하늘의 비밀이 인간에게 천진(天眞)으로서 내재되어 있다고 보았는데 이러한 천기론을 (사상보다) 문학이론에 적용해 나갔다.71) 천기론을 말하는 이들 대부분은 리가 기의 제한성에 구애받지 않고 모든 사람과 사물에 차별 없이 내재하고 있다는 사실과 각 표현을 구성하는 개별적 가치를 중시했다. 그 맥락에서 누구든 시를 짓고 진솔한 심정을 말할 수 있다고 강조했다. 이들 가운데는 낙론계 집권층이 많았는데 이들은 점차 집권층 이외 계층들의 존재에 대해서도 열린 태도를 보여 갔다.

문학적 개방 의식이나 다양한 사람들의 자기표현 방식을 존중한 행동

---

69) 문석윤, 「巍巖과 南塘의 未發 논변」, 242쪽 이하 참조.

70) 조성산, 「18세기 초반 낙론계 천기론의 성격과 사회적 기능」, 123쪽. "조성기, 김창협, 김창흡이 강조한 이의 보편성, 주재성, 동일성은 낙론과 천기론의 이론적 기반이 되어 주었다. 그들은 리가 기의 제한성에 구애받지 않고 모든 사람과 사물에 차별 없이 내재되어 있다는 사실을 통해서 범인과 사물의 개별적 가치를 인정할 수 있는 측면을 가지고 있었다." 조성산은 124쪽에서 호락논쟁과 낙론이 신분론과 일정한 관련성을 가지고 있다고 말한다.

71) 예컨대 조성기(趙聖期, 1638-1689)는 天理와 천기 개념의 차이를 미미하게 보고 성인과 범인이 모두 같이 천리를 온전히 부여받았듯이 모든 사람과 사물들에 천기가 차별 없이 드러나고 깃들 수 있다고 보았다. 반면 김창흡은 천기와 천리 개념을 구분하여 천기는 形氣 상에서 본 活意로, 천리는 性命 상에서 인식한 바른 이치[正理]로 본다.

등은 모두 담헌에게서 발견된다는 점에서 이러한 맥락을 통한 영향관계는 충분히 추측해볼 수 있다. 특히 '기'와 '심'의 관계에 대해서 기의 부정적이고도 사사로운 측면만을 부각시키거나, 나아가 그로부터 '물'을 제어와 교화의 대상으로만 간주하는 기존의 관점과 담헌은 분명 결을 달리하고 있었다. 배움의 당위는 내 안의 불순한 기와 내 밖의 불온한 기에 의해서도 촉발될 수 있지만, 결국 나를 변화시키게 하는 모든 활동은 사실상 '그 모든 기'의 쓰임 위에 얹어 지는 것이었다. 그러한 점에서 담헌의 성인론은 단순히 천기론에서 다루는 문학적 표현의 논의 차원에 머물러 있지 않았다. 담헌은 이 문제를 '기' 자체의 개념적 속성 보다 '기가 쓰여지는[用]' 그 자체의 방식으로부터 접근한다. 담헌이 『사서문변』 가운데 가장 정성을 들여 자신의 생각을 남기고 있는 것이 「중용문의」이다. 「항수 선비 엄 철교 성에게 글을 부치고 또 중용의 뜻을 묻는다」라고 하는 편지도 이 장(章)에 덧붙여 있다. 오랫동안 성인론의 요체가 「중용」에 담겨 있었듯, 『중용』 12·13장에 대한 아래 담헌의 의견에는 그의 성인관과 '용(用)'의 다층적 이해를 도울 중요한 논점이 드러나 있다.

1-① 중용
○ 군자의 도는 '비(費)'하고 '은(隱)'하다. 부부의 어리 섞음에도 서로 관여하다보면 (그 도를) 알 수 있지만 그 지극함에 이르러서는 성인이라 할지라도 알지 못하는 바가 있다. 부부의 불초함에도 (그 도를) 행할 수 있지만 그 지극함에 이르러서는 성인이라 할지라도 행할 수 없는 것이 있다. 천지의 큼에는 사람이 유감스러운 부문이 있으니 그러므로 군자가 '큰 것'을 말할 때는 천하가 싣지 못하고 군자가 '작은 것'을 말할 때는 천하가 쪼개지 못

한다. 『시경』에서 '솔개는 하늘로 날아오르고 물고기는 연못에서 뛰논다.'한 것은 위아래에 드러난 (이치)를 말한 것이다. 군자의 도는 부부에게서 단서를 만들고 그 지극함에 이르러서는 천지에서 널리 드러난다. ○ 공자께서 말씀하셨다. "도가 사람의 몸에서 멀리 있지 않으니 사람이 도를 하면서 사람을 멀리한다면 도라 할 수 없다."[72]

1-② 주자의 주석

○ '비(費)'는 쓰임의 넓음이고 '은(隱)'은 본체의 은미함이다. ○ 군자의 도는 가까이는 부부가 집에 거처하는 사이로부터 멀리는 성인과 천지의 다함이 없는데 이르는데, 그 큼은 밖이 없을 정도고 그 작음은 안이 없을 정도이니, '비'하다고 이를 만하다. 그러나 그 이치가 그러한 까닭은 은미하여 드러나지 않는다. 대개 알 수 있고 행할 수 있다는 것은 도 가운데의 한 가지 일이고, 그 지극함에 이르러 성인도 알지 못하고 행할 수 없다는 것은 전체를 들어 말한 것이니, 성인도 진실로 다하지 못하는 바가 있다. 후씨(候仲良)가 말하였다. "성인도 알지 못하는 바라는 것은 예컨대 공자께서 예를 묻고 관제를 물은 것과 같은 종류다. 행할 수 없는 바라는 것은 예컨대 공자가 지위를 얻지 못함과 요순이 널리 베푸는 것을 부족하게 여김과 같은 종류이다." 내가 생각하건대 사람이 천지에 대하여 유감스럽다고 하는 것은 예컨대 하늘이 덮고 땅이 싣는 생성에 있어서의 편벽됨, 추위와 더위, 재앙과 상서가 그 바름을 얻지 못하는 것에 이른다. ○ 시경은 대

---

72) 『中庸』: ○ 君子之道費而隱. 夫婦之愚, 可以與知焉, 及其至也, 雖聖人亦有所不知焉; 夫婦之不肖, 可以能行焉, 及其至也, 雖聖人亦有所不能. 天地之大也, 人猶有所憾. 故君子語大, 天下莫能載焉; 語小, 天下莫能破焉. 詩云:「鳶飛戾天, 魚躍于淵.」 言其上下察也. 君子之道, 造端乎夫婦; 及其至也, 察乎天地. / ○ 子曰:「道不遠人. 人之爲道而遠人, 不可以爲道.

아 한록편이다. 연은 솔개의 종류이다. 려는 이름이요, 찰은 드러
남이다. 자사가 이 시를 인용하여 화육유행을 밝히고 위아래에
분명히 드러낸 것은 이 이치의 쓰임이 아님이 없으니, 이른바
'비'라 한다. 그러나 그 이치가 그러한 까닭은 보고 듣는 것으로
미치는 바가 아니니, 이른바 '은'이라 한다. 그러므로 정자가 말
씀하기를 "이 1절은 자사가 아주 긴요하게 남긴, 사람을 위한 부
분으로 생기가 가득한 활발발한 곳이니 읽는 자들은 생각을 다
하여야 할 것이다." 하셨다. ○ 도는 성을 따를 뿐이니, 진실로
일반인들도 알 수 있고 행할 수 있다. 그러므로 (도는) 항상 사람
의 몸에서 멀리 있지 않으니, 만약 도를 행하는 자가 그 비근함
을 싫어하여 할 것이 못된다고 하고 도리어 고원하여 행하기 어
려운 일에 힘쓴다면, 도를 행하는 까닭이 아닐 것이다.73)

1-③ 담헌의 논변

12장 첫 부분에서 '비·은'을 말하였는데, 이 장 이하 19장까지 말
한 것은 모두 '비'다. '은'이 '은'한 까닭은 다시 추려 드러나 있
지 않은데, 그래서 집주에 이를 보충하여 "그 이치의 그러한 까
닭은 숨어 있어 드러나지 않는다."고 이르고 있습니다. 문장에
이미 빠진 부분이 있고 그 조리 역시 결함이 있으니 심히 의심스
러울 만합니다. 저는 생각건대 "알 수 있고 행할 수 있다는 것은

---

73) 주자의 주석 : ○ 費, 用之廣也. 隱, 體之微也. / ○ 君子之道, 近自夫婦居室之間, 遠而至於
聖人天地之所不能盡, 其大無外, 其小無內, 可謂費矣. 然其理之所以然, 則隱而莫之見也. 蓋可
知可能者, 道中之一事, 及其至而聖人不知不能. 則擧全體而言, 聖人固有所不能盡也. 侯氏
曰:「聖人所不知, 如孔子問禮問官之類; 所不能, 如孔子不得位 堯舜病博施之類」愚謂人所
憾於天地, 如覆載生成之偏, 及寒暑災祥之不得其正者. / ○ 詩大雅旱麓之篇. 鳶, 佀類. 戾, 至
也. 察, 著也. 子思引此詩以明化育流行, 上下昭著, 莫非此理之用, 所謂費也. 然其所以然者, 則
非見聞所及, 所謂隱也. 故程子曰:「此一節, 子思喫緊爲人處, 活潑潑地, 讀者其致思焉」/ ○ 道者,
率性而已, 固衆人之所能知能行者也, 故常不遠於人. 若爲道者, 厭其卑近以爲不足爲, 而反務
爲高遠難行之事, 則非所以爲道矣.

‘은’하다”라는 말에서 ‘은’은 ‘좁은 것[微]’와 ‘작은 것[小]’을 의미한다고 생각합니다. “‘성인의 알 수 없고 행할 수 없다’는 것과 ‘천지에 대한 유감스러운바’는 費다”라는 말에서 ‘비’는 ‘넓은 것[廣]’과 ‘큰 것[大]’을 의미한다고 생각합니다. 이른바 ‘큰 것을 말한다’와 ‘작은 것을 말한다’는 비·은의 뜻을 다시금 해석하는 까닭이 됩니다. 부부에게서 단서를 만든다는 것은 ‘은’을 말하고, 천지에서 드러난다는 것은 ‘비’를 말하는데, 이는 다시 군자의 도를 풀어 말함으로써 12장 처음에 언급한 ‘비·은’2자의 뜻을 매듭지은 까닭이 됩니다. 대개 합해서 말하는 것은 넓고 또 크게 되어 ‘비’라고 말합니다. 나눠서 말하는 것은 좁고 또 작게 되어 ‘은’이라고 말합니다. 그 말의 차이는 나누고 합하는 ‘분합(分合)’에 있지 ‘체용(體用)’에 있지 않습니다. ○ 13장 아래의 주석에 도가 사람으로부터 멀리 있지 않기 때문에 부부도 행할 수 있다고 한 것은 그러합니다. 내가 하나를 행할 수 없는 것을 성인이 할 수 없는 것으로 삼는다면 이는 의심스럽습니다. 대개 성인의 마음은 겸손하고 겸손하여 스스로 억누르기에 본래 일찍이 ‘행할 수 있다’고 말하지 않았습니다. 어찌 이로써 진실로 행할 수 없는 것으로 말할 수 있겠습니까?74)

위 글에는 성인의 도(道)라는 것이 무엇인지, 나아가 성인(聖人)은 어떤

---

74) 담헌의 논변 : ○ 十二章首言費隱, 而此章以下至十九章所言者, 皆費也. 惟隱之所以爲隱則不復槩見, 是以集註補之曰, 其理之所以然則隱而莫之見也. 文旣缺陷, 理亦欠闕, 恐甚可疑. 妄意可知可能者隱也, 隱者, 微也小也. 聖人之不知不能與天地之所憾者費也, 費者廣也大也. 所謂語大語小者, 所以重釋費隱之義, 其曰造端乎夫婦者, 隱也, 其曰察乎天地者, 費也. 所以申言君子之道而結章首費隱二字之義也. 盖合而言, 其廣且大則曰費也. 分而言, 其微且小則曰隱也. 其言之異, 在於分合而不在於體用也. / ○ 十三章章下註, 以道不遠人, 爲夫婦所能則然矣. 以某未能一, 爲聖人所不能則恐可疑. 盖聖人之心, 謙謙自抑, 固未嘗謂已能, 而豈可以此而遂謂之眞不能耶.

존재인지에 대한 압축적 설명이 담겨 있다. 먼저 『중용』은 군자의 도는 '비'하고 '은'하다고 말하며 도의 영역은 부부의 관계에서도 비근히 드러나는 것임을 설명한다. 그런데 이 '비(費)'와 '은(隱)'자의 풀이를 두고 주희는 '비는 쓰임의 넓음'이고 '은은 본체의 은미함'이라고 주석을 달아 '비은'을 체용(體用)관계로 풀이한다. 그런데 담헌이 보기에 이 설명은 크게 문제가 있었다. '비'와 '은'은 기존의 체용 관계가 아닌 '분합(分合)관계'로 풀어야 했다. 그는 그 근거로서 다음 두 가지를 제시한다.

먼저 주희의 말대로 하면 도는 크지만 그 은미함 때문에 숨어 있게 된다. 그래서 도를 행하는 사람은 그 숨어있음을 찾아야 하는 입장에 놓이기에 성인이라 할지라도 진실로 다하지 못하는 부분이 있게 된다. 하지만 그렇게 되면 뒤에 언급되는 '부부의 행(行)'의 맥락과 어울리지 않는다. 비는 큰 것, 은은 작은 것을 의미해서 도가 사람으로부터 멀리 있지 않음을 지시해야 맞다. 그래야 부부도 행할 수 있는 것이 되기 때문이다. 즉 '비은'은 성인이 보인 '용(用)'의 다양한 방법[道]을 서술했을 뿐인 것이다.

또한 주희는 '성인이라 해도 행할 수 없는 것이 있다'라는 말을 두고 후씨의 말을 빌어 『논어(論語)』「팔일(八佾)」 편의 일화[75]를 언급한다. 그리고 사람이 천지에 대해 유감을 갖는 이유 역시 자연의 생성에 있어서 그 바름을 얻지 못하는 경우 때문이라고 말한다. 하지만 담헌에게 이와 같은 주희의 설명은 적절한 인용이 아니었다. 공자가 예(禮)를 물어 본 것은 성인의 마음이 본디 겸손하고 스스로 억누르는 것이 있기 때문이었

다. 특히 태묘는 황제의 선조를 제사하는 종묘이다. 제사의 의식은 기본적으로 선대의 뜻을 기리며 현재의 자신을 돌아보는 자기 반추와 염원이 교차하는 행위이다. 이 회고의 과정은 기본적으로 자기 욕구를 억제하고 자기 이기심을 희생시키는, 그래서 공존과 공영을 생각하는 마음가짐이 함께 한다. 희생(犧牲)이라는 한자에 제사에 바치는 짐승 '희'와 '생'이 있는 것은 성인이 제사를 지낼 때 그 죽음으로 자신의 마음을 되돌아본다는 의미 때문이었다. 그런 점에서 예를 아는 공자가 태묘 관리인에게 참배 절차에 대해 물은 것은, 그 삼가고 자제하는 마음가짐을 일관되게 가져간 결과이다. 그 전 과정으로서 성인의 행동을 '예'로 읽어야 하는데 주희는 공자가 예를 알지 못해서 물은 것으로 풀이하니, 담헌은 지적하지 않을 수 없던 것이다.

마찬가지로, 주희는 추위와 더위, 재앙과 상서가 바름을 얻지 못한 것을 두고 유감스럽다고 말하는데, 이는 더욱 적절한 예시가 될 수 없었다. 그것은 마치 천지불인(天地不仁)의 세계를 천지인(天地仁)이여야 한다고 요청하는 것에 지나지 않았다. 따라서 담헌은 성인의 '유소부지(有所不知)'와 '유소불능(有所不能)'의 어구를 '도의 관찰자'의 관점이 아니라 '도의 행위자'의 입장에서 설명한다. 다시 말해 왜 군자와 성인은 완벽한 능력을 보여주지 못하는가라는 관찰자 입장에서 어구를 푸는 것이 아니라, 뒤 맥락에 등장하는 '언(言)'(즉, 군자가 큰 것을 말할 때—君子語大, 작은 것을 말할 때—語小) 글자에 이입하여 보는 것이다. 어느 성인도 내가 무엇을 행할 수 있다고 말하지 않는다. 하지만 그가 말을 하지 않았다는 이유로 무엇을 행할 수 없다고 판단할 수는 없다. 중요한 것은 왜 말하지 않는가이다. 그러나 그 대답은 이미 공자가 답했다. 그것이 '예'이기 때문이다.

그렇다면 다시 다음의 질문이 가능할 것이다. "군자가 큰 것을 말할 때는 천하가 싣지 못하고 군자가 작은 것을 말할 때는 천하가 쪼개지 못한다[故君子語大, 天下莫能載焉; 語小, 天下莫能破焉.]."고 했는데 이는 왜 그러한가? 중용을 작성한 의도와 위 문장의 맥락은 성인의 한계를 직시하기 위함인가? 그렇지 않다. 『중용』 성인론의 요지는 모든 사람 스스로가 도가 먼 것이라 한계 짓지 말라는, 스스로 할 수 없다고 한정하지 말라는 뜻을 말함에 있었다. 즉 『중용』에 등장하는 성인은 몇 뛰어난 이들을 염두에 둔 것이 아니라 만인에게 전하는 가르침을 향해 존재했다. 그리고 이 근저에는 실천의 중요성이 놓여있었다. 그렇다면 성인의 한계를 언급하는 듯한 이 부분을 담헌은 어떻게 인식하고 있었을까?

명확한 것은 이 맥락에서의 『중용』의 가르침의 방점이 성인이 '능력 없음'을 남기는데 있지 않다는 점이다. 『중용』의 저자는 군자의 행위를 하늘이 돕지 못한다는 부연을 하고 있다. 여기서 사람이 느끼는 유감은 '성인의 할 수 없음'에 있는 게 아니라 '큰 것'을 말할 때 천하가 담지 못하고 '작은 것'을 말할 때 천하가 세세히 나누지 못하는 '천하'에 있다. 사람의 말은 사람의 유한한 형체를 뛰어 넘을 수 있기 때문에 그 천하의 지극함에 이르기까지 논할 수 있지만, 도가 사람에게 있으려면 사람은 자신이 말하는 무한한 도에 대해 실천을 해 보여야 한다. 천하가 너무도 커서 사람의 몸에 담을 수 없는 것은 실천의 제약이다. 하지만 사람의 마음은, 성인의 마음은, 그 무한[至]을 담으려 마음을 확장한다. 확장은 유한한 유형을 지닌 행위자 주체의 끊임없는 의지와 노력에 달려 있을 뿐이다.76) 따라서 담헌은 「철교에게 준 편지」에서 다음과 같이 말한다.

76) 유가들에게 이러한 의식은 '命'이라는 글자로 인식된다. 성인은 자신의 쓰임이 없다 해서 하늘을 원망하지 않는다. 이는 『論語』, 「憲問」에 나오는 '不怨天, 不尤人의 공자 말로

"정밀, 익숙, 적실과 참됨이란 바로 성인으로도 오히려 다 못하는 한이 있는 것이니 독서란 그 공부가 참으로 한정이 없으므로 과연 학문하는 사람들의 종신 사업이라 하겠습니다."77) 성인은 모든 일을 할 수 있다고 말하거나 실제 할 수 있는 능력자가 아니다. 하지만 유감이 존재하는 사람의 상황과 일일이 돕지 않는 천하의 당당함이 끊임없이 성인으로 하여금 학문으로부터 유리되지 않게 한다. 사실상 이러한 성인의 한계적 상황이 오히려 유가의 본령이자 『논어』의 시작인, 끊임없는 배움[學而時習之, 不亦說乎]을 상기하는 중요한 복귀점이 되고 있는 것이다.

담헌은 일찍이 지인에게 성인의 법도 폐단이 없지 않다고 말했다가 후회를 하고 자신의 실수를 인정하는 편지78)를 쓴 적이 있다. 담헌이 성인을 '만능인'로 보는 시선에 대해서 거리를 두고 있었음을 보여주는 대목이다. 그는 성인을 언급할 때, 쉬이 성인의 자격조건을 말하거나 성인의 능력을 과장·과소해79)서 논하는 것에 대해 꺼렸다. 담헌은 『논어』「자한」에 나오는 공자의 사절[子絶四, 毋意, 毋必, 毋固, 毋我.]을 두고 "사의(私意)가 없는 것을 가지고 어찌 족히 성인(聖人)을 말하겠는가?"라고 말하며 "심술의 미(微)는 사람이 미처 알기 어렵다"80)라는 말까지 남기고 있다. 요

대표된다.

77) ≪與鐵橋書≫, 「外集 2」, 『湛軒書』: 惟精也熟也的也眞也. 雖聖人猶有所憾焉, 則讀書者其功固無涯岸而果學者之終身事業也.
78) ≪答秀野書≫, 「內集 3」, 『湛軒書』: 其聖弊儒政云云, 固悖言耳. '성인의 법도 폐단이 없지 않고, 유자도 정사가 있다'고 일전에 운운한 말은 진실로 패역한 말이었다.
79) ≪杭傳尺牘: 乾淨衕筆談 續≫, 「外集 3」, 『湛軒書』: 且設令聖人, 亦豈可無箴規語耶. 또 성인이라 하더라도 또한 어찌 잠규하는 말이 없을 수 있겠습니까?
80) ≪四書問辯: 論語問疑≫, 「內集 1」, 『湛軒書』: 子絶四云云: 無私意, 豈足以語聖人, 且不遠復 顏氏之所已能, 必固而成於我, 何足爲夫子慮哉. 恐不足以許之以知聖人也. 且四者, 心術之微而人所不及知者, 詳視默識, 亦恐說不去也.

컨대 본서는 담헌이 이 글을 통해 성인에 대해 말하고자 하는, 혹은 되고자 하는 누구라도, 천하의 큼과 천하의 작음을 깨달아 끊임없이 잠규하는 배움[行]의 정도를 걸어야 함을 역설하고 있다고 본다. 그렇다면 담헌이 그리는 성인은 어떠한 모습일까? 담헌은 「주도이에게 주는 서문」과 「주역변의」에서 다음과 같은 기록을 남기고 있다.

> 2-① 요순이 성인이 된 까닭은 일마다 그 이치에 마땅케 했기 때문이고, 걸주가 우매하게 된 까닭은 일마다 그 이치에 마땅히 하지 못했기 때문이다.[81]

> 2-② 강건중정(剛健中正)은 천의 덕이요. 발휘승어(發揮乘御)는 성인의 일이다. 하늘이 이와 같은 덕을 가지고 있으므로 성인이 그것으로써 괘의 육효를 그려 그 상을 발휘하고 그 정을 두루 통하게 하고 때를 타 천하를 거느리니 덕택이 널리 베풀어지고 천하가 편안하게 되는 까닭이 된다.[82]

> 2-③ 대인이 대인이 되는 까닭은 학문관인(學問寬仁)일 뿐이다.[83]

이상의 말을 종합해보면, 성인은 일에 있어 드러내고 지휘하고 다스리고 거느리는 역할을 갖은 자이면서 이 일을 모두 이치에 맞게 하는 자이

---

81) ≪贈周道以序≫, 「內集 3」, 『湛軒書』: 堯舜之所以聖, 事事當其理而已, 桀紂之所以愚, 事事不當其理而已.
82) ≪三經問辨: 周易辨疑≫, 「內集 1」, 『湛軒書』: 剛健中正, 天之德也. 發揮乘御, 聖人之事也. 天有如是之德, 故聖人以之, 畫卦之六爻, 發揮其象, 旁通其情, 時乘以御大, 所以德澤敷施而天下平也.
83) ≪三經問辨: 周易辨疑≫, 「內集 1」, 『湛軒書』: 大人之所以爲大人, 學問寬仁而已.

기도 하다. 담헌은 이처럼 성인의 몫을 '덕'보다 '일'에 두는 관점을 드러내는데(엄밀히 말하자면 덕과 일을 모두 말하지만 방점이 일에 기울은 관점), 이는 2-②, 2-③「주역변의」에서 더욱 두드러진다. 성인의 덕(德)은 이미 드러나[已著] 있다.[84] 그래서 성인은 도덕적 수양을 쌓기보다 일사일물에 있어 구체적 행위를 실행해서 도가 널리 흩어지고[敷施] 고르게[平] '드러나게' 하는 역할을 갖는다. 상(象)을 통해 의미의 세계를 해석하는[義理易學] 입장에서, 구체적 인사(人事)의 문제에서 상황이 전하는 암시적 메시지를 읽는 작업은 중요하다. 담헌 역시 괘 이름에 괘상이 보여주는 추상적 속성들을 상황에 결부하여 해석한다. "건(乾) 속에 이정(利貞)의 상이 있는 것이 아니라 성인이 사람들에게 건에 처하는 도를 보임이다[示]."[85] 또한 그는 2-③에서 앞 맥락과 연관하여 성인이 되는 까닭을 '학문관인'으로 규정한다.[86] '학문관인(學問寬仁)'이란 말은 본래『주역전의』[87] 건괘(乾卦) 구이(九二) 효사(爻辭)의 말이다. 주희는 이를 "배워서 모으고, 물어서 분별하며 너그럽게 거처하고 어질게 행동한다."[88]로 풀었다. 성인의 역할을 일과 덕 모든 측면에서(엄밀히 말하면 일로부터 덕으로 나아가는 방향) 서술한 것이다. 행위목록의 나열은 결국 성인이 정치의 주체임을 강조하게 된다. 이

---

84) 담헌의 사유가 성선론 위에서 진행되었다는 점과 장자를 폭넓게 수용했다는 점에서 본다면, 사실상 이 '덕'은 모두가 본유한 바탕에 가깝다.

85) ≪三經問辨 : 周易辨疑≫, 「內集 1」, 『湛軒書』: 非乾中有利貞之象, 乃聖人示人以處乾之道也.

86) 주역에서 大人을 聖人으로 보는 것은 이미 알려진 바이기에 덧붙이지 않겠다. cf. 장영동, 「주역의 대인사상연구」 참조.

87) 『周易傳義』: 聖人在下, 雖已顯而未得位, 則進德修業而已. 學聚問辨, 進德也, 寬居仁行, 修業也. 君德已著, 利見大人而進以行之耳. 進居其位者, 舜禹也, 進行其道者, 伊傳也.

88) 『周易正義』: 君子學以聚之, 問以辯之, 寬以居之, 仁以行之. 易曰 "見龍在田, 利見大人", 君德也.

는 성인이 현실적으로 여러 방면의 정사[庶政]을 보이는 사람임을 설명하는 다음 담헌의 말과도 일맥상통한다.

> 2-④ 수출서물(首出庶物)이라 함은 성인의 총명예지가 중인이 미치지 못하는 바임을 말하는 것이다. 수출서물이란 성인이 천하의 머리[首]가 되어 여러 가지 국정(庶政)이 비롯되어 나온다는 일설도 있다.[89]

성인이 정치적 지도자가 되는 것은 '학문관인'하기 때문이다. 그런데 이러한 서물(여러 가지 온갖 물의 세계)과 서정(여러 방면에 걸친 정사)에 대한 경험이 쌓이면 총명예지(聰明叡智)는 더욱 쌓일 수밖에 없다. 성인이 서물과 서정을 만들어 낸다[發出]는 것은 성인이 끊임없이 물(物)과 일(事)에 있어 정치적 책임이 있다는 의미를 남긴다.

「주역변의」를 통해 드러나는 일사일물에 강하게 결부된 담헌의 성인관은 결국 앞서 언급한 체용관(體用觀)에 얽매어 있는 기존의 인식에 변화를 도모한다. 앞서 비와 은을 체용관계로 풀었던 주희의 주석이나 『역전』의 체용관에서도 드러났지만, 일반적으로 성리학자들은 인사의 문제를 체용관에 입각하여 유비적으로 생각하고 있었다. 때문에 '체'는 성인[首], '용'은 일반인[物]와 같은 비유가 자연스러웠다. 정치에 있어서도 왕은 '체'가 되기 때문에 쓰임의 주체로 역할 짓고, 백성은 '용'이 되기 때문에 쓰임을 받는 객체로 역할 지어졌다. 특히 실제 일의 질서를 규정하는 예법의 경우 이러한 구도가 전방적으로 적용되어 구성되었다. 그런데 담헌

---

89) ≪三經問辨：周易辨疑≫,「內集 1」,『湛軒書』：首出庶物, 聖人之聰明睿智, 衆人之所不及也. 首出庶物者, 聖人爲天下之首而發出庶政也, 可備一說.

은 이러한 오래된 구도에 의문을 제기한다. 체용일원(體用一原)의 문제는 본래 형이상과 형이하의 문제였다. 그는 「중용문의」에서 분명히 "무성무취는 도의 은이니 형이상의 것이고, 불견불문은 신의 미이니 형이하의 것[無聲無臭, 道之隱也, 形而上者也, 不見不聞, 神之微也, 形而下者也.]"90)이라고 정리했었다. 그런데 담헌은 의리역학의 해석전통을 따르면서도, 의리학을 지배하는 도식적 구도에 지나치게 얽매어 있는 기존의 주석들, 특히 주희의 역 해석에 비판적 관점을 남긴다. 그리고는 체용 구도를 분합의 구도로 전환한다. 반복되어 등장하는 이 분합(分合)의 틀은 담헌의 사상을 이해하는 중요한 지점이기에 이에 대한 논의를 한걸음 더 나아가 보려 한다.

3-① 주역변의

분리하여 넷으로 하면 四德이고, 합하여 둘로 하면 시작과 끝[終始]가 되고, 꿰서 하나로 하면 한 가지 근원[一元]일 뿐이다. 元亨利貞은 분리하여 넷으로 함이요, 始亨性情은 합하여 둘로 함이요, 乾始美利는 꿰어 하나로 함이다.91)

3-② 논어문의

그윽이 생각건대, 性은 物의 법칙이요, 衆理의 합한 이름[摠名]이다. 그 중에서 나누어 말하면 仁義禮智의 이름이 있게 된 것이니, 이 4자(字)로써 萬善이 족하다. 그러면 性 가운데 어찌 일찍이 孝弟가 없겠는가? 진실로 효제가 없다면 무릇 사람의

---

90)

| 無聲無臭 | 道의 隱 | 體의 微-隱 | 形而上 | 목-소리, 코-냄새 |
| 不見不聞 | 神의 微 | 用의 廣-比 | 形而下 | 눈-시각, 귀-청각 |

91) 析而四之則爲四德, 合而兩之則爲終始, 貫而一之則爲一元而已. 元亨利貞, 析而四之者也, 始亨性情, 合而兩之者也, 乾始美利, 貫而一之者也.

만 가지 선이 모두 성을 나눈 것[性分]이 아니다. 이제 가령 萬善으로써 각각 만선에 돌린다면 이른바 인의예지란 것은 거의 눈금[星] 없는 저울에 가깝지 않겠는가?[92]

먼저 앞서 1-③ 「중용문의」에서 등장했던 분합의 논리는 '도(道)'를 형용하는 비와 은에 대한 해석에 있었다. 여기서 담헌은 말을 합해서 말하게 되면 그 내용을 다 담아야 하기 때문에 대체적으로 그 내용을 품는 범주가 커질 수밖에 없어 '비'가 된다고 한다. 반면 나눠서 말하게 되면 기본적으로 내용물을 쪼개기[破] 때문에 '은'이 된다고 한다. 이는 위 3-① 「주역변의」에서 '덕(德)'을 형용하는 데서도 동일하게 적용된다. 예컨대 덕이라는 것을 분리해서 말하게 되면 그것은 인의예지(仁義禮智)라 할 수 있다. 여기서 어질다, 의롭다, 예스럽다, 지혜롭다 등의 각각은 독립된 성질을 드러낸 채 덕을 수식하게 된다. 한편 덕은 합쳐서 하나로 언급할 수도 있다. 예를 들어 덕을 묶어 말한다면 시작과 끝이라는 틀 속에 넣을 수 있다. 종시(終始)라는 말이 사덕을 포괄[合]할 수 있는 범주가 되는 것이다. 마찬가지로 일관된 하나의 맥락 안에서 덕을 연결할 수도 있다. 앞서 말한 사덕이나 종시 모두 '하나의 근원[一元]'을 공유하기 때문이다. 3-② 「논어문의」에도 비슷한 예시를 찾을 수 있다. 여기서 형용의 예시가 되는 것은 '성(性)'이다. 성은 물의 원리이자 법칙이다. 이 성은 모든 만물에 내재해 있기 때문에 만 가지 원리를 통괄[總]해서 말할 수 있는 개념[名]이다. 하지만 성은 또한 그 국지(局地)에 맞는 성질을 형용함에 있어서

---

92) 「憲問」, 『論語』: 性中只有仁義禮智云云: 竊意性者, 物之則而衆理之摠名. 就其中分而言之, 有仁義禮智之名, 卽此四字而萬善足焉. 則性中曷嘗無孝弟乎. 苟無孝弟, 凡人之萬善, 皆非性分. 今且以萬善各還萬善, 所謂仁義禮智, 不幾近於無星之秤乎?

인의예지(仁義禮智)란 이름으로도 수식될 수 있다. 어진 성, 의로운 성, 예스러운 성, 지혜로운 성, 이렇게 성은 네 가지 큰 틀의 속성으로 말할 수 있는데, 이렇게 성을 형용하게 되면 만 가지 선함이 모두 총칭된다.[93] 물론 이러한 가짓수(4) 자체가 엉성할 수 있고 의심스러울 수 있다. 그래서 담헌은 다시 효제(孝弟)의 예시를 들어 부연한다. 효와 제는 분명 '성(性)'을 형용하는 가치가 될 수 있다. 효제를 언급하지 않았다면 만 가지 선함을 모두 성이 담지 못했다고 할 수 있다. 하지만 만 가지 선을 모두 만 가지 선(善)으로 환원할 수 있다면, 인의예지라고 하는 것은 단 네 개의 눈금만을 지닌, 즉 실상 거의 눈금이 없는 저울일 수 있다. 우리는 어떠한 상황이나 사물을 묘사할 때 필연적으로 그것에 부합되는 기준이나 공유된 잣대[秤]를 필요로 한다. 그것이 이른바 나누어서 말할 때의 '인의예지'나 '원형이정'과 같은 것이다. 따라서 담헌은 언표에 있어서 필연적으로 사람이 빌리게 되는 나눔의 질서(개념의 원리가 되는)를 인정한다. 그리고 그 가운데 일관하는 통합의 언사를 역설한다. 하나로 꿴다는 것과 만선(萬善)을 만선으로 환원시킨다는 말의 의미는 이러한 맥락 속에서 이해해야 했다.

애초 송대 신유학자들이 요청한 체용구도는 사실상 리기(理氣)에 대한 이해를 위해서였다. 생명의 원리와 그것을 구현하는 실재하는 세계를 설명하기 위해 본체의 원리와 작용의 기를 언급했다. 따라서 담헌식 '분합(分合)구조'는 리기(理氣)에 대한 새로운 해석을 재편하게 한다. 담헌은 많은 글에서 리기의 구분을 명확히 하고 있다. 그러나 그의 개념적 구획으

---

93) 이러한 설명의 근거가 이미 「二程遺書」와 「朱子語類」 등에서 아주 쉽게 찾아 볼 수 있었다는 것을 기억해야 할 것이다.

로 인해 그를 이원론자로 볼 수 있는지, 아니면 일원론자 일지라도 리 혹
은 기 중심으로 볼 것인지는 이견이 있다. 이를 정리하기 위해서는 담헌
이 리(理), 성(性), 인(仁), 기(氣), 선(善)과 같은 개념에 대해 어떠한 생각을
가지고 있는지를 살펴봐야 할 것이다. 이에 대한 이해는 담헌의 인물성
동에 대한 특징을 논할 수 있게 한다. 특히 리기관에 대해서는 이하 6명
의 논을 더해가며 종합적으로 살펴보자.

> 4-①-Ⓐ 인의를 말하면 예지가 그 가운데 있다. 인을 말하면 의가
> 또한 그 가운데 있다. 인이라는 것은 리이다. 사람에게는 사
> 람의 리가 있고 물에는 물의 리가 있다. 이른바 리라는 것은
> 인일 따름이다. 하늘에 있으면 리라 하고 물에 있으면 성이
> 라 한다. 하늘에 있으면 원형이정이라 하고 물에 있으면 인
> 의예지라고 한다. 실은 하나이다.[94]
> 4-①-Ⓑ 이른바 리라는 것은 기가 선하면 선하고 기가 악하면 악한
> 것을 말한다.

위 심성문은 담헌의 리-성-인 개념에 대한 인식을 보여주는 지문으로,
그동안 많은 연구에서 인용되었다. 우선 4-①-Ⓐ가 보여주듯 리(理)는 인
(仁)이나 성(性)을 포괄하는 개념이기도 하지만, 각각은 다른 의미로도 분
류된다. 예를 들어 자연의 리, 물의 성은 모두 같은 의미를 지니지만, 특

---

94) ≪心性問≫, 「內集 1」, 『湛軒書』: ○ 言仁義則禮智在其中. 言仁則義亦在其中. 仁者理也.
   人有人之理, 物有物之理. 所謂理者, 仁而已矣. 在天曰理, 在物曰性. 在天曰元亨利貞, 在物曰
   仁義禮智. 其實一也. /
   ○ 且所謂理者, 氣善則亦善, 氣惡則亦惡. (이 구절의 전문은 이하 김도훈의 논의에서 다
   시 언급한다.)

별히 사람에게 있는 리를 말할 때는 인이라고 표현한다. 그런데 이렇게 사람/물의 탄생 이후, 사람/물을 통해 리의 존재를 언급하는 부분은 담헌의 리가 기에 의존한 것이 아닌가,라는 의문을 갖게 하는 지점이 있다. 원형이정과 인의예지의 리를 구분하여 말하는 4-①-Ⓐ의 말을 두고 리의 주재성을 악화시키는 면이 있다고 보는 것이다.95) 하지만 기로 형성된 사물이 기가 없는 리를 상상한다는 것은 그 자체로 불가능하다. 말할 수 있다는 것은 말하는 입을 당연히 전제하 듯, 모든 물은 움직임이 있고, 움직임[氣]을 통과하지 않은 앎의 작용 불가하다. 담헌은 리기에 '이미(旣)'에 대한 논의를 붙여 작용의 선후(있음과 없음)를 말하는 것을 경계했기에 「심성문」의 첫 구절부터 이를 지적하고96) 4-①-Ⓐ를 이어간 것이다. 따라서 리에 대한 궁극적 핵심은 기(氣)가 아닌 선(善)에 대한 논의와 맞닿는다. 그리고 이 '선'을 말하기 위해 다른 이름, 곧 '성(性)'을 언급한다. 사람은 성(性)으로서 자신의 인(仁)을 인식하기 위해서 스스로의 선을 선하게 하지 않으면 안 된다. 그리고 이 선으로 가는 과정에서 변화작용[用]이 요청된다. 하늘에 있는 리(理) 역시 마찬가지다. 사람이 하늘[物]의 리를 인식하기 위해서는 먼저 원형이정의 흐름[用]을 보지 않을 수 없다. 이 지문을 분석한 신정근은 홍대용이 '리의 초월성, 선험성, 무작용성을 비판'

---

95) 예컨대 신정근은 담헌에게 있어서 "리 그 자체는 기에 대해 아무런 결정력을 행사하지 못한 채 기에 완전하게 의존"하고 있다고 평가한다. 특히 4-①-Ⓑ의 해석을 두고 신정근은 "리란 기가 좋으면 마찬가지로 좋고 기가 나쁘면 마찬가지로 나쁘다"고 해석하면서, 理氣의 관계를 선악이 아닌 기호(좋다/나쁘다)의 문제로 읽는다. 이와 같은 해석은 리에 결부되어 있는 선에 관한 절대성을 약화시키고 선택자의 개별상황을 환기시켜 리의 무력함을 강조할 수 있게 하는 부분이 있다.

96) 심성문 원문이 어떻게 시작되는지는 아래 4-④ 참조바람. 이 시작을 통해 담헌의 심성문은 불교적 논의(있음과 없음의 色空 논변과 中道)와 다름을 처음부터 의도적으로 내비치고 있다고 본다.

하고 있다고 말하지만,[97] 담헌은 처음부터, 사람이 가능한 경험의 한계를 넘어선 초월적 리에 대해 논하려고 의도한 적이 없다. (적어도 그러한 글은 발견되지 않는다.) 대상에 대한 인식방식만을 문제 삼으려고 원형이정과 인의예지를 따로 지시한 것이 아니기 때문이다. 신정근은 (담헌이) "분명히 선험적 실재로서 리의 존재를 부정하지만 경험적 실재로서 리를 인정"[98]하고 있다고 말하면서, "담헌이 理를 仁과 동일시하는 논법에 따를 경우 理를 氣로 환원하면 仁도 氣로 환원해야 하는 설명의 부담을 안지만 이 점을 적극적으로 해명하지 않고 있다"[99]고 적고 있다. 하지만 그가 그 근거로 들고 있는 4-①-Ⓐ 지문은 엄밀히 말하면 담헌이 '리가 인이다(리=인)'라는 정의definition를 말한 것이 아니라 '인이라는 것은 리다', '이른바 리라는 것은 인이다'라는 설명description을 한 것이다. 그리고 이렇게 서술되는 인에는 '리'의 분명한 (맥락적) 역할이 내포되어 있다. 더욱이 담헌은 "인을 말하자면(言仁)"이라던가 "이른바 말하자면(所謂)"이라는 어두를 반복적으로 사용하면서, 언표의 한계성을 전제하고 있다. (이는 자세히 후술하겠다) 마지막으로 신정근은 담헌의 리에는 조리(條理)라는 뜻만 있고 법칙성의 리로 환원될 수 있는 부분이 없다고 말하고 있는데, 예컨대 담헌이 정이천이 말했던 리의 필연적 측면을 부정하

---

97) 신정근을 포함한 이러한 형용어를 사용하는 연구들은 이 말의 유통자 칸트의 개념을 빌어 동양철학을 분석했던 20세기 초 대만 학자들의 영향으로 보인다. 하지만 본서는 트란스젠던트transzendent와 트란스젠덴탈transzendental, 그리고 아 프리오리a priori의 뜻은 동양철학의 리/기 개념에 쉬이 가져다 대입할 수 없는 개념이라 본다.

98) 신정근, 「홍대용과 경험 중심의 인식론적 리기관의 재생」, 88쪽. 그는 '선험'의 개념 정의도 하지도 않은 채(예컨대 그것이 칸트의 것인지 미발개념의 대용인지), 담헌의 理에서 선험적 실재의 理와 경험적 실재의 理를 구분하고 있다.

99) 이상 따옴표, 신정근, 「홍대용과 경험 중심의 인식론적 리기관의 재생」, 86쪽, 87쪽.

거나 더불어 파생되는 법칙적 관념을 부인했다고 보기 힘들다.[100] 담헌은 여느 성리학자와 마찬가지로 생의 원리를 내적 본유관념[仁]으로 인식하고 있었고 그러한 점에서 내재적 법칙으로서의 정태적인 리의 측면도 인정하고 있었다. 이치가와 야스지(市川安司)의 연구[101]에서 밝혀졌듯이 대다수의 성리학자들은 리를 조리, 원리, 법칙 등등의 의미로 다양하게 사용하고 있었다.

그렇다면 그 다음의 논의로 넘어가보자. 담헌이 리-기의 관계에 대해서 남긴 기록은 없을까? 있다면 담헌은 어떠한 설명을 남기고 있을까?

4-② 심성문

> 같은 것은 리이고 다른 것은 기이다. 주옥은 매우 보배로운 것이고 똥과 흙은 매우 천한 것이니 이것이 기이다. 주옥의 보배로운 까닭과 흙의 천한 까닭은 인의이니 이것이 리이다. 그러므로 주옥의 리가 곧 똥과 흙의 리이고 똥과 흙의 리가 곧 주옥의 리이다.[102]

앞서 담헌은 리가 성이고 인의예지라고 말한바 있다. 그런데 4-② 여기서는 리기 개념을 구분하면서 리는 주옥의 보배로운 까닭이라는 말을

---

100) ○「程氏遺書 18」: 其差理必然. / ○「周易程氏傳 3」: 家道窮, 則睽乖離散, 理必然也.
이치가와 야스지는 理를 필연으로 설명하는 정이천의 말들을 인용하면서, 필연은 강한 가능성을 내포한 언어이자 결정적인 것을 의미하기도 하기 때문에 理로부터 일종의 법칙적 관념이 생겨난다고 말한다. 市川安司,『程伊川哲學の研究』, 70쪽.
101) 市川安司의「第2章 理の多樣性」,『程伊川哲學の研究』참조.
102) ≪心性問≫,「內集 1」,『湛軒書』: 夫同者理也, 不同者氣也. 珠玉至寶也, 糞壤至賤也, 此氣也. 珠玉之所以寶, 糞壤之所以賤, 仁義也, 此理也. 故曰珠玉之理, 卽糞壤之理, 糞壤之理, 卽珠玉之理也.

하고 있다. 이러한 설명은 담헌이 "리를 측은지심과 같은 도덕적인 마음으로 보지 않고 주옥의 보배로운 까닭으로 제한해서 소이연지고(所以然之故)와 소당연지칙(所當然之則) 중에 전자만으로 리를 해석"한 것은 아닌가, 라는 생각을 갖게 한다. 왜냐하면 이렇게 되면 담헌이 리의 실재성을 부정했다고 평가할 수 있기 때문이다. 허남진은 「홍대용의 과학사상과 이기론」이란 논문에서, 바로 이 4-②지문을 분석하며 담헌이 원리로서의 리와 존재로서의 기라는 구분을 명확히 하여 리의 실재성, 주재성, 윤리성을 모두 부정하고 있다고 평가한다. 이는 앞서 신정근과는 달리 담헌을 온전한 기 일원자로 보는 관점이다. 허남진의 담헌 해석은 리 개념을 통해 도덕성·윤리성을 설명하려 한 주자학에서 가치를 배제하여 법칙으로의 리 개념을 새롭게 부각했다는 점에서 의의가 있다. 아마도 허남진은 이러한 법칙성을 전제해야 담헌의 과학사상에 합리성과 근대성을 부여할 수 있을 것이라 생각한 것 같다. 그는 "인물성동이론에서 리와 인은 도덕성이라는 구체적 내용을 지닌 리이고 인이었는데 반해 담헌의 리와 리는 각 사물이 그것으로 성립할 수 있는 원리 내지는 각 사물의 속성과 법칙으로 상대화 되어 버린다."[103]고 말한다. 또한 사람과 물에 각각 다른 리가 있다고 말하면서 다른 한편으로 리는 인이고 이것은 사람에나 물에서나 같다고 말하는 것은 분명 모순이라고 지적한다. 하지만 담헌은 분명 구체적 내용을 가진 덕으로서의 리도 말했고, 사물의 속성이 되는 조리(條里)로서의 리도 말했다.[104] 그리고 이점에서 본서는 신정근과 허

---

103) 이상 따옴표, 허남진, 「홍대용의 과학사상과 이기론」, 16쪽, 17쪽.

104) 대표적으로 앞서 언급한 「주역변의」의 理는 봄·여름·가을·겨울의 원·형·이·정을 만들어 내는 생성원리다. 「논어문의」에서 性을 物의 법칙[則]으로 언급한 것은 다양한 物이 고유하게 나누어 가지는 條理를 언급하기 위함이다.

남진의 해석은 모두 리가 지닌 이중적/중층적 함의, 다양한 의미를 읽지 못한데서 출발한 오해라 생각한다. '리'는 이미 북송오자(北宋五子)이래로, 의리, 정리, 생리, 도리, 중리, 실리, 궁리, 천리 등의 용어로 사용되었고, 그 특성으로 구분하자면, 필연의 리, 자연의 리, 성쇠의 리, 생식의 리, 지식의 리, 사물의 리 등의 의미를 가졌다. 기와 더불어 설명하게 되면 리는 국지성을 지닌 조리의 특성을 벗어날 수 없지만, 전 우주적 생명원리와 비분리로 묶인다는 측면에서 개체의 리는 보편적 리와 연결되는 것이다. (개념의 함수적 정의가 아니라 개념이 맥락에 의해 다중적으로 분화되어 활용된 지점은 사실 동아시아인들의 개념사에서 익숙한 패턴으로 발견된다. 이에 관한 일관된 설명은 2장의 예 개념과 3장의 아이덴티티 [正體] 개념을 통해서도 언급될 것이다.)

다음의 지문에는 선악을 이해하는 담헌의 설명이 담겨 있다. 리-인을 하나의 의미로 이해한 방식 그대로 리-성도 이해하고 있음을 살펴 볼 수 있다.

4-③ 심성문

또 이른바 리라는 것은 기가 선하면 역시 선하고, 기가 악하면 역시 악하다. 이때의 리는 주재하는 바가 없이 기가 하는 바에 따를 뿐이다. 만약 리는 본래 선하나 그 악이 기질에 구애된다고 말한다면, 그 본체가 아니게 된다. 이 리는 이미 만 가지 변화의 근본이다. 어찌 기로 하여금 순선이 되게 하지 못하고 이 박탁괴려(駁濁乖戾)한 기를 낳아서 천하를 어지럽게 하는가. (리가) 이미 선의 근본인데 또 악의 근본이라면 이는 사물에 따라 변천한 것이고 전혀 주재함이 없는 것이니 (그렇다면) 예

부터 성현이 무슨 까닭으로 하나의 리자를 극구 말하였겠는
가? 노자의 허무와 불교의 적멸이 여기서 갈라진다. 그 까닭이
어디에 있겠는가. 지금 배우는 자가 입만 열면 성선을 말한다.
이른바 성이라는 것은 어떻게 그 선함을 보이는가. 어린 아이
가 우물에 빠진 것을 보고 측은지심을 갖는 다면 진실로 본심
이라 할 수 있다. 만약 진귀한 물건을 보고 이기심이 생겨 저
절로 바로 따라 나아가 안배할 겨를도 없다면 어찌 본심이 아
니라고 말할 수 있겠는가? 또 이 성이라는 것은 한 몸의 리인
데 리는 소리와 냄새가 없다고 하니. 선, 악 두 글자를 장차 어
디에 붙일 것인가?105)

많은 연구는 4-③ 지문을 연구함에 있어, 담헌이 리-기의 구도로 선-
악의 속성을 연관시켰다고 전제하고 있다. 그러나 본서가 보기에 4-③
지문은 4-①-ⓐ처럼 선함의 당위, 나아가 궁극적으로는 동론의 당위를
설파하기 위해 리-기의 차이를 언급했을 뿐이다. 4-③지문은 종결어미
[乎] 때문에, 의문문으로 볼 때와 반어적 표현으로 볼 때 그 해석이 달라
지는 부분이 있다. 그래서 전자로 보면 담헌의 심성론이 낙론을 계승하
고 있다고 평가할 수 있고, 후자로 보면 리의 실재성, 理 本善, 性善 등을
부정한 것이라 볼 수 있다.106) 김도환의 연구의 경우는 전자를 따른

---

105) ≪心性問≫, 「內集 1」, 『湛軒書』: 且所謂理者, 氣善則亦善, 氣惡則亦惡, 是理無所主宰而隨
氣之所爲而已. 如言理本善, 而其惡也爲氣質所拘而非其本體.此理旣爲萬化之本矣. 何不使氣
爲純善而生此駁濁乖戾之氣以亂天下乎. 旣爲善之本, 又爲惡之本, 是因物遷變, 全沒主宰, 從
古聖賢何故而極口說一理字. 老氏之虛無, 佛氏之寂滅, 於是乎分. 其故安在. 今學者開口便說
性善, 所謂性者, 何以見其善乎. 見孺子入井, 有惻隱之心, 則固可謂之本心. 若見玩好而利心
生, 油然直遂, 不暇安排, 則何得謂之非本心乎. 且性者, 一身之理而理無聲臭矣. 善惡二字,
將何以着得耶.
106) 김도환은 리의 주재성에 대한 담헌의 설명이 "이처럼 복잡하게 된 것은 낙론이 가지고

다.107) 그는 허남진과는 달리 리의 실재성을 인정하면서, 담헌이 낙론의 심성론을 계승하고 있으면서 리의 작용성, 주재성도 모두 인정하고 있다고 평가한다. 김도환은 성리학자들의 인의 의미가 '인의예지의 인'이기도 하고 인의예지를 모두 포괄하는 개념이라는 점, 또한 '원형이정의 원'에도 포괄적(광의적) 의미가 있으며, 리에는 '리일의 리'와 '분수의 리'가 있음을 분명히 밝힌다. 그리고 4-② 지문의 분석을 통해 담헌이 다음과 같은 이중적 입장에 있었다고 결론짓는다. : "만사가 인의예지를 벗어나는 것이 아니라는 점에서 주재로서의 역할이 전혀 없다고 할 수도 없고 인의예지에서 나왔다 하더라도 그것이 곧 선으로 귀결되는 것이 아니기 때문에 전적으로 주재한다고도 말할 수 없다." 하지만 본서는 이 구절을 통해 담헌을 절충적 입장에 서있다 보는 것은 담헌 고유의 평가가 되기 힘들다고 본다. 후술하겠지만 그것은 이중성을 인정해서가 아니라 그것이 바로 심(心)이 지닌 묘용이라 생각했기 때문이었다. 즉 선악이 있어서 사람 저마다의 마음이 같을 수 없고 마음의 본원이 갈라지는 것이 아니라, 사람이 청탁 속에서도 선을 드러낸다는 점에서 이를 마음의 묘용으로 인정해야 한다는 점이다. 아울러 김도환이 "싹이 움트는 것을 인[元], 낙엽이 떨어지는 것을 의[利]"108)라는 담헌의 말을 인용하여 "낙론이 오상을

있는 논리 구조상 당연한 것"이었다고 설명한다. 즉, 이황이 강조하는 사단의 선한 정은 리가 주도적 역할을 하기 때문에, 그리고 이이가 강조하는 사단은 칠정 중에 선한 일부분이라 리가 기를 조작하여 주재한다고 보기 힘들었기 때문에, 이를 다 수용하고자 한 담헌의 설명이 복잡할 수밖에 없었다는 것이다. 더불어 그는 안재순의 논문 「조선후기 실학파의 사상적 계보」를 인용하면서, "낙론의 경우 율곡학파에 속하면서고 그 성리설이 퇴계학파와 율곡학파의 논리를 절충한 것 같은 형태를 갖추고 있음"을 언급하고 있다

107) 김도환, 『담헌 홍대용 연구』, 44-48쪽.
108) ≪心性問≫, 「內集 1」, 『湛軒書』: 雨露旣零, 萌芽發生者, 惻隱之心也. 霜雪旣降, 枝葉搖落

도덕법칙으로서만이 아니라 물리법칙으로도 보고 있었다"109)고 분석하는 부분은 호론과 전연 무관한 생각으로 볼 오해의 소지가 있다. 왜냐하면 오상(五常)을 도덕의 영역뿐만이 아니라 자연적 물리의 법칙으로 연관시킨 것은 이미 북송오자의 일반적 논의에서 그 근원을 찾을 수 있기 때문이다.

4-④ 심성문

> 무릇 리를 말하는 자는 반드시 形이 없고 리가 있다고 한다. 이미 형이 없다는데 있다는 것은 무슨 物인가. 이미 리가 있다고 말하면 어찌 형이 없는데 있다고 말할 수 있는가? 대개 소리가 있으면 있다고 말하고, 색이 있으면 있다고 말하고 냄새와 맛이 있으면 있다고 말한다. 이미 이 네 가지가 없으면 이는 형체가 없고 공간이 없다는 건데, 이른바 있다고 하는 것은 무엇인가? 또 말하기를 소리가 없고 냄새가 없으면서 조화의 중심축이 되고 만물 종류의 근저가 된다고 하면, 이미 작위 하는 바가 없는 것인데 무엇으로써 그 중심축과 근저가 됨을 보이겠는가.110)

者, 羞惡之心也. 仁卽義義卽仁. 理也者, 一而已矣. 비와 이슬이 내려 싹이 움트는 것은 측은지심이다. 서리와 눈이 내려 지엽이 떨어지는 것은 수오지심이다. 仁은 義와 분리할 수 없고, 義는 仁과 분리할 수 없다. 理라는 것은 하나일 따름이다.

109) 이상 따옴표, 김도환, 『담헌 홍대용 연구』, 56쪽, 50쪽.

110) ≪心性問≫,「內集 1」,『湛軒書』: 凡言理者, 必曰無形而有理. 旣曰無形, 則有者是何物. 旣曰有理, 則豈有無形而謂之有者乎. 盖有聲則謂之有, 有色則謂之有, 有臭與味則謂之有. 旣無是四者, 則是無形體無方所, 所謂有者是何物耶. 曰日無聲無臭而爲造化之樞紐, 品彙之根柢, 則旣無所作爲, 何以見其爲樞紐根柢耶.
실제 쓰인 심성문의 문장 순서는 (4-④) → (4-③) → (4-①-Ⓐ)이다.

담헌의 경계는 '리'를 잘못 해석하는 이들을 향하고 있었다. 4-④에서 '무릇 리를 말하는 자'를 구체적으로 명시한 이유는 여기에 있다. 리를 형과 분리시키는 논의들은 현실에 존재하지 않는 만물과 현상에 대해 무리하게 사변적 추론을 더하고 있었다.[111] 우리가 말할 수 있는 것, 존재한다고 파악할 수 있는 것 속에 리가 있고, 리가 있다고 말할 수 있는 법이다. 하지만 일련의 연구들은 4-④의 내용을 통해서도 담헌이 리의 주재성을 부정한 것으로 읽는다. 특히 4-③도 곁들어 담헌이 여느 성리학자들과는 달리 성선을 부정하고 있다고 말한다. 김인규는 「홍대용 인간이해의 두 양상」이란 논문에서 "형체가 없고 공간이 없는 작용으로서의 리는 근본적으로 있을 수 없다.", "만물의 근저 조화가 될 수 있는 것은 구체적인 형태를 지니고 있는 기만이 가능하다(리의 선재성 부정하고 기의 실재성 강조)"[112]고 말하면서 담헌이 성선을 부정했다고 정리한다. 하지만 4-③ 지문의 내용들로 그가 성선을 부정했다 보기는 힘들다. 4-③에 등장하는 '입만 열면 성선을 말하는 자'들의 예는 오히려 성선에 대한 강조를 염두에 둔 것이다. 더불어 김인규는 리가 주재성을 가지지 못하고 기를 따르는 위상을 지니기 때문에 만화(萬化)의 근본이 될 수 없다고 보았는데 이 역시 납득하기 힘들다. 담헌의 리가 내재적 우주관에 기반하고 있다면, 리는 만 가지 조화의 중심축이자 만 가지 만물을 낳는 근저가 될

---

111) '形이 없는 것은(도) 理이다'는 말은 '理가 아니면(아니어도) 형이 없는 것이 아니다'는 말도 참으로 만든다. 리가 없는 세상이 있다는 이 궤변은 性理학자들의 전제를 부정한다. 서양철학은 존재의 유무로서 주재, 초월, 선험, 작용을 다양하게 설명하는 역사가 깊다. 하지만 동양의 흐르는 시간은 거대한 인식의 대전제로서 기능하면서 존재의 유무를 말하는 시점을 불필요한 분절로 간주하게 한 측면이 크다. 따라서 유가적 시간관에 대한 고려는 이하의 모든 개념적 논의에서도 비판적 논점의 바탕이 될 것이다.

112) 김인규, 「홍대용 인간이해의 두 양상」, 235쪽.

수 있다. 이 세계의 조화를 알게 하고 온갖 물[品]의 종류를 알 수 있게
하는 것 자체가 그것들의 '형[形體] 있음'을 통해서 드러나기[見] 때문이다.
한 개체의 형을 형으로 만드는 원리가 이미 그 형 내부에 있다. 인간에게
움직임으로 쉬이 감지되는 것은 리가 아니라 기이지만, 그 움직이는 기
를 통해 인간이 봐야 하는 것은 그 안의 리이다(당위). 또한 이 자연의 리
가 만 가지 변화의 근본인 것은 형을 관찰하면 할수록 알 수 있는 만유
의 결론이다(사실). 담헌의 강조는 '추뉴와 품휘를 알 수 있는 것은 추뉴
와 품휘가 기를 통해 보이기[見] 때문이다'라는 말에 있지 '추뉴와 품휘가
곧 기다'는 것을 말함에 있지 않다.

> 4-⑤ 맹자문의
> 일반적으로 리는 리이고 기가 아니다. 기는 기이고 리가 아니
> 다. 리는 刑이 없고 기는 형이 있으니 리와 기의 구분됨은 하늘
> 과 땅 만큼이나 현격하다.[113]

따라서 담헌을 리기이원론자로 보는 오해도 재고할 필요가 있다. 4-⑤
의 지문은 리와 기의 명확한 구분을 설명하고 있다. '형(刑)'을 강조한 4-
④과 함께 4-⑤의 설명은 담헌의 강조점이 리가 아니라 기에 있었던 것
이 아닌가,라는 의문을 갖게 한다.[114] 이동환의 경우는, 「홍담헌의 세계
관의 두 국면 - 도학과 실학사상과의 상수적 연계 관계의 한 양태」에서

---

113) ≪四書問辨 : 孟子問疑≫, 「內集 1」, 『湛軒書』: 盖理者理也非氣也. 氣者氣也非理也. 理無形
而氣有形, 理氣之別, 天地懸隔.
114) 이동환은 이 '刑'에 대한 강조의 근거를 「주역변의」에서도 찾고 있다. ≪三經問辨 : 周易
辨疑≫, 「內集 1」, 『湛軒書』: 萬物資始, 非元也, 是元之發見處. 理無形故就發見處言之

담헌이 "만화지본으로서의 권능을 기에게 부여"한 "압도적 주기 편향"의 입장을 가졌다고 규정하며, "담헌이 리기이원의 견해를 얼마나 확실하게 가지고 있었는가가 확인된다"고 정리하고 있다.[115] 하지만 본서가 보건 대 이는 이제껏 담헌이 수차례 논의 되어 왔던 리와 기의 개념적 구분을 다시금 존재의 이원화로 귀결시키는 오류이다. 게다가 리를 가지고 존재 규율과 가치 실재의 합일을 도모한 것, 그래서 존재간의 통합성, 세계의 통합성을 천명[116]한 것은 담헌 훨씬 이전의 성취이기 때문에 그것은 담 헌사상의 고유한 평가가 될 수 없다. 담헌은 리와 기가 다른 근원을 가지 고 있다고 설명한 적이 없다. 이를 좀 더 명확히 하기 위해서는 담헌이 설명하는 기(氣)에 대해 정리할 필요가 있다.

4-⑥ 답서성지론심설

천지에 가득 찬 것은 다만 이 기뿐이고 이가 그 중에 있다. 기 의 근본을 논하면 담일하고 충허하여 청탁이라 말할 수 있는 것이 없고 승강하고 비양함에 이르러서는 서로 부딪히고 서로 밀쳐내서 찌꺼기와 나머지가 고르지 않음이 있게 된다. 여기서

---

115) 이동환, 「홍담헌의 세계관의 두 국면 - 도학과 실학 사상과의 상수적 연계 관계의 한 양 태」, 142-144쪽.

116) 이동환, 「홍담헌의 세계관의 두 국면 - 도학과 실학사상과의 상수적 연계 관계의 한 양 태」, 146쪽, 147쪽. "존재규율과 가치 실재와의 합일로서의 리를 가지고 담헌은 존재간 의 관계의 통합성, 세계의 통합성을 천명했다" 그는 심지어 주석 74에서 박성래가 담헌 의 전통적 리 개념에서 윤리성을 제거한 분석을 두고, 리 개념에서 윤리성을 제거했다 면 굳이 인의 술어를 무엇 때문에 썼겠는가?라고 말하며 박성래를 반박하고 있다. 박성 래의 분석은 담헌의 자연관이 근대적인 합리주의에 접근하는 철학적 바탕을 마련했음 을 보이고 있는데 이는 서구적 안목에 급급한 근거 없는 속단이라는 것이다. 하지만 같 은 방식으로 다음과 같은 질문이 가능하다. 담헌이 리기를 이원화한 이원론자라면, '其 實一也'나 '一元'이란 술어는 무엇 때문에 썼겠는가?

맑은 기를 얻어 변화한 자는 사람이 되고, 탁한 기를 얻어 변화한 자는 물이 된다. 그 가운데 지극히 맑고 지극히 순수하며 신묘하여 헤아릴 수 없는 것이 심이 되니, 뭇 이치를 묘하게 갖추고 있는 까닭에 만물을 재제한다. 이것은 사람이나 물이나 같다.[117]

4-⑥ 위 지문에서 담헌은 '리가 기 가운데 있음'을, 그리고 '뭇 이치를 갖추고 있는 것은 사람이나 물이나 모두 같음'을 명확히 적시한다. 이 두 가지 사실에서, 본서는 담헌이 일원론자였다는 것과 만물이 공유한 리가 생지리(生之理)라는 점을 파악할 수 있다고 보는데, 이에 대한 논의는 문석윤의 연구를 통해서 정리된 바 있기에 그것을 통해 살피려 한다.

문석윤은 『담헌 홍대용 연구』에서 담헌이 리 개념을 폐기한 것이 아니며, 담헌의 리가 구체성을 가지고 있었다고 말한다. 또한 기가 운동을 통해 만물을 형성하고 그 과정에서 인/물의 청탁 차이가 발생한다는 생각은 기존의 성리학자나 담헌이나 같은 입장이었다고 정리한다. 문석윤이 담헌사상을 일원론의 입장에서 보면서 담헌이 리의 실재성·주재성에 의문을 제기한 것이 아니었다고 정리할 수 있었던 것은 그가 이전의 연구자들과는 달리 담헌의 리를 생명원리로 적시하고 있기 때문이라 본다. 리를 생성의 원리로 보게 되면, 생명이 가지고 있는 구체적 활동과 생지리의 속성이 분리된 채 서술될 수 없다. 또한 담헌이 왜 리를 무(無)와 연

---

117) ≪答徐成之論心說≫, 「內集 1」, 『湛軒書』: 充塞于天地者, 只是氣而已理在其中. 論氣之困, 則澹一冲虛, 無有淸濁之可言, 及其升降飛揚,相激相蕩, 糟粕煨燼, 乃有不齊. 於是得淸之氣而化者爲人, 得濁之氣而化者爲物. 就其中至淸至粹神妙不測者爲心, 所以妙具衆理而宰制萬物, 是則人與物一也.

결시키는 도가나 경험적 현실로부터 리를 유리시키는 불교의 형이상학을 비판했는지도 설명이 된다. 물론 본서가 갖는 몇 가지 이견도 있다.

우선 문석윤은 4-⑥에서 담헌이 서경덕이나 율곡과는 달리 '담일청허'가 아니라 '담일충허'라고 표현한 점에 주목하며, 담헌의 근본적인 기 개념이 청한 것이 아니라 청탁을 '초월(超越)'하고 있다고 언급한다. 하지만 본서가 보기에 '충허'의 '충'은 성리학자들이 일반적으로 태극을 설명할 때 사용한 '충막무짐(沖漠無朕)'의 의미일 뿐이다. 태극은 4-①-Ⓐ에서 말하는 하늘(자연)의 리가 보이는 시초의 모습을 상징한다. 그것은 아직 사물의 생산 이전 원기(元氣)이다. 그곳에 어떠한 청탁이 '있다고 말'할 수 없다. 청탁이란 개념 자체는 태극으로부터 일음일양의 활동이 시작되어 만물을 형성한 이후의 문제이다. 담헌은 그것을 지적했을 뿐이다. 또한 문석윤은 4-④ 지문의 해석을 통해 담헌은 오히려 기존 주자학의 '무형무성무취무위(無形無聲無臭無爲)'의 리 개념에 대한 자신의 대안을 제시하고 있다고 밝힌다. 전통적으로 리는 무형무성무취였는데. 담헌은 이를 인(仁)으로 규정했기에 나름의 대답을 한 것으로 읽는 것이다.[118] 하지만 리를 인으로 인식한 것[119]은 이미 송대 유학자들이 성취한 선례가 있었다. 그들이 생지리를 인지리(仁之理)로 다시금 풀어 설명한 이유에는, 오히려 그 인을 인간 누구나가 직접 경험할 수 있다는 가능성을 열어주기 위한 의도가 있었다. 따라서 "담헌이 리의 동일성의 측면은 이전의 학자들과

---

118) 문석윤, 『담헌 홍대용 연구』, 51쪽 : "실재하며 주재하는 이는 곧 인이라는 구체적 내용을 가지고 있다고 말하였다. 그러나 그것이 구체적인 내용을 가지고 있다고 해서 우리가 그것, 곧 인을 직접 경험할 수 있다는 것을 의미하지는 않는다."

119) "확장된 자연주의가 보편적 자연학으로서의 어떠한 인학의 형태를 취하고 있었다." 문석윤, 『담헌 홍대용 연구』, 80쪽.

의견이 유사하지만, '심(心)'의 동일성은 인정하지 않는다"는 평가 역시 재고해야 한다.

담헌은 4-⑥에서 심은 묘용하다고 말하면서, 모든 이치를 묘하게 갖추고 만물을 재제한다는 점에서 인/물이 같다고 말한다. 게다가 '심이란 오장의 하나로서 움직임이 있고 자취가 있으니 다만 기일뿐이다.'라고도 말한다. 이러한 점들은 담헌이 '심즉기(心則氣)'를 말하고 '심즉리(心卽理)'를 염두에 두지 않은 것인가,라는 의문을 갖게 할 수도 있다.[120] 담헌이 심을 기로 보았기 때문에 심지어 그를 율곡학파의 계열로 분류할 수도 있다. 하지만 이 구절은 문자 그대로, 심은 심장[氣/形]을 지시하고 있다. 때문에 심장(순환기관)을 가지지 않은 생물체는 없다고 하는 단순한 사실을 의미할 뿐이다. 또한 말의 방점이 그 '용이 묘하다' 하다는 데 있기 때문에, 묘한 이치[理]는 오히려 더 강조되고 있다. 따라서 4-⑥말은 오히려 인물성동을 이해시키기기 위해, 심(心)이 리(理)와도 그리고 기(氣)와도 비분리[則]되어 있음을 비근하게 설명한 말로 봐야 하는 것이다.

담헌은 심이 리와 기 모두로 설명 되었다면, 그리고 리가 인과 성으로 설명되었다면, 오히려 이 이중적 언사를 통해 읽어야 할 것은, 어떻게 담헌은 인학(仁學)을 인물성동으로 강조함과 동시에 보편적 자연학(오늘날 우리가 아는 물리학, 생물학 등의 영역)으로 연관시킬 수 있었는가 일 것이다. 사실 윤리적 가치로부터 독립된 자연은 상수학이나 역학의 전통에도 있었고 주희를 통해서도 기초적으로 발견되는 부분이 있기 때문이다. 이와 관련된 그동안의 고민과 대답의 흔적은 문석윤의 연구 정도에서 찾아 볼

---

120) 문석윤, 『담헌 홍대용 연구』, 68쪽.

수 있을 뿐이다. 문석윤은 담헌식 확장적 자연주의의 관점이 "보편적 자연학으로서 인학의 형태로 나아가는" 지점이라 논하면서 존 헨더슨의 다음의 말―"(동아시아인들이 가진) 상관주의적 사유방식이 문제가 아니라 그것을 철저하게 관철하지 못한 불철저성이 문제라는 것"―을 인용, 명·청대 중국에는 근대과학으로 들어갈 수 없었던 인물이 없었지만 담헌이 그런 과도적인 인물이 아닐까라는 평을 남기고 있다.[121] 그러나 서양인이 언급하는 이 '불철저성'이라는 말은 한편으로 맞지만 한편으로는 틀리다.

이에 대한 논의를 이어가기 위해 다시 담헌의 인물성동론으로 돌아갈 필요가 있다. 이상을 정리하면, 담헌은 일원론자이고, 리와 기를 분리해서 말했으며, 마음이 리와 분리되어 있다거나 마음이 기와 분리되어 있다고 생각하지 않았다. 인물성동론을 통해서는, 물성(物性)과 인성(人性)이 같다고 말하면서 만물의 위계질서와 그 수직적 구조를 깨려고 했다. 여기에는 담헌의 성인론과 새로운 물학의 가능성이 등장한다. 이에 대한 논의를 위해 한 걸음 더 들어가 보자.

≪맹자문의≫

나는 생각건대, 心이란 五臟의 하나로서 움직임이 있고 자취가 있으니, 다만 氣일 뿐이고 理가 그 가운데 있다. 리가 없음이 아니나 그 體를 말하면 기요, 비록 리가 있어도 리를 心으로 인식할 수는 없다. 리를 버리고 홀로 존재하는 기가 없으니 기는 스스로 기이다. 현공(懸空)하여 독립한 리가 없으니 리는 스스로 리이다. 만일 말하기를, '기는 진

---

121) 문석윤, 『담헌 홍대용 연구』, 주석 129. 참조.

실로 기이나 또한 마땅히 리로써 보아야 하며, 리는 진실로 리이나 기와 분리해서 볼 수 없다.' 운운하면 설로 성립할 수 있겠는가?

대개 합하여 말하면 그릇[器]도 또한 道이고, 도 또한 그릇이다. 나눠서 말하면 形而上이고 形而下이다. 그릇 또한 도이고 도 또한 그릇이나, 도가 일찍이 그릇이 된 적이 없고, 그릇이 일찍이 도가 된 적이 없다. 형이상이고 형이하이나, 위가 일찍이 아래와 분리된 적이 없었으며 아래가 일찍이 위와 분리된 적이 없었다. 上下의 說을 지키면서 판연히 각각 존립한다 하면 확고히 그른 것이고, 도기(道器)의 論을 가지고 있으면서 道도 그릇이 될 수 있고 그릇도 도가 될 수 있다 말한다면 그 잘못이 심한 것이다.

그러면 心은 理로써 볼 수 있으면서, 리는 氣와 분리해서 봄이 불가한가? 혹자는 心이란 기일 따름이다'고 말하는데, 기라는 것은 가지런하지 않으니 그러면 마음에 선악이 있는 것이 아닌? 순자(荀子)가 '지(志)는 수(帥)요 심(心)은 군(君)이다.'라고 말했는데, 이 말이 가장 묘하다. 하늘이 생민(生民)을 내려 총명과 예지한 자로써 君을 삼았다. 총명과 예지한 자가 衆人과 정말 다르기는 하지만 또 어찌 일찍이 사람이 아니겠는가? 사람이 태어나서 氣稟이 청명하고 순수하여 이로써 心을 삼았다. 청명과 순수가 진실로 혈기와 다르기는 하나 또 어찌 일찍이 기가 아니겠는가? 군(君)은 천하의 군이고 心은 一身의 군이다. 그 이치는 한 가지다. 그러므로 心을 가지고 기에 대하여 본연 순선한 心이다고 말하면 옳다. 그 기에 있어서 다름을 보고 마침내 '마땅히 리로 보아야 한다.'고 말한다면 이는 총명예지가 사람에게 있어 다름을 보고 마침내 '사람이 아니고 天이다'고 말하는 것과 무엇이 다르겠는가.122)

---

122) 《四書問辨：孟子問疑》, 「內集 1」, 『湛軒書』. 彭以爲心者五臟之一, 有動有迹, 只是氣而已而理在其中. 非無理也而語其體則氣也, 雖有理也而不可認理而爲心. 無遺理獨存之氣而氣自氣也. 無懸空獨立之理而理自理也. 若曰氣固氣也而亦當以理看, 理固理也而不可離氣看云,

앞서 언급했듯 담헌은 '도'와 '성'에 대해서 체용 구조가 아닌 분합 구조로 설명했다. 그 가운데 '성인'의 역할도 등장했었다. 그런데 담헌식 '분합(分合)구조'는 위 ≪맹자문의≫에 등장하는 리기(理氣)에 대한 설명에서 더욱 명확하게 드러난다. 왜 담헌은 기존의 체용구도가 아닌 분합이란 단어를 굳이 사용했을까? 위 지문은 사실 앞서 언급한 9가지 지문의 맥락과 연결되어 있다.

9가지 지문에는 공통적으로 추출될 수 있는 주요한 3가지 부분이 있다. 하나는, 거의 모든 문장에서 '말한다(言, 曰, 謂, 論)'에 해당되는 동사를 사용하면서 그것을 조건문으로 제시한다는 사실이다. 다른 하나는, 분합 구조를 통해 내용과 개념을 최대한 명확히 풀어 설명하려 하고 있다는 점이다. 마지막 하나는 까닭[所以]의 설명을 존재가 아닌 인식의 문제와 관련짓고 있다는 것이다. 이 세 가지가 어떻게 연관되어 있는 지를 살펴보자.

먼저 3-②의 '言之', ≪맹자문의≫의 '言其體', '言之', 4-①-Ⓐ의 '言仁', 4-③의 '言理~', 4-④의 '言理者', '必曰', '旣曰', '謂之有者乎', 4-⑥의 '論氣', '可言'에서 드러나듯, 담헌은 '말을 한다'는 상황, '말을 해야 하는' 조건에 대해 정확히 적시하고 있다. 그리고 이는 리와 기에 대한 모든 것

則其可成說乎. 盖合而言之, 器亦道道亦器. 分而言之, 形而上形而下. 器亦道道亦器而道未嘗爲器, 器未嘗爲道, 形而上形而下而上未嘗離下, 下未嘗離上. 守上下之說而謂判然各立者, 固非矣, 執道器之論而謂道可以爲器而器可以爲道, 則其失又甚矣. 然則心可以理看而理不可離氣看歟? 或曰, 心者氣而已則氣者不齊, 然則心有善惡否? 曰, 荀子曰, 志帥心君, 此言最妙. 天降生民,聰明睿智以爲之君. 聰明睿智, 固異於衆人, 而亦何嘗非人乎? 人生氣禀, 淸明純粹以爲之心. 淸明純粹, 固異於血氣,而亦何嘗非氣乎? 君者天下之君也, 心者一身之君也. 其理一也. 故以心對氣而謂之本然純善之心, 則是矣. 見其異於氣而遂謂之當以理看, 則是何以異於見聰明睿智之異於人而遂謂之非人也天也.

을 언어로 완전히 설명할 수 없다는 것을 전제하게 한다. 리와 기가 있지만 그것을 말하자면 힘들다는 것, 그러나 말하자면 이렇게 밖에 말할 수 없다는 것, 혹은 이렇게 말하는 것이 가장 이해하기 좋다는 것 등이다. 본서는 이 언어적 한계가 그가 체용 개념이 아니라 분합구조를 사용한 이유라고 본다. 주지하듯이 체용구조의 인식은 송대 신유학이 시작되는 중요한 지점으로 언급되어왔는데, 그 언어적 사용의 첫 맥락에서도 드러나듯 체용구조는 그 파악이 원래부터 어렵고 난해한 것이었다. '체용일원 현미무간(體用一源, 顯微無間)'이 등장하는 정이천 「역전(易傳)」의 맥락을 살펴보자.

> 지극히 은미한 것은 理이고 지극히 드러난 것은 象이다. 體와 用이 근원이 하나요, 드러남과 은미함의 간격이 없다. 회통하는 것으로 보아 그 전례를 행한다면 말에 갖추어지지 않음이 없다. 그러므로 잘 배우는 자는 말을 구하는 것을 반드시 가까운 데서부터 한다. 가까운 것을 쉬이 여기는 자는 말을 아는 자가 아니다. 내가 전하는 바는 말이니, 말로 말미암아 뜻을 얻는 것은 사람에게 달려 있다.[123]

여기서 체(體)와 용(用)은 리(理)와 상(象)을 지칭하는 말로서, 정이천은 이치의 은미함과 형상의 뚜렷한 드러남 사이는 매우 다르게 보이지만 그 실상의 근원은 하나임[一源]을 역설하고 있다. 하지만 드러남과 숨어 있음

---

123) 程顥·程頤, 『二程集』, 582-583쪽 : 易有聖人之道四焉 : 「以言者尙其辭, 以動者尙其變, 以制器者尙其象, 以卜筮者尙其占」 吉凶消長之理, 進退存亡之道, 備於辭. 推辭考卦, 可以知變, 象與占在其中矣. 君子居則觀其象而玩其辭, 動則觀其變而玩其占. 得於辭, 不達其意者有矣; 未有不得於辭而能通其意者也. 至微者理也, 至著者象也, 體用一源, 顯微無間. 觀會通以行其典禮, 則辭無所不備. 故善學者, 求言必自近. 易於近者, 非知言者也. 予所傳者辭也, 由辭以得其意, 則在乎人焉.

이라는 이 상반된 역설(逆說)로 인해 그 이치를 알기란 쉽지 않았다. 그래서 정이천은 성인의 도를 빌어 이야기 하고, 군자의 역할을 언급한다. 그런데 성인과 군자의 역할이 분명히 고정되어 서술되어왔다면, 정이천은 어떻게 하면 잘 배우는 것인지에 대한 이러한 글을 남길 필요 없었을 것이다. 그는 이 체용일원의 구도가 어렵지만, 마땅히 잘 배우는 자가 얻을 수 있을 것이라고 덧붙인다. 그리고 이 뜻을 이해하는 것을 사람 일반의 몫으로 돌린다. 더불어 그 방법을 보인다. 이해는 어렵지만 이치는 결국 '말'을 통해 전해지고 또 이해되어 궁극적으로는 회통할 수 있다고 부연하는 것이다. '말[辭]'이라 함은 사실상의 구두 언어와 문자 언어를 총칭한다. 이 문(文)의 가치는 그래서 공자 『논어』의 첫 구절, '배움'으로부터 시작된 유가의 근간을 암시하게 한다. 따라서 이런 맥락을 이해한다면, 체용의 도는 언어의 이해를 필연적으로 요청하지만 쉽게 접근하기는 여전히 힘든, 하지만 「중용」에서 말했듯 가까운 데에서부터 찾으면 누구나 얻을 수 있는 진리가 된다.

그런데, 이러한 가르침이 시대를 거치면서 '비근한데부터 살펴야 한다'는 방법과 회통의 경험[行]은 사라지고 언어적 논변만 남아, 배우는 자를 더욱 어렵고 혼란스럽게 하고 있었다. 담헌은 오직 말만이 남은 시대를 한탄하고 있었기에, 다시 그것을 원래로 되돌리고[復] 싶어 했다고 본다.124) 언어가 가지는 구획성은 세계의 물들이 분리된 채 존재하는 것처럼 보이게 한다. 체험되지 않은 도라도 말로써 접근가능하다지만, 언어는 한계를 지니기 마련이다. 정이천은 일찍이 말을 얻었어도 의미를 깨우치

---

124) '復'은 ≪周易辨疑≫에서 언급한 성인의 지혜[聖人之義]이다. 담헌은 "不遠의 復이 元하고 吉하다"는 주역의 말을 인용하여 고침이 귀하다[改之爲貴]고 말하고 있다.

지 못하는 자가 있다 하지 않았는가. 더불어 그 언어적 한계가 있음에도 결국 말로써 추측하고 완미해야 하는 것이 도의 여정임을 정이천은 설파했다. 주회암 역시 "비록 우리가 理에 관해 무엇인가를 알게 되는 것은 비언어적 이해를 통해서이지만, 남에게 설명하지 못할 것도 없다"고 말했으며, 이를 따른 여만촌(呂晩村) 역시 "한 개인이 삶에서 理를 이해하고 있는 지의 여부는 오직 그의 말과 문장에 의해 알 수 있다. (…) 말은 사상의 소리이며, 글은 사상의 진술이다."고 말했다.[125] 담헌 역시, 말만이 남은 시대에서 다시 말로 혼란을 바로 잡으려면 자신의 말이 기존의 말들과 구분되게 하는 어떠한 틀을 필요로 했을지도 모른다. 그런데 '말만 하는 사람들' 속에서, '그 어려운 도'가 지녀왔던 '은밀한 체와 나타난 용' 구도를 불러 온다면, 이는 다시금 그들의 틀 안으로 들어가는 일이었다. 담헌이 다시금 '말'을 통해서 체용이 아닌 '분합'의 구조를 적극 채용하고 있는 점은 그래서 주목해야 하는 부분이다.

'말을 한다'는 조건적 상황 제시는, 궁극적으로 체용이란 도식 속에 있던 '리' 개념을 현실 속에서의 관점과 사유의 영역에서의 논의를 어느 정도 분리하여 접근하고자 하는 의도를 드러내게 한다. 예컨대 ≪맹자문의≫의 맥락을 보자. 그는 '심'을 설명하면서, 자신이 언급하려는 '심' 개념이 '오장의 하나'임을 설정하고 시작한다. 쉼 없이 뛰고 있는, 그래서 생명의 살아있음을 가장 직접적으로 드러내는 심장(心臟)은 사실상 생생지리(生生

---

125) 一個人究意有沒有理解生命之理, 只有從他的說話和文章才能看出來. (…) 我認爲說話是思想的聲音, 而文章是思想的鋪陳. 메츠거는 『中國近三百年學術史』의 전목(錢穆)의 인용을 재인용하며, 이러한 중국 사상가의 면모를 보고 그들이 "의식적으로 언어를 소중히 여겼다"고 평하고 있다. 토마스 메츠거, 『곤경의 탈피』, 81쪽. 참고로 『담헌서』의 ≪오팽문답≫에는 담헌이 여만촌에 대해 물으며 『여만촌문집』을 찾는 대화가 담겨 있다.

之理) 인식의 시작이자 끝이다. 우리가 낳고 낳는 생명원리를 가장 비근하게 알 수 있는 기관이 심장이다. 그렇게 움직임이 있고 자취가 있는 심장은 당연히 그 체(體)가 기(氣)라고 말할 수밖에 없다. 생명원리[理]가 심장 안에 있지만 고동을 느끼지 못한다면 리가 있어도 리로 인식할 수 없다. 인식은 언어를 필연적으로 동반하기에 인식을 위해서는 기를 빌릴 수밖에 없는 것이다. 4-①-Ⓐ의 경우도 마찬가지이다. '인의(仁義)' 안에 '예지(禮智)'가 있으면서 '인' 안에 어떻게 다시 '의'가 있는가? 하지만 그것의 의미를 말하기 위함이라면, 말로써 인식하여[得於辭] 그 뜻의 성취까지 미루어 나가기 위함이라면, 이 말은 다른 층위를 갖게 된다. 다양한 해석이 가능한 현실적·입체적 구조 속에 놓이게 된다. 예컨대, 인(봄)과 의(가을)가 생성과 쇠락이라면 예(여름)와 지(겨울)는 생성과 쇠락의 극(極)으로 설명될 수 있다. 또한 의(義)는 생지리의 변양일 수 있다. 이러한 구조 속에서 인의는 예지를 포괄하게 된다. 정이천이 인지리(仁之理)를 생지리(生之理)와 동일시했을 때 인은 리가 지닌 지위와 같은 위치에 있었다. 담헌이 '인이라는 것은 리이다[仁者理也]'고 말한 이유는 이러한 성리학자로서의 당연한 이해를 말했을 뿐이다.

담헌은 '있음'의 문제를 '드러남'의 문제와 연관시킨다. 진리[道]가 존재한다면, 그것이 있음을 어떻게 아는가? 인간은 결국 오감과 같은 기관의 활동, 그리고 '심'의 오묘한 활동에 힘입어 그것이 있음을 '말할 수밖에' 없다. 그가 "이른바 있다고 하는 것은 무엇인가?"라고 묻고서, "무엇으로써 ~보이겠는가?"라고 다시 물은 것은, 결국 움직임[氣/爲]을 통해 그것이 있음을 파악하는 인간의 명확한 한계를 적시한 것이었다. '리의 가득차 있음[實理]'과 '끝없는 생성[無極而太極]'이라는 세계는 우리의 언어

(말)에 의해, 나아가 신묘한 심의 노력을 통해 이해된다. 거의 모든 성리학자는 이해능력의 심화를 통해 드러난 것과 가려져 있는 것 사이의 틈을 메꾸어 그것이 하나로 통하고 있음을 강조했다. 담헌은 말을 하기 위해 분리적 사고를 요청하고 그렇게 나누어진 개념을 통해서 까닭의 문제를 해소한다. 그러나 그것은 성동(性同)이란 궁극적 통해(通解)를 위해 과정으로서 구성된 것이었지 성이(性異)를 설명하기 위해 제시된 것이 아니었다.

또 하나, '분합(分合)'이라는 틀이 동시대 살았던 윤기(尹愭, 1741-1826, 자는 경부敬夫, 호는 무명자無名子), 이상정(李象靖, 1711-1781, 자는 경문景文, 호는 대산大山)과 같은 노론 계열이 아닌 학자들에 의해서 빈번히 사용되었다는 점도 담헌이 가진 독특성을 읽게 하는 부분이다. 남인으로써 이익의 문하에 있었던 윤기는 『중용』 해석에서 천도(天道)와 인도(人道)를 분합의 구도로 말한바 있다. 이상정은 이현일(李玄逸 1627-1704, 자는 익승翼昇, 호는 갈암葛庵)과 이재(李縡 1680-1746, 자는 희경熙卿, 호는 도암陶菴)의 계열[126]로 분류되는데, 권희원에게 답하는 글에서 진북계(陳淳, 北溪는 호, 1159-1223)의 「성리자의(性理字義)」를 읽고 다음과 같이 문제점을 언급하는 글을 남긴 바 있다. : "가만히 생각건대 도리(道理)는 단지 하나일 뿐이지만, 성현의 입언(立言)에는 각각 법문(法門)이 있는 것입니다. 순임금은 마음이 리와 기를

---

126) 이황의 문인으로서 '理發'을 주장했던 장현광 역시 사단칠정을 '分合'의 논리로 설명한 바 있다. 장현광의 분합에 대한 본격적 연구는 없지만 장현광에 대한 기존의 연구는 다음 논문을 참고 바람. : 김경호, 「여헌 장현광의 인심도심론 연구」./ 정병석, 「여헌 장현광의 태극에 대한 새로운 해석」./ 최석기, 「여헌 장현광의 중용 해석과 그 의미」./ 추제협, 「이익의 감발설에 나타난 장현광의 사상적 영향」./ 고려대학교 민족문화연구원 한국사상연구소편, 『여헌 장현광의 학문세계 1,2,3,4』, 예문서원, 2006.

합한[心合理氣] 곳에 나아가서 그것이 발현한 본바탕의 사(私)·정(正)을 나누었기 때문에 인심·도심의 가르침이 있었던 것입니다. (…) 대개 나누어 보는 것도 하나의 도리이고 섞어서 보는 것도 하나의 도리입니다."[127] 또한 그는 『대산집(大山集)』에서 여러 차례 분합의 구도에 의한 설명을 남기고 있는데, 인심도심, 사단칠정에도 분합구도를 적용하여, "인심과 도심을 나누거나 합하여 말을 할 수 있다면, 사단과 칠정이라고 해서 유독 나누거나 합하여 말할 수 없겠는가? 각각 한계가 있다는 것은 나누어서 말하는 것을 뜻하지만, 합하여 말하더라도 그것이 하나의 물이라는 것에 문제 될 것은 없다고 본다."[128]고 역설하고 있다. 인물성이론을 지지했던 권상하(權尙夏) 역시 "금수는 오상(五常)의 성(性)을 다 얻지 못했다는 것에 대해 자세히 보매 더욱 분명히 깨닫겠습니다. 대저 인물성이동(人物性異同)은 단지 이기(理氣)를 이합(離合) 분합(分合)해서 보는 데 달렸을 뿐입니다. 나누어서 보면 품부(稟賦)한 시초와 이후를 막론하고 인과 물이 다 태극(太極)의 전체를 얻어서 그 성이 같고, 합하여서 보면 인은 그 전체를 얻고 물은 그 한 부분만을 얻음이 품부의 초기부터 이미 그러하니 그 성이 다릅니다."[129]고 말하고 있다. 담헌은 당시 이론(異論)자들의 '분합' 용어를 사용했지만 그가 사용하는 분합 구도는 여느 학자들의 사용과 그 결

---

127) ≪書 : 答權希元≫, 『大山集 8』: 竊意道理只是一而已矣, 而聖賢立言, 各有法門. 大舜就心合理氣處, 分其所發之地頭私正, 故有人心·道心之訓. (…) 北溪之論, 固與『中庸』序文不同, 然朱子蓋嘗分合說矣. (…) 蓋分看是一樣道理, 錯看又是一樣道理.

128) ≪書 : 答李希道 癸亥年(1743)≫, 『大山集 20』: 人心道心, 可分合言, 則四端七情, 獨不可以分合言乎? 各有界限, 分言之謂也, 合而言之, 亦不害其一物, 『中庸』·『樂記』·『好學論』之渾淪言之, 是也.

129) ≪書 : 答崔成仲, 庚寅十一月≫, 『寒水齋先生文集 卷之十三』: 禽獸不能盡得五常之性, 看來尤覺分曉. 大抵人物之性異同, 只在理氣離合看. 分而看之則無論稟賦之初與後, 人物皆得太極之全體而其性同矣, 合而看之則人得其全物得其偏, 自其稟賦之初已然而其性異矣.

이 달랐다. 담헌은 권상하처럼 '분(分)'을 통해서 동일성[性同]을, '합(合)'을 통해서 차이성[性異]을 말하지 않았다. 담헌은 그 반대, '분-차이/ 합-동일'이었다.

≪맹자문의≫를 보자. 담헌은 '합'의 논의를 통해서 방법[道]과 그릇[器]이 같은 의미라 설명하고 '분'의 논의를 통해서 진리·체[道]는 형이상, 도구·쓰임[器]는 형이하로 구분하여 설명한다. 언어적 구별의 말[設]들을 지키려고[守] 그것을 각각의 존재론[各立]으로 이원화 시키는 것은 그래서 확고히 그른 것[固非]이다. 맹자는 이원론을 말하지 않았기 때문이다. 또한 도기론[道器之論]에 집착해서[執] 도도 기고 기도 도다고 말해버린다면 그 잘못[失]은 더욱 심할 것이다. 분별이 없는 설명은 구체적인 방법 자체를 구성해 내지 못하기 때문이다. 담헌은 주희의 체용관이 모든 각론의 영역에 무분별하게 적용되는 일을 견제했다. 그랬기 때문에 앞서 중용의 주희 해석을 바로잡고자 했다. 하지만 담헌은 체용관 자체를 부정한 것이 아니다. 기존 체용관의 골지는 분합의 논리 '속에' 존재한다. 담헌이 순자의 '군심(君/心)'을 들어 큰 군자[天下之君]와 작은 군자[一身之君]를 설명해 내는 것은 이러한 분합의 논리 속에서 체용의 의미를 포섭한 결과다. 큰 군자는 사회와 역사, 진리의 기준으로 존재한다. 하지만 군자는 내 안에도 존재한다. 그래서 누구나 성인이 될 수 있다. 그러한 점에서 이치는 같고[其理一也], 이치가 같기 때문에 만물을 향한 동론은 부정될 수 없다.

리기에 관한 견해도 마찬가지다. '심과 기'만을 두고 순선을 논한다면, 당연히 심은 기에 대해서 순선의 위치에 놓일 수밖에 없다. 그렇지 않다면 지켜야 할 것도 없고 심은 기의 흐름에 휩쓸릴 뿐일 것이다. 하지만 이와 같은 심과 기의 차이를 두고서 심을 리로 봐야 한다[理看]고 주장한다면, 사람 저마다가 가치[聰明叡智]의 차이를 보이는 이유를 설명할 수가 없다. 두근대는 심장도 설명할 수가 없다. 심을 리로 환원하여 설명하려는 이들의 의도에는 리의 강조점을 통해 리 중심의 당위론적 세계를 강화시키려는 선한 마음이 있었다. 성선론자인 담헌이 그것을 모를 리가 없다. 하지만 선함의 당위는 구체적인 방법이 없이는 공유될 수 없었다. 심지어 구체적인 방법을 보인다고 해서 동의될 수 있는 것도 아니었다. 모든 방법은 '이해'의 과정이 필요했기 때문이다. 실질적 방법을 찾는 과정, 그리고 이해의 편의를 위해 원리를 찾고 그것을 다시 보이는 과정 이 두 가지의 숙제가 담헌으로 하여금 더욱 강한 일원론자가 되게 추동하고 있었다.

형이상과 형이하는 분리된 개념이지만, 그 언어가 곧 세계의 분리를 지시하지 않는다. 담헌의 세계는 여전히 위가 아래를 떠나지 않고 좌가 우를 떠나지 않는 하나의 세계이다. 그렇다면 어떤 이는 담헌은 주기론(主氣論)자인가? 아니면 주리론(主理論)자인가?라고 물을 것이다. 조남호는 논문 「조선에서 주기철학은 가능한가」에서 '주(主)'라는 표현을 문제시 삼으며 주가 '무엇이 상대적 우위성을 가진다'는 의미로 이해된다면, 율곡학파의 학문적 특징을 주기(主氣)라는 개념으로 포착하는데 많은 문제가 뒤따른다고 지적한다.130) 조호현은 「조선성리학 연구에 대한 일고찰」에서 '주(主)'의 표현을 '양자 가운데 무엇의 측면을 강조한다'는 의미로 이해할 수 있다고 말한다. 그리고 주리/주기로 묶는 학술적 분류의 근본

---

130) 단순히 기를 많이 언급했다고 해서 그들을 기가 리에 대해서 우위성을 가진다고 보았던 기철학자라고 할 수 없기 때문이다. 조남호, 「조선에서 주기철학은 가능한가」; 한국철학사상연구회, 『논쟁으로 보는 한국철학』 참조.

적 한계를 인정하면서, 예컨대 "리기호발(理氣互發)이냐, 기발리승(氣發理乘)이냐 하는 것은 (…) 두 입장에서 제시하는 방법상의 차이로부터 도출되는 것일 뿐이지 그 두입장의 이론적 우열에서 비롯되는 것은 아니다"[131]고 말한다. 이상의 분석들은 일리가 있다. 그렇다면 '주'는 일종의 '강조점'으로 보면 될까? 본서는 이것 역시 성리학자마다 조금씩 다르다고 본다. 어떤 사상가는 주리를 통해 리를 강조했을 수도 있고, 어떤 사상가는 주리를 통해 리의 우열을 설득하고 싶었을 수도 있다.

그럼에도 불구하고 담헌에 있어서 몇 가지 분명한 부분이 있다. 우선 담헌은 리기가 "본디 선후를 구분할 수 없다."고 답했다.[132] 일찍이 드러난 세계는 명확한 기로써 인간에게 보여진다. 우리는 기 없이 살 수 없다. 하지만 그 세계 속에서 보아야 하는 것은 역시나 리(理)였다. 기는 만물의 공통성을 쉽고도 밝게[易] 보여주지만, 리는 그 공통성을 소통할 수 있는 '방법'을 보여줄 수 있기 때문이다.[133] 이런 점에서 담헌은 기를 통

---

131) 이황은 수양론에서 감정의 문제를 중시하고 율곡은 오히려 규범 원리의 측면에 비중을 두면서 감정을 제어하는 경향을 중시한다. 이렇게 되면 율곡의 성리학도 주리파로 불릴 수 있기 때문이다. 조호현, 「조선성리학 연구에 대한 일고찰 - 사칠논쟁과 호락논쟁을 중심으로」, 251쪽. / 정원재, 「지각설에 입각한 이이 철학의 해석」 참조.

132) 담헌의 기록에 不相雜과 不相離의 표현이 모두 발견된다는 점은 이러한 혼란을 더하는 지점이긴 하지만 그것은 程朱의 것도 마찬가지다. ≪桂坊日記≫에서 담헌은 동궁과 주자절요 가운데 「朱書節要答程允夫書」를 가지고 리/기, 성/심에 대해 이야기를 주고받는다. 여기서 담헌은 지각의 능력은 心에 있고, 性은 理이다고 말하며, 理는 스스로 理이고 心은 스스로 心이기 때문에 이미 서로 떠날 수도 없거니와 도 서로 섞일 수도 없는 것[而知覺卽心也, 性卽理也, 畢竟理自理而心自心, 旣不可離, 亦不可雜.]이라고 말한다. 다시 정조가 理氣先後에 대해서 어떻게 보아야 되는지를 묻자, 담헌은 理와 氣가 있다면 함께 있는 것이요, 본디 선후를 구분할 수 없다고 설명한다. [臣曰, 理氣先後, 自來儒者各有主見, 而若中庸註說, 亦非謂成形而後理乃賦焉. 臣則以爲有則俱有, 本不可分先後. 盖天下無理之物, 非物則理亦無依着也. 笑令曰, 其言甚好, 如是看最無弊. 顧春坊而再三稱之. 臣曰, 此非臣之創見, 卽朱子說也.]

133) 공통성은 그의 결론이지만, 그가 강조한 것은 리다. 과정을 강조한 점에서 담헌의 리는

해서 리에 접근했지만, 다시 리에 대한 이해를 통해서 기를 체회한 사상가였다. 그리고 담헌의 이러한 의도는 분명한 이유를 가지고 있었다. 담헌이 분합의 구도를 사용하고 말을 통해 개념의 명확한 분별을 시도했다면, 그래서 그 이유에 대해 논의할 필요가 있다.

분합의 구도로 나누어서 말하게 되면, 우선 덕의 범주를 여러 가지로 분별해서 그 각각의 성격을 형용할 수 있다. 앞서 살펴 본 「주역변의」를 보자. 덕(德)이 가진 다양한 색깔은 개념적으로 나누어 돋보일 수 있었다. 인, 의, 예, 지 각각이 지닌 고유한 다채로움이 나름의 분명한 구획을 가지고 형용할 수 있게 되었다. 예컨대 기존의 체용(體用)구조 속에만 인의예지라는 덕이 놓이게 되면 '체' 해당하는 인의 기준이 선재(先在)되어 '인'은 용(用)의 세계에서는 쉽게 접근하기 어려운 도체(道體)가 된다. 인을 얻지 못하면 나머지도 얻지 못한다는 한계 상황을 스스로 만들 수도 있다. 하지만 분합구조에는 그러한 선후와 위계성이 없다. 체용이 수직구도에 결부되어있다면 분합구조는 훨씬 더 수평구조 속에서 작동한다. 이러한 분합의 구도가 궁극적으로 담헌식 인물성동론과 일관되게 어울린 지점이다. 언어적 한계를 인정하면서 인식의 용이를 도모하는 분별구도는 체용구도보다 더 정확한 이해를 제공한다.

담헌이 살았던 18세기는 기존의 체용관을 가지고서는 너무 커져버린 용(用)의 세계, 상(象)의 세계, 분수(分殊)의 세계를 포괄하는데 한계에 봉착하고 있었다. 많은 오늘의 연구자들은 이 한계적 상황을 이해하기 위해

자율성을 갖는다. 예가 갖는 일방적인 봉건성으로부터도 느슨하다.

리에서 기로 그 방점을 옮겨갔다. 그래서 그동안의 담헌의 확장적 인식과 사상의 독특성에 대한 평가는 대체로 기(氣) 혹은 인(仁)을 핵심 개념으로 언급하는 입장이 많았다. 예컨대 '주기(主氣)'나 '범애(汎愛)'134)라는 용어가 중시되었다. 기의 활동성이 담헌의 과학적 호기심과 맞닿아 있고, 인의 차별 없음이 동론을 자극했다고 보는 것이다. 허남진은 홍대용 철학을 평가하면서 성리학의 인물성동론과 서양과학의 결합이라고 주장했으며 기에 대한 담헌의 관심이 가장 큰 역할이라 정리한다.135) 이상익은 낙학의 기(氣)와 기(器)의 우선적 중요성을 강조하는 입장에서 북학이 나왔다고 본다.136) 문석윤은 자연세계에 인을 대입한 것이 담헌이 물학의 세계를 새로운 지평으로 확장하게 된 계기라 본다.

생명체인 물(物)이 살기 위해서 물의 세계를 마땅히 궁구하고, 물성을 통해 자신의 원리를 탐구·반추하는 자세의 의미는 송명(宋明)대 신유학자들이 이미 개시했던 바였기에 담헌의 철학은 이러한 선대의 성취 위에서 읽어야 한다. 담헌은 물(物)에, 정확히 말하면 그동안 가치가 없는 것으로 취급해왔던 물들에 지대한 관심을 보이는 것으로써 자신의 치지(致知) 영역을 확장한다. 먼저 복식과 제도, 음식과 장비, 악기와 혼천의 등 인간이 만들어 내는 도구와 시스템에 주목한다. 그것은 과거 '주례(周禮)'를 통해 전해졌던 것들의 범주 아래 있었고, 간접적으로 인간의 삶에 기여하던 것들이었다. 여기서 담헌은 동론을 주장하며 동론으로 가는 과정에서 요구되는 개별사물 이해의 확장, 무엇보다 원리적 이해를 강조한다. 그의

---

134) 담헌의 범애 개념을 적극적으로 평가한 연구는 박희병의 『범애와 평등』이다.
135) 허남진, 「조선후기 기철학 연구」, 59쪽.
136) 이상익, 「낙학에서 북학으로 사상적 발전」, 16-17쪽.

동론이 신유학의 '인'을 복원한 것에 불과했다면, 그의 질서개념은 인사(人事)에만 머물렀을지도 모른다. 하지만 소통을 위한 그의 물학은 모든 집[宇宙] 모든 (만)물지리에서 궁구된다. 과거 리(理) 개념이 대체와 각론에서 모두 활용되었다는 선례는 그의 분별과 종합이 동론의 방법론으로 활용될 수 있게 도왔다. 이하 2장의 논의에서는 바로 이 리가 체(體)가 되고 예(禮)가 되고 나아가 실(實)이 되는 과정에 대한 설명이 이어질 것이다. 인의 씨앗을 드러내는 과정에서 채워졌던 '기준과 질서관념'은 예(禮)로부터 왔다. 그리고 예를 궁구하는 실질적 과정의 목표는 결코 사물세계를 분리하기 위한 데 있지 않았다.

담헌은 "가르침에는 차별이 없다[有敎無類]."는 말에 "악한 류는 끝까지 없앨 수는 없다."[137]는 주석을 단다. 박시제중(博施濟衆)은 요순도 어려운 일이라 했기에 담헌은 가르치면 나쁜 사람들이 과연 없어질까라는 대답에 이와 같은 회의적 답변을 하는 것이다. 이 말의 진의를 읽는 것은 담헌의 확장된 물의 이해를 도울 수 있다. 악한 부류를 완전히 없앨 수 없으니 인간은 악하다고 천명하고 현실에 순응할 것인가? 아니면 그럼에도 불구하고 인간의 본성은 인(仁)하다 천명하여 이상을 유지할까? 인을 본성으로 정초한 신유학의 성취는 인간 내면에 대한 신뢰를 구축하게 했지만 그 전제가 개인들이 처한 세세한 외적 삶의 영역까지 관심을 확장하게 만들지는 않았다. 경전을 귀히 여긴다는 당위를 발판으로 정치적 활동의 구체성을 고전의 권위에 의탁했다. 사물세계와 인간세계에 대한 이해 모두 중앙집권적 구조와 질서를 바탕으로 유지했다. 바로 그것이

---

137) ≪四書問辨∶論語問疑≫, 「內集 1」, 『湛軒書』∶ 惡之類, 宜無終絶之理. 博施濟衆, 堯舜猶以爲病, 則聖人恐不應爲此無當之大言也.

유가로 하여금 수평적 연대와 개별 인식의 확장에 소홀하게 하는 빌미를 제공했다. 담헌은 복잡해진 사회상을 목도하고 사실 세계의 실용적 측면을 경험하면서, 낙관적 자만에 빠진 '당치않은 큰소리'들을 비판하고 싶었을 것이다. 동시에 담헌은 현실에 버젓이 드러나는 많은 새로운 모습들에 대해 설명하고 싶었을 것이다. 우리는 하루하루 악의 완전한 제거는 불가능하다는 현실을 마주한다. 그러나 그렇다고 "우리 모두는 악하다."고 '공언[言]하는' 것이 과연 실효적 의미가 있을까? 그것은 오히려 불신과 원망, 오해와 질투, 자괴감과 움츠러듦 같은 것들이 자라나는 토양을 제공할 수 있다. 성선의 이상을 '믿으면서' 악한 류를 끝까지 없앨 수 없는 현실을 '구분하고 말하여' 자각하게 하는 일은 중요하다. 모두의 성선을 말하며 모두에게 미래적 시간을 불러 오게 하는 것은 중요하다. 우리의 '실질적' 선한 행동을 추동할 수 있는 것은 이러한 전제를 잃지 않는 일이다. 그리고 그 위에 소통의 예를 펼치는 일이다. 담헌이 얼마나 '예'에 대해 지대한 관심을 가졌는지를 알게 되면, 일하는 성인(聖人)의 모습에서부터 만물의 상(象)들이 표현하는 공통적 결[理]에 이르기까지 담헌의 보인 확장적 이해들을 납득할 수 있을 것이다. 이제 '예(禮)'에 대해 더 많은 것을 이야기해 보자.

제 2 장

표현의 문제로서 예(禮)

1. 성리학의 정치철학적 문제들

앞서 살펴보았던 담헌의 '인물성동(同)'에 대한 문제의식에는 변해가는 세상 속에서 인간의 위상을 어떻게 위치 지을 지에 대한 정치적 고민이 반영 되어 있었다. 거기에는 인간의 존재위상을 재정립하여 인간과 인간 사이의 문제뿐만이 아니라, 만물과의 관계를 안정시키고자 하는 치자(治者)와 식자(識者)로서의 역할도 함께했다. 공자는 '인(仁)'의 가치를 가장 크게 피력한 선지자이자 인격 수양 과정의 기준을 제시한 스승이었다. 일부 유자들은 공자를 성인(聖人)으로 섬겼다. 유가들은 이러한 성인의 존재를 배움의 동력으로 삼았다. 무지함은 흠이 되지 않을 수도 있지만, 배우려하지 않는 다는 것은 지금의 문제를 계속 반복하겠다는 것밖에 안될 것이다.[1] 여전히 성인이 만들어낸 예의 단계들, 다채로운 제도와 양식, 문화들은 여전히 존숭하고 따라야 할 것이었다. 그런데 유래 없는 급변을 맞이하고 있던 18세기의 상황에서 성인이 제시했던 오래된 예(禮)는 공효가 없었다. 일상의 노동도 버거운 상황에서 실질적 효용이 없는 전통적 예학은 자신의 (인격적) 부족함[2]만을 상기시킬 뿐이었다. 그러한 예는 엄숙주의의 환경을 조장하고 엄격한 기준으로 또다시 누군가의 삶을 구속하는 죽은 인(仁)의 모습에 불과했다. 담헌은 자신의 정치적 고민과 더불어 이 예와 성인을 둘러싼 현실의 기준 자체에 의문을 갖고 있었다.

피터 볼은 "유가들이 성인을 통해 전통적 유교모델, 예컨대 오륜이나 오상 등의 예를 상정하고, 이런 것들이 모든 인간들에게도 자연스러운 것이라는 철학적 근거를 세워, 이 위에서 이를 모방하도록 설득하는데 목적이 있었다."고 말하고 있다.[3] 성리학자들의 철학활동은 사람들이 스스로 생각하는 방법을 보여주기보다, 어떠한 모델을 내면화 하는데 기여했다고 평가하는 것이다. 담헌 역시 이러한 설득과 내면화의 과정을 정치적 예의 기능으로 따르고 있었다. 하지만 피터볼이 언급하듯이 모방의 대상 혹은 조건 때문에 그가 성인의 존재가치를 끝까지 가져갔다고 보기는 힘들다. 왜냐하면 담헌이 그리는 성인론은 동론 위에서 단순히 배움을 독려하는 일방적 장치로 기능하기보다 동론 안에서 더 나은 소통의 기준을 궁구하기 위한 장치, 그리고 그 가치를 더 낮게 표현하기 위한 상

---

1) ≪書≫, 「內集 3」, 『湛軒書』 : 患不欲知爾, 何患乎不能知也, 患不知求爾, 何患乎不能得也. "그러므로 알려고 않는 것을 걱정할 뿐이지 알 수 없다는 것을 어찌 걱정하겠으며, 구할 줄을 모르는 것을 걱정할 뿐이지 얻을 수 없다는 것을 어찌 걱정하겠습니까."
2) 여기서 '자신'의 부족함은 세 가지 함의를 갖는다. 백성, 위정자, 그리고 조선의 부족함이다.
3) 피터 볼, 『역사 속의 성리학』, 제5장 학(學) 참조.

호적 경쟁의 추동력으로서 더 의미가 컸기 때문이다. '예'는 물 세계를 바라보는 유가만의 준거이자 질서의 틀로서 간직되어야 하지만 역시나 변화하지 않으면 안 된다. 성인의 예는 현실의 문제점을 환기시켜주고, 성인의 질서는 공동체에 안정감을 주지만, 이러한 실질이 사랑의 원리[仁之理]를 드러내는 것과 유리되어 있다면 그것은 유가의 것이라 할 수 없었다. 예의 의미는 일원론적 본질을 손상시키지 않는 한에서 발전해나가야 한다.

본격적 갈등은 담헌이 습득했던 새로운 문화의 정보, 기술의 효력, 신학문의 발견들이 저 역내의 오랜 성인뿐 만이라 역외에 있었던 오랑캐의 삶으로부터도 온 것이란 점에서부터 시작되었다. 하지만 어디서부터 예를 바로잡을 것인가? 이 새로운 앎이 이롭다는 것은 또 어떻게 설득할 것인가? 담헌은 '그 뜻만 본받고 그 자취에는 구애되지 말아야 하며 그 의심나는 것을 제쳐 놓고 뜻을 너무 구하지 말라'라는 말에 동의했다.4) 그는 전거가 없어도 그 의용[儀容溫謹]과 뜻이 좋으면[有意義] 예라 보았다.5) 이는 (그들은 실로) "공자·주자가 공자·주자답게 된 까닭은 도에 있고 글에 있지 않다는 것을 알지 못하오."6)라고 답한 이유이기도 했다. 이처럼 담헌은 현실적 예의 모습을 비판적으로 접근하고 있었다. 성인의 역할에 관한 대안적 의논을 구상하고 있었다. 이에 대해 조금 더 고찰해 보자.

---

4) ≪書≫,「內集 3」,『湛軒書』: 當師其義不泥其跡, 闕其疑不求甚解.
5) ≪燕記≫,「外集 7」,『湛軒書』: 但其儀容溫謹, 曲有意義, 非若我國一伏齊拜之粗率也. 盖勿論古俗, 謂之無於禮之禮也, 亦可矣.
6) ≪與人書二首≫,「內集 3」,『湛軒書』: 殊不知孔朱之所以爲孔朱在道而不在書也.

1) 성인(聖人)의 역할과 '예'에 대한 재고

담헌은 인물성동이 논쟁을 통해서 사물간의 차이를 형성해 내는 예(禮) 와 성인의 존재에 대해서 누구보다 잘 이해하고 있었다. 이상의 준거로 서 성인의 존재는 우리를 일신우일신(日新尤日新)으로 추동하기에 필요하 다. 이 존재는 때론 우리를 피곤한 삶으로 이끌게 하는 기준이 되기도 하 지만, 또 이 의지처에 의해 때론 위로받고 신뢰를 키우며 희망을 이야기 할 수도 있기 때문이다. 그러한 점에서 성인이 이상과 유리된 현실의 문 제와 갈등을 풀 수 있는 방법들을 구체적으로 보여 왔다는 점은 중요하 다. 그리고 이 현실적 상황 때문에 담헌은 인간이 '온전히 선하다는 사 실'에 대해서는 거리를 둘 수밖에 없었다.[7] 당연히, 그가 '성선(性善)'을 믿지 않은 것은 아니다. 본서는 그가 오히려 성선론에 대한 강한 믿음을 가지고 있었기 때문에 이 거리를 통해 성선의 이상(理想)을 지키고 구체

---

[7] 담헌은 인간의 마음이 선하고 악한 것은 모두 그 마음이 물에 결부된 이후의 일이라 본다.
≪心性問≫, 「內集 1」, 『湛軒書』: 見人强我, 必媚疾之, 耻己之不若故也, 如耻之, 莫如遷其善. 我亦有是善, 彼何以加我哉? 若媚疾之, 則我之惡滋甚, 愈不及於彼矣, 不思甚矣. 남의 강함을 보고 내가 반드시 시기하여 미워함은 나의 같지 못함(그처럼 강하지 못함)을 부끄러워하 기 때문이다. 나 또한 이 善을 가지고 있으니 그가 어떻게 나에게 더 더할 것인가? 만일 시기하고 미워만 하면, 나의 惡이 더욱 심하여 더욱 그에게 미치지 못하게 될 터이니 사 려 치 못함이 심하도다.
≪答徐成之論心說≫, 「內集 1」, 『湛軒書』: 且所謂理者, 氣善則亦善, 氣惡則亦惡. 是理無所主 宰而隨氣之所爲而已. 如言理本善, 而其惡也爲氣質所拘而非其本體, 此理旣爲萬化之本矣, 何不 使氣爲純善而生此駁濁乖戾之氣以亂天下乎? 旣爲善之本, 又爲惡之本, 是因物遷變. 全沒主宰. 또 이른바 理라는 것은 氣가 善하면 선하고 기가 악하면 악하니, 리는 주재하는 바가 없 고 기의 하는 데에 따를 뿐입니다. 만일 리는 본래 선하고 그 악한 것은 氣質에 구애된 바이여서 그 本體가 아니라고 한다면, 이 理는 이미 萬化의 근본인데 어찌하여 氣로 하여 금 純善하게 하지 않고 이 박탁하고 어그러진 氣를 낳아서 천하를 이지럽게 하는 거란 말입니까? 이미 선의 근본이고 또 악의 근본이기도합니다. 이것은 物에 따라 변천하는 것 입니다. 모두 主宰함에 빠져있습니다.

적 '예'에 천착할 수 있었다고 본다. 문제는 현실적 상황에서 인간이 악하게 되는 것과 '인'을 전제로 상정했을 때 우려되는 여러 가지 것들을 생각하지 않을 수 없다는 점이었다. 선함의 가능성[仁]이 모두에게 자리 잡은 이상(성선의 전제는 사실상 조선 600년을 관통했다!), 결국은 어떻게 '인'을 발현하게 할지, 어떻게 불선을 회복할지에 봉착할 수밖에 없는 것이다. 따라서 담헌의 논의는 그 다음 단계로 나아간다. 사람들 마음속에 본유된 씨앗[仁]에 대한 논의만으로는 수많은 개별 상황에 결부된 지(知)의 편차를 해결할 수 없었기에 이제 그 씨앗이 각기 드러나는 방식에 주목하는 것이다. 예컨대 불선을 낳는 무지를 개선코자 오로지 칭찬과 부드러운 말들을 한다고해서 선한사회가 구성되는 것은 아닐 것이다. '인'의 잠재성이 이상적이고도 낙천적인 미래만을 그리고 있다면, 현실사회의 갈등을 해결해줄 질서는 애써 구성되지 않았을 테니 말이다. 또한 선을 좋아함이 지나치면 그 만큼이나 악을 미워함이 심해져 남의 불선을 보면 참지 못하고 그 상황에 맞는 물의 질서에 인위적으로 개입[不能物各付物者然]하려는 상황도 발생할 수 있다.8) 그래서 담헌은 억지로[强挽] 물(物)을 물의 질서에 맡기지[任之而已] 못하는 상황 역시 부끄러운 일이 될 수 있다고 말했다. 다행이도 성인의 예(禮)는 이러한 각각의 차이와 질서를 설명하고 조화시킬 수 있는 예(例)를 가시적으로 보여준 바 있었다. 특히 가치의 위계질서를 제시한다는 점에서 성인의 존재를 상정했을 때 지니는

---

8) ≪杭傳尺牘≫, 「外集 3」, 『湛軒書』: 好善固無已而疾惡或已甚, 見人之不善, 若不能物各付物者然, 幸須內省, 有則改之. 이 말은 담헌이 역암에게 주는 편지 속에 등장한다. 담헌은 역암이 선을 좋아해서 진실로 끊임이 없이 하는 모습은 좋지만, 악을 싫어함이 혹 너무 심해져서 남의 불선함을 보면, 물을 각각 그 물에 맡겨 두는 일은 못하는 듯하니, 역암에게 앞으로 잘 살펴 고치기를 바란다고 적고 있다.

실효는 컸다. 다양한 방법론을 고민하고 의심한다는 점에서도 가치를 둘러싼 표현의 경쟁은 의미가 있었다.

앞서 동론으로서 담헌이 탕평책을 반대했던 이유도 여기에서 비롯된다. 성인이 시대에 적합한 가치를 고민하고 구체적 삶으로 드러내고자 한 이유는 정치에 있어서 '중용'의 가치를 역설했기 때문이었다. 이 '중용'은 분명한 시대적 기준을 담지하고 있다. 하지만 탕평의 정치는, 어느 쪽에도 치우치지 않겠다는 이유를 내세워 어떠한 가치에도 우선순위를 매기지 않는 판단중지를 보이고 있었다. 이러한 현실과의 갈등 속에서 담헌이 택한 것은 성인론의 가치를 재고하면서 현실정치를 비판, 부정하고 대안을 제시하기 위해 적합한 말[正訓]을 찾는 일이었다. 성인의 존재는 개인들의 성선과 사회의 미래적 조화에 대한 적절한 긴장감을 만들어 줄 수 있다.

또 하나, 성인의 존재는 지금 우리의 불완전한 '예'를 상기시켜 배움의 가치를 역설하게 해주는 중요한 구심점이 되어 줄 수 있었다. 담헌의 성인이 인격적 완벽자이기보다 실사(實事)의 총명예지를 지녀 현실의 실질적 해결책을 고심한 존재로 강조된 점은 같은 맥락에서 해석될 수 있다. 정병석은 『역전』에서 드러나는 성인의 추앙은 어떤 도덕적인 의미보다 인간들을 위해 필요한 기물과 제도를 만든 공헌 때문이라고 정리한 바 있다.9) 성인의 이로움은 배우는 자로 하여금 스스로의 부족함을 인정하게 하는 장치가 되어준다. 물론 그렇다고 해서 배움의 과정이 자기 내적 가능성에 대한 불신과 안달로 이어져서는 안 될 것이다. 누구나의 바탕

---

9) 정병석, 「역전의 성인관을 통해 본 주역 해석의 지평 전환」, 346쪽.

은 동일하기 때문이다. 스스로가 성인에 가까워진다는 과정은 투명한 자기 인식과 반복적 의지의 확인을 통해 이루어지는 것이지, 성인과 자신을 우열로 배치하여 작동되는 감시의 과정이 아니다. 과거의 존재가 현실의 갈등을 지휘해서는 안 된다. 담헌은 역암과 '신독(愼獨)'글자에 대해 논하면서, 역암이 "주자는 신독을 '남은 알지 못하고 나만 홀로 아는데 다'라고 했는데, 내가 보기에는 자기도 알지 못하는 곳이 또 있다."라고 말하자 이를 "매우 높은 견해다."고 칭찬한 바 있다. 역암의 말이 뜻하는 바는 신독 이전의 공부가 없으면 마음의 처음 발할 때에 시비사정을 알 수 있는 바가 없다는 것에 있었다. 즉, 역암은 공부의 과정이 자신에 대한 믿음과 겸손을 가지고 정미한 곳에 대하여 시간을 두고 쌓아가는 것이라 보았다. 담헌 역시 배움의 의미는 천재의 능력보다 개인의 힘이 닿지 않는 곳에서[此是着手不得], 즉 해와 더불어 같이 나아가는[與年與進] 과정에서 드러난다고 보았다.

　마지막으로 담헌은 성인의 존재에 대한 지나친 추상화나 이념화에 대해서도 거리를 두고 있었다. 『담헌서』에는 공자, 정자, 주자는 물론 경전의 위대한 선배들을 가감 없이 비판하는 담헌의 글이 적지 않게 담겨 있다.10) 그는 요순의 제도라고 지금 다 좋다고 말할 수 없다고까지 말한다. 문석윤은 『맹자』에 나타난 성인의 의미를 분석하면서, 성인이 "우리가 따라야 할 규범을 제시하여 준다는 것은 추상적이고 구체적인 원칙과 규범을 우리로 하여금 인식하고 발견할 수 있도록 한다는 데 그치는 것이

---

10) 예컨대 담헌은 공자의 경박한 말투를 지적하며 '성인답지 않다'고 말하고 있다. ≪四書問辨：論語問疑, 八佾≫, 「內集 1」, 『湛軒書』: 此等辭氣, 極其噴薄, 不爲此, 未必爲道大德宏, 恐不足以擬議於聖人, 且拜上之禮, 未免於違衆, 則謂之諂者, 時俗之通見, 不必遽責之以小人, 盖聖人之言, 固其極天理之正, 而此等無甚異於人者, 恐不必曲加贊揚, 卽疏節而語大體也.

아니다. 그것은 우리의 내재적 생명 자체로서, 외재화된 내면으로서, 우리 삶의 현실의 역동적 전개 과정 속에서 온전히 실현되는 것으로 감지된다."고 적고 있다.[11] 성인은 자신의 인격을 도약할 수 있게 하는 수신의 문을 열어주는 존재이지만, 성인이 내면적 기준으로만 존재한다면 그것은 성인이라는 이념에 자신이 삶을 가둬두는 꼴이 된다. 하지만 성인론이 말할 수 있는 것, 말해야 하는 것과 같이 외적인 측면으로 공론화된다면, 그것은 우리가 놓치는 많은 '실(實)'의 영역을 가시적으로 자각하게한다. 열린 공적 교통 속에서 부각되는 것은 성인이 존재함으로써 기능했던 역사의 변화, 성인을 상정함으로써 현실에 내실[實]을 더하게 했던사람들의 태도이다. 역사적 성인이 누구누구였는가, 조선에는 있었는가라는 사실들은 성범동론으로 가는 길에 필요한 질문이 아니다. 성인론과동론은 공존한다. 이 공존이 배움으로써 더 나은 의식과 품격과 존재가치dignity를 얻을 수 있다고 추동한다.

담헌의 인물성동론은 그래서 기존 낙론과 다른 점이 있다. (혹자는 담헌이 '人與物均也'이란 말을 사용한 것을 두고 동론과 균론을 구분하지만,[12] 크게 보면 '동(同)'안에 '균(均)'은 포함되어 있다.) 담헌은 언제나 성인론과 인물성동론의 공존을 말한다는 점이다. 그리고 그는 이 공존을위해서 앞서 중용을 통해 살펴보았던 '분합'구도를 다시금 활용한다.

성인론은 공동체에게 배움의 가치를 보여주면서 정치적 행사에서의전거로서 기능해 왔다. 성인의 존재는 배워야 하는 이유가 되기도 했고,자기를 돌아보게 하는 기준이 되기도 했으며, 공적 활동들을 왜 해야 하

---

11) 문석윤, 「『맹자』의 성, 심, 성인의 도덕론」, 128쪽.
12) 송영배, 김인규, 이봉호, 박희병의 논문 등이 그러하다.

는지에 대한 답을 식자들에게 주기도 했다. 그런데 이 성인론은 그 존재를 상정함과 동시에 인간과 인간 사이의 층을 만들어 버리는 틀이 되기도 했다. 성인론이 만들어내는 수직적 질서를 동론과 공존시키려 했다면 적어도 왕으로부터 백정까지, 명나라 사람으로부터 몽고사람까지 동일한 '사람'으로 대했어야 했다. 그러나 송(宋)대 이래 보편화된 '체용일원'이란 개념은 거의 모든 영역에서의 체용개념을 도식적으로 적용할 뿐, 그 종합적 틀의 모순에 대해서는 언급하지 않았다. 반면 담헌이 분합 구도를 적용한 것은 바로 그러한 관습이 보여주는 체용 구도의 무분별한 적용을 비판하고, 동시에 체용 구도가 담아 내지 못하는 현실을 드러내려는 노력의 일환이었다. 담헌의 분합 개념은 그의 발명이 아니지만, 그 분합구도에서 시작되는 성인론과 인물성동론에는 분명 다른 철학자에게 발견되지 못하는 일관된 흐름이 존재한다. 그는 여전히 왕을 중심으로 하는 봉건적 정치구조 안에서 살고 있었고, 이 상하로 구분된 질서를 전복하려는 정치 시스템의 분해를 시도하지 않았다. 본서는 이 시스템 자체가 그의 문제의식으로 첨예하게 들어오지는 않았다고 본다.13) 평가해야 할 것은 그가 이 현실의 문제를 극복하고자 일관되고 정직하게 드러내고 있는 진실한 마음[實心]이다. 그리고 이를 크게 두 가지 면에서 정리하려 한다.

첫째, 담헌은 분합구도를 통해 성인론을 재정리했다. 그는 「중용문의」

---

13) 본서가 이 맥락에서 '신분제도'라는 말을 되도록 사용하지 않은 것은 신분제도의 붕괴는 이미 양란 이후로 세차게 전개되고 있었고, '양반'을 사고파는 현상은 '이름[名]'의 이동일 뿐 본질적인 변화를 이야기하기엔 한계가 있기 때문이다. 과거에 대한 연구든, 오늘을 향한 연구든, 정치적 실질[實]의 변화 곧 인권의 의미를 찾고자 하는 연구가 이름의 탄생이 아니라 일관된 마음에서 그 흔적을 찾아야 하는 이유다.

에서 도가 멀리 있지 않다는 점을 들어 도가 성인의 숙제가 아닌 우리 모두의 숙제임을 밝힌다. 성인은 어떻게 도를 구해야 하는 지 그 시작을 보인 사람이다. 그런데 분합구조 속에서 성인과 나와의 관계는 상하(上下)가 아니라 선후(先後)이다.[14] 합해서 말하면 우리 모두는 성인이고, 나누어서 말하면 성인은 제일 처음에 있는 사람일 뿐이다. "그 용을 말하면 다르고 그 본을 말하면 같으나, 오직 이 본체의 밝음은 성인라 해서 드러나는 것이 아니고 우인이라 해서 어두워지는 것이 아니다. 금수라 해서 빠져 있는 것이 아니고, 초목이라 해서 전연 없는 것도 아니다."[15] 담헌은 '성인(聖人)=체(體)'와 같은 도식적 인식을 하지 않았다. 성인이 생명원리로 천하를 지휘하는 정치적 숙제를 껴안았듯, 사람은 모두 도[生之理]를 실천해야 하는 정치적 숙제를 껴안는다. 정치적 숙제를 가진 점에서 동일한 구도의 길을 걷지만 물론 성인은 범인과 다른 점이 있다. 그는 성인이 단지 물(物)과 일(事)에 있어 총명예지를 발휘하는 일하는 사람이라 명시한다. 이것이 그가 「주역변의」를 통해 보인 핵심이다. 「논어문의」에서도 공자는 과거를 통해 미래를 추지하는 것을 가르쳤지 미래를 앞질러 아는 것을 강조하지 않았다고 말하고 있다.[16] 성인은 예지, 예언하는 사람이 아니라 일사일물에 있어서 주변을 살피고 상황을 대비하는 실질적

---

14) 담헌의 선후 관념은, 길 가는데 사람을 비켜 세우지 않는 중국문화에 대해 남긴 글에서도 드러난다. 이에 대해서는 3장에서 다시 자세히 다룰 것이다. ○ ≪燕記 : 沿路記略≫, 「外集 8」, 『湛軒書』 : 盖華俗行路, 有後先無貴賤./ ○ ≪燕記 : 京城記略≫, 「外集 8」, 『湛軒書』 : 諸王騶衛甚盛, 前後各十餘雙, 逢人必呵下. 其外雖一品閣老, 不辟人不奪路.

15) ≪心性問 : 答徐成之論心說≫, 「內集 1」, 『湛軒書』 : 觀其用則異, 語其本則同, 惟此本體之明, 不以聖而顯, 不以愚而晦. 不以禽獸而缺, 不以草木而亡, 無他.

16) ≪四書問辨 : 論語問疑≫, 「內集 1」, 『湛軒書』 : 子張之意, 在於前知, 而夫子敎以因往而推來. 禮之損益, 言其大也. 凡事莫不然也. 子張의 뜻은 앞질러 알자는 데 있었지만, 夫子는 已往에 인하여 미래를 推知하는 것을 가르쳤다. 禮의 損益이란 그 큰 것을 말한다. 모든 일이 그렇지 않은 것이 없다.

역할을 수행하는 사람이다. 그래서 '더 나음'을 고심하게 해주는 존재이다. 성인(聖人)은 모두 중국에 있었다는 틀을 깨고자 담헌은 기존의 중화론으로부터 벗어나, '화이일야(華夷一也)'를 말한다. 조선은 모든 예의 전거를 주나라의 예, 송나라의 예, 명나라의 예와 같은 구(舊)시대에서 끌어왔다. 담헌은 이 절대적 머릿돌들 움직이고자 명시적으로 성인의 이미지를 덕(德)에서 일[事]로 옮겨 말했다. '덕'에 관한 칭송은 주관적 감정과 판단에 의한 것일 수 있지만, '일'에 대한 칭송은 보다 객관적인 사실과 결과에 의해 논할 수 있게 한다. 시대와 공간이 달라져도 일의 가치는 덕의 가치보다 더 실제적 문제 속에서 드러날 수 있다.

둘째, 그러한 점에서 담헌의 성인관은 인물성동론과 예(禮)에 대한 확장적 인식에도 기여한다. 이 부분이 바로 담헌의 인물성동론이 다른 동론자와 차이가 나는 부분이다. 그동안의 담헌 연구는 인물성동론이 어떻게 새로운 자연관을 밑받침 해줄 수 있는 가에 대한 대답에 다음 두 가지의 방식으로 대응했다. 하나는 박충석이나 김용헌처럼 실학의 경향을 도리와 물리의 분리로 읽는 것이다. 또 하나는 유봉학처럼 동론과 자연과학의 방법론을 무매개적으로 결합시킨 것에 대해 홍대용을 비판하는 것이다.[17] 전자의 논리와는 다르게 홍대용은 성선설을 부정하고 있지 않으며, 인간의 도덕적 본성을 사물에 확충하여 해석하고 있다. 전자는 "가치론적으로는 대등하지만 사물을 인간중심적 사고에서 벗어나 객관적인 입장에서 바라보게 하는데 있었다"는 입장에 서 있지만, 사실 우리가 아무렇지도 않게 지금 사용하고 있는 '인간중심'이란 표현은 자연세계를 이원화하여 개발의 대상으로 삼았던 현대인이 반성적 사고를 하기 위해

---

17) 김용헌, 「서양과학에 대한 홍대용의 이해와 그 철학적 기반」, 26-27쪽, 30쪽.

만들어낸 언어이다. 이러한 물세계의 대상화, 주객분리의 사유방식은 조선인들에게도, 홍대용에게도 익숙하지 않았다. 그럼에도 불구하고 홍대용은 신문물과 신학문을 접했기 때문에, 그가 가졌던 물세계의 탐구정신은 사물을 객관적 입장에서 바라보는데 그 목적이 있다고 해야 할까? 일단 지금 우리가 과학적 탐구에서 사용하는 이른바 '객관적 사고'가 가능하려면, 나의 주관적 언어를 최대한 배제한 채 물 세계에 들어갈 필요가 있다. 그런데 여전히 담헌은 자연적 질서를 통해 인이나 의나, 예를 읽고 있지 아니한가. 가치의 발견을 인간세계에 국한시키지 않는 것은 '화이일야'를 통해 만물을 가치론적으로 대등한 위치에 놓게 하는 발판이었다. 균질적 의식에 기여하는 담헌의 물론(物論)은 인간적 가치와 분리되고 있지 않다. 그렇다면 담헌은 물세계의 탐구의 전제가 되는 객관적 시선을 어떻게 확보할 수 있었을까?

'체용 구조'는 우리 모두가 동일한 '체'임을 보여주었지만 다른 물(物)세계에까지 관심을 갖도록 추동하진 않았다. 하지만 분합구조는 분합의 수평성을 통해 자신의 인식의 지평을 확장시킬 수 있게 한다. 오므려지고 펼쳐지는 분합의 유연한 구조에서 '새로운 시선'이 탄생하는 것이다. 합하고 나누어지는 과정 속에 자신과 타물의 언표들은 거리를 조율하며 연결된다. 이 거리는 그 다음의 교통을 준비하고 기다리게 하는 물적 탐구의 조건이 되고, 합으로의 연결은 지속적인 소통에 대한 당위가 된다. 담헌은 오래된 문제보다 지금 말할 수 있는 것들에 대해 말하는 것이 낫다고 생각했을 것이다. 그리고 여기서 강조되는 '지금'이 결국 담헌이 말하는 '실(實)'의 영역, 역동적 현실의 변화와 맞닿아 있다. 담헌은 사기 내면의 인의성에 몰두하여 자기[私]만의 생각에 빠지기 쉬운 기존의 성찰

방식보다 외적인 표현이나 드러난 현상에 관한 담론처럼 실사(實事)를[18] 공적으로 투명하게 확인할 수 있는 방식을 선호했다. 그는, '인의를 생각 해야 한다'고 말하지 않고, '인의의 집[沈潛仁義之府]을 생각해야 한다'고 말했고, '예법을 조용히 행해야 한다'고 말하지 않고 '예법이 모이는 장 소에서 침착히 행해야 한다[從容禮法之場]'고 말했다. 그에게 있어서 '집'과 '장소'는 공공의 영역이다. 이곳은 드러난 가시의 영역이자 실질적인 내 용이 채워지는 공간이다. 선비의 정치는 벼슬하지 않고 숨어 있다고 해 도 이 모든 공적 공간에서 그 도가 드러나도록[道明] 해야 한다. 실제적 효용을 담을 '집'이 없다면, 이 집을 오고가는 이들은 결국 소수일 것이 고 이는 담헌이 원하는 '범애(汎愛)'의 과정도 아니다.

한편 18세기가 보여준 다양한 변화의 물결은 동론자들에게 '인간(人)이 보는 물(物)의 질서'와 '물(物)만의 질서'를 구분할 필요성을 느끼게 하고 있었다. 성리학자들은 사회적 혼란을 맞이할 때마다 분별의 과정을 중시 해왔었다. 그런데 '인간(人)의 질서'와 '인간(人)이 보는 물(物)의 질서'를 이원화 하는 과정에서 구분된 존덕성과 격물의 방법론은 어느 한쪽에 대 한 우위를 지시하는 사류의 흐름이 되고 있었다. 도덕과 덕성의 준거로 제시된 성인의 존재를 중시한 이들은 성인의 자취를 밟으려는 사회정치 적 욕망과 열정에 천착하여 상대적으로 자연세계내 '물의 질서'를 따로 궁구할 필요성을 느끼지 못하고 있었던 것이다. 이것은 때로 신분제 질 서 내에서 배타성으로 작용하기도 했다. 예컨대 천문학은 사대부 귀족이 할 수 있지만 산수(算數)는 중인(中人)의 역할로 치부한 것이다. 하지만 담

---

18) 『담헌서』에 기록되어 있는 '實' 글자의 용례는 實用이 아니라 實心과 實事이다.

헌에게 '물의 질서'를 따로 고찰해 보는 일은 동론자의 마땅한 선택이었다. 게다가 물만의 질서를 따라가 보는 일은 인물성이론자가 빠질 수 있는 이원적 사고를 정확히 비판할 수 있는 근거가 될 수 있었다. 그래야 저 오랑캐 민족 나름의 질서도 합리적인 것이 있다고 객관적으로 판단될 수 있을 것이고, 저 큰 우주의 오묘한 움직임 역시 놀라운 질서가 숨겨 있다고 내보일 수 있기 때문이다.

담헌의 이와 같은 생각은 「의산문답」의 구조적 배치를 통해서 잘 드러나고 있다. 전통적으로 유가들이 세계 내 질서를 이해하는 방식은 언제나 '예'로부터 시작되었기에 실옹은 허자를 만나 타물의 예를 설한다. 그런 다음 자신이 알고 있는 각종 물의 질서를 나열한다. 극기복례의 예가 '인'을 중심으로 하는 일원적 세계로 만물을 이끌었듯, 실옹은 허자를 '화이일야(華夷一也)'의 깨달음으로 인도한다. 또한 담헌은 「수야에게 답하는 편지」에서 "성인의 법도 폐단이 없지 않고, 유자도 정사가 있다."[19]고 말하면서도, 「직재와의 편지」에서는 "이적에서 이적으로 행한다고 하더라도 진실로 성인이 될 수 있고, 대현이 될 수 있다"[20]고 말한다. 담헌 스스로가 성인론이 갖는 현실적 모순을 잘 알고 있었다. 사실 성인론의 핵심은 다양한 사람들 속에서 조금 다른 가치와 행동양식을 보이는 한 존재가 다수에게 삶의 본보기를 보여주고, 그 방법의 가치를 찾는 작업이라 할 수 있다.[21] 그런데 담헌은 이 한 존재의 이름이 시대나 지역에 따라 다를 수

---

19) ≪答秀野書≫의 '其聖弊儒政云云' 이하의 말은 담헌의 생각과 기개를 엿볼 수 있는 부분이다.

20) ≪又答直齋書≫, 「內集 3」, 『湛軒書』: 素夷狄行乎夷狄, 爲聖爲賢.

21) 담헌은 계부께 '이역 황벽한 곳을 기를 쓰고 혼자 다닌다고 걱정과 꾸중[季父以異域荒僻, 銳意獨往, 大加憂責.]'을 들을 정도로 대륙 곳곳을 돌아다녔다. 담헌이 얼마나 異人을 찾

있다는 것을 경험한다. 결국 다수의 사람들이 그의 눈에 들어온다. 그들의 삶은 물성이고 오랑캐의 습성이라 버려두었던 것들이다. 담헌은 그 물성을 다시 가져와서 인성과 대등한 지위에 올려놓는다. 그리고 18세기 이 시점에서의 물성이 무엇이고, 오랑캐의 습성이 무엇인지 검토하며, 물성과 인성을 구분하려는 이들의 정치적 프레임을 문제시 삼는다. 요컨대 그는 맹목적으로 답습되었던 성인의 '예'를 재고하면서 실질적 어짐[汎愛]을 구축하는 일을 자신의 숙제로 삼았다.

2) 유가의 천시(天視) : 조망적 사고로부터 얻는 현실비판과 현실참여

성인의 역할은 반복적 갈등 속에서 휘둘리지 않게 그리고 현실의 문제점들을 직시할 수 있게 내적이고도 공적인 기준으로 기능한다. 하지만 성인론 그 자체가 현실의 비판과 대안을 제시할 수는 없었다. 성인의 존재는 더 이상 우열의 조건이 아니었지만, 모두의 평등[人物性同]을 논하기 위해서는 성인론의 수직성은 여전히 불편한 구도로 다가왔다. 본서는 담헌이 이러한 한계를 깨고 '모두'에 대한 관심으로 적극적으로 확장된 데에는, 담헌이 지녔던 조망적 사고가 큰 역할을 했다고 본다. 담헌의 이 평등적 시선은 '범애(汎愛)'라고 하는 가치의 확장에도 기여한다. 「의산문답」에는 조망적 사고가 잘 드러나 있다. 조망(眺望)은 이중적 구도를 갖는

기 위해 온 곳을 다녔는지[遊觀]는 그 스스로의 표현에 의하면 이러하다. : ○ 색다른 중이나 숨은 선비가 살지 않나 싶어서.(猶冀其異僧逸士隱焉.) / ○ 지금 山林에 처하는 사람으로서 들어와 벼슬하는 이가 있습니까? : ≪燕記 : 桃花洞≫, 「外集 9」, 『湛軒書』와 ≪燕記 : 蔣周問答≫, 「外集 7」, 『湛軒書』. 참고로 異人이란 단어는 「內集 3」의 보령소년의 이야기 ≪補遺 : 保寧少年事≫에서 등장한다. 이른바 부자가 말하는 남이 알아주지 않아도 노여워하지 않는 소년이다.

다. 이를 논의해 보자.

먼저, 위에서 아래라는 구도는 원래 치자(治者)의 관점이었다. 고도가 주는 시선은 심리적으로 주체적 의식과 역량의 가능성을 상승시키는 효과가 있다. 하지만 그렇다고 이 다스리는 자로서의 조망의 위치 자체가 어떠한 객관적 관점을 주는 것은 아니다. 조망의 자리가 고정되어 있다면, 그 시점의 제한성로 말미암아 조망자의 주관적 관점이 타물에 열리기보다 자기중심성에 오히려 얽매이게 될 수도 있다. 그럼에도 불구하고 그동안의 모든 「의산문답」 연구들은, 천시(天視)의 관점을 통해 담헌이 '화이일야'의 결론에 도달하고 있다고 분석했다. 혹은 장자의 붕새가 물세계를 '제물(齊物)'로 바라볼 수 있었듯, '천시(天視)' 때문에 정저지와(井底之蛙)를 벗어난 담헌의 시각과 동론이 가능했다고 분석했다.

하지만 역으로 아래에서 하늘을 바라보는 조망의 효과 역시 담헌의 평등성을 역설할 수 있다. 아래에서 위를 바라본다는 것은 물리적으로 작은 개체가 거대한 하늘을 바라보는 모습이다. 만물이 같은 마음으로 자신만의 하늘을 갖는 상황은 만물간의 수평적 구도를 묘사한다. 담헌은 "능히 해내지 못할 것을 부지런히 하고, 중하게 여기지 않을 것을 힘껏 하여 옛사람의 공로보다 크게 세우려 하고, 후세 임금에게 취증(取證)이 되도록 하려는" 사람들을 비판한 바 있다.[22] 담헌은 누구를 밟아 위로 올라가려는 그 존재를 마땅히 끌어내린다. 특히 앎을 무기로 예의 참 뜻을 흐리며 번잡한 예를 만들어 내는 이들의 우월의식에 대해 신랄한 비

22) ≪書≫, 「內集 3」, 『湛軒書』: 方且, 屹屹乎其所未能, 嘵嘵乎其所不屑, 思以將多于前功而爲後王之取證, 則非愚陋之所敢聞也.

판을 남긴다. 이러한 구도의 효과는 정치적으로 중요한 장치일 수 있다. 그 이유는 「의산문답」의 주 독자가 바로 조선의 지식인이기 때문이다. 사대부가 민중의 삶을, 중화가 소중화를, 소중화가 오랑캐를 무시한다. 그들은 발이 닿아야 할 모두의 지평에서 벗어난 이들이다. 동일한 땅을 밟고 있다는 시선은 만물간의 동등한 자리를 상기시킨다. 이들 가운데에서 조금 더 빼어남을 자칭하는 일은 허자가 보이는 우물 안 개구리의 천박함[膚識]에 다름 아니었다.[23]

그동안의 홍대용 연구에서 '천시'적 관점은 『장자』의 그것과 유비하여 평가 해왔다. 하지만 이러한 시선의 이동에는 장자(莊子)식 상대주의와 다른 점이 있다. 복영광사(福永光司)는 그의 대표작 『장자 - 고대중국의실존주의』에서, 이념으로서의 인간만이 아니라 현실로서의 인간을, 인간존재의 상한선뿐만이 아니라 그 하한선까지를 평온한 마음으로 살펴보았다는 점에서 장자를 높이 평가한 바 있다.[24] 이를 응용하면 상한선에 대한 논의는 성인(聖人)론을 통해, 하한선에 대한 논의는 아래를 바라보게 하는 제물(齊物)론을 통해 드러나고 있다 할 수 있다. 복영광사는 제물이 온전한 의미에서의 실증이며 이치에 맞는 합리성이라 극찬하지만, 본서는 제

---

23) ≪補遺:毉山問答≫, 「內集 4」, 『湛軒書』: 虛子起拜而言曰, 夫子是何言也. 虛子局於諛僿, 未聞大道, 妄尊如井蛙窺天, 膚識如夏虫談冰. 허자가 일어나서 절하고 말하기를, "부자는 이 무슨 말씀이오. 나는 자질구레한 데 국한되어 큰 道를 듣지 못했기에 우물 안에 개구리가 하늘 엿보듯 종작없이 잘난 체했고, 여름벌레가 얼음을 이야기하듯이 무식하였던 것입니다." 하였다.

≪燕記:望海亭≫, 「外集 9」, 『湛軒書』: 顧半生坐井, 蠢然若肖魁, 乃欲明目張膽, 妄談天下事, 甚矣不自量也. 반평생을 돌아볼 때 우물 속에 앉아 그래도 잘난 체 눈을 크게 뜨고 가슴을 활짝 펴서 망령되이 천하의 일을 논하려 했으니, 스스로의 재량을 헤아리지 못한 것이 심할 따름이다.

24) 福永光司, 『장자 - 고대중국의실존주의』, 32쪽.

물과 유사하다고 평가받는 담헌의 '인물성동' 사상이야말로 삶의 다면성을 발견하는 방식에 있어서 제물보다 더 정직한 가치를 드러내고 있다고 본다. 우선 장자는 인간의 일상으로부터 한 발짝 떨어진 곳, 즉 유형화된 문화적 양식이 주는 속박에서 한걸음 물러나(혹은 '경계에서') 그 속세의 삶을 바라보면서 인간이 아닌 존재[物]의 삶에 대해 관심을 보였다. 상대성이라는 관점의 이동은 자신이 몸담고 있는 세계로부터 수평적 이동을 통해 얻어졌었다. 하지만 — 붕새의 관조적 시선을 우화[寓話]에 담는 도발적 용기에도 불구하고 — , 장자 그 자신의 몸은 세속에 있지 않았다.

반면, 담헌은 현실에 능동적으로 참여하여 세속의 유형화된 삶, 예와 의리의 시비가 오고가는 그 세계 '속에서' 인간과 오랑캐에 대해 논의하는 것을 주저하지 않는다. 그는 통속의 삶, 하한선의 삶을 끊임없이 묘사하고 그곳에 개입한다. 게다가 자기내적 상상력은 제3인물들의 대화[寓話]가 아니라 1인칭 자기(예컨대 기행문 「연기」) 혹은 자기 거울적 인물(예컨대 「의산문답」25))이 참여한 대화 형식을 통해서 표출된다. 담헌의 동론은 속세에서 담헌 스스로가 천문학에 노동하면서 얻은 조망적 시선으로부터 다져졌다. 담헌에게 위에서 아래로 향하는 시선, 다시 아래서 위로 던지는 시선은 관측을 통해 축적된 일상의 습관과 연관된다. 담헌이 다양한 인간존재뿐만이 아니라 다양한 만물이 지닌 역량의 스펙트럼을 폭넓게 바라보고 있었다는 점과 조망적 사고를 연관하는 것은, 그래서 낯설지 않다. 거기에 연행(燕行)이라고 하는 경험적 지식이 더해지면서 그의

---

25) 「의산문답」의 시점은 독특하나. 전시적 작가시점이라 할 수 있는 서술자의 시점과 인물들만의 시점이 모두 발견되기 때문이다. 이에 관한 연구는 이승준의 논문 「담헌 홍대용의 『의산문답』 연구」와 윤주필의 「조선조 寓言소설의 반문명성」 등을 참고 바람.

인성과 물성을 대하는 태도는 그때그때의 적합성에 따라 변주하며 열린
다. 장자는 "성(聖)이란 사물의 진상에 도달하여 운명을 완수하는 것[聖也
者, 達於情而遂於命也]"[26]이라고 했다. 상한선을 의식하면서 전 존재에 대한
하한선을 온전하게 바라보려는 담헌의 실질적 노력은 사물을 향한 호기
심(好奇心)과 소통을 향한 열정[情]으로부터 도출되고 있었다.

2. 예(禮) 개념의 발전과 변용

일반적으로 동아시아인들은 예를 언급할 때 '예법'과 같은 일정한 절
차를 담은 규범이나 '예의바름'과 같은 공손한 마음을 담은 태도·행위
등을 떠올린다. 역사의 발전에 따라 의미나 역할의 변화가 있었지만, 오
랫동안 예는 사회 질서와 관련된 의례나 가치 체계로서, 그리고 경학의
일부로서 변함없이 중시되어 왔다. 구구웅삼(溝口雄三)은 '예'의 역사를 다
음과 같이 간략 정리한다. : "상고 시대 종교적인 의례에서 기원한 예는
삼대를 거치면서 발전하여, 주공시기에 일단 정립되었다고 전해진다. 또
한 공자가 주나라의 예[周禮]를 배우고자 오매불망했던 모습은 『논어』곳
곳에 잘 나타나 있다. 그러나 춘추전국 시대의 혼란을 겪으면서 『악경』
과 함께 일찍부터 유실되었던 『예경』은 유교의 경학체계가 확립되는 한
(漢)대에 이르러 삼례(三禮)의 학술체계로 재정립되었다. 삼례는 예학의 세
가지 중심경전으로서, 일상적 의례나 세시적(歲時的) 예의범절 혹은 관혼

---

26) 이규성의 「생의 기술 - 우울과 명랑의 세계」 논문에 번역되어 있는 『莊子』, 「天運」 인용.

상제의 절차 등을 규정한『의례』, 가족사회국가의 조직과 규범을 정한『주례』, 예제와 예의에 내재된 윤리와 가치관을 포괄하는『예기』[27]를 말한다. 즉 예학은 제도와 형식 그리고 의리를 포괄하는 경학으로 성립되었던 것이다. 예학은 신유학이 발전한 근세, 특히 청대에 크게 발전하였다. 예컨대 주자학, 양명학, 고증학이라는 근세유학의 삼대흐름을 대표하는 주희, 왕양명, 대진은 사상적 차이에도 불구하고 한결같이 '예'를 매우 강조하였다."[28]

명대에서 청대로 이어졌던 중국 예학의 흥기는 조선에도 영향을 미친다. 그런데 담헌은 전통적 예학을 강조하면서도 '예' 개념 자체에 종래에서 발견되기 힘든 유연한 사고를 보여주고 있다. 또한 그는 조선 중기에 논의되었던 예학의 연구자들과는 달리 문자적 엄숙성과 정치적 규제의 성격으로부터도 자유로운 입장을 보여준다. 물론 이봉규의 연구에서 드러나듯, 17세기 이후 성호학파에서 확대되어 갔던 예학의 특징들도 기억해야 한다. 이들의 탐구는 이른바 '실학'의 측면을 고려해야 할 정도로 열린 시선을 보여주는 사례이기 때문이다.[29] 담헌의 사상을 이해하기 위해선, 그래서 시대를 관통하며 '예' 개념이 그려왔던 지형도를 먼저 살펴볼 필요가 있다.

---

27) cf.『禮記集說大全』, 제1권, 曲禮 上 : 此記二禮之遺闕, 故名禮記.
28) 溝口雄三,『중국의 예치 시스템』, 7쪽.
29) 이봉규,「조선후기 성리학과 실학의 관계성; 실학의 예론 - 성호학파의 예론을 중심으로」참조.

1) 기(氣)로서의 예(禮)

고전에서 '예' 개념이 설명될 때 가장 많이 연관되는 개념은 다름 아닌 '기(氣)'이다. 이 연관성을 이해하기 위해 먼저 몇 가지 출전을 살펴보자. 『역경(易經)』에는 '기(氣)' 글자가 없고 『역전(易傳)』 건괘(乾卦)에 대한 설명에서 '기'자가 보이는데, "같은 소리끼리 서로 호응하고 같은 기끼리 서로 찾는다."와 "순수한 기는 사물이 되고 떠도는 혼은 변하게 되므로 귀신의 실상을 알 수 있다."라는 구절이 그것이다.[30] 역(易)에서의 기는 '정기(精氣)'로 표현되는 경우가 많은데, 정기는 기가 가지는 응집성을 드러낸다. 『국어(國語)』 「주어(周語)」에서도 '기' 글자가 등장한다. 여기서 강조되는 부분은 기가 지닌 질서의 측면이다. : "천지의 기는 그 질서를 잃지 않는다. 만약 그 질서를 잃는 다면 사람들이 소란하여 그리 된 것이다. 양기가 아래에 깔려서 밖으로 나올 수 없고, 음기가 눌려서 밖으로 솟아오를 수 없으면 지진이 발생한다[夫天地之氣, 不失其序, 若過其序, 民亂之也. 陽伏而不能出, 陰迫而不能烝, 於是有地震]."[31]

한편, 기가 지닌 흐름의 측면에 주목, 기를 우주 진화의 시초로 보려는 관점은 노자(老子)로부터 비롯된다. : "도가 하나를 낳고, 하나가 둘을 낳으며, 둘이 셋을 낳고, 셋이 만물을 낳는다. 만물은 음기를 진 해 양기를 품고 있는데, 두 기가 서로 부딪쳐서 조화를 이룬다[道生一, 一生二, 二生三, 三生萬物. 萬物負陰而抱陽, 冲氣以爲和]."[32] 이 구절로 말미암아 『노자』는 동아

---

30) 「文言傳」: 同聲相應, 同氣相求. / 「繫辭傳」: 精氣爲物, 遊魂爲變, 是故知鬼神之情狀.
31) ≪10. 삼천의 지진에 백양보가 서주의 패망을 예언하다≫, 「周語」上, 『國語』; 좌구명 저, 『국어』, 58쪽.
32) 『老子』 42章.

시아 고대인들의 형이상학적 사유를 살펴볼 수 있는 텍스트로 언급된다. 그렇지만 고대인들의 자연적 기 개념을 인간사의 문제로 인식하여, '기'를 우리가 생각하는 철학적 의미로 한 단계 의미의 지평을 끌어 올린 이는 관자(管子)이다.33) : "사물의 정기가 합하면 만물을 낳는다. 아래(땅)에서 오곡을 낳고, 위(하늘)에서 늘어선 별이 된다. 하늘과 땅 사이에 떠돌며 바뀌는 것을 귀신이라 한다. 가슴속에 담고 있는 사람을 성인이라 한다. 이 때문에 기라고 명명한다[凡物之精, 比則爲生, 下生五穀, 上爲列星, 流於天地之間, 謂之鬼神. 藏於胸中, 謂之聖人. 是故名氣]."34) 여기서 관자는 기의 응집[精氣]를 통해 만물의 형성을 설명하지만, 이를 다시 귀신과 성인을 구분하는 기재로 삼아 부연하고 있다. 기가 인간의 마음속에 자리 잡아 그 기를 통해서 세상과 교통할 수 있다는 것, 그리고 그 가능성을 구현한 존재로서 성인을 언급하는 것은 기 개념이 전국시대를 거쳐 훗날 장자(莊子)에게 이어져 발전되었을 가능성을 읽게 한다. 벤자민 슈월츠(Benjamin Schwartz)는 전국시대 말에 기 개념이 성, 심과 더불어 여러 학파들이 공유하는 공동 관념이었음을 언급한바 있다.35) 장자는 빈번히 기 개념을 통해 성인(聖人)을 언급하고 있기 때문이다. : "천하를 소통하는 것은 하나의 기이다. 성인은 그래서 그 하나를 귀하게 여긴다[故曰通天下一氣耳. 聖人故貴一]."36) 물론 장자는 기 개념을 훨씬 더 폭넓게 사용하고 있다는 점에서 공자 『논어』의 기와는 다르다고 평가 받는다. 김경희는 『논어』에서의 '기' 개념이 총 6번 등장한다고 말하며 이를 다음과 같이 4가지 용례로 분석한바

---

33) 왕전푸, 『대역지미, 주역의 미학』, 154-155쪽.
34) 「內業」, 『管子』.
35) 벤자민 슈월츠, 『중국고대사상의 세계』, 259-267쪽.
36) 「知北遊」, 『莊子』.

있다.[37] : ① 사람이 내뿜고 마시는 숨, ② 사람의 유기체적인 생리기능인 혈기, ③ 사람이 이야기 할 때 나는 소리로서의 말투, ④ 음식을 먹는 따위의 행위에서 드러나는 태도. 그리고 이를 다시 장자에서 등장하는 6가지 '기'의 용례와 비교한다. ① 운기(雲氣), ② 기체(氣體)의 통칭, ③ 기후와 절기, ④ 천지만물을 구성하는 기초적 물질, ⑤ 정기(精氣)와 기력(氣力), ⑥ 의기(意氣)와 감정. 유가들의 기 개념이 주로 인간적인 측면에 집중되어 있는 반면 장자는 분명 인간과 자연현상에 두루 걸쳐서 그 개념을 사용하고 있다.

이상의 기 용례를 살펴보면, 『논어』는 우주와 자연보다 인간의 삶에 더욱 관심을 보이고 있다. 하지만 『논어』는 기를 성인-귀신 개념으로 연관시키지 않았다. 그 흔적은 오히려 『장자』에 이르러 정론화된다. 그렇다면 『논어』에서, 기 개념보다 상위에서 강조되고 있는, 기능하고 있는 개념은 무엇일까? '예(禮)'이다. 이를 위해서는 장자보다 더 공자의 적통이라 묶이는 맹자(孟子)나 순자(荀子)의 기 용례를 볼 필요가 있다. 김경희는 장자의 기 개념을 설명하면서 순자와 맹자의 기도 구분했는데, 순자의 기는 인간의 혈기를 가리키는 경우가 대부분이고, 대체로 그것들은 다스리거나 통제해야 할 대상[治氣]으로서 언급되고 있음을 특징으로 적고 있다. 『순자』는 그 혈기를 제어하는 수단으로서 『논어』보다 훨씬 더 명시적으로 '예'를 강조한다. 예컨대 다음의 글이 그것을 대표한다. :

무릇 기를 다스리고 마음을 기르는 방법은 예로 가는 길보다 지름길

---

37) 「泰伯」, 「鄕黨」, 「季氏」, 『論語』에서 등장함. 김경희의 「『장자』의 변과 화의 철학」, 136쪽 이하 참조.

이 없고 스승을 얻는 것보다 긴요한 것은 없으며, 하나(의 선)을 좋아하
는 것보다 신묘한 것은 없다.[38]

무릇 하늘 땅 사이에 태어난 것들 중에 혈기가 있는 무리들은 반드
시 앎(지각)이 있으니, 앎이 있는 무리들은 자기 무리들을 사랑하지 않
음이 없다.[39]

선의 보편적 척도로써 기를 다스리고 생을 기른 뒤에는 팽조처럼 장
수할 것이다. 수신하여 스스로의 이름을 갖게 되면(혹은 날리게 되면)
요임금과 우임금과 짝하게 될 것이다.[40]

순자의 텍스트에서 상당 부분 기와 예를 '치(治, 다스린다)'로써 표현하
고 있는 점은 맹자와는 다른 점이다. 김경희도 지적하듯, "기를 통제해야
할 소극적이고 부정적인 대상으로만 보는 관점에서 벗어나 그 적극성을
발견하면서 단수한 통제[治]가 아니라 기름[養]의 대상으로 보기 시작한
사람은 맹자"이다. 예컨대 이는 맹자의 '호연지기(浩然之氣)'라는 단어만으
로도 쉬이 납득할 수 있다.

이상을 정리해보면, 『논어』에서 『장자』로 오는 과정에서 이미 '기'라
는 것은 인간의 관리 대상으로 간주되고 있었다. 인간의 적극성을 끌어
내게 만드는 혈기는 요임금과 순임금 같은 성인(聖人)을 닮고자 하는 인
간의 노력[人爲]과 만났다. 자연적 활동으로서 기는 인간사회가 커지고 복
잡해질수록 상대적으로 관심 밖에 놓였다. 그 가운데 범인들의 기와 성

---

38) 「修身篇」, 『荀子』 : 凡治氣養心之術, 莫徑由禮, 莫要得師, 莫神一好.
39) 「禮論篇」, 『荀子』 : 凡生乎天地之間者, 有血氣之屬必有知, 有知之屬莫不愛其類.
40) 「修身篇」, 『荀子』 : 扁善之度, 以治氣養生, 則後彭祖, 以修身自名, 則配堯禹.

인의 기와 만나게 되는 통로가 열린다. 바로 '예'이다. 예는 인간의 관리 대상이면서 배움의 실질적 내용이 되어 개별 인간들이 사회질서 및 자연계의 질서와 만날 수 있게 기능한다. 성인은 바로 이 두 세계를 연결 지어 예를 제시했다. 사람들은 예를 배움으로써 성인과 만날 수 있었다. 『논어』에서 성인은 '예(禮)'와 함께 등장하지 않았다.41) 하지만 시간이 흐르고 '예' 개념이 '기' 개념과 만나고, 다시 기 개념에 부착되었던 '치(治)'와 '양(養)'의 의미가 '예'에 붙으면서, 기는 예와 관련된 기, 예와 관련되지 않은 기로 나누어 질 수밖에 없었다. 장자는 '인위'의 의미가 강한 '예' 단어를 버리고 기 개념을 바로 성인에 연관하였지만, 이 예와 관련된 기는 여전히 남아 송대의 성리학자들의 숙제가 된다. '치기(治氣)' 혹은 '양기(養氣)'처럼 인간사와 연결된 기, 다시 말해 자연적 기, 우주의 진원지기(眞元之氣)가 아닌 기, '외기(外氣)'가 그것이다.

한·당대를 지나 송대에 왔을 때 성리학자들은 자연스럽게 '예'와 '성인'을 연관하게 된다. 성리학자들이 세속 안에서 자신들의 진리를 구현하겠다는 것은 '인간의 함[人爲]'을 긍정하고 전제하겠다는 의미이다. 여기서 '예'는 인간 행위의 과정 즉, 다스림과 기름의 총체적 활동을 담는 개념을 의미한다. 따라서 성리학자들이 이 '예'를 고전적 성인(聖人) 개념과 연관하여 표준화된, 전범화된 근거를 만들고 '성인의 예'를 강조하여 자신들의 사상적 정통성을 드러내는 일은 마땅한 순리였다. 그런데 인간의 관리 대상 안에 놓여있는 기(정기, 혈기, 의기, 기체 등)는 '예(禮)'로서 포

---

41) 『논어』에서 聖人, 聖이란 단어는 겨우 서너 차례 등장할 뿐이다. '聖' 개념과 가장 잘 연관되는 개념은 '仁'이다. 「述而」, 『論語』 : 子曰, "若聖與仁, 則吾豈敢? 抑爲之不厭, 誨人不倦, 則可謂云爾已矣." 公西華曰, "正唯弟子不能學也."

섭했지만, 인간의 관리 밖에 놓여있는 기는 성리학자들의 다른 설명을 필요로 했다. 저 만물을 낳고 낳게 하는 기의 움직임, 그것을 인간 삶과 연관시키는 것, 이 통합된 질서의 세계를 설명할 다른 개념이 필요했다. 공자시대처럼 인간관리 밖의 세계를 단순히 귀신을 흠향하듯 두려움과 경외감으로 놓아 둘 수도 없었고, 불교처럼 버젓한 질서의 아름다움을 헛되다 말할 수도 없었다. 장자나 도가처럼 기 개념 하나로 모든 인간세와 자연현상을 두루 거쳐 설명하게 되면 기의 가치는 이미 스스로 그러한 성격으로 말미암아 전통 유가의 치(治), 양(養) 개념과 분리되기 쉬울 것이다. 만물의 세밀한 노력들마저 탈각될 수 있다. 만물 조화가 드러내는 아름다운 결은 그 자체로 이미 온전하지만 그것은 끊임없이 각 물들과의 만남(소통)과 발견(자각)을 요했다. 이 만남과 발견은 의지의 문제였기 때문에 그 의지가 인간에만 있는 것이라 할 수 있는 것은 분명 아니었다.

성리학자들은 유불도의 통합적 사고 끝에 '리' 개념을 중심으로 형이상학적 사상체계를 세웠고 리의 자연성을 기와 연관하여 설명한다. 대신 '예'가 지녀왔던 인위적 측면을 외기와 함양의 역할로 부연하면서도 인위적이란 이유로 예가 폄하되지 않게 자연세계의 기(氣) 속에도 질서의 원리[禮]가 있다고 강조한다. 상수학자들은 예가 지녀왔던 질서의 성격을 적극적으로 해석한 이들이었고, 일반적으로 성리학자들은 이 원리에의 탐구를 '격물(格物)'이라 불렀다. 인간의 관리 대상은 전 우주의 기가 되고, 질서를 발견하려는 인간의 노력은 전 우주의 대상을 향하게 된다.

2) 리(理)로서의 예(禮)

이상에서 언급한, 자연의 기(氣) 속에서 발견되는 질서의 원리를 예(禮)로서 인식했다는 말은 더 부연되어야 한다. 이를 이해하기 위해서는 '리' 개념에 대해 더 살펴봐야 한다. 『논어』에서는 '리(理)' 자(字)가 등장하지 않지만 『예기』에는 공자의 말에 리(理)가 사용되고 있음을 찾아볼 수 있다. 특히 공자가 '예(禮)'를 설명하면서 '리'를 언급한 점은 유의 깊게 볼 부분이다.

> 1) 공자가 말했다. '예'라는 것은 '리'이다. '악'이라는 것은 알맞은 정도를 드러내는 기준[節]이다. 군자는 결[理]이 맞지 않다면 움직이지 않고, 정도가 맞지 않다면 일을 도모하지 않는다.42)

> 2) 예라는 것은 마치 '체'와 같다. 몸[體]이 갖추어져 있지 않으면 군자는 그가 성인이 아니라고 말한다. 베푸는 데 마땅치 않다면 (이는 예가) 갖추어지지 않은 것과 같다. 예에는 큰 것이 있고 작은 것이 있고 드러나는 것이 있고 은미한 것이 있다. 큰 것은 덜 수 있고 작은 것은 더할 수 있으며, 드러난 것은 가릴 수 있고 은미한 것은 크게 할 수 있다.43)

> 3) 군자는 말했다. 마음속에 차이를 인식하는 기준[節]이 없으면 사물을 본다 할지라도 통찰하지 못한다. 사물을 관찰하고자 하는데

---

42) 「仲尼燕居」, 『禮記』28 : 子曰, 禮也者理也. 樂也者節也. 君子無理不動, 無節不作.
   cf. 樂也者, 情之不可變者也. 禮也者, 理之不易者也. 樂統同, 禮辨異. 禮樂之說, 管乎人情矣.
43) 『禮記』10 : 禮也者, 猶體也. 體不備, 君子謂之不成人. 設之不當, 猶不備也. 禮有大, 有小, 有顯, 有微, 大者不可損, 小者不可益, 顯者不可揜, 微者不可大也.

예로 말미암아 보지 않는다면 (실질적으로) 얻는 바가 없다. 그러므로 일을 작위함에 예로서 하지 않는다면 삼감이 없다. 발언하는데 예로써 하지 않는다면 믿을 수가 없다. 그러므로 말한다. 예라는 것은 사물의 다스림이다.[44)

1)의 지문에서 공자는 군자가 행동을 할 때 '도리(道理)'에 맞게 움직인다고 말하고 있다. 이 '이치에 맞는 행동'이 곧 예에 맞는 행동이고, 이때, 즉 군자 앞에 놓여 진 길이 뜻과 의도에 부합되어 소통가능하다 느낄 때 군자는 그 길을 걸어간다고 말한다. 2)의 지문에 등장하는 예는 '체(體)'에 비유되고 있다. 앞서 1장의 「중용」에서 보았던 도가 지닌 '비(크다)'와 '은(작다)'의 의미가 '예'의 주어로 대체되고 있다. 공자가 이미 '예'를 일사일물의 주체가 되는 '체' 개념과 연관하고 있다는 점, 그리고 다시 예를 갖춘 자, 바른 몸[體]을 갖춘 자로서 성인을 언급하고 있다는 점은 주목해야 할 것이다. 공자의 뜻을 받들어 자사가 「중용」을 지었을 때, 그는 '도(道)-예(禮)-체(體)-성인(聖人)'의 구도를 염두에 두었을 것이다. 성리학자들은 리 개념을 적극적으로 가져와 '도(道)-리(理)-체(體)'로 연관한다. 뿐만 아니라 그들은 『예기』에서 「중용」을 독립시킨다. 게다가 3)의 지문에서 보듯, 공자는 '예'라는 것은 인간과 인간 사이뿐만이 아니라 인간 밖 사물세계에 있어서도 그 절도를 인식하는 통로가 됨을 말했었다.[45)

---

44) 『禮記』 10 : 君子曰, "無節於內者, 觀物弗之察矣. 欲察物而不由禮, 弗之得矣. 故作事不以禮, 弗之敬矣. 出言不以禮, 弗之信矣. 故曰, "禮也者, 物之致也.
45) 절도의 사전적 정의는 '일이나 행동 따위를 정도에 알맞게 하는 규칙적인 한도'를 의미한다. 이 정도를 궁구하고 알맞음을 선택할 수 있다는 것은 기본적으로 일이나 행동이 갖는 미묘한 차이를 섬세하게 파악해야 가능할 것이다. 본서가 '절'을 '차이'로, '차이'를 다시 '예' 개념으로 연관하는 이유다.

예가 사물이 다스려지는 바의 극치라면, 군자는 예를 모르고서는 사물과 만날 수 없다. 후대의 주희는 '致·知·格·物'을 설명하면서 '물지리(物之理)'를 언급한다.46) 리학자들은 사물을 통해 얻는 지식을 사물의 이치에 닿는 과정으로 이해했다. '물지치(物之致)'의 예(禮)를 '물지리(物之理)'의 격물(格物)과 연관한 것이다. 유가들은 이처럼 리 개념을 기와 연관시키면서, 동시에 리 개념을 예와도 연관시켰다. 송대 이후의 예는 기보다 리와 함께 언급되어 간다. 그런데 성리학자들이 이러한 전회를 하기 이전, 예를 리로, 결로, 질서로 해석하는 단초는 곳곳에 있었다. 『춘추 좌전(春秋左傳)』에도, 당(唐)대 공영달의 『예기정의(禮記正義)』소(疏)에도 있었다. 순서대로 살펴보자.

예는 하늘의 經이고, 땅의 義며, 사람의 行이다.47)

여기서 말하는 '경(經)'은 사람들이 따라야 하는 원칙[民實則之]을, '의(義)'는 이상적 의미를, '행(行)'은 실천을 의미한다. 백성들이 따라야[行]하는 기강을 하늘이 내려주었다는 것은 예의 당위성을 자기 안뿐만이 아니라 자기 밖의 세계를 통해서도 찾아야 한다는 뜻이다. 예는 상하의 기본이 됨은 물론 이와 하늘과 땅의 근본(경위)이어서 참다운 사람이 낳아지는 까닭이 된다. 그래서 유가들은 사람들이 스스로 잘 헤아려 예에 다

---

46) 「大學章句集注」, 『朱子全書』: 致, 推極也. 知猶識也. 推極吾之知識, 欲其所知無不盡也. 格, 至也. 物猶事也. 窮至事物之理, 欲其極處無不到也.
47) 『春秋左傳』: 夫禮, 天之經也, 地之義也, 民之行也. 天地之經, 而民實則之. (…) 簡子曰, "甚哉, 禮之大也!" 對曰, "禮, 上下之紀, 天地之經緯也, 民之所以生也, 是以先王尚之. 故人之能自曲直以赴禮者, 謂之成人. 大, 不亦宜乎!"

다르면 그 사람을 완성된 사람이라 일컬었다. 이처럼 『춘추좌전』 맥락의 예에는 도(道)로서의 리 개념, 성(性)으로서의 리 개념이 혼재해 있다. 조금 더 후대로 내려가 보자.

> 무릇 예라는 것은 천지를 올바로 경영하고 인륜을 다스리는 것으로 본래 예가 일어나게 된 것은 천지가 아직 나누어지지 않은 이전이 된다. 그러므로 『예기』 「예운」 편에서 '무릇 예는 太一에 근본하였다.'라고 하였는데, 이 말은 곧 천지가 분화되기 이전에 이미 예가 존재하고 있었다는 뜻이다. 예라는 것은 리(理)다. 그것[禮]을 이용하여 다스린다면, 천지와 더불어서 함께 흥하게 될 것이다.[48]

공영달은 예가 천지의 경영과 인륜을 다스리는 것이라 설명한다. 그래서 '예라는 것이 리이다'고 말할 때 이 리는 앞서 사용한 '경영하다'와 '다스린다'는 의미의 동사로 이해해야 한다. 그런데 앞서 『예기』에서 공자는 "예라는 것이 무엇입니까?"라는 질문에 "일에 따라 다스리는 것이다."라고 답하면서 예를 '치(治)'와 연관한 바가 있다.[49] 공영달이 리의 '다스린다'는 의미를 예와 연관하는 것은 그래서 자연스러웠을 것이다. '예=리' 도식을 수용하여 '예'를 동사로 푸는 해석은 분명히 '예'를 결이

---

48) 孔穎達 疏, 『禮記正義』: 夫禮者, 經天地, 理人倫, 本其所起, 在天地未分之前, 故 『禮運』 云: '夫禮必本於大一.' 是天地未分之前已有禮也. 禮者, 理也. 其用以治, 則與天地俱興.

49) 「仲尼燕居」, 『禮記』 28: 子曰, 禮者何也. 卽事之治也. 君子有其事, 必有其治. 治國而無禮, 譬猶瞽之無相與. 偟偟乎其何之, 譬如終夜有求於幽室之中. 非燭何見. 若無禮, 則手足無所錯, 耳目無所加, 進退揖讓無所制. 是故以之居處, 長幼失其別, 閨門三族失其和, 朝廷官爵失其序, 田獵戎事失其策, 軍旅武功失其制. 宮室失其度, 量鼎失其象, 味失其時, 樂失其節, 軍失其式, 鬼神失其饗, 喪紀失其哀, 辨說失其黨, 官失其體, 政事失其施.(加於身而錯於前. 凡衆之動失其宜.

나 질서 등 명사적 개념으로 인식하는 맥락과는 다르다. 그리고 후대 성
리학자들이 예를 원리, 법칙 등으로 언급하고 있다는 점을 고려한다면,
적어도 공영달은(그리고 적어도 송대 이전 시대의 지식인들은) '기'와 '리'에 대
한 명확한 구분 없이 '예' 개념을 명사적으로, 동사적으로 즉, 혼재된 상
태로 사용하고 있었다고 해야 할 것이다.

덧붙여 여기서 공영달이 "예의 존재는 물[天地]이 움직이기 이전이다."
라고 말하고 있는 점 역시 주목해야 한다. 왜냐하면, 예가 태일(太一)과 연
결되면 예가 근원적 움직임의 원리로 이해될 여지가 생기기 때문이다.
그렇다면 그가 예와 연관시키고 있는 '태일'은 무엇인가? '원기(元氣)'다.
『공자가어(孔子家語)』「예운(禮運)」 편에는 "예는 태일에 근간한다[夫禮必本
於太一]."이라는 기록이 있는데 이 문장에 대한 왕숙(王肅)[50]의 주(註)를 보
면 "태일이라는 것은 원기다[太一者, 元氣也]."라고 풀이하고 있다. 그렇다
면 예는 인간의 탄생과 상관없이 태곳적부터 원기의 활동과 함께 존재
한, 혹은 일음일양의 활동 이전부터 가능적으로 존재한 어떤 것이 된다.
그리고 바로 이 지점에서, 공영달을 비롯한 유가들이 왜 예를 리와 연관
시키려 했는지에 대한 대답을 다음과 같이 정리해 볼 수 있다.

하나는 아주 오래전부터 예의 문제와 정치적 문제는 분리되어 논의되
지 않았다는 사실이다. 또 하나는 동아시아인들의 '예'에는 '일(一)'을 강
조하려는 사유방식[一元論]이 담겨 있었다는 점이다.

예가 태일에서 분화된 다양한 질서들을 의미한다고 보았을 때는 분수
(分殊)는 예의 영역이다. 그리고 이는 이연평이 25세의 주희에게 주지시킨

---

50) 왕숙(195-256)은 위나라의 대신으로 字는 子雍이다. 『孔子家語』로 유명한데, 이 책은 위
　　작으로 평가받는다.

성리학의 기본정신으로 알려져 있다. 예는 그래서 일과 더불어 말할 수 있는 개념으로 통용되었다. 하지만 분수의 세계 속에서, 다름 아닌 예를 통해서 서로에게 내재한 인을 인식할 수 있다고 말하려면, 예는 궁극적으로 인의 표현이여야 한다. 다시 말해 예는 분수에 있으면서도 일의 소통성을 가능적으로 품고 있는 원리로 설명되어야 하는 것이다. 동아시아인들이 정치에 있어서 인지리를 강조하면서, 그 방편으로 예지리를 역설한 것은 예가 단순히 분수의 세계를 낳고 또한 퍼져있는 각각의 질서만을 지시하는 것이 아니라 그 개별 질서를 다시 하나의 뜻으로 모을 수 있는 이치[理]가 예 개념 안에 있다고 믿었기 때문이었다. 이점에 대해 더 논의해 보자.

(1) 정치적 표현문제, '예(禮)-리(理)-체(體)-일(一)'

먼저 예가 정치적 표현의 문제와 밀접하게 연관되어 있었음을 이해하기 위해서는 고대인들이 예의 기원에 대해 어떻게 생각했는지를 살펴봐야 할 것이다. 남조 때의 경학자 황간(皇侃)은 예의 기원을 다음과 같이 3가지로 설명한바 있다.[51] : "예에는 3가지 기원이 있으니, 예의 이치는 태일(太一)에게서 기원하였고, 예를 시행하는 일들은 수황(遂皇)에게서 기원하였으며, 예의 명칭은 황제(皇帝)에게서 기원하였다."

이 짧은 말 속에서 주목할 것은 실제 예의 시행을 수황이 했다, 안했다라기 보다 예의 문제가 정치의 문제와 긴밀히 연관되어 왔다는 점이다.

---

51) 孔穎達 疏, 『禮記集說大全』 제1권 曲禮 上 : 皇氏云, "禮有三起, 禮理起於太一, 禮事起於遂皇, 禮名起於黃帝." cf. 황간(皇侃, AD 488-545)은 예에 해박한 남조 때 양나라의 경학자이다.

'예' 시행의 주체, '예' 명명의 주체가 국가의 지도자와 연관되어 있다는 점은 공자 전후 줄곧 예와 정치적 활동이 밀접하게 발전해 왔음을 증거한다. 공자는 군주를 찾아 천하를 주유하며 제후들에게 주례(周禮)의 가치를 설파했다. 춘추전국 시대 이후 국가공동체 단위의 이합집산이 반복되는 가운데에서도 공자의 거의 모든 제자들은 예를 논하고 또한 강조하여 (특히 正名論과의 결부를 통해) 예의 각론들을 확장해 갔다. 송대의 지배계급들은 정치적으로 선진유학의 복원을 꿈꾸며 본격적으로 예를 리와 연관한다.

이러한 연관의 배후에는 예를 통일국가의 이념과 연관하려는 의도가 있었다. 하나 된 통치를 위해 사대부들이 정치적 의념을 '리일(理一)'의 통일성에 반영하였듯, 예 개념 역시 이러한 정치적 표현과 활동들을 포괄할 수 있기 때문이다. 여기서 흥미로운 점은 송대의 성리학자들이 예와 정치적 함[人爲]의 연관성을 드러내기 위해 예를 리와 연관시켰다면, 그것은 행위의 도구, 함[爲]의 방법론으로서 예의 위상이 용[用]의 차원에 머물렀을 법한데, 송대 이전의 흔적들은 리를 용(用)의 차원이 아닌 체(體)와 관련짓고 있다는 점이다. 앞서 『예기』에서 우리는 '예(禮)-리(理)-체(體)'의 구도를 살펴보았다. 『예기』의 수많은 해석가운데 공영달 및 정현의 주(註)의 중요성은 익히 알려진 사실, 이제 그들이 말하는 '예'에 대해 조금 더 고찰해 보자. 공영달은 『예기』 서문에서 「예기(禮器)」와 「제의(祭義)」의 말을 빌려 '예'가 '체'가 되는 이유를 다음과 같이 설명하고 있다.[52]

정현 : 禮라는 것은 體가 되며 履가 된다. 마음에서 통괄하게 되므로,

---

52) 『禮記集說大全』 제1권 曲禮 上. 1-35쪽 참조.

틀[體]이라고 말하며, 실천하여 그것을 행동하므로 밟아 나아
간다고 말한다.53)

공영달 : 예라는 것을 비록 '體'이고 또 '履'이다,라고 합쳐서 풀이하
고 있지만『서경』, 주서(周書)의 주관(周官)에서는 '체'라 하
였고,『의례』에서는 '리'라고 했다. (…)『주례』가 '체'가 되
는 까닭은『주례』가 바로 정치를 세우는 근본으로 심체에서
기준을 통일하여 사물에서 다스려지고 발라지기 때문이다.
그러므로 예가 된다. 하창(賀瑒)54)은 다음과 같이 말했다.
"체에는 두 가지가 있다. 하나는 物의 체이다. 만물의 귀천,
고하, 소대, 문질은 각각 그 체를 갖고 있음을 말한다.; 다른
하나는 禮의 체이다. 聖人은 법을 제정하였는데, 이것[禮]으
로 만물을 체로 삼아 고하, 귀천이 각각 그 합당함을 얻도록
하였다. 그『의례』는 다만 '체' 중에서 실천해야 하는 일들
을 밝힌 것인데, 물에는 만 가지 체가 있지만 이들 모두는
같은 길을 밟게 되므로, 실천[履]에는 두 가지 뜻이 있을 수
없다. '주나라의 예'에 있어서는 그 문채[文]가 성대하게 갖
추어져 있기 때문에,『논어』에서 '주나라는 하나라와 은나
라를 거울삼았으니, 성대하구나, 그 문채여! 나는 주나라 예
를 따르겠다.'고 말한 것이다. 주나라 때 이미 예와 도가 널
리 사용되고 있었으니, 어찌하여『노자』에서는 '도를 잃어
버린 이후에 덕이 생기고, 덕을 잃어버린 이후에 인이 생기

---

53)「禮記」,『禮記』：禮也者, 猶體也. /「祭義」,『禮記』：禮者, 履此者也.
　　○ 鄭作序云, "禮者, 體也, 履也. 統之於心曰體, 踐而行之曰履."/ ○ 鄭知然者,『禮器』云,
"禮者, 體也."『祭義』云, "禮者, 履此者也."『禮記』既有此釋, 故鄭依而用之.
54) 하창(452−510). 삼례에 밝았던 남조시대의 학자이다. 하제, 하경, 하소, 하순, 하도력, 하
창, 모두 대대로 예학을 연구한 가문으로 알려져 있다.

며, 인을 잃어버린 이후에 의가 생기고, 의를 잃어버린 이후
에 예가 생긴다. 예라는 것은 충과 신이 옅어진 것이고, 도
와 덕의 사치이며, 분쟁과 어리석음의 시작이다.'55)라고 말
하는가! (…) 『노자』에서는 禮가 (세상이) 들뜨고 경박해서
시행되는 것이라고 말하며, 들뜨고 경박한 것을 억누르는
까닭을 두고'충과 신의 옅음이다.'라고 말한다. 또 성인이 천
하의 왕이 될 때는, 도·덕·인·의 및 예도 아울러 마음속에
간직하고 있었다. 단지 때를 헤아려서 가르침을 설파한 것
이니, 도·덕·인·의 및 예에 대해서도 모름지기 쓰임이 있다
면 행해야 했다. 어찌 三皇五帝 시기에 인·의·예가 전혀 없
었다고 할 수 있겠는가? 은나라와 주나라 때에 도와 덕이라
는 것이 전혀 없었다는 것인가? 『노자』의 뜻은 (나름의) 주
안점이 있는 것이니, 그것에 근거해서 경전의 뜻을 비난할
수는 없다. (…) 『주례』는 근본[本]이 되므로 聖人이 그것을
자신의 몸으로 삼았고, 『의례』는 세부[末]를 구성했으므로
현인들이 그것을 따라서 행했다. 그러므로 정현이 서문에서
'체로 삼는 것을 聖이라고 일컫고, 따라서 행하는 것을 賢이
라 일컫는다.'고 한 것이 바로 이것이다.56)

---

55) 『老子』38章 : 故失道而后德, 失德而后仁, 失仁而后義, 失義而后禮. 夫禮者, 忠信之薄, 而亂
之首, 前識者, 道之華, 而愚之始.

56) 鄭玄 注, 孔穎達 疏, 『禮記正義』: 禮雖合訓體·履, 則『周官』為體『儀禮』為履. (…) 所以『周禮』
為體者, 『周禮』是立治之本, 統之心體, 以齊正於物, 故為禮. 賀瑒云, "其體有二, 一是物體, 言
萬物貴賤高下小大文質各有其體 ; 二曰禮體, 言聖人製法, 體此萬物, 使高下貴賤各得其宜也."
其『儀禮』但明體之所行踐履之事, 物雖萬體, 皆同一履, 履無兩義也. 於周之禮, 其文大備, 故
『論語』云, "周監於二代, 鬱鬱乎文哉! 吾從周也." 然周既禮道大用, 何以『老子』云"失道而後
德, 失德而後仁, 失仁而後義, 失義而後禮. 禮者, 忠信之薄, 道德之華, 爭愚之始." (…) 故云此
也. 禮為浮薄而施, 所以抑浮薄, 故云'忠信之薄.' 且聖人之王天下, 道,德,仁,義及禮並蘊於心,
但量時設教, 道,德,仁,義及禮, 須用則行, 豈可三皇五帝之時全無仁,義,禮也? 殷,周之時全無道,
德也?『老子』意有所主, 不可據之以難經也. (…)『周禮』為本, 則聖人體之;『儀禮』為末, 賢人履
之. 故鄭序云, "體之謂聖, 履之為賢." 是也.

'예가 체가 된다'는 요지의 이상의 말은 다섯 가지 함의로 정리할 수 있다. 첫째, 예가 실천이 되기 때문에 '체'라는 것이다. 예가 실천이 된다는 것은, 행(行), 천(踐), 리(履)와 같은 동사를 통해 강조된다. 둘째, 만물에는 그 수만큼이나 만 가지 '체'가 있지만 실천에 있어서는 동일하며, 만물은 귀천, 고하, 소대, 문질에 맞는 체를 가지고 있다는 것이다. 여기서 '체'는 사실상 성리학자들이 사용하고 있는 '성(性)'의 의미로 대체해도 무방하다. 만물은 각기 자신 고유의 성을 가지고 있고, 그 성의 발현이 그 물의 귀천, 고하, 소대, 문질을 드러내기 때문이다. 셋째, 예가 정치를 세우는 근본이라는 점이다. 성인이 왕이 될 때, 즉 정치적 주체가 될 때 성인은 예로써 사람들을 교화시키고 쓰임이 있게 한다. 성인의 예치는 자신의 심신은 물론 만물의 심신을 모두 통괄할 수 있는 능력으로서 보인다. 또한 성인의 예치는 만물을 가지런히 하고 바르게 하는 조화의 역량으로도 드러난다. 넷째, 예는 대강과 각론의 성격을 모두 가지고 있다는 점이다. 『주례』가 큰 틀의 할 일을 담았다면, 『의례』는 세부적 각론을 보여주고 있다. 다섯째, 예는 행위 이후에 무엇이 부족하거나 없어서 요청하는 내용물이 아니라 원래부터 갖춰져 있던 근본이라는 점이다. 이 맥락은 비(備), 이후(而後), 온어심(蘊於心)과 같은 단어를 통해 강조되고 있다. 공영달이 애초에 노자를 비판하면서 예의 정통성을 삼황오제의 시대까지 거슬러 올라간 의도는, 행위함의 근거를 결과론적으로 소급해서 보이기보다 행위주체의 본래적 의도와 방향에 방점을 두어 그 떳떳함과 마땅함을 보이는데 있었다.

앞서 두 번째로 언급한 '체'를 성리학자들이 '성'으로 인식하고 있었다는 것의 예시는 주희의 생각을 통해서 대표될 수 있을 것이다. 이봉규는 주희의 개념을 연구하며 본성의 측면과 표현형식의 측면으로 요약하는 데, 전자에서 보면 예는 사양하는 마음의 형이상학적 근거로서 성(性)이고 리(理)이다. 그리고 후자에서 보면 예는 천리(天理)를 제도로 구체화할 때 따라야 할 형이상의 준칙과 형이하의 예제들을 의미한다. 본성과 준칙으로서 예는 모든 개체들이 공유하고 있다. 예제(禮制)들이 각기 상이한 규정들로 되어 있을지라도 그 규정들이 인(仁)으로 관통하는 천리의 반영이라는 점에서는 통일성을 갖는다.[57] '예는 천리의 표현형식들[禮者, 天理之節文, 人事之儀則也]'[58]이란 주희의 말은 사실상 송명 이래 모든 도학자들의 공통된 동의consensus였기 때문에, 그들은 언제나 예를 통해 형이상의 질서를 형이하의 제도로 나타내야 한다는 의무감을 가지고 있었다.

이러한 의무감에서 한발 더 나아가 '예가 체가 되고 리가 된다'는 공영달의 뜻을 가장 적극적으로 표출하고 있는 이는 명대 왕양명(王陽明)이다. 그는 '예'의 실천적 의미를 강조하며 소혜와의 대화에서 다음과 같은 말을 남기고 있다.

> 만일 네 마음이 없다면, 이목구비는 없다. 네 마음이라고 하는 것도 한 덩어리의 피와 살만은 아니다. 만일 마음이 한 덩어리의 피와 살이라면, 지금 이미 죽어버린 사람은 그 한 덩어리의 피와 살이 여전히 존재하지만 무엇으로도 보고 듣고 말하고 행동하겠는가? 이른바 네 마음이라고 하는 것 바로 그것이 보고 듣고 말하고 행동할 수 있는 것이다. 이것이 곧 본질[性]이고, 곧 天理이다. 이 본질이 있어야 비로소 본질의 생산적 원리[生理]를 낳을 수 있는데, 이것이 인(仁)이다. 이 본질의 생

---

57) 이봉규, 「예송의 철학적 분석에 대한 재검토」, 173쪽.
58) 『論語集註』, 「學而」, '禮之用和爲貴'에 대한 註.

산적 원리가 눈에서 발현하면 볼 수 있고 귀에서 발현하면 들을 수 있으며 입에서 발현하면 말할 수 있고, 사지에서 발현하면 행동할 수 있다. 이 모든 것이 천리가 發生시키는 것이다. 그것이 하나의 신체를 주재하므로, 그 때문에 마음이라고 한다. 이 마음의 본체가 원래 천리이다. 원래 禮가 아님이 없다. 그것이 곧 너의 진정한 자기[眞己]이다.59)

예라는 것은 움직임이 있기 이전 정치적 주체의 마음에 행위를 통괄하는 능력으로 갖추어져 있다. 예는 움직임의 모양을 규정하는 (阿膠的) 틀이자 각 물의 움직임을 통해 만나는 교접의 지점이다. 왕양명은 만 가지 틀이 예의 실천으로 모두 같은 의미를 갖게 된다고 말하고 있다. 앞서 하창(賀瑒)이 언급하고 있는 두 가지 의미, 즉 '물의 체'와 '예의 체'는 체가 지닌 본질적 영역과 체가 지닌 표현적 영역을 모두 함축하고 있었다. 여기서 '체'는 단순히 몸의 형체, 형틀이라는 1차원의 물리적 의미를 넘어 몇 의미들을 포괄하는 종합적 함축성을 드러내고 있다. 이러한 개념의 유추로 연결되는 의미의 접점들은 상당부분 송명도학자들이 설명하는 '리(理)' 개념의 이해에 영향을 주었을 것이다. '체-실천-성인-예-리'로 이어지는 구도는 담헌의 사상에게도 그대로 적용가능하기 때문이다. 담헌의 이야기로 넘어가기 전에, 예를 경험이후의 학습의 영역에 놓기보다 행위가 일어나기 이전의 틀로서 상정한 의도를 조금 더 살펴보자.

'예'를 원래 그러한 당연과 자연의 세계 속에서 설명하려는 것은 예를

---

59) 『傳習錄』上 : 若無女心, 便無耳目口鼻, 所謂女心, 亦不專是那一團血肉, 若是那一團血肉, 如今已死的人, 那一團血肉還在, 緣何不能視聽言動? 所謂汝心, 卻是那能視聽言動的, 這箇便是性, 便是天理, 有這箇性, 才能生這性之生理, 便謂之仁, 這性之生理, 發在目便會視, 發在耳便會聽, 發在口便會言, 發在四肢便會動, 都只是那天理發生, 以其主宰一身, 故謂之心, 這心之本體, 原只是箇天理, 原無非禮, 這箇便是汝之眞己.

기본적으로 거대한 존재론의 틀로서 상정하는 관점이다. 그래서 이러한 예의 원리에 탑승한 자의 행위는 단순히 예의 유무의 세계에 일희일비하듯 흔들리지 않을 것이다. 그런데 이는, 전 우주적 생명의 원리가 당연지리로서 개체 안에 내재하여 개체가 끊임없이 실천을 통해 자기본성의 결이 타물의 결과 연결되어 있음을 본다는 '성즉리'의 구도를 떠올리게 한다. 송대의 도학자들은 예가 정치적 행위와 실천에 밀접한 개념이라는 것을 알고 있었지만, 또 예가 가치 근원이 되는 행위의 본질이자 당위의 위치에 있다는 점도 이해하고 있었지만, 그때의 예는 인을 드러내는 후천적 가치(혹은 방법)였지 내재적 본체 차원은 아니었다.

하지만 명대의 도학자들은 더 적극적으로 '예'를 마음의 본체가 깨닫는 진정한 자각 차원으로 설명한다. 왕양명은 마음의 본체가 원래 천리이고, 원래 예(禮)이며, 이 예 각각의 활동을 통해 곧 개체의 진정한 자기[眞理]의 본질을 자각할 수 있다고 말한다.[60] 단순히 개체본성과 우주원리의 비분리성을 역설하는 것을 넘어 개체의 깨달음이 세계운동(혹은 세계표현) 전체와 맞닿아 있음을 '예'로서 설명하는 것이다. 고대의 성인은 예를 통해 금수와 인간과의 구분을 말해왔고,[61] 조선은 정주(程朱)를 정통으로 모시고 있었으니, 조선 사대부에게 왕양명의 주장은 너무 지나친 것이었을지도 모른다. 예는 기본적으로 학습의 과정인데, 만물의 동질적

---

60) 이규성은 왕양명을 비롯한 명대의 학자들이 생의, 인의예지를 담는 마음에 이미 선험적으로 질서의 원리가 담겨 있다고 보았다고 정리한다. 그랬기에 그들은 질서의 상징인 예가 마음의 본질이라고 말할 수 있었다고 본다. 이규성, 『내재의 철학 황종희』, 54쪽.
61) 『禮記集說大全』, 제1권, 曲禮 上 : 是故, 聖人作, 爲禮以敎人, 使人以有體, 知自別於禽獸. 그러므로 성인이 예를 만들어 사람들을 교화하고, 사람들로 하여금 예를 가지게 하여 금수와 스스로 다르다는 것을 알게 하였다.

감수성을 예와 연관시키기는 동론자의 주장은 이질적일 수밖에 없었다. 다수의 조선의 도학자들은 여전히 예보다 씨앗으로서 '인'이 그들이 강조하는 생명의 무한한 전개의 맥락에 더 어울린다고 판단했을 것이다. 표현의 차원은 예지리에 본체의 차원은 인지리(仁之理) 혹은 생지리(生之理)에 더 부합한다고 판단했을 것이다. 그럼에도 불구하고 한 가지 점에 있어서는 조선의 도학자나 중국의 도학자나, 선진시대부터 당대까지 일관되어 동의하는 부분이 있었다. 바로 '일(一)'이라는 글자이다. '예'와 '일'을 연관하여 이해하는 일은 그래서 선행적으로 고찰되어야 한다.

(2) 일원론(一元論)의 구심점이 된 예

일원론적 사유의 기원은 노자의 도(道), 계사전의 도(道), 천인합일(天人合一) 사상에까지 거슬러 올라갈 수 있지만, 송대에 들어와 체용일원(體用一源)의 구조 속에서 더욱 체계적이고 견고해졌다는 것은 부인할 수가 없다. 북송오자(北宋五子)는 모두 일원론(一元論)을 주장하고 있다. 주돈이의 무극이태극(無極而太極), 장재의 태허(太虛), 정명도·정이천의 리일분수(理一分殊), 소옹의 태극(太極) 모두 통일된 근원을 기반으로 만물의 생성을 설명한다. 본질과 쓰임이 동일한 근원을 갖는 다는 인식은 인과 예의 관계에서도 예외가 아니었다. 송명도학자들에게 '인'은 '성즉리(性卽理)'의 성(性)이 본유하는 마음의 본질[體]이었다. 그것은 외물의 자극에 휘둘리는 정감이 아니었기 때문에, '인'은 '예'나 '의(義)', '지(知)' '신(信)'의 부류와는 다른 상위의 개념으로 정립되어 있었다. 하위개념이 된 '예'는 구체적 양식이나 문화 등이 결부되어 그 모습을 변주하며 발전되어간다. 요컨대 '인'과 '예'의 관계가 '체'와 '용'의 관계가 되는 것이다. 이 체용관계는 당연히 형이상과 형이하의 관계로도 해석될 수 있다. 인은 본질의 영역에 자리 잡고, 그리고 예는 인을 실행하기 위한 구체적 드러남, 즉 표현의 영역에 자리 잡는다. 일원론적 틀 안에서 '용'의 위치에 있는 예의 활동은 '일(一)'인 '인(仁)'을 드러내기 위해 자신의 몸[體]에 종속된다. 예는 리와 연관되어 인지리(仁之理)를 드러내는 활동, 실천, 표현[用]으로서 평가받는다. 인이 예를 통하지 않으면 이룰 수 없다는 생각은 이미 『예기(禮記)』에 있었다. : "도덕과 인의는 예를 통하지 않으면 이룰 수가 없다[道德仁義, 非禮不成]." 여기에 소(疏)를 단 공영달의 부연 설명을 들어보자.

> (여기서 말하는) 도덕은, 크게 보자면 만 가지 일을 포함하고 망라하는 것을 말하고, 작게 보자면 사람의 재주, 기예, 선행을 말한다. 큰 것이든 작은 것이든 상관없이 모두 예로써 행해야만 하는 것이니, 이것이 예가 도덕의 그릇이 된다는 뜻이다. 그러므로 '예가 아니면 이룰 수 없다.'고 말한다.[62]

공영달은 예가 도(道)와 덕(德)의 도구가 된다는 개념을 명시하면서 그것의 실천을 이루기 위해서는 반드시 예로써 통과해야 한다고 설명하고 있다. 도와 덕을 크게 말하고 다시 작게 구분지어 설명한 것은 『중용』에서 말하는 '비'와 '은'의 구도와 같다.[63] 인간이 품어야 할 도와 덕의 요체를 '인'으로 이해한 송대의 도학자들에게 예는 '인의 그릇이고 도구'였다. 그렇다면 이제 왜 그들이 인의 그릇을 대표하는 개념으로 의(義)나 지(知),

---

62) 『禮記集說大全』: 今謂道德, 大而言之則包羅萬事, 小而言之則人之才藝善行, 無問大小, 皆須禮以行之, 是禮為道德之具, 故云 '非禮不成.'
63) 『禮記集說大全』: 劉氏曰道之理一而德之分殊. cf. 이처럼 훗날 유가들이 '도'를 '리일'에, '덕'을 '분수'에 연관 지어 설명하고 있다는 것도 기억해야 할 부분이다.

신(信)이 아닌 '예'를 사용했는지를 말해야 할 것이다. 장락유씨(長樂劉氏)64)는 이에 대한 대답을 다음과 같이 정리하고 있다.

유이(劉彝)가 말하길 仁이라는 것, 義라는 것, 知라는 것, 信이라는 것은 비록 그것은 (각각) 이치를 가지고 있지만 정해진 틀이 없어 행사의 일에 결부된 이후에야 드러나게 된다. (하지만 오직) 예는 일을 가지고 있어서 구체적 물을 일삼아 이름을 갖게 되니, 數가 있고 정도[度]가 있고 문채가 있으면서도 질박함이 있다. 차등을 함유하여 위아래의 규정[制]를 내림으로써 오상의 도를 실으니, 그런즉 오상의 도는 동일한 본성에 근본을 두고 있다 하겠다. 예의 실천을 기다린 연후에야 나머지 네 가지 인의지신이 실천에 결부되니, 이는 예가 크게 되는 까닭이며, (예는) 백가지 움직임의 바탕이 됨으로써 그 덕을 이룬다.65)

이상에서 유이는 예가 오상(五常)과 다른 것을 두 가지로 정리한다. 하나는 '예'만이 그 자체가 이미 일에 결부되어 드러난다[著]는 점이다. 인, 의, 지, 신은 나름의 이치를 가지고 있지만 '몸[體]'을 가지고 있지 못하다. 그러나 예는 구체적인 몸을 가지고 있기 때문에, 물을 만남에 따라 이름을 갖게 된다[物爲之名]. 다른 하나는 예가 오상의 도의 근본이 된다는

---

64) 장락 유씨(劉彝, 자는 執中, 長樂 劉氏로 불렸다. 1017-1086), 중국 宋 仁宗-哲宗 때의 문신으로 胡瑗의 門人이다. 胸山 令 시절 선정을 베풀었으나, 일로 인하여 제명되어 서민이 되었다가 철종 때 소환된다. 『禮記』를 注解한 것으로 유명하며 『水經注』, 『明善集』 등 많은 저술을 남기었다. 장락유씨의 말은 이이(1537-1584)나 예학의 태두인 김장생(1548-1631) 등의 글에 자주 등장하는데, 담헌이 엄철교나 엄구봉에게 『聖學輯要』를 보내주며 동방의 대유로 소개한 일화는 유명하다.

65) 孫希旦, 『禮記集解』: 劉氏彝曰, 仁也義也知也信也, 雖有其理而無定形附於行事而後著者也. 有禮事, 爲之物, 物爲之名, 有數有度有文有質, 咸有等降上下之制以載乎五常之道,然則五常之道同本乎性. 待禮之行然後四者附之以行, 此禮之所以爲大而百行資之以成其德焉.

점이다. 이는 백가지 움직임의 바탕이 되는 일원(一源)이 곧 예를 의미할 수 있게 돕는다. 장락유씨(長樂劉氏)는 북송의 성리학자였고, 이 말을 옮긴 『예기집해(禮記集解)』의 편찬인 손희단(孫希旦, 1736-1784)은 청대의 사람이다. 손희단은 위 유씨의 말 뒤에 자신의 의견을 남기고 있는데, '예가 아니면 이룰 수 없다[非禮不成]'는 『예기』의 핵심을, 예가 지닌 기준[準]과 실질[實], 차이[等]와 적절함[宜]에서 찾고 있다.66) 송, 명, 청으로 내려오면서, 유가들은 '예' 개념의 의미에 대해 더 많은 고민을 더해가고 있었다. 일원론의 구심점이 '예'가 된 것이다.

17·18세기를 거치면서 유가들의 문제의식은 내재적 세계인식, 주체의 가능성, 마음의 본래적 속성과 같은 논의로부터 드러남과 표현, 행위의 문제, 실효성 등을 고민하는 차원으로 이동하고 있었다. 예가 드러남의 기준이 되고, 실질적인 내용을 갖고 있고, 또한 표현의 차이를 만들어 내고, 그 시의의 마땅함을 담고 있다는 이러한 생각의 발로는 어디에서부터였을까? 외부적 요인으로는 급변하는 사회상이 있을 것이다. 인구의 증가, 생산력의 증대, 사회의 혼잡은 일정부분 이러한 사고의 변화를 촉진시켰다. 변화의 흐름은 언제나 새로운 문제를 데려온다.

---

66) 孫希旦, 『禮記集解』: 愚謂仁義禮知之爲人所曲, 謂之道, 仁義禮智之有得於身, 謂之德, 仁義禮知與禮, 雖同出於性, 然惟禮者天理之節文人事之義則而細微曲折之間, 參差等級之度, 莫不有一定之矩矱. 故道非禮則無以爲率由之準, 德非禮則無以爲持守之實, 仁非禮則無以酌施恩厚薄之等, 義非禮則無以得因事裁制之宜, 是四者非禮則不能成也. ('愚'가 손희단이다.)

3) 예와 정치철학의 새로운 문제들

18세기의 가장 뚜렷한 변화는 인구와 생산력 증가에 따라 교통관련 기술이 발달되었다는 점이고, 또한 그에 따라 공동체 내 구조의 분업화가 뚜렷해지면서 일련의 생활과학이 발전되었다는 점이다. 이동이 수월해지고 물물교환의 단위가 다양해지고 또한 커지면서, 지역과 공간에 대한 새로운 인식들 역시 자라났다. 이러한 사회적 변화는 비단 조선의 문제만이 아니라 동아시아 전체, 아니 지구 전체의 흐름과도 연결되어있었다.67) 요컨대 오늘날 우리의 관점으로 쉬이 언급할 수 있는 각 사회 시스템의 다원화, 개인적 삶의 다양화, 문화적 단위의 다수화가 18세기를 기점으로 기하급수적으로 발생하고 있었던 점은 그래서 주목해야 한다. 그렇다면 여기서 다음과 같은 질문을 던지지 않을 수 없다. 도학자들이 주목했던 일원론에 기반한 '인'이라고 하는 본질이 이러한 급변화·다변화하는 세계를 인식하는데도 과연 도움이 될 수 있었을까? 담헌은 우주를 새로 여행하고, 낯선 학문을 탐구하고, 다양한 사람들의 삶 속에 드나들면서, 본인이 가지고 있었던 일원론적 세계관을 어떻게 혼란 없이 보지 할 수 있었을까? 또한 기존에 가지고 있었던 예라는 틀, 즉 오랜 시간 사회 각 분야에 적극적으로 침투가능하게 만든 의식이자 사회 각 분야에 구체적 항목들을 제시할 수 있었던 개념인 예는 하루가 다르게 밀려드는 18세기 세계의 복잡한 구체성에 접근하기에 과연 도움이 되었을까? '예' 개념은 과연 담헌에게 어떤 의미가 있었을까?

유가 고유의 개념이자 외적 세계의 변화에 열려있으면서도 구체적 영

---

67) 한국18세기학회, 『위대한 백년 18세기 - 동서문화 비교 살롱토크』 참조.

역에 관계해왔던 '예' 개념은 18세기 변화하는 현실을 빗겨갈 수 없었을 것이다. 실질적인 삶, 실제의 영역에 관심이 많았던 담헌이 그 실효의 세계를 구성하고 있는 '예' 개념에 아무런 이의를 제기하지 않고 새로운 세계를 맞이하고 있었다는 것은 믿기 힘들다. 예는 인을 드러내는 역할을 해왔다. 이것은 기존 성리학자들의 정치적 사명이었기에 담헌 역시 이러한 책무를 잇는다. 하지만 담헌은 모든 생명의 씨앗[仁]들을 이해하는 방도로서 주어진 격물의 활동을 강조했고, 그 이해의 방식으로서 각 생명들이 드러내고 있는 일정한 표현양식을 궁구했다. 이 표현방식은 다양해 보였지만 어떠한 질서를 담지하고 있다는 점에서 공통의 형식을 공유하고 있었고, 담헌은 이 질서를 이해하는 일이 곧 개별 생명체와의 소통하는 방법이라 여긴다.

따라서 그가 말한 '화이일야'는 문화상대주의에 근거한 다원적 인식이 아니다. 서로의 근원적 공통성은 전제이며, 체회의 목표로서 부정되지 않는다. 마찬가지로 「의산문답」에서 보이는 물리적 세계 인식은 물적 질서를 향한 탐구였던 과거의 격물 개념과는 차이가 있다. 알려진 바는 서학이나 기타 학문을 그가 적극적으로 수용한 결과 때문이라고 평가하지만, (후술하겠지만) 사실 그에 앞서 '예' 개념에 관한 그만의 확장적 인식이 존재한다. 본서는 담헌의 예가 물학68)과의 접점으로서 기능한다고 본다.

---

68) 순자는 「正名」에서 單名, 別名, 大別名, 大共名을 구분하고 制名의 기본원칙[樞要]을 제정하면서, 散名과 같은 일반사물에 관한 이름은 約定俗成을 따르되 刑名이나 爵名, 文名의 경우는 이미 사용한 舊名에 따를 것을 요청한 바 있다. '물'이라는 단어는 유가를 포함한 동아시아인들이 폭넓게 사용한 대공명이었기 때문에[故萬物雖衆, 有時而欲偏擧之, 故謂之物. 物也者, 大共名也.] 본서는 이하에서 '물학'이란 용어를 사용함에 있어 별도의 설명은 하지 않겠다.

기존의 물학이 물지리(物之理)를 이해하는 공부였다면 예학은 질서의 양식을 가진 모든 사물세계의 원리를 이해하는 공부가 되는 것이다.

본서는 이러한 통합적 사고가 그의 일원론이 더욱 소통의 구체적 방법들과 만날 수 있게 하는 토양이 되었다고 본다. 담헌의 '예' 개념은 전통적 일원론의 세계관과 18세기 분수의 확장된 경험들이 하나의 생명원리를 지행해야 한다는 당위로서 제시되었다. 담헌의 연행기 곳곳에는 타문화적 양식을 향한 엄격한 잣대와 고유한 삶에 대한 경외가 공존하고 있다. '화이일야'의 동론은 상대적 인식을 목표로 하고 있지 않다. 새로운 시대를 구성하는 기준은 재구성되어야 했고, 이 고민들을 담을 방법들이 담헌에게 새로운 정치적 문제가 되고 있었다.

그동안 새로운 정치적 문제들을 돌파하는데 열정을 보인 것은 동론자들 보다 이론자들이었다. 인물성이(異)'를 말하는 사람들은 대체로 '예(禮)'의 유무를 통해 인물과 화이(華/夷), 성범(聖/凡)을 구별 짓고 나아가 그 질서의 선후를 통해 인사의 조화를 도모했다. 더불어 그들은 전통적 성인관을 통해 성인이 범인에게 보여준 선(善)의 준거들을 설명하고 그 차이를 통해 범인의 변화를 진작시켰다. 그들은 처음부터 서로의 다름을 전제했기 때문에, 현실에 있어서의 불화들을 해결할 구체적 교통의 방법들을 실질적으로 강구했다. 하지만 담헌은 구체적 사회정치의 방법론을 동론의 믿음 위에서 세우고자 했다. 그러한 시도가 '예' 개념의 확장과 변화를 불가피하게 했다.

동론을 조선이 600년 동안 지켜왔던 성선론의 다른 이름이라고 본다면, 담헌의 예는 성선의 이상과 분리된 현실질서를 잇고자 하는 개인적 수양론에 머물 수 있다. 하지만 동론의 정치성을 성선론의 대 전제이면서 구체적 삶속에서 작용하는 질서의식의 소 전제로 작동시킨다면, 개별 질서에 대한 이해는 동론 없이는 어떠한 보편적 가치도 구성해 낼 수 없게 된다. 성리학자들은 상수역학을 통해 자연질서를 통해 원리를 구성하고 의리역학으로는 자연현상을 통해 가치를 읽었기 때문에 이 문제가 분리되어 있었다. 더군다나 전자는 원리와 질서를 설명해내는 방식 사이의 개연성이 명확하지 못했으며 후자는 인간 중심의 판단에 치우쳐 사물 고유의 삶의 양식을 폄훼하는 문제가 있었다. 담헌은 이러한 두 가지의 방법을 사단취장(捨短取長)하여 통합한다. 물학자로서 만물의 질서가 보이는 원리를 정밀하게 궁구하고, 정치학자로서 다시 그 원리의 의미를 동론의 전제위에서 검토하여 공유된 가치를 읽어나가는 방법을 취하는 것이다. 이 가치의 동의와 이해의 과정 속에서 실질적인 소통이 발생한다. 타인에게 이 가치를 더 잘 설득시킬 수 있는 것은 그 스스로가 정밀한 탐구를 수행한 당사자이기 때문이며, 소통의 기쁨이 만물에 대한 호기심으로 다시 회귀할 수 있었던 것은 그 가치의 공유가 현실을 변화시키는 유효한 기준으로서 작동된다는 것을 그 스스로가 느끼기 때문이다. 「의산문답」의 실옹과 허자는 이러한 의리역학과 상수역학, 나아가 서학의 이해를 반성적으로 상호교환하며 끝내 '화이일야'의 소통을 구현해내고 있다.

오래전부터 유가들에게 '실(實)'을 구성하는 방식은 예의 구성과 수용의 역사 속에 놓여 있었다. 그래서 과학의 실질성과 만나기 이전, 예 개념의 특성들은 담헌의 확장된 예 개념을 읽기 위한 선제로 고찰해야 한다. 더욱이 정감세계의 질서와 물학의 질서가 어떻게 일원론으로 포섭되는지를 이해하기 위해서는 오늘날 우리가 부여하고 있는 '예'와 '실'

개념에 대한 편견과 오해로부터 벗어날 필요가 있다. 이를 조금 더 살펴
보자.

(1) '일(一)'의 문제와 일원론자 홍담헌

동아시아인들이 일원론적 사유체계를 오랫동안 유지했다는 것은 많은
연구에서 논의된 바이다. 성리학이란 학문체계는 그 이름자체에서 드러
나듯 '리'를 가장 중요한 개념으로 삼는다. 기 역시 중요한 개념이었지만
다수의 성리학자들은 '리'와 '기'를 근원적 분리, 대립 개념으로 간주하
지 않는다. 가장 예민한 리-기 개념의 대립적 인식은 주희가 가장 컸고
주희를 따랐던 조선의 몇 학자들에게 있었을지 모르지만, 그들 모두 일
원론을 부정할 만큼의 리-기의 분리적 사고를 했다고 보기 힘들다. 3장
에서 상술하겠지만 적어도 이원론의 개념과 용어는 18세기 담헌의 관심
사로 들어오지 않았다. 『담헌서』의 근거에 충실하기 위해서라도 홍대용
의 성리학은 일원론 위에서 논의되어야 한다.[69] 그동안의 그 '일(一)'에
대한 연구는 크게 두 가지로 설명되었다. 하나는 '리일(理一)'이고 다른 하
나는 '기일(氣一)'이다.

> 무릇 물은 같으면 모두 같고 다르면 모두 다르다. 그러므로 리라는
> 것은 천하의 같은 바이고 기란 것은 천하의 다른 바이다.[70]

---

69) 『담헌서』에서 리-기에 대한 글의 비중은 매우 적다. 물론 그 스스로 남긴 글이 많지 않
지만, 전체적인 담헌서의 내용 구성을 보아도 담헌은 이미 이전 선배들이 진행했던 리-
기 논쟁을 하고 싶어 하지도 않았던 듯하고, 실제 그것을 중요한 문제의식으로 보고 있
지도 않다. 앞서 살펴보았듯이 그는 명료하게 리-기 개념을 정리했고, 그 뒤에 사신의
생각에 의심을 갖지 않았다.

70) ≪答徐成之論心說≫, 「內集 1」, 『湛軒書』: 凡物, 同則皆同, 異則皆異. 是故理者, 天下之所同

이미 리가 있다고 말한다면, 어찌 형체가 없는데 있다고 말할 수가
있겠는가?[71]

많은 연구자가 지적하듯, 위 문장에는 만물을 관통하는 전일적 동질성
과 편재적 이질성이 동시에 드러나고 있다. 동이(同異)를 가르는 기준이
리(理)와 기(氣)이다. 분수의 세계를 구성하는 것은 기의 활동이지만, 그
만물의 공통성을 알게 하는 것은 리일(理一)이다. 담헌이 노론계열이고 실
학자로서의 실용성을 강조한 점으로 인해 그를 기일원론자로 보는 학자
들도 있지만, 담헌이 '리일분수(理一分殊)'를 계승한 성리학자임을 부정했
을 리는 만무하다. 오히려 기 세계를 향한 그의 무궁한 호기심만큼이나
'리일'을 여러 번 표현한다[理也者, 一而已矣./ 從古聖賢何故而極口說一理字!]는 점
에서 리기의 비분리성[72]을 누구보다 강조하고 있다 할 수 있으며, 그러
한 점에서 그는 '동'을 통해 '일'을 이야기하고자 한 명백한 일원론자이
다. 따라서 본서는 담헌의 관심사가 기일원, 리일원과 같은 일원론의 정
체를 무엇으로 명 '명(名)'할 것인가에 있지 않았다고 확신한다. 그에게는
분수의 세계와 원리의 세계 속에서 같은 것을 보게 하는 '일(一)'이 가장
중요했기 때문이다.

성리학자들이 일반적으로 말하는 '리' 개념에는 두 가지 층차가 존재

也, 氣者, 天下之所異也.

71) ≪心性問≫, 「內集 1」, 『湛軒書』: 旣曰有理, 則豈有無形而謂之有者乎? '있음'과 '말', 그리
고 다시 '말'과 '형체'를 비분리로 연결하는 담헌의 이 기록은 '리가 있음'을 '기가 있음'
과 필요충분조건으로 연결하는 일원론자의 대표적 표현이다.

72) 능히 그 同을 알면 同이 아닌 것은 異가 되고 능히 그 異를 알면 異가 아닌 것은 同이
된다. 그러므로 類族이 같으면 物의 차이를 분변할 수 있다. ≪三經問辨 : 周易辨疑≫,
「內集 1」, 『湛軒書』: 能知其同則不同者爲異, 能知其異則不異者爲同. 故類族之同則能辨物
之異矣.

했다. 하나는 만물에 내재하여 인간으로 하여금 타자와 내가 공통된 속성을 지니고 있음을 알게 하는 '소통의 리'이다. 이때의 리의 본질적 특성은 '인(仁)'으로 설명된다. 오늘날 소위 가치의 차원이라 말하는 영역이다. 다른 하나는 지속적으로 차이성을 생산해내는 기에 결부되어 있는 거대한 하나의 '생성의 원리'이다. 오늘날 소위 존재의 차원이라 말하는 영역이다. 그런데 생성하는 세계는 기의 쉼 없는 활동으로 말미암아 매일 나의 관찰대상이 되지만, 소통의 당위는 설명이 필요하다. 내 안의 내재된 리와 내 밖에 존재하는 리가 동일한 것임을 알게 하는 설명이 필요하다. 여기서 담헌의 관심을 끈 것은 가치의 차원과 존재들을 하나로 연결케 하는 '원리' 그 자체의 모습(형식)이었다. 그리고 그 원리를 통해 소통이 되려면, 인간은 공통의 결에 대해 이해를 갖고 또한 그것에 대해 설명·표현할 수 있어야 했다. 따라서 그는 리 개념을 분류해서 이해하는 과정을 거친다. 그는 생성의 원리를 두 가지 층차로 나누어서 "天에 있어서는 理라고 하고, 物에 있어서는 性이라고 한다. 그 실은 하나다."[73]고 말한다. 크게 설명하면 전 '우주적 (생성) 원리(太極, 太虛, 眞元, 太陽이 만들어 내는 원리)'를, 작게 설명하면 각 '물들의 (생성) 원리(개체의 고유한 性 및 生을 구성해내는 衆理, 條理, 道理, 事理 등)'를 의미한다. 또한 담헌은 '형체가 없는데 리가 있다는 말은 틀렸다'고 한다. 이 층차의 혼용을 줄이기 위해서, 그는 후자인 개체의 법칙, 분수의 리[衆理]를 '성(性)'으로 정리한다[竊意性者, 物之則而衆理之摠名]. 그리고 이러한 이해는 당시 거의 모든 유가들에게 낯선 것이 아니었다.

---

73) ≪心性問≫, 「內集 1」, 『湛軒書』 : 在天曰理, 在物曰性, 在天曰元亨利貞, 在物曰仁義禮智, 其實一也.

마찬가지로 이러한 큰 틀에서 보면, 거의 모든 성리학자들은 기본적으로 '리'학자이다. 문제가 되는 논의는 '말'의 차이에서 왔다. 개념을 해석하는 '인간 개별지(知)'의 차이에서 왔다. '말'이나 '인간'이나 그것은 모두 '기'의 차이였다. 모든 사물은 불멸하지 않기에 일시적인 외양의 모습을 지닌다. 이 틀을 붙잡고 있는 것이 기(氣)의 응집이다. 이 틀이 움직일 수 있는 것은 수많은 기의 움직임에 힘입어서이다. "만물의 자시(資始)함은 생의 움직임이요. 품물이 유형함은 발육의 다름이요. 각각 성명을 정함은 형질의 이룸이요. 거대한 조화를 보합함은 체단(體段)의 온전함이다."[74] 그런데 그 모양이 다 다르고 그 움직임이 의미를 지니는 것은 무엇 때문인가? 기의 응집이 어떠한 결을 보여주기 때문이다. "理에 밝은 연후에야 천하의 까닭[故]에 통하고 일이 모두 中을 얻을 수 있다."[75] 우리는 자신의 유한성을 직시함에도 여전히 타인(물)을 알고 싶어 하고 일련의 상황을 슬기롭게 대처하길 바란다. 왜 그런가? 다름을 이해하고자 하는 이유와 안정과 평화를 바라는 의지 속에 '리'가 있기 때문이다.[76] 때문에, 차이를 이해하기 위해서라도, 나의 고유한 의미를 얻기 위해서라도, 기만 볼 수는 없는 것이다.

그런데, 이 아교적 역할을 하는 리에는 인격적 통일성이나 전능의 성격이 없다. 물론 이 기에는 음과 양이라고 하는 두 가지 환원 불가능한 속성이 있다. 그러나 동아시아인들은 100% 순수 음(陰)의 사물과 100%

---

74) ≪三經問辨 : 周易辨疑≫, 「內集 1」, 『湛軒書』: 萬物資始, 生意之動也. 品物流形, 發育之異也. 各正性命, 形質之成也. 保合大和, 體段之全也.

75) ≪三經問辨 : 周易辨疑≫, 「內集 1」, 『湛軒書』: 理明然後能通天下之故而事皆得中.

76) 본서는 유가의 이 '理'가 사실상 도가의 '德'이고 오늘 우리가 요청해야 할 '自由' 개념이라고 본다.

순수 양(陽)의 사물은 고도의 추상성[卦]을 통해서만 상정했을 뿐 실제 사물로서 존재한다 보지 않았다. 한번 음하고 한번 양하는 과정, 그 교대적·랜덤적 섞임 속에서만 생명성이 표출된다. 본성으로서 인[仁]은 물과 물들이 끊임없이 얽히게 추동한다. '체'와 '리일'이 내재의 통일성을 언표한 것이라면, '용'과 '분수'에는 외적 다양함을 만들어 내는 연속적 변화가 존재한다. 연속성이 다양의 세계를 소통으로 이끈다. '체'와 '용', '리일'과 '분수'가 분리되지 않게 만드는 것이 '연속개념'이다. '감(感)'과 '수통(遂通)'을 연결했던 것은 '이(而)'라고 하는 연속적 활동이었다. 동아시아인들은 이 지속의 흐름을 기(氣)의 활동 과정으로서 인식했다. 성리학자들의 일원론이 기의 불식을 통해 생명의 탄생과 양육, 그리고 성장에 어떠한 단절을 허용하지 않았다. 18세기의 실학자들은 필요이상의 개념과 언어논리를 만들어 생생한 경험과 실천을 단절시키는 행위들을 비판했다. 담헌은 중국을 유람하며 뒤처지는 조선을 우려했고, 뒤처짐으로 인해 단절되는 사람들의 실질적 삶을 걱정했다. 그는 이방인들의 세계가 나름의 방식으로 이룩해 낸 질서도 목도하였다. 그 가운데 그가 다시금 인정한 것은 인(仁)은 빠짐없이 내재해 있다는 사실과, 그 인은 공동체 전체 삶의 전제[一]로서 충분히 존중받아 마땅한 당위라는 점이었다. 그리고 이 가운데 '예'는 무한한 변주를 통해 다가오는 분수의 표현 양식에 대응할 수 있는, 동아시아 고유의 연속적 질서 개념이었다. 예만이 그 자체로 이미 '일'에 결부되어있어 언제든 익숙하게 교통의 질서로 만물을 인도할 수 있었다. 18세기 담헌은 일원론을 의심할 생각이 없었다. '인-예'의 틀은 소통에 있어 훨씬 더 적극적인 장치가 되어 주기 때문이다. 담헌에게 예는 세계내 차이의 원리이자 만물과의 동일성을 경험하게 하는 유일한 통로였다.

(2) 예의 주요한 특성들

본 논의에 들어가기에 앞서 먼저 오랜 시간동안 '예(禮)' 개념에 두 가지 의미가 혼재하고 있었음을 정리하려 한다. 첫째, 광의적 의미의 예이다. 그것은 인을 드러내는 그릇으로서 예이기에 '표현의 예'로 정리할 수 있을 것이다. 유가들이 이 표현에 있어서의 가장 강조한 점은 단순함(□ 간소함)이었다. 그들은 인의 정신을 담지 못하는 번잡한 예에 대해 경계했다. 둘째, 협의적 의미의 예이다. 그것은 끊임없이 시대에 맞춰 분화와 변이를 만들어 내기에 '차이의 예'로 정리할 수 있을 것이다. 예컨대 유가들은 이런 예의 성격을 음악(樂)에 대비했다. 음악은 그것을 공유하는 이들에게 동질감과 동일성을 부여하지만 예는 상황에 따른 구분과 차별을 부여한다.

성리학자들이 구성하려고 한 예는 사실상 '격물치지 성의정심 수신제가 치국평천하(格物致知誠意正心修身齊家治國平天下)'가 상징하는 모든 과정 속에 함께 하고 있다고 해도 과언이 아니었다. 예는 유가적 인간, 나아가 동아시아인들의 삶이 지닌 모든 정치적 행위, 일상의 표현, 외양과 의상 등을 지시하면서 일상의 가시적 영역에 적극적으로 개입해왔다. 예의 범주는 사회규범과 제도, 그것을 가능케 한 문화 전반을 포함하고 있었다. 실제로 동아시아인들의 예 관념을 이해함에 있어 언급되는 주요 텍스트는 삼례(三禮)로 대표되는 예기(禮記), 주례(周禮), 의례(儀禮)인데, 이 텍스트들이 다루고 있는 범위는 정치사회적 시스템을 떠받치는 제반양식이다. 국정운영, 법, 형벌(집행), 교육, 일상-궁중 예절, 제례, 종교. 복식, 음식,

건축, 음악 등을 망라한다. 18세기에 이르러, 담헌이 살았던 시대에 이르면, '예'를 대하고 인식하는 수준과 범위가 훨씬 더 다양해지고 폭넓어지고 있었다. 담헌은 성리학자로서, 이러한 인위[政治]적 노력에 열려 있었다. 이에 대한 이해를 위해서, 본서는 예 개념의 3가지 특성에 대해 고찰하려고 한다. 사실 이 세 가지는 서로 유기적으로 연결되어 있다. 첫째는 예가 지닌 가시적 성격이고, 둘째는 예의 변화적 특성이며, 셋째는 예가 지닌 질서의 면모이다.

◎ 첫째, 예는 가시성(可視性)을 지니고 있다.

예가 가시적 특성을 지니고 있다는 것은 예가 지닌 광의적 의미로 쉽게 이해될 수 있다. 예는 정치적 드러냄, 표현의 문제와 밀접히 관계되어 발전되어 왔다.

예라는 글자부터 살펴보자. '禮=보일 示 + 풍성하다의 豊' : 좌변에 있는 보일 시(示)는 신이 내려와 자신의 모습을 드러낸다는 의미를 함축하고 있다고 한다.[77] 고대인들에게 예의 의미는 제사라고 하는 행위와 동일시되었다고 해도 과언이 아니었다. 공자 역시 예의 의미를 제사라고 하는 행위와 그 참여에서 드러나는 인간의 마음가짐을 통해 찾는다. 『論語』, 「衛靈公」의 공자가 노나라 주공의 태묘에 참배하러 간 일화나, 『論語』, 「八佾」의 곡삭제에서 양을 희생으로 바치는 예를 없애려 했을 때 언급한 말들이 이를 대표한다.

---

77) '示'는 신이나 초자연적인 존재가 자신의 모습을 드러내 보이는 것을 상징적으로 표현한 말이다. '豊(풍 혹은 예)'은 받침대 위에 세기가 놓여있고, 그 제기 안에 옥이 두 개 담겨져 있는 모습을 상형한 문자이다. 고대의 '禮'는 글자가 지시하듯 종교적 의례와 관련되어 있었다.

여기서 공자가 기본적으로 죽은 자[鬼神][78]를 상기하는 행위, 더불어 죽은 자와의 대화를 예의 시발점으로 삼았다고 하는 부분은 유의 깊게 봐야 한다. 죽은 자들에게 감사함을 표현하는 일, 자신을 낮추어[退遜] 사양지심과 공경함을 드러내는 일은, 건괘(乾卦)의 '형(亨)'이 말하는 현현하는 아름다움에 대한 깊은 공감과도 연관되기 때문이다. 이 공감과 공경의 마음이 발로하여 예가 가지는 아름다움이 드러난다[名禮之文也].[79] 죽은 자들을 상기하며 죽은 자들을 애도하거나 위로하는 일은, 죽은 자들과 미처 하지 못한, 혹은 할 수 없었던 일들을 역전하여 새로운 관계를 맺고자 하는 의롭고도 진실한 마음과 맞닿아 있다. 이러한 태도는 단순히 이 세계의 문제를 산 사람들만의 감정으로 채우지 않으려는 노력이자, 죽음을 맞이할 모든 이들의 마음을 다스리는 정치적 몸짓이 된다. 예는 죽은 자들과의 대화라는 형식을 빌어 죽은 자들의 좋은 뜻을 산 자들에게 널리 알리는[想起] 행위이자 더 나아가 죽은 자들의 뜻을 산 자들의 세상에 실현하려는 정치적 의지의 표현인 셈이다. 『논어』에서 발견되는 공자는 예를 통해 죽은 자들과 함께 사는 방법, 그리고 존재하지 않는 대상을 향한 공동의 표현방식을 알려주고 있다. 하지만 동시에 공자는 남아있는 이들의 존재를 강조하면서 예가 오롯이 죽은 자에 대한 마음가짐에 머무르는 것을 넘어서고자 한다. "사람을 섬기지 못하면서 어찌 귀신

---

78) 鬼는 陰의 靈, 神은 陽의 영을 의미한다. 鬼에는 거두어들임[屈]의 뜻이 있고 神에는 편다[伸]는 뜻이 있다. 精은 陰이고 神은 陽인데, 精靈은 魄으로 되어 있고 神明은 魂으로 되어 있다. 陽은 陰에서 생기는 것이므로 모름지기 먼저 정령이 있고 다음에 신명이 있다고 믿었다. 『栗谷全書』, 「聖學輯要 2」, ≪修己 上≫과 『星湖僿說』, 「經史門」, ≪鬼神魂魄≫를 참조.

79) 예컨대 예기의 70%가 喪禮에 대한 내용이다. 곡례에서 설명하는 예도 제사와 연관되는 것이 대다수이다. 『禮記集說大全』, 제1권, 曲禮 上, 197쪽 이하 참조.

을 섬길 수 있겠는가? 삶을 모르는데 어찌 죽음을 알 수 있겠는가?"80)
정치가 삶을 다스리는 방도라면, 제사는 산자의 삶, 산자의 공동체를 다
스리는 상징적 장치이다. 제사는 예이면서 정치적 행위다. 정치가 예를
통해 반영되는 점은 예를 통해 인간이 사회적 존재임을 상기하는 지점에
도 있다. 공자는 "예를 모르면 사회에 나설 수 없다.[不知禮, 無以立也.]"고
말했다. 『담헌서』에는 축문(祝文)은 없고 제문(祭文)과 애사(哀辭)만 남아있
다. 또한 그의 편지와 시는 기쁨과 감탄보다 상실과 불안을 다지는 글귀
가 압도적이다. 예의 시작이 제사로부터 발굴되었던 점은 오랜 시간동안
유가들의 숙제가 예를 통해 '어떻게' 산 자들의 정치, 산 자들 간의 감통
이 지향해야 할 바를 '드러낼 것인가'에 있었음을 보여주고 있다.

이렇게 시발된 예는 역사를 관통하면서, 관혼상제 같은 의례적 행사에
서 지켜야 할 규칙이나 절차를 의미하는 것81)으로부터 인간관계에서 지
켜야 하는 규범과 질서를 의미하는 것으로 확장되어 갔다. 물론 여기에
는 그러한 행위를 만들고 따르려는 마음가짐 일반의 의미도 포함되었다.
선진시대의 예는 성인을 통해 제시된, 그래서 다수의 사람들이 배워야
하는 학습의 내용이었다. 『춘추좌전』에 언급되어 있는 '예'를 살펴보
자. : "군주는 바르게 명령하고 신하는 공손하게 받들며, 아비는 자애롭고
자식은 효도하며, 형은 사랑하고 아우는 공경하며, 남편은 온화하고 아내는
고분고분하며, 시어머니는 자애롭고 며느리는 덕스러운 것, 이것이 예(禮)
이다."82), "세상이 어지러워지면 군자는 일을 아랫사람에게 부가함으로

---

80) 「先進」, 『論語』: 未綾紗人 焉能事鬼.
81) 「八佾」, 『論語』: 子入太廟, 每事問. 或曰, 孰謂鄹人之子知禮乎? 入太廟, 每事問. 子聞之曰,
是禮也.
82) 「昭公」, 『春秋左傳』: 君令, 臣共, 父慈, 子孝, 兄愛, 弟敬, 夫和, 妻柔, 姑慈, 婦德, 禮也.

써 공적을 참칭하고 억압하며, 소인은 기예를 군자에게 뽐냄으로써 정벌한다. 이 때문에 상하 간에는 예(禮)가 없어져 혼란과 학정이 아울러 일어난다. (…) 나라가 폐망하는 것은 언제나 반드시 이 때문이다."83) 이처럼 예는 인간관계, 특히 수직적 관계에서 지켜야 할 태도와 세부적 마음가짐, 그리고 표현 양식 등을 규정했다. 공자 스스로가 선대로부터 던져진 이러한 예를 강조하였기에 뒤의 유가들은 자연히 이를 배움으로 따랐다. 하지만 공자가 강조한 예에 타율적 규제의 모습만 존재했던 것은 아니었다.

『논어』「술이」편은 "(공자)자신은 괴이한 일, 폭력적인 일, 사회질서를 어지럽히는 일, 귀신의 일에 대해서는 말하지 않는다."는 말을 남기면서 공자가 괴(怪), 력(力), 난(亂), 신(神)보다는 합의된 규범을 따르는 인간의 주체적 능력과 책임감에 방점을 두고 있었다고 기록한다. 공자가 강조하는 '예'는 이렇게 한 개인이 자기 확립과 인간적 성숙함을 이어가는 과정에서 등장하는 지표이다. 이 합의된 지표, 사회적 규범과 관습을 통해 괴력난신의 상황으로부터 조화와 안정이 도모된다. 따라서 공자가 습득하려고 한 주례(周禮)는 단순히 외부로부터 던져진 규제방식만을 지시하지 않는다. 공자 일행은 시대와 상황에 맞는 예를 조율해가면서 공동체의 동의를 주문했다. 공자가 주나라의 제도를 따른다 했을 때, 그것은 단순히 세부적 각론을 답습한다는 의미를 너머서서 그것을 밑받침하는 전범(典範) 전체에 대한 이해를 존숭하고 나아가 현재적 이해로 부연한다는 의미를 갖고 있었다. 예를 실행하는 사람이 새롭게 실질적인 문화와 전

---

83) 「襄公」,『春秋左傳』: 及其亂也, 君子稱其功以加小人, 小人伐其技以馮君子, 是以上下無禮, 亂虐幷生. (…) 國家之敝, 恒必由之.

범을 구성한다는 것 역시 중요했다. 예가 갖는 자율적 측면은 예를 드러내는 일이 단순히 모방이나 순종이 아니라 참이해[實心]에 의거한 참여임을 강조하기 때문이다.

실제로 '예'는 과거로부터 전적으로 '구성되는' 것이 아니라 당대의 정치적 주체로부터 '구성하는' 면을 가지고 있었다. (사실 이 전례는 제자백가의 正名論이 보였다. 본서에서는 이 논의를 생략한다.) 예컨대 담헌은 '禮主刑補'의 입장에서 덕예(德藝)가 정치적 기반이 되어야 한다고 주장한다.[84] 이러한 관점은 사람들이 예를 통해 법치 일변의 통제에 맞서고 또한 '예'의 변화에 능동적으로 대처하게 돕는다. 예는 형정을 버리지 않으면서도 사람들이 수동적 지배대상이 아닌 자발적 참여자가 되게 하는 토대가 될 수 있는 것이다. 하지만 '예'는 고대인들이 제시했던 원래적 의미가 왜곡되는 시기를 겪었다. 예학이나 예교의 폐해를 언급할 때, 우리는 쉽게 개인을 통제하려는 극도의 엄숙주의와 교학주의 등을 떠올린다. 예를 학문적으로 접근하려는 이들은 학문적 권위주의에 빠졌고, 예를 실천의 영역에서 바라보려는 이들은 형식적 고루함에 집착했다. 담헌이 보기에 이들은 모두 표현에 있어서의 허영[虛]에 빠진 이들이었다. 또한 '예'에 대해 충분한 정보가 없는 이들, '예'에 의해 구성되는 수동적 참여자들은, 실제의 삶속에서 절차를 따르지 않았다는 이유로 무시당하

---

84) ≪三經問辨≫, 「內集 1」, 『湛軒書』: 法旣正則人知罪不可犯而日勸於善. 故發蒙. 以正法爲先. 然徒用刑政而不以德禮, 則畏威苟免, 蒙心不開. 故曰用說桎梏以往則吝. 법이 이미 정해지면 사람이 죄를 범하지 못할 것을 알고 날마다 선으로 권하게 된다. 그러므로 蒙을 발함에는 법을 정하는 것을 우선으로 삼는다. 그러나 형정만 쓰고 덕례로써 하지 않으면, 威를 두려워하여 구차히 면하려고 하지 蒙心이 열리지 않게 된다. 그러므로 '桎梏을 벗기라 그러면 吝하다' 한 것이다.

고 통제당하는 일이 다반사였다. 담헌은 이러한 배제의 측면에 대해서도 비판하지 않을 수 없었다.

16-17세기를 거치면서 특히 조선의 예는 타인을 가르치기 위한 도구로 정착해 가고 있었다. 예의 외향적 활용을 통해서 소수는 자신의 원하는 정치적 논리 속에서 자신이 원하는 예의 타당성을 주장하고 있었다. 물론 다수의 사람들은 예라는 이름으로 주어진 말미(末尾)적 틀 속에서 의미도 모르는 채 휘둘렸다. 하지만 예는 본래 남이 와서 나를 본받는 것이지[禮聞取於人], 남이 내게 오지 않는 다고 남을 끌어 오는 것이 아니었다 [不聞取人]. 또한 예에 있어서 남이 내 행동을 본받기 위해 찾아와 배운다 [禮聞來學]는 말은 있어도, 내가 남에게 찾아가서 가르치는 것[不聞往敎]이란 말은 없었다.85) 18세기의 담헌은 자기가 아는 '예'만을 본령이라 주장하는 고루한 이들과 겨뤄야 했다. 18세기의 사회는 '다양(多樣)'의 지평을 '이적금수(夷狄禽獸)'로 분리시키고 있었다.86) 17-18세기를 거치면서 이러한 문제에 관한 문제의식을 가진 이들이 늘고 있었다.

중국의 변화된 사조는 조선에서도 점차 공리와 명분에 빠진 허학(虛學)이 아니라 원래의 참됨을 되찾아 알찬 학문[實學]을 궁구해야 한다는 목소리를 커지게 했다. 담헌의 스승이었던 미호 김원행은 "학문이란 별다른 것이 아니니, 곧 민생과 일용의 일이다."라고 말하며 학문하는 자란

---

85) 이상옥, 『예기』 上, 45쪽.
86) ≪與蔡生書≫, 「內集 3」, 『湛軒書』: 朋黨之禍, 何代無之, 豈有若今日之邪正互爭, 忠逆角立, 上而宗國屢危, 下而士論分裂, 駸駸然入夷狄禽獸之域而莫之救也哉? 붕당의 禍가 어느 시대엔들 없겠는가만 어찌 오늘날처럼 邪正이 서로 다투고 忠逆이 각을 세우며, 위로는 宗國이 자주 위태하고 아래로는 士論이 분렬되어 점점 夷狄과 禽獸의 지경으로 들어가 구제할 수 없게끔 된 때가 있었습니까?

'실용하는 것을 잘 아는 이'라고 규정한다.[87] 어린 시절 배웠던 '실용'의 의미에 연경기행의 경험이 더해지면서, 담헌은 왕양명이 가졌던 마음 능동적 주재성과 주희가 가졌던 객관적 진리탐구에 대한 욕구 두 가지의 면모를 모두 균형적으로 바라볼 수 있는 위치에 놓이게 된다. 담헌이 바라보는 사회는 교조적 학문에 봉사하는 예학, 지엽적 갑론을박을 추동하는 정치적 예론으로 말미암아 분열의 위기에 놓여 있었다. '예'를 위시한 노력들은 소모적 공리공론을 일삼아 자위적 입장을 대변하는 도구로 전락하고 있었다. 하지만 예는 서적이 아닌 행위로 드러나야 했다. 담헌은 의례에 대해 글을 쓰려고 하는 벗에게 쓸데없는 군살을 만들고 천하의 종이 값만 높이는 일이라고 했다.

가시적 행위를 고민하는 과정 속에서 정치적 치자[士]로서의 자기 역할 수행은 더욱 강조되어야 했다. 수양과 강학, 특히 격물을 통해서 진리에 대해 끊임없이 묻는 작업은 의미 깊다. 주체적 의식이 어떠한 진리를 확고히 믿고 있다 해도, 그것이 자신과 무관한 외적 존재의 존망을 설명하지 못한다면 그것은 진정 보편적 진리라 할 수 없었다. 담헌이 주희의 적극적 격물 활동을 긍정한 이유, 또한 양명을 비판적으로 보면서도 그 마음의 능동적 역량과 무한한 가능성을 긍정한 점을 높게 평가하는 이유는 여기에 있다. '깨달은[達/會通]'[88] 허자가 자기를 알아주는 이를 찾아 떠나듯, 어떠한 진리인식에 이르렀다 할지라도 거기서 멈추면 안 된다. 담헌은 예를 통해 주관적의 진리와 상대[物]의 진리가 일치함을 확인하고자

---

87) 金元行, 『渼湖全集』, 411쪽.
88) ≪의산문답≫의 시작은 다음과 같이 시작된다. 子虛子隱居讀書三十年, 窮天地之化, 究性命之微, 極五行之根, 達三敎之蘊, 經緯人道, 會通物理, 鉤深測奧, 洞悉源委, 然後出而語人, 聞者莫不笑之.

했고, 예를 통해 행위자의 주관성을 최대한 없애면서 타물과의 교감의 가능성을 높이고자 했다. 담헌은 자신의 생각을 꺼내보고 물어보고 확인하고 비교해보는 반복의 과정을 치렀다. 끊임없이 가시의 영역으로 진리를 끌어내는 일, 격물의 활동을 질서의 틀[禮]로서 끌어안는 일 등은 중요했다. 담헌시대의 거의 모든 사람들은 이러한 과정을 '예'로부터 배웠다. 담헌은 그것을 상황에 맞게 실천했고 또한 옛 틀에 얽매이지 않고 변통하여 이용하고자 했다[不泥古制, 通變而利用.]. 예는, 나의 진리와 너의 진리가 만날 수 있게 서로의 이해를 구성하며 가시의 영역으로 드러내게 하는 역할을 수행해오고 있었다.

◉ 둘째, 예는 변화가능성을 지니고 있다.

예가 변화의 특성을 지니고 있다는 것은 예 개념이 적용될 때 분절성이나 분화성, 가설(假說)의 특성 등을 포함하는 의미다. 앞서 살펴보았듯 예의 범주는 시대에 따라 점차 확대 되었다. 주나라의 예[周禮]는 중요하지만, 개별적 상황에 따라 변화해 갔다.[89] 예의 분화성, 분절성이라는 것은 신분과 바른 이름[正名]에 따른 마땅한 행위를 상기시킬 수 있다. 이때의 '분(分)'은 고정적인 예의 모습이다. 이 고정성이 한 공동체의 기준과 준칙으로 작용했다. 그러나 예에는 이름에 구애받지 않는 실의 측면, 즉 형식에 구애받지 않고 내용에 따라 변모하는 측면이 있다. 이러한 유연

---

89) 『二程集』, 22쪽 : 行禮不可全泥古, 須當視時之風調自不同, 故所處不得不與古異. 如令人面貌, 自與古人不同. 若全用古物, 亦不相稱. 雖聖人作, 須有損益. 예를 행함에 오로지 옛 것에 사로잡힐 필요는 없으니 모름지기 당시의 풍속이 본래부터 같지 않음을 보아야 한다. 그러므로 처하는 바가 옛 것과 다르지 않을 수 없다. 예컨대 지금 사람들의 용모는 자연히 옛 사람과 다르다. 만약 오로지 옛 물건만을 사용한다고 또한 서로 어울리지 않는다. 비록 성인이 만들었으나 모름지기 덜고 더함이 있어야 한다.

한 성격이 예가 수많은 각론을 품을 수 있게 했다. 유가만의 다양성[文彩]을 구성할 수 있게 했다. 성리학자들은 예를 진리[仁]를 드러내는 '용(用)'의 자리에 두었기 때문에, 예는 쓰임의 영역의 모든 일과 만났고 이 만남의 조건에 의해 예의 모습은 자연스럽게 확장되었다. 예는 인류의 문화이자 무늬[節文]90)가 되었다. 유가들이 주례를 비롯한 경전이 알려주는 기본적 내용을 예에 반영하면서 변화의 가치를 시의성[中]에 맞춰 더해갔다는 사실은 중요하다.91) 경전에 근거한 예는 공동체의 기준이었기 때문에 예에는 고정성과 엄숙성이 함께 존재할 수밖에 없었다.92) 예는 경전(經典)과 시의(時宜) 모두의 영향을 받고 있었다.

이에 대한 구조적 이해를 돕는 부분이 있다. 성리학의 '체용'은 기본적으로 두 가지 뜻을 지닌다. 하나는 실체[體]와 그 구체적 현현[用]이라는 뜻이고, 다른 하나는 형체[體]와 그 기능 및 속성[用]이라는 뜻이다.93) 이에 따라 적용하면, 공시적으로 봤을 때 예는 사양하고 절제하는 모습을 의미한다. 예라는 것은 원래 덜어내는 것[禮主其滅故也]이다. 이미 드러났을 때의 예는 다(多)보다 소(小)를 지향하고 산만한 분지보다 간략한 압축성을 담는다. 통시적으로 예는 시대를 거치면서 분화해왔다. 사회적 관계망이 복잡해지고 인구수가 증대됨에 따라 예도 그에 맞추어 변화해 온

---

90) 『論語集註』: 禮者 天理之節文, 人事之儀則也.
91) 담헌이 時宜의 가치와 그 근거를 말하고 있는 주된 텍스트는 ≪주역변의≫이다.
92) 「禮運」, 『禮記』: 孔子曰, 夫禮先王以承天之道, 以治人之情, 故失之者死, 得之者生. (…) 是故, 夫禮必本於天, 殽於地, (…) 故聖人以禮示之, 故天下國家可得而正也. 공자 말씀하시길 "대체로 예라는 것은 선왕이 하늘의 도리를 이어받아서 사람의 정을 다스리는 것이므로, 이것을 잃는 자는 죽고 얻는 자는 산다. (…) 이런 까닭으로 예는 반드시 하늘에 근본하고 땅을 본받으며, (…) 그러므로 성인이 몸소 예를 보여주어서 천하 국가를 바르게 할 수 있다." 하였다.
93) 왕전푸, 『대역지미, 주역의 미학』, 230쪽.

것이다. '인'은 체로써 고정되어 있었지만, 용에서 예는 쓰임의 수를 늘려갔다. 공자나 이정자(二程子)나 예는 나누는 것[別]이라 했다.[94]

예가 지닌 이중적 측면을 보여주는 구체적 구절도 있다. 다음 「곡례」 제2절은 예가 지닌 서로 다른 면모를 반영하고 있다.

> 예는 때에 맞게 따라야 하고, 다른 지방에 가서는 그 나라의 풍속을 따라야 한다(禮從宜, 使從俗)"

이 구절에 앞서 여씨는 '마땅함(宜)'이란 곧 때에 맞게 하는 것이고, 예에서 가장 중요한 것이 '시의[時]'이라고 설명한다. 예에서 때는 가장 중요했다[禮, 時爲大.]. '시'는 예의 변주[時者禮之變]를 가능케 했다. 예가 항상성에 근본할지라도 그 '변주'를 잘 완수하면 그래서 천하에 두루 통용되어 막힘이 없게 되는 것이다.[95] 여기서 '종의(從宜)'와 '종속(從俗)'이란 말이 바로 이중적 해석이 가능한 부분이다. 풍속이라는 것은 그 땅에 고정된 것이다. 그런데 시기에 맞게 행한다는 것은 예가 그때그때에 맞게 자신의 모습을 변화시켜야 한다는 것이다. 예를 따르는 사람은 자신의 움직이는 시·공간의 변화에 맞게 예의 옷을 갈아입어야 한다. 지역에 맞게 따라야 하니 '이미 존재하는 예'에 대한 존중은 그래서 전제됨이 마땅하다. 그리고 이 예의 속지적 특성(屬地性)이 예를 쉽게 변화시킬 수 없게 한

---

94) ○「樂記」,『禮記』: 樂者爲同 禮者爲異. 同則相親 異則相敬./ ○「學而」,『論語』: 不以禮節之, 亦不可行也./ ○『二程集』, 14쪽 : 仁·義·禮·智·信五者, 性也. 仁者, 全體; 四者, 四支. 仁, 體也. 義, 宜也. 禮, 別也. 智, 知也. 信, 實也. 참조.

95)『禮記集說大全』, 제1권, 曲禮 上 : 呂氏曰, 敬者, 禮之常. 禮, 時爲大. 時者, 禮之變. 體常盡變, 則 達之天下, 周旋無窮.

다. 예는 개인 몇몇의 의지대로 변화시킬 수 있는 것이 아니기 때문이다. 그럼에도 불구하고, 드러나는 모습의 측면에서 보면 '종의'나 '종속'이나 모두 예는 '변화한다'는 의미 속에 포섭된다.

본서는 이 이중적 면모가 변화하는 예가 지닌 두 가지 특성을 드러낸다고 본다. 하나는 유교의 예는 중용(中庸)의 예라는 점이다. 예의 변화는 공적 타당성[宜]을 가져야 한다. 세속에 따라 변화하는 유가의 도는 항구성이 없는 인위적 산물로 보일 수도 있겠지만, 이미 '변화[易]'를 잘 알고 있는 유가에게 예의 가변성은 오히려 자연스러운 일이었다. 그때그때의 상황에 맞는[時中] 예에는 공동체의 합의된 기준이 존재한다. 여기에 담헌을 비롯한 유가의 사유를 장자식 상대주의로만 취급할 수 없는 이유가 놓여 있다.

다른 하나는 변화하는 예는 가설적 측면96)을 가지고 있다는 점이다. 정주학자들은 격물을 예의 하위 범주로 간주했다. 그들이 격물을 예로 자연스럽게 인식할 수 있었던 이유는 단순히 『주례(周禮)』에 육예(六藝)가 담겨 있고97), 이 육예의 가치를 주희가 격물치지(格物致知)로서 높였기 때문만은 아니었다. 변화하는 예의 특성들이 격물탐구 과정이 지닌 이해의 통약성(通約性)과 맞물려 있었기 때문이었다. 인간사의 예가 그때그때 변화하면서도 공통의 기준이 될 수 있는 이유는, 내가 표현하는 질서의 양식이 타인에게도 통할 것이라는 상황을 가정하기 때문이다. 이 질서에

---

96) 우리가 사용하고 있는 '가설'은 '어떤 사실을 설명(혹은 연역)하기 위해 설정한 가정'이란 의미를 지닌다. 특히 실험에 있어서 가설은 언제나 변할 수 있다는 것을 전제한다. 공동체가 질서[禮]의 각론을 구성할 때, 이처럼 가설적 구도를 통해 검증과 합의, 공감의 과정을 거쳤다는 것은 중요하다.

97) 數는 이미 禮의 언어였다. 周禮에서 가르치던 六藝에는 禮, 樂, 射, 御, 書, 數가 있었다.

대한 서로의 이해가능성을 높이기 위해 공동체는 예를 구성하고 찾는다.
물론 공동체가, 그리고 내가 선택한 방식은 적중할 수 도 있지만 그렇지
않을 수도 있다. 하지만 그 표현의 결이 서로를 통과하여 이해될 때 우리
는 그 예가 상대와 나의 통약수가 되어주었음을 확인한다. 그 가설적 통
로[禮]가 진실이 흐를 수 있는 홈[理]이 되어 주었음을 확증한다. 격물치지
의 과정이 사물에 대한 지식의 확대와 그 이해를 도모한다면, 예를 통해
드러나는 사물의 질서는 지식이 구성과 폐기의 과정을 통해 갱신될 수
있게 돕는다. 예는 인간/사물의 가설적 이해 활동을 추동하는 거대한 틀
이 된다.

◉ 셋째, 예는 질서를 지니고 있다.

예가 질서의 의미로 통용된 역사는 매우 깊다. 『주역』과 담헌의 「주역
변의」를 중심으로 살펴보자.

『주역』에서의 '예'는 원형이정(元亨利貞)의 '형(亨)'에 대응되어 설명된
다. 「문언전(文言傳)」에서 공자는 주역의 문(門)이 되는 '건괘(乾)'를 설명하
며 "군자가 인을 체현하는 것은 충분히 사람들의 우두머리가 될 수 있으
며, 모임을 아름답게 하는 것은 충분히 예에 합할 수 있다.[君子體仁, 足以長
人, 嘉會, 足以合禮.]"고 말하고 있다. 하늘이 만물을 이 세계 안에 조리에 맞
게 펼쳐서[通暢] 만물의 아름다움을 한데 모이게 하였으므로 그 구성[會]
이 아름답다[嘉]고 한 것이다.[98] 유가들은 이 펼침의 아름다움을 사계절

---

[98] ≪三經問辨 : 周易辨疑≫, 「內集 1」, 『湛軒書』 : 禮者, 文理燦然衆美之會也. 一有不善,非美之
會也, 不足以言禮也. 이 구절은 담헌이 예를 매개로 인륜의 정치와 물리의 제도를 통섭
적으로 파악하고 있었다는 예시가 될 수 있다. 衆美는 인사에만 발견되는 것이 아니다.
그것은 새로운 물학에도 발견될 수 있다. 담헌에게 예를 공부한다는 것은 그 각각의 질

중의 '여름'에 해당시켰다. '형'은 다양성을 이 세계에 무럭무럭 펼쳐 놓는다[通暢]. '형'은 예가 지닌 분화하는proliferation 성질과 맞닿아 있는데, 유가들은 그것을 '아름다운 질서'로 읽는다. (유가에서 美와 善의 긴밀한 관계를 이해한다면, 이 질서는 사실 선한 질서를 의미하기도 하다.)

같은 맥락에서 『주역전의』의 텍스트는 "회통의 아름다움을 얻어야 예에 합치되며, 예에 합치되지 않으면 이치가 아니다"라는 주석을 남기고 있다. '예'를 통해 만사의 이치를 따진다. 이치가 없는 일에는 형통함[亨]이 없다. 이는 앞서 언급한 '리(理)'가 가지고 있는 관통, 회통의 의미를 예에 유비하여 설명한 것이다. 자연의 질서[理]는 만물의 생장(長)으로 드러나고, 그 드러나는 모습을 통해 인간은 '예'를 만물에 막힘없이 적용할 수 있는 보편적 원리인 질서로 이해한다.

'형(亨)'과 '예(禮)'를 의미적 유사성으로 관련지었다는 점은 글자 자체를 통해서도 엿볼 수 있다. '형'은 '제사지낼 향'으로 읽기도 하는데, '형'자는 제사를 올리는 종묘의 모양, 즉 성벽위의 높은 건물을 형상한 글자였다(혹은 제사에 바칠 제물을 가마에 넣어 굽는 모양이라고도 한다.).[99] 앞서 잠시 언급되었지만 예(禮)자의 우변은 풍(豊), 즉 그릇위에 제사음식을 가득 담은 모양이다(혹은 받침이 달린 제기에 옥 두 개 담겨 있는 모습이라고도 한다). 요컨대 두 글자 모두 제사 지내는 것을 형상하고 있다. 고대인들은 제사를 통해 감사의 마음을 표현했다. 하늘이 만물을 번성하게 해준 것, 그리고 우리의 생장을 가능케 해준 앞선 존재들에게의 고마움이다. 게다가 제사에는 항상 음식이 등장한다. 제사는 생물을 먹으며 생명을 이어가는

서들이 찬연하게 결합되고 발휘되도록 궁구하는 일이었다.
99) 『汉字源流字典』, 480쪽.

우리의 삶에 반복되는 일상의 살물(殺物)을 상기시키며 물의 희생이 곧 이 만개한 아름다움을 구성했음을 보여준다. 제사는 그래서 그 형통의 질서가 지닌 아름다운 뜻을 통해 공동체를 하나로 모으게 하는 계기가 되어주었다.

자연세계의 활동이 어떠한 결[理]을 만들어 낸다는 것은 '아름답다'고 표현하기에 충분했다.[100] 그 형통함이 끊임없이 반복이 된다는 점에서 인간으로 하여금 경외를 불러일으켰다. 질서에 대한 찬미를 위해 흠향과 제사라고 하는 의식, 즉 '예'를 불러왔다. 사직단(社稷壇)을 설치하여 오곡과 토지에 제사를 지닌 조선의 역사는 삼국시대로 거슬러 올라간다. 그런데 이 하늘의 질서를 보며 그 규칙성을 발견한 인간은 단순히 인간의 가치[德]를 그것에 유비하는 것을 넘어 일종의 문화적 양식으로 발전시켜 나간다. 제사를 지내는 행위는 반복적 감사의 의식이 되고, 다시 그러한 규칙적 행동들이 시간이 지남에 따라 공유됨으로써 일종의 규칙화된 문화적 양식들을 구성하게 된다. 인간이 행위의 영역에서 어떠한 결을 찾아내고 다시 그것을 공유해서 하나의 양식으로 고착해나가는 이 과정이 사실상의 예의 발전사인 것이다. 그런데 이러한 예의 질서와 규칙성이 언제나 사람들의 환영과 공감을 받았던 것은 아니었다.

대표적인 것이 법가와 도가와의 관계였다. 유가들은 법가를 비판할 때 예치를 법치와 대비시켰다. 법질서가 지닌 강력한 인위성과 강제성에 비해 예가 지닌 자연성, 도덕성을 높은 가치로 여겼다. 법보다 예로서 사회질서를 다스리는 것에 정치적 방점을 두었다.[101] 하지만 예는 일찍이 법

---

100) 담헌은 연행기에 중원의 대자연을 경험하고 나서 경탄하는 글을 여러 차례 남기고 있다.

이 지닌 것 못지않은 인위성, 강제성으로 비판받은바가 있다. 예컨대『장자』를 보자. "예(禮)란, 세속이 만든 것이지만, 참됨[眞]이란 하늘로부터 받은 것으로 스스로 그러해서[自然] 바꿀 수가 없다. 그러므로 성인은 하늘을 본받고 참됨을 귀하게 여기며, 세속에 구애되지 않는다."102) 하지만 어리석은 자들은 이와 반대로 행했다. 하늘을 본받지 못하고 사람의 일에 근심하며 참됨을 귀하게 여길 줄 모른 채 멍하니 세속에 따라 변화를 겪는 것이다. 장자에겐 이 어리석고 세속에 구애되는 사람들이 바로 유가였다. 그래서『장자』에서 그리는 성인은 이러한 인위성이 가득한 예가 아닌 스스로 그러한 도를 구하는 이들이다.『장자』의 자연의 도는 질서와 가시성[禮貌]을 강조하기보다 자유분방함과 은밀함을 강조한다.

그런데 시간이 흐르면서 예는 자연적 질서의 자연스러움보다 인간세의 질서유지를 위한 고정성에 집착하고 있었다. 예를 고정적 형식으로 묶으려는 의도는 경직성으로 이어졌다. 성리학자들은 다시금 예가 지닌 은밀함과 자연스러움, 본질적 인과 맞닿아 있는 지점을 공적 진리개념으로 연관시키려 했다. 안회의 삶을 칭송하는 것은 이러한 맥락에의 비판적 의식이 담겨 있었다. 추구해야 할 예는 인위적이고 형상성이 뚜렷한 고정된 형식의 모습이 아니었다. 이정자(二程子)가 예를 '비체지례(非體之禮)'라 언급하면서 자연의 천리에 따라야 함을 역설한 것은 바로 이 때문이다.103) 물론 이 말을 두고 자연이 만들어 내는 원리의 세계가 더 우월

---

101) 「爲政」,『論語』: 子曰, 道之以政, 齊之以刑, 民免而無恥. 道之以德, 齊之以禮, 有恥且格.
102) 「雜篇 漁父」,『莊子集釋』, 1032쪽 : 禮者, 世俗之所爲也 ; 眞者, 所以受於天也, 自然不可易也. 故聖人法天貴眞, 不拘於俗.
103) 『二程集』, 34쪽 : 恭者私爲恭之恭也 ; 禮者非體(一作禮.)之禮, 是自然底道理也, 只恭而不爲自然底道理, 故不自在也, 須是'恭而安', 今容貌必端, 言語必正者, 非是道, 獨善其身, 要人道

하다는 것을 강조하려 했던 것이라 보아서는 안 될 것이다. 인간이 만들어 낼 이치의 영역도 스스로 그러한 천리의 차원과 다르지 않다는 것일 뿐이다. 성리학자들이 구성해 내보이는 질서[禮]는, 단순히 인위적인 것을 상징하고 있는 것이 아니라 한 시대의 한 인간(들)이 할 수 있는 역량의 최대치이자 이미 존재하는 공적[無私意] 기준의 모든 것(장단점)을 아울러 담고 있었다.

담헌은 「주역변의」에서 성인이 밝힌 이 질서의 가치를 강조하고 있다. 특히 그 가운데 '정(貞)'의 중요성에 대한 말들을 여러 군데 남기고 있다.

> 1) 하늘의 운행이 한시라도 쉼이 있으면 金·水·木·火·土가 주관하는 우주의 움직임이 어지러워지고, 禮·義·廉·恥의 네 가지 벼리가 무너진다. 사람의 도가 한시라도 쉼이 있으면 임금과 신하·부모와 자식·남편과 아내 사이의 도리가 무너지고, 禹王이 정한 9가지 정치원칙 홍범구주가 패한다. 스스로 힘을 쓰고 가다듬어 쉬지 아니하는 것은 하늘이 끝없이 넓은 것과 같다. 元하면 亨하고, 亨하면 利하며, 利하면 貞하고 貞하면 다시 元한다. (이는) 하늘의 운행이 강건한 까닭이고, 군자가 불식하는 까닭이다. 하늘에 있어서는 元亨利貞이라 하고 사람에 있어서는 仁義禮智라고 하는데, 그 실은 하나이다.[104]

如何只是天理合如此, 本無私意, 只是個循理而已. 예는 일정한 절차를 따르는 것만 예가 아니고 자연적인 도리도 의미한다.

104) ≪三經問辨 : 周易辨疑≫, 「內集 1」, 『湛軒書』: 天行有一時之息, 則五行汨而四維壞. 人道有一時之息, 則三綱淪而九法斁. 自彊不息, 浩浩其天. 元而亨亨而利利而貞貞而復元. 天之所以行健而君子之所以不息也. 在天曰元亨利貞, 在人曰仁義禮智, 其實一也.

2) 貞에는 고요하고 또 지키는 뜻이 있다. 천하의 일이 부산하고 어
  지러워 안정치 못하면 실패 안하는 일이 드물다. 하물며 순강의
  체에 처하는 것은 지건한 덕을 가지고 있다. 靜이 아니면 動을 제
  어할 수 없고 지킴이 아니면 먼데 이를 수 없으므로 정함이 이롭
  다고 말하는 것이다.105)

3) 智는 일을 변별하는 까닭이다. 貞은 智에 속하면서 물을 이루게
  한다. 그러므로 일의 줄기[事之幹]라 한다.106)

4) 正을 알고 굳게 지키는 것은 일의 맥락이 되는 요지이다. 정을 모
  르면 일이 모두 무실하고, 굳게 지키지 못하면 가는 도중에 폐한
  다. 마땅히 행할 도를 이미 훤히 알고 능히 굳세게 지켜서 버리는
  것이 없으면, 천하에 할 수 없는 일이 없을 것이다. 그러므로 일
  의 줄기를 아는 길은 많지만, 그 요지를 말하자면 '정고일 뿐이다
  [貞固而已矣]'고 말하는 것이다.107)

  담헌을 비롯한 유가들은 우주의 원리를 '원형이정(元亨利貞)'이라고 하
는 4가지 개념으로 압축하여 이해했다. 앞서 언급했듯이 '원형이정'은
'봄여름가을겨울'에 대입되어 이해되는데, 생성의 시작점이자 근원이 되
는 '원', 만물의 생성을 펼쳐 놓고 그 생명을 형통하게 하는 '형', 결실을

---

105) 《三經問辨 : 周易辨疑》, 「內集 1」, 『湛軒書』: 貞, 有靜而且守之義. 天下之事, 躁擾不定,
  鮮有不敗. 況處純剛之體, 有至健之德. 非靜無以制動, 非守無以致遠, 故曰利貞.
106) 《三經問辨 : 周易辨疑》, 「內集 1」, 『湛軒書』: 智者所以辨事. 貞屬於智而爲物之成. 故曰
  事之幹也.
107) 《三經問辨 : 周易辨疑》, 「內集 1」, 『湛軒書』: 知正而固守, 幹事之要也. 不知正則事皆無
  實, 不固守則半道而廢. 當行之道旣明而能固守而不去, 則天下無不可爲之事矣. 故幹事之道
  多矣, 語其要則曰貞固而已矣.

위해 수렴하고 수확하게 만드는 '리', 그것을 저장하고 다음을 위해 올곧게 다진다는 점에서 '정', 이런 식이다. 그런데 이는 다시 인간사의 인예의지(仁禮義智)라고 하는 가치에 유비되어 이해되었다. 만물을 낳고 키우는 따뜻한 마음을 '인'에, 다양한 생물의 만개를 '예'에, 생물이 다 이루어 저마다의 마땅함을 얻은 것을 '의'에, 결실의 근간이자 이치의 바탕을 '정'에 대입한 것이다. 이러한 작용의 흐름은 쉼이 없고 틈이 없다. 생성의 움직임이 모든 만유 세계를 꽉 채우고 있듯, 인간이 만들어가는 생명 원리[道]도 멈춰서는 안 된다. 그런데 여기서 담헌은 '정(貞)', 곧 지혜와 지식이 지닌 가치가 곧 일을 안정케 하는 중요한 뜻을 가지고 있음을 역설한다. 원래 '정(貞)'은 점친다는 의미를 가지고 있지만 의리역학에서 '정'은 바르다, 곧다는 의미로 해석된다. 이 바르고 굳센 성정이 뜻을 지키게 하고 일을 순조롭게 하는 바탕이라는 것이다. 겨울의 얼음이 봄의 움틈을 내포하고 있듯, '정(貞)'의 고요함[靜]이 움직임[動]을 제어하고 있다. 담헌은 의리역학의 해석방식을 따라 이러한 '정(貞)'의 모습이 결국 이로움[利]을 가지고 있다고 보고, "정(貞)이 이로움에 안긴다[包]."[108]고 표현한다.

그런데 담헌은 '정'을 말함에 있어 덕성의 차원만을 언급하지 않았다. 그는 '정(貞)이 지(智)에 속(屬)한다'고 말하면서 앎(智/知)의 측면에 방점을 두고 이 '앎의 과정[智]'이 일을 변별하는 원인[所以]'이라고 말한다. 이렇게 되면 '지(智)'는 '정(貞)'의 상위개념으로서 '정(貞)'이 지닌 인간적 덕성을 주관할 수 있는 역할을 부여받는다. 사람이 일을 당하여 관련한 사리

---

108) ≪三經問辨 : 周易辨疑≫, 「內集 1」, 『湛軒書』 : 亨者元之發, 貞者利之藏. 故亨統於元而貞包於利.

판단을 할 때, 그 원천적 힘이 되는 줄기나 근간[幹]이 바로 '지'이다. 이 '지'는 단순히 지식과 정보를 의미하지 않는다. '지'는 '이해'이다. 담헌이 이해의 과정과 활동 차원을 강조한 것은 일의 줄기를 아는 길의 요체를 '정고(貞固)'라고 설명하는 데서 분명하게 드러난다. '정을 지킨다는 것[貞固]'은 일에 맞는 이해의 차원을 갖춘다는 의미이다. '정을 안다[知正]'의 의미도 마찬가지이다. '정(正)'이라 하는 것은 '바르다'고 하는 태도만을 지시하지 않는다. 『주역』에서 '정(正)'의 의미는 효의 위치[爻位]와 효의 성질[爻性, 陰陽]이 서로 맞는지 로 판단해왔다. 예컨대 초효, 3효, 5효는 홀수이므로 양효(—)가 오면 '바름을 얻었다[得正]'이라 하고 음효(--)가 오면 바르지 못하다[不正]이라고 말한다. 마찬가지로 2효, 4효, 상효는 짝수이므로 음효가 와야 바름을 얻었다[得正]라고 말한다. 요컨대, 개체가 자리에 맞는 가치를 얻었을 때, 상정되어 있는 보편적 질서의 결에 맞는 움직임이 부합되었을 때, 동아시아인들은 정(正)을 이해하고 참된 지식을 얻었다고 보았다. 일의 원리와 개체의 행동이 아귀에 맞을 때, '正을 알고, 貞을 지킨다'고 말했던 것이다.

역(易)의 질서와 함께 살아왔던 이들은 '앎/이해'가 외적 세계의 질서와 분리분가분한 위치에 놓여있다고 보았다. '이해'가 있어야만 이전의 결실[實]을 지킬 수 있다. '이해'는 다음 봄이 오는 원리[生之理]의 바탕이 된다. : "實은 賢이니 賢을 말하지 않고 實을 말한 것은 현자가 현명하게 된 까닭이 성실뿐임을 보이는 것[見]이다.[109]" '실'을 강조하기 위해서는 '이해'의 차원이 강조되지 않을 수 없었다.

---

109) ≪三經問辨 : 周易辨疑≫, 「內集 1」, 『湛軒書』 : 實者賢也, 不言賢而言實者, 見賢者之所以 爲賢, 只誠實而已.

담헌은 "만물의 자시함은 원이 아니라 원의 발현처이다. 리는 형이 없으므로 발현처에 나아가 말한다[萬物資始, 非元也, 是元之發見處. 理無形故就發見處言之]."고 말한다. 만물이 드러나는 곳이 곧 '원(元)'이 표현되는 공간[處]이다. 그렇다면 그 발현지점은 어디인가? '형'이다. 형은 원의 발이요. 정은 이의 장이다[亨者元之發, 貞者利之藏]. 우리가 말할 수 있는 것도 마찬가지이다. 우리가 근원을 아는가? 우리가 인(仁)을 안다고 말할 수 있는가? 담헌에게 '원(元)'을 볼 수 있는 곳은 형(亨)의 세계이다. 그곳은 생명의 열기가 가득한 움직임의 세계이다[萬物資始, 生意之動也]. 우리의 모든 앎은 이 움직이는 세계로부터 분리되어 올 수 없다. 우리의 말도 이 움직이는 세계의 일부다. 그러나 그동안의 연구는 이 움직임을 이해하고자 '기' 하나와 '리' 하나에 열중했다. 리와 기의 대대와 대립에만 열중했을 때 그 결론은 이원론을 피할 수가 없다. 그러나 담헌은 모든 연원이 서로에게 맞물려 있고 리와 분리된 일[事]은 의미가 없다고 말한다. "리에 밝은 연후에야 천하의 인과성을 통찰할 수 있으니 일이 모두 그 시의에 마땅한 적절함을 얻을 수 있다[理明然後能通天下之故而事皆得中]."110)

요컨대 담헌은 '형(亨)'의 공간과 '형'이 보여주는 질서를 누구보다 강조했다. 그 공간의 가치는 생명[元]에서 시작되었다는 것만으로도 이미 충분했다. 이 질서[理]의 공간에 태어난 이상 개체는 그 형(亨)의 파도를 유영하기 위해서 앎[貞]의 세계를 이해해야 한다. 이유는, 이 질서의 아름다움이 맺는 충족감으로 말미암아 그것이 실질적으로 나를 이롭게 하고 모두를 편안하게[利]하기 때문이다. 담헌은 예가 지녔던 기존의 질서 개

---

110) 이상 인용 모두 ≪三經問辨：周易辨疑≫, 「內集 1」, 『湛軒書』.

넘이 이해의 차원으로 적극적으로 확장되길 바랐을 것이다. 예는 질서의 무애함과 형통함을 설명해 주지만, 그것을 이롭게 하기 위해서는 '예'만 보아서는 안 된다. 이로움의 균형은 세계 내 펼쳐진 개체들이 보여주는 전체적 질서의 조화뿐만이 아니라 그 아름다운 질서를 구성하는 개체 하나 하나의 앎이 반드시 동반될 때 얻어진다. '이해'의 과정은 무성하고 거칠게 자라나고 있는 개체 저마다의 표현양식들을 의미 있게 풀이해주는 시작이었다.

(3) 실(實)을 품는 홍담헌의 예(禮)

예는 모든 가시적 활동에 관여해왔고, 분지되어 왔지만, 유가들이 특히 주목한 것은 '예가 어떠한 결을 드러내고 있는가.'였다. 이 결을 이해하기 위해 담헌은 정(貞)을 통해 앎의 차원을 강조하여 개체 간의 교통의 가능성 높여나갔다. 교감의 영역이 확장될수록 실질적 결실의 가치는 높아갔다. 그래서 이 지점, 즉 담헌의 '예'가 '실'로 연결되는 고리를 살펴보는 일은 필요하다. 이는 '실'과 '실학'에 관해 논의해 왔던 기존의 연구들을 재고한다는 점에서도 중요하다.

고찰에 앞서 '실'과 '예'를 연관시키려는 시도가 조선에서만 발견되는 특수한 경우가 아니라는 점은 기억해야 할 것이다. 미조구찌 유조는 정주학 중심의 송학에 비판적이었던 청대의 고증학에서 특히 예학(禮學)이 발전되었다는 사실을 통해, 예학이 개혁적 성향을 지니고 있었음을 언급한 바 있다. 아울러 덕치와 법치가 함께 갈등·병용되었던 중국 전통사회에서 예가 도덕과 법의 중간영역에서 양자를 매개하는 역할을 담당했으며, 유교적 이상을 실현하는 도구로서 중시되었다고 전한다.[111] 또한 당시의 예학이 사회질서의 유지와 함께 체제 개혁적 성격, 심지어 혁명적인 정치 지향마저 포함하고 있었다는 사실의 근거를, 명대 가정(嘉靖) 연간의 대례의(大禮議), 명말청초의 가례(家禮)와 향악의 확산, 토지제도에 관한 논란 등이 모두 예학의 범주에 포함되었다는 것으로부터 그 타당성을 입증 할 수 있다고 말한다.112) 명말청초의 역사가 곧 질서화, 예교주의의 흥기로 시작되는 사실상의 예치시스템의 성립과정이라고 본다.113) 그의 말대로 명말청초의 예교는 주자학과 양명학에서 보였던 수양에 기초한 자기 혁신, 일상적 예의 실천을 통해 사회적 기반을 구축하려는 흐름을 전환시킨 부분이 있다. '예치 시스템'은 내에서 외로 그 흐름을 변환하여 중앙과 지방, 공공영역과 중간영역에서의 수많은 유기체를 양산, 하나의 시스템을 이루는 구조를 만들어 냈다. 하지만, 대진(戴震, 1724-1777)과 같이 개인의 욕망과 자유를 인정하자고 주장하는 이도 있었지만, 청대의 예교는 사실상 삼강오상을 핵심으로 하는 가부장적 종법사회의 이데올로기114) 그 이상을 벗어나지 못한다. 그리고 그것은 담사동이 19세기 변법운동을 통해 '예교부터의 인간 해방'을 선언한 이후에야 비로소 타도된

---

111) 정치사회학술 사상적 측면에서 예학은 天理와 人情, 知와 行, 通經과 治用, 內와 外, 氣와 人, 今과 古, 漢學과 宋學, 義理와 實事등을 하나로 아우르는 보편타당한 준거로서 모색되어왔다. 實事求是의 측면에서도 예학과 실학은 經世之學으로 묶여 주목받았다.

112) 溝口雄三, 『중국의 예치 시스템』, 9쪽.

113) 溝口雄三, 『중국의 예치 시스템』, 11-12쪽, 306쪽 : "주자학에서 양명학으로의 전개는 역사 상황의 변화와 발전에 따른 학술 담당자의 차이에서 유래한 실천 형식의 차이일 뿐, 크게는 유교의 민중화에 불과하였다", "주자학과 양명학에는 본래 예를 수양의 기준이나 혹은 도달점으로 상정하는 측면이 있다. 나아가 그 예의 내용은 기준이나 도달점으로서 선험적으로 보편화 동질화된 것이기 때문에 예치시스템은 결국 동질적인 전체 사회의 구성을 지향할 수밖에 없었다."

114) 溝口雄三, 『중국의 예치 시스템』, 303쪽.

그 인치(人治) 시스템이었다.

담헌이 '늙어버린 주자학'을 개혁하기 위해 상기시킨 건 청대의 예교, 예학, 예치가 아니었다고 본다. 담헌은 우선적으로 주자학이 지닌 격물의 원래적 정신과 선진유학이 지녔던 예의 실질적 공효를 점검한다. '예'자 체는 여전히 결코 버릴 수 없는 틀이었다. 결국 담헌이 선택한 것은, 번 다한 각론들로 구성된 예법 시스템이 아니라 '예' 개념 그 자체였다. 이 때는 예의 탄생, 예의 성장, 예의 속성, 예의 의미 등에 결부된 수많은 '예'의 이름들[名]보다 내용적 풍부함을 더하기 위한 틀, 즉 예 개념 자체 에 대한 새로운 해석이 필요했다. 지금 당장 하나의 실천을 가능하게 하 는 예, 예를 채우고 있는 내용[實]의 문제들이 더 절실했다.

담헌의 '실천성'에 주목하는 관점은 담헌을 연구하는 거의 모든 학자 들이 동의하는 바였기에, 그동안의 거의 모든 연구에서 담헌은 실학자로 규정되었다. 그리고 그 실학을 규명하는 방식은 대다수 경세치용(經世致 用), 실사구시(實事求是), 이용후생(利用厚生)으로 대표되는 '유용성(utility)'의 해석에서 시작되었다. 이러한 용어를 사용하여 실학을 설명하려는 학자 들은 '실학자'라고 하는 틀에 오늘날의 사회과학에 해당되는 '실질적인 학문을 하는 집단(연구자)'의 의미를 매치시켰고, 이에 따라 '실(實)'이라는 개념 역시 실용, 실천의 맥락으로 해석했다.

조선 초기만 해도 '실'의 의미는 불교의 '허(虛)'에 대비되는 개념으로 서 불교의 탈세속성을 비판하는 기준으로 기능했다. 예컨대 정도전의 「불 씨잡변」에서 성리학은 이미 처음부터 실학이었다. 불교와는 달리 성리학 은 세속에 남아 사회적 책임과 연대의 가치, 역사의 변화를 강조한다. 사 대부들은 내용이 있고 내실이 있는 성리학을 긍지로 여겼다. 하지만 「의산문답」이 증거하듯, 담헌의 시대에 담헌이 언급하는 허자(虛子)는 불교인이 아니다. 성리학자이면서 성리학자의 본 모습을 갖추지 못한, 성리학자의 본래 정신을 잃어버린 '가짜' 성리학자가 곧 허자이다. 그렇다면, 그가 비판하고자 한 성리학은 무엇이고, 그가 다시 채우려는 학자의 모습은 무엇인가? 변해버린 '실-허'의 개념에서 우리가 찾을 수 있는 실의 의미는 경세치용, 실사구시, 이용후생 뿐 일까? 실옹은(게다가 허자는 젊지만 실옹은 늙은이다!) 경세치용과 실사구시와 이용후생과 같은 학문적 실용성만을 강조하고 있던가? 아니 담헌은 정말 오롯이 허자(虛子)를 비판하고 실옹(實翁)의 말만 경청하라 하는가?[115] 그렇지 않을 것이다. 담헌의 '실'을 유용성이나 실천성으로만 설명한다면 다음과 같은 사실을 놓칠 것이다.

첫째, 담헌의 '실'을 유용성의 기준으로만 접근한다면, 담헌이 말하는 '실'의 의미는 작금의 시대에 사라져 버린 학문의 유용성을 지시할 것이다. 그리고 이는 당대의 성리학자들이 상실한 자질이 되어, 연대기적 회

---

115) 실옹은 어찌 보면 비겁하게 혹은 어찌 보면 초라하게 산속에 살고 있다. 하지만 담헌은 큰 뜻을 품고 숨은 자는 높은 산 깊은 숲엔 살지 않는다고 노래한 바 있다. ≪詩 : 雜詠四首≫, 「內集 3」, 『湛軒書』 : 내가 좋아하는 요부자는 我愛堯夫子, 세상을 피했으나 버리지는 않았다 避世不棄世,
하도와 낙서로 상수학 연구하여 圖書研奧象, 풍월의 자연이치 또한 오묘하게 부합되었다 風月入妙契,
이에 큰 언덕 깊은 수풀에 숨는 것을 아는 자는 乃知陵藪居, 크게 숨을 셈을 하지 않았다 未爲大隱計,
어찌 꼭 새와 짐승을 벗 삼고 何必群鳥獸, 매미가 허물 벗듯 물 세계를 떠나야만 하나 絶物同蟬蛻,
벼슬하고 숨는 것은 몸과 관계되지 않으니 行藏不在身,
자기 안을 살피는 일은 마땅히 정밀하고 세밀해야 한다 內省宜精細.

귀의 가치를 역설하는 학문적 복고주의에 빠질 수 있다고 본다. 하지만 담헌은 학문적 귀향을 강조한 적이 없다. 예는 끊임없이 변화하고 분화해 간다. 담헌은 『담헌서』에서 공자도 비판했고 주희도 비판했다. 비판의 자유는 그가 학문적인 답습으로부터 '실'의 회복을 읽지 않았다는 증거이다. 예컨대 '실'을 말하는 이가 할아버지[翁]이므로 우리는 할아버지의 말에 귀 기울여야 한다는 구도는 가당치 않은 해석인 셈이다. 유용성의 유무가 현재의 '실'을 판단하는 기준이 된다면, 요지는 지금 없는 유용성을 회복해야 한다는 책임에 머문다. 하지만, 담헌은 '실옹'을 정답을 말하는 이로서, 마치 고전의 경전과 같은 지위로 그리고 있지 않다. 실옹은 화이의 접경(夷夏之交)에 자리한 의무려산(醫巫閭山)에 머물고 있다. '경계'에 사는 실옹은 오히려 번리(藩籬)를 없애지 못한 이이다.[116] 허자의 뜻에 간섭(涉)하고, 세계의 움직임에 관계[涉世]하는 실옹의 마음에는 오히려 성곽[城郭]이 쌓여 있다. 반면 허자는 「의산문답」의 여정 속에서 끊임없는 질문을 통해 자신의 깨달음을 고양시켜나가는 역할을 맡는다. 변화의 몫을 껴안고 빈 공간에 자기를 채워가는[實] 것은 허자(虛子)다. 그러므로 담헌은 '실'을 통해 회복과 복고만을 말하고 있지 않다. 실(實)과 허(虛)의 끊임없는 주고받음이 '허'를 가진 젊은이를 채우게 하고 '실'을 가진 늙은이(죽음에 더 가까운)를 사라져 가게[虛] 만든다. 담헌의 '실'은 전진적

---

116) ≪書≫, 「內集 3」, 『湛軒書』: 此可見君子破藩籬公物我之心.
　　담헌은 울타리[藩籬]를 없애고 물아를 공변되게 하는 것이 군자의 마음이라 보았다. ≪杭傳尺牘≫에서는 養虛 김평중이 난공, 역암, 육비 앞에서 홍형이 보이는 마음의 벽에 대해 다음과 같이 놀린 적이 있음을 보여주고 있다. "장부의 활달 무애함은 마땅히 청천백일과 같은 것인데 홍형처럼 세상 살아가는데 관심이 깊어 안으로 이처럼 많은 성곽을 쌓아서야 되겠는가? [平仲曰, 丈夫闊達無碍, 當如靑天白日, 何用洪兄深心涉世, 內多城郭乎?]"

(前進的) 위치에 놓여있다고 할 수 있다. 실-허의 관계를 고정성으로 묶지 말고 변화의 상보적 관계에서 바라봐야 하는 이유이기도 하다.

둘째, 담헌의 '실'을 실천의 유무로만 설명한다면, 담헌이 가진 실천에 대한 이중적 태도를 설명할 수 없다. 예컨대 예컨대 그는 「자경설(自警說)」에서 하나의 실천이 갖는 중요성에 대해 역설한 바 있다. 물론 이 글은 배움의 뜻을 둔 모두를 독자로 염두에 둔 글이면서 동시에 자신을 독자로 상정하고 쓴 반성적 글이기도 하다. 여기서 담헌은 "한 구절만 보았더라도 꼭 알아야 하며, 한 구절만 알았더라도 꼭 행해야 한다. 한번 알고 한 번 행하면 발과 눈이 함께 나아가게 될 것이다."라고 말한다. 실천으로 옮기려는 의지와 행위 그 자체의 의미를 강조한다. 한편, 담헌이 정조 (正祖, 1752-1800)의 스승이 되어 주고받았던 계방일기 속에는 '실천'을 촉구하는 말이 없다. 정치적 최고 통수권자에게 실천의 유무가 갖는 영향력은 막대하다. 그럼에도 불구하고 그는 젊은 이산(李祠)에게 하나의 실천을 셈하기보다 '무엇을' 실천할 것인지를 더 첨예하게 문제시 삼는다. 이로써 담헌의 실천에는 두 가지 맥락이 함께 흐르고 있음을 알 수 있다. 하나의 실천은 무척 중요하지만, 많은 것을 실천해야 '실'이 강조되는 것은 아니라는 점이다. 「자경설」에서는 그토록 하나라도 실천하지 못하는 자신을 탓했건만, 그 기준을 항상 동일하게 타인에게 적용하지는 않았다. 타인과 '실천'에 대해 논할 때 중요한 것은 실천의 목적어였다. 목적어는 행위를 채우는 내용의 문제이다. 우리는 누구나 실천의 유무를 묻는 질문에 나름의 변명을 할 수 있다. 그리고 그것이 반복되다보면 각자의 실천은 각자의 위치에서 나름의 구실을 갖게 되고 이러한 상대주의는 사실상 '무엇'을 흐려지게 만든다. 담헌에게 '무엇을 실천했는가?'를 묻는 기준은 실천의 '질'을 결정하는 중요한 문제였다. '실용'에서의 '실'을 동사적 의미에 방점을 두어, '실용'을 '내용을 채운다'고 해석해도 마찬가지다. 저마다의 행위에는 각자의 상황에 맞는 유용함이 있다. 담헌은 '반드시 얻기를 기약하는 일이 실학를 해친다(必得爲期, 以害實學.)'고 보았다. 자신의 행위가 업을 이루고 쌓는[擧業]데에만 있으면, 그 내용은 부차적인 문제가 된다. '무엇을 유용함으로 둘 것인가', '그 유용함을 어떻게 구성할 것인가'의 질문들은 간과하기 쉬워진다.

  이상(以上)의 비판적 관점을 반영한다면 담헌의 '실'은 '행(行)'이 아닌 '예(禮)'에 더 가까운 개념이어야 한다. 담헌이 실천을 강조할 때 사용한 글자는 '실'이 아니라 '행'이다. : "이는 다름 아니라 행하지 않은 탓이다 [不行之過也]. 사람이 능히 그 아는 바를 행한다면 어찌 옛사람에게 미칠 수 없겠는가? (…) 나는 자네에게 '행'이란 한 글자를 주는 바이다[吾與子行之一字]." 특히 '행'은 주로 행의 가치를 말로 환원하려는 이들을 겨냥하여 비판할 때 함께 언급되었다.117) 반면 '실'이란 글자는 실천(행하다-동사)의 의미도 있었지만, '실질(실질적인-형용사)'이나 '실용(내용-명사)'의 의미도 포괄하고 있었다. 따라서 사실상 '실'의 언급되는 지점은 '예' 개념의 맥락과 유사하다. 예는 그 자체가 항상 일[事]과 결부되어 있으며 드러나는 형용과 구체적인 내용을 담지하고 있기 때문이다. 게다가 무엇을 실천할 것인가라는 질문은 앎의 강조점과도 맞닿아 있다. 실천의 내용은 개인적 이해를 충족하기 위해 채워지지 않는다. 그것을 공동의 이로움에 기여하

---

117) ≪贈周道以序≫, 「內集 3」, 『湛軒書』: 今之學者, 開口便說性善, 恒言必稱程朱, 而高者汨於訓詁, 下者陷於名利. 嗚呼! 지금 학지들은 입만 열면 성선을 말하고 말만 하면 반드시 정주를 일컬으나 재주가 높은 자는 훈고에 빠지고, 지혜가 낮은 자는 명예와 이욕에 떨어지고 있다.

는 보편적 앎의 형식을 갖추어야 한다. 담헌의 '실학'은 가시적으로 드러나는 일에 기여해야 했고, 다양함을 망라할 수 있어야 했으며, 동시에 규칙과 규범을 제시하여 공동의 동의를 이끌어 낼 수 있어야 했다.

3. 예와 격물(格物)

1) 예학이 보이는 실(實) :「향약서」

담헌이 예와 실 개념을 분리되지 않은 채 이해하고 있었다는 점은 『담헌서』 내 여러 글을 통해 드러나고 있다. 이를 구체적으로 확인해볼 필요가 있다. 본서가 담헌이 예 개념에 주목하고 담헌이 예에 대한 급진적 이해를 보여주고 있다고 판단한 지점은 그가 현실정치의 문제를 '예'를 통해서 풀고자 한 부분과, 실용적 학문과 새로운 학문을 이해하려는 방법론을 고전적 '예'가 지녔던 특성들로부터 차용하고 있는 부분이다. 후자는 3장에서 논의하기로 하고, 여기서는 전자에 대해 먼저 고찰하려고 한다. 이를 위해서는 그가 전라도 태인현감에 부임되었을 때 작성되었다고 추정되는 「향약서(鄕約序)」를 살펴야 한다.

마을에 향약이 있었던 것은 옛날부터였다. 삼대 때의 법은 마을 밭의 우물을 같이하여 드나들 때 서로 이웃이 되고, 질병이 있을 때는 서로 도왔으며, 향교[庠序]와 학교에서의 가르침을 삼가하고, 효제충신의 의리를 펼쳤다. 이것은 사람들의 풍속을 두텁게 하고 정치와 교화를 높였으며, 마을에 패역한 행동이 없게 하고 나라에 간사한 사람들의 궁구함이 없게 한 까닭이 되어 주었다. (그런데) 근세 이후로는 王道가 닦여지지 아니하므로 민심은 날로 무너지고, 법만으로는 자행될 수 없어서 풍속이 점점 쇠락과 각박함으로 나아가고 있다. 아아! 이 어찌 사람의 선악이 고금이 다르겠는가? 법 글자에 억눌러 목민관의 인도하는 방법이 그 진리를 얻지 못했기 때문이다. 나주라는 마을은 폭원이 넓고, 인구·물산이 많아서, 실제로 국가의 큰 곳간으로 통한다. 그러나 위에는 훌륭한 법이 없고, 아래에는 아름다운 풍속이 없어서 사람들이 각자 자기의 마음을 주장하니 서로 통섭(統攝)되지 않는다. 이 때문에 명령이 시행되지 못하고 법률적 송사만이 날로 번다해져, 악한 사람들로 하여금 뒷일을 염려하고 꺼려하게 할 바가 없어졌으며, 착한 사람들로 하여금 법을 취하라고 할 바가 없어졌다.

내가 이를 두렵게 여겨서, 마을의 어른들과 근심하고, 서로 함께 잘못된 곳을 고치고 미치지 못하는 곳을 보필할 계책을 의논하였다. (그 뒤) 이 향약의 법을 설치하였는데, (이는) 실제로 여러 사람들이 모의한 모든 찬동[僉同]을 따른 것이었다. 그 규모와 세부 조목들은 모두 이전의 현인들이 이미 행한 규범들을 참작하고, 예나 지금이나 통해 쓰는 제도를 가렸으며, 삼대 때 남긴 뜻을 근본으로 삼았다.

아아! 흉년에 굶주린 백성이 사방으로 흩어진 지 오래 되었도다. 그런데 토지를 분배하고 생산을 제정하는 정치를 능히 베풀지 않고, 법도와 예의의 가르침을 우선으로 한다면, 어느 사람인들 우습게 여기지 않겠는가? 비록 그렇다 하더라도, 법이 없는 것은 근심하지 말고, 행함에 있어 불성실한 것을 근심해야 할 것이다. 무릇 이 향약에 입회한 사람으로서 진실로 한결같은 마음으로 규약을 준수하고, 공이 있으면 반드시 상을 주고 죄가 있으면 반드시 벌을 주어야 한다. 군자에게는 곤궁함을 견디어 범람한 짓을 못하게 하고, 소인에게는 위엄을 두려워해서 허물이 적도록 하면, 반드시 풍속과 교화에 만분의 일이라도 보탬이 없지 않을 것이다. 후일 왕정(王政)을 행할 때, 또한 이것이 법으로

취하게 되지 않을 줄을 어찌 알겠는가? 힘써 행해야 한다.118)

이 글은 향약의 유래가 전통에 근거했다고 설명하는 것으로부터 시작
된다. 조선후기의 향약을 연구한 박경하는 정조 시대 향약이 지방수령에
게 강조된 것에 대한 배경을 다음과 같이 정리한다. 양란 이후 전후 복구
를 위하여 상하를 막론한 지역사회 전원의 협력이 필수적 생존의 조건이
되었다. 17세기 초 상층민의 향규와 하층민의 촌계를 통합하는 이른바
상하합계(上下合契)가 출현한 것이다. 하지만 전후 복구를 넘긴 뒤 얼마가
지 않아 이러한 통계(洞契)는 다시 사족(士族)들의 지배기구로 강화되어간
다. 하지만 17세기 후반을 지나면서 대동법(大同法) 시행에 따른 광범한
사회경제적 변동과 종모법(從母法) 실시에 따른 노비의 격감 등으로 대세
는 크게 변동되었고, 유지의 수령이 직접 나서서 관권으로 지역사회의
전 주민을 의무적으로 참여시키는 주현향약(州縣鄕)이 등장한다. 물론 이
는 관명의 효과적 전달이나 치안유지, 부세확보 등등 관의 통치를 보조
하는 목적이 컸기에 자치적인 촌계(村契)와는 성격이 다르다.119) 하지만

---

118) ≪鄕約序≫, 「內集 3」, 『湛軒書』: 鄕之有約, 古也. 三代之法, 鄕田同井, 出入相友, 疾病相
扶, 謹庠序學校之敎而申孝悌忠信之義. 此所以民俗厚而治敎隆, 鄕無悖逆之行, 國無奸究之
憂也. 近世以來, 王道不修而民心日壞, 徒法不能以自行而風俗漸就於衰薄. 嗚呼! 此豈斯民之
善惡爾殊於古今哉? 抑字牧之所以導之者不得其道也. 羅之爲州. 幅員之廣. 民物之衆. 實爲通
國之雄府. 而上無良法, 下無善俗, 人各爲心, 不相統攝, 是以命令不行而詞訟日繁, 使爲惡者
無所顧忌而爲善者無所取法焉. 不佞爲是之懼, 謹與鄕中長老, 相議其匡輔之策. 設此鄕約之
法, 實因衆謀之僉同. 其規模節目, 皆參之以前賢已行之範, 酌之以古今通行之制而本之於三
代之遺意也. 嗚呼! 匈年饑歲. 民散久矣. 不能施分田制産之政而先之以法度禮義之敎者, 人孰
不笑其迂哉? 雖然, 不患無法, 患行之不誠. 凡此約中之人, 苟能一心遵守, 信賞必罰, 使君子
固窮而不濫, 小人畏威而寡罪焉, 則未必無補於風敎之萬一. 而他日王政之行, 亦安知不取法
於斯耶? 其勉之哉.
119) 박경하, 「조선후기 향촌자치제」, 197-200쪽.

18세기를 거치면서 관주도에서 소농민 중심으로, 그리고 통계(洞契)에 이르러서는 대소민 모두가 소지역 향촌공동체를 구성하고 또한 참여하는 사례가 늘어갔다는 것은 사실로서 존재한다. 특히 정조는 1797년 향약의 규정을 수록한 『향예합편(鄕禮合編)』을 간행하고 전국에 반포하였는데, 법제적 장치가 아니라 '예(禮)와 교화(敎化)'로써 향약을 시행케 한다.[120] 실학자 우하영(1741-1812)의 사례를 연구한 최홍규는 각 읍과 각 통의 약임(約任) 구성에 있어서 전 지역 주민의 참여를 유도했다는 점을 들어 우하영의 ≪향약설≫이 '상하(上下) 일원적(一元的) 방식'을 제시하고 있다고 분석한다.[121]

이 시기에 지방수령을 통해 이러한 자치성을 도모하려 한 것은 1차적으로 수령권을 통해 전제왕권을 강화하고 있었기 때문에 '모든 이들의 참여가 어떠한 정치적 영향력을 가질 수 있었다'고 보기는 힘들 것이다. 또한 지역 내 사족(士族)들이 협조하지 않는다면 이러한 구성 자체가 힘들었을 것이기에 이러한 현상은 곧 사족 스스로가 향론을 주도할 수 없게 되었다는 것을 의미할 수 있다.[122] 원칙적으로 신분제 사회인 조선시대에 오늘의 개념에 준한 '자치'란 있을 수 없을지도 모른다. 그럼에도 불구하고, 18세기에서 19세기로 가면서, 일군일읍을 단위로 하는 경우에 있어서나 자연촌락 단위의 경우에 있어 일정한 자치적 기능을 수행하였던 기구가 존재하였다는 점은 분명하다. 그리고 이러한 점을 고려한다면 담헌이 스스로 적고 있는 향약의 의미와 본인의 사례는 상기하는 바가

---

120) 이광수, 「조선시대 정부의 향약 시행 논의와 그 성격」, 162쪽.
121) 최홍규, 「조선후기 수령지방의 향약 - 禹夏永의 ≪향약설≫을 중심으로」, 45쪽.
122) 정진영, 「조선후기 향약의 일고찰」, 315쪽.

있다.

향약은 느슨한 법이면서 문화적 가치를 지닌 공동체의 약속이었다. 향약의 예는 선함을 권하고 악한 행동을 벌한다는 기본 원칙에 근거하여 서로 서로 돕고 살자는 약속을 공동체 구성원끼리 자율적으로 맺은 것이다. 이러한 약속은 화려한 삶의 수식과 고양된 문화를 누리기 위해 만들어졌다기보다, 최소한의 기본적인 삶을 가능케 하기 위한 생존과 서로에게 유익한 생활의 편리를 위해 발생되었다고 봄이 마땅할 것이다.

담헌이 기근이 계속되는 타지에 부임하여 향약의 의미를 역설한 것은, 향약이 공동체 구성원들에게 최소한의 필요로, 최대의 충분조건을 제공할 수 있는 수단이라 판단했기 때문이었다. 담헌은 법만 가지고 행한다면 민심은 날로 무너지고 풍속은 점점 각박해질 것이라는 현재적 진단을 한다. 고금(古今)을 잇고, 위의 법과 아래의 문화[風俗]을 통섭(統攝)하는 길로서 '향약'의 가치를 제시하는 것이다. 위로 내려오는 법은 나름대로 권위와 강제성을 지니기 때문에 공동체에 기여하는 바가 있다. 법이 없다면 악한 자는 꺼려할 것이 없게 될 것이다. 하지만 그것만으로는 부족하다. 법을 아는 사람들이 자기의 욕망을 주장하게 되면, 송사(訟事)만이 가득한 불신의 사회가 계속될 것이다. 착한 문화가 아래에서 함께 만들어져야 한다. 그렇지 않으면 착한 이가 모범이 될 이유가 사라진다. 향약이라고 하는 약속의 이해에 구성원 스스로의 자율이 함께 한다.

담헌이 기근으로 떠난 이들이 돌아와야 한다고 탄식하는 것은, 향약의 힘이 구성의 실질적 삶을 변화시키기 바라는 마음 때문일 것이다. 하지만 참여자들이 향약의 의미를 이해하지 못한다면, 이 힘은 위에서 아래로 내려오는 압제적 힘이 될 것이다. 담헌은 정치적 리더가 되는 군자와 정치적 주체가 되는 일에 무관심한 소인을 구분했지만, 그들 모두는 일단 향약의 틀 안에 들어와 있는 한은 그 약속에 마음의 성실성으로 임해야 한다고 강조했다. 향약의 규율은 모두의 성실성을 저해하지 않게 규율과 자율의 경계를 오고 갈 수 있어야 하는 것이다. 법이 없어도 근심할 필요가 없는 이유가 여기에 있다. 향약의 운용은 법의 유무에 의해 흔들리지 않는 구성원 모두의 품격에 의(지)한다. 담헌이 향약을 외적 규제와 자잘한 예의를 전달하는 일방적 가르침, 실질적 효험이 없는 윤리적 강령 정도로 보지 않은 것은 그래서 명확하다. 자율성을 간과한 예는 쉽게 조소의 대상이 된다[人孰不笑其迂哉]. 그것은 「향약서」 맨 처음에 서술한 '우물에서의 만남이 서로를 돕게 한다.'고 하는 향약의 소박한 본래정신과도 맞지 않다.

담헌이 향약에 입회된 자는 모두 하나의 마음으로 약속을 지켜야 한다[能一心遵守]고 강조한 것은 예의 대상, 예의 주체 범위를 확대하지 않았다면 불가능했다. 그가 허울뿐인 형식의 예에 대해 신랄한 비판을 한 것은 향약이 목표로 하는 선한 풍습이란 지배계습의 일방적인 양식으로 형성될 수도 없고 되어서도 안 되는 일이었기 때문이었다. 이전에 중국에서 만난 친구들에게 급히 보여주기 위해 쓴 「동국기략(東國記略)」에서 그는, 조선이란 나라가 "정책, 정령이 있어도 한사람이 반대하면 일이 잘 행해지지 못한다[雖有大政令, 一人論之, 事格不行]."는 점과 "나라에 큰일이 있으면 학생이 모두 글을 올려 논하므로 경상이하가 모두 두려워하고 꺼려한다[國有大事, 學生皆繳本論之, 卿相以下皆畏憚之]."는 내용을 기록했었다. 담헌은 향약이 지닌 자율적 참여와 실질적 내용만이 공동체 구성원들의 마음을 성심으로 움직일 수 있다고 믿었다. 실천[勉]은 향약을 후대의 어진 법으로 자리 잡게 할 것이다. 성인이 예를 전승시켰듯, 이 짧은 나주목사의 「향약서」 안에는 시정(時政)을 향한 담헌의 믿음과 자부심이 압축되어 있다. '만분지일(萬分之一)의 도움이 되는 예'가 곧 담헌의 '실'이다.

더불어 담헌의 '예'에는 개별자 각각이 보여주는 실질적 가치를 중히 여기는 태도가 담겨 있다. '모든' 찬동이 낳는 실과, 그것이 만분의 일정도의 작은 실효를 가질지라도 동의 자체의 다수성을 구하려는 태도는 중요하다. 하지만 그렇다고 담헌이 '하나'의 찬동을 미미한 것으로 보았다고 간주한다면 오산이다. 오히려 설령 그 하나의 찬동이 공론의 동의에서 배제됐을 때, 그는 자신의 몫[私捧]을 사양하여 그 하나의 개별적 가치를 의미 있게 하는 일에 동참한다. 이 양보와 배려의 자세는 결국 미래적 가치에 대한 일종의 투자이다. 그가 나주의 수령이 되어서 쓴 「권무사목서(勸武事目序)」를 살펴보자. 여기에는 수령이 된 그가 강무(講武)에 관해 어떻게 격려하고 권장할까 고민하던 끝에 군교(軍校)들을 모두 집합 시킨 [咸聚] 후 계책을 묻는 장면이 묘사되어 있다.

예전에는 권무청(勸武廳)이 있어서 한 달 동안 몇 포의 쌀을 소비하면서 한 고을 사람들을 상대로 활쏘기 시험[試射]을 보게 하되 그중 맞추는 게 많은 자에게는 상을 주었다. 이것이 해를 지나면서 상례가 되어서 사람들은 모두 그 상을 영화로 여기고 얻지 못함을 부끄러워하면서 서로 다투어 연습하여 혹 뒤쳐질까 두려워했다. 이로써 당시에는 활을 잘 쏜다고 이름나는 자가 매우 많았다. 그런데 이 법이 없어지자 활 쏘는 연습을 하는 이가 날로 적어져서 그 활 쏘는 바가 옛날에 미치지 못하게 되었다. 나는 그 권장하는 바가 없어져서 그들의 재주가 스스로 성취할 수 없게 된 것을 근심한 끝에 마침내 私俸을 덜어내어 상

줄 비용을 마련하였다. 규모와 조목은 모두 옛 제도를 따랐으니, 뜻있
는 자들은 거의 다 권면하는 바를 알아 흥기할 것이다"123)

군교들은 담헌 앞에서 예전의 상황을 이야기한다. 여기서 담헌의 예는
상하적 소통을 이끌어내는 정치적 장치로 활용된다.124) 예는 예로부터
상(上)이 하(下)에 대하여 폭력을 행사하지 않고 소통할 수 있게 하는 방
법이었기에, 간쟁(諫爭)과 같은 상(上)의 잘못을 교정하는 맥락에서 사용되
었다. 담헌은 이러한 예의 정치적 뜻을 이해하고 있었기에 허례와 문구
로만 오고가는 무익함을 벗고자[虛禮文具而已, 則終無益] 자신이 먼저 예가
오고갈 수 있는 상황을 만든다. 마땅히 해야 할 일[武可百年而不用, 不可一日
而不講也.]에 마땅한 출자를 자처하며, 자신의 사비가 생색이 되지 않게
"나는 쓸모없는 선비[迂儒]로서 외람되이 이 고을 수령이 되었다[余以迂儒,
叨守是邑]."는 말도 덧붙인다. 담헌이 미래적 가치를 감내한 것은 사실 자
신의 물리적 이익과 상관이 없었다. 그에겐 이 행사 자체가 관통하게 될
실[實]의 원리를 파악하고 실시하는 일이 더 급선무였다. 결실을 낳았던

---

123) ≪序: 勸武事目序≫, 「內集 3」, 『湛軒書』: 余以迂儒, 叨守是邑. 素乏韜畧, 不閑射御. 惟是
陰雨之備, 講武之道, 未嘗不惓惓也. 於是咸聚軍校, 詢之以激勸之策. 則皆以爲舊有勸武之廳,
月費數包之米, 以試射一邑之人而賞其中之多者. 歲以爲常, 故人皆榮其賞而恥其不得, 競相
校習, 惟恐或後. 是以當時之以善射名者甚盛. 玆法之廢, 習之者日少而射之所以不及古也. 余
愍其無所勸而不能自遂其才, 遂略捐私捧, 以備施賞之資, 規模條目, 悉遵舊制, 庶有志者知所
勸而興起矣.
124) ≪三經問辨≫, 「內集 1」, 『湛軒書』: 上下不交, 何以言天下无邦也? 爲政在於得人. 國无仁
賢則謂之空虛, 上下不交, 則君日自聖而臣日益疎, 上不以禮, 下不以忠. 雖其聰明才力大過人
者, 不能終夕而亡矣.
≪論≫, 「內集 2」, 『湛軒書』: 禮記何以言有犯無隱, 孔子何以曰而犯之乎? 人孰無過, 改之
爲貴, 君若聽吾諫而改其過, 則豈不益有光於其君乎?
≪日記≫, 「內集 2」, 『湛軒書』: 臣曰, 凡人臣之進言, 不能不因事因物而要在格其心, 人君
之容諫, 不能不形諸言貌而要在眞切覺悟也. 不如是而徒以虛禮文具而已, 則終無益也.

과거의 정형화된 규칙들을 헤아리고 나아가 규칙을 낳는 영향관계들에 대해서 명증한 자료로서 설명 가능하다면, 이 실용의 원리를 알아 볼 수 있는 것 역시 뜻있는 자라면 '거의 다 알 수 있는 일'이었다. 여기에 정치자로서 담헌의 역할이 있다. 담헌은 '모두'에서 누락된 몇 이들을 위한 설득에 힘을 싣는다. 담헌은 고을의 높은 사람이 아니라 일개 한 사람의 모습으로 이 설득에 참여한다. 굳이 자기를 낮추고 사비를 들인 것은 개별자 한 사람으로서의 역할을 하겠다는 의미다. '홍기'해서 끝내 이 의도를 잘 모르는 이에게도 동의를 구하겠다는 것이다.

흥미로운 점은 담헌이 이러한 자신의 경험을 제도의 조목이나 일례의 교훈으로서 서술하는 것이 아니라 서사적 과정으로서 보이고 있다는 점이다. 이러한 가시적 기술은 읽는 이로 하여금 등장인물들의 감정과 상황에 몰입하게 하여 자신의 문제로 여기에 한다. 또한 상황에 놓인 나의 접근적 한계[人視有限]를 그대로 보여줌으로써 그 궁구의 한계와 극점을 동시에 드러나는 효과가 있다. 참여자 모두의 감정이 나열된 정치적 기술이다. 앞서 향약서에서 그는 향약을 공포하기 이전 경험이 많은 연령 중간 이상의 어른들과 상의를 했으며, 향약의 법에 공동체 구성원들이 함께 모여 논의한 모든 찬동[僉同]이 담겨 있다고 기록했었다. 이는 당시 상하합계(上下合契)의 흐름을 반영한 결과이기도 하지만, 이 기술 자체는 향약서를 읽는 이들에게 향약의 의미를 상기시키게 한다. 이 미묘한 전달 방식의 변화가 구성원들에게 향약에 참여하는 주체가 위아래를 막론한다는 점, 구성원들의 자율적 풍습이 의견의 교환과 의미의 동의 없이는 구성될 수 없다는 것을 더욱 분명히 이해할 수 있게 돕는다. '모두'의 일치는 정치적 이상일 수 있지만 한 사람 한 사람의 가치를 염두에 둔다면, 자기양보를 통한 이해의 교감과 설득은 계속되어야 한다. 그리고 개별자 한 사람의 가치를 존중하기 위해서는 평등적 의사소통 방식은 계속해서 궁구되어야 한다. 담헌의 예(禮)에는 '모두의 실(實)'과 '거의 모두의 실(實)'과 '소수의 실(實)'이 이처럼 공존하고 있다.

그렇다면 오늘날 많은 학자들이 담헌을 이른바 실학자 그리고 이와 연계된 과학자로 규정하게 한 '격물'은, 담헌에게 어떻게 인식되고 있었을까? 담헌의 실과 격물, 그리고 다시 격물과 예와의 관계를 이해하기 위해서는 담헌이 했던 '공부'에 대해 먼저 집고가야 할 것 같다.

2) 홍담헌의 격물학

일반적으로 유가들에게 격물치지의 공부 방법은 성의정심(誠意正心)의 것과 대비하여 논의되어져 왔다. 전자는 외적세계에 대한 직접적 탐구로 후자는 마음과 뜻을 바르게 한다는 내향의 공부로 구분한 것이다. 하지만 역사적으로 격물치지-성의정심 공부가 항상 내외를 가르는 공부로 명확히 구분되었던 것은 아니었다. 또한 외적 사물을 대상으로 하여 실험하고 계측하는 공부만이 '격물'이었던 것도 아니었다. 이런 '격물'의 면모에 대해 원(元)대의 리학자인 요노(饒魯, 1193-1264)는 다음과 같이 정리하고 있다.

> 격물은 저 도리를 궁구하는 모습[格好·恰好]이 문지방 너며 구석까지, 겉으로부티 속끼지, 거친데서 정밀한 데까지 이해가 다다르는 것이다. 속 안에는 또 속이 있고, 세밀한 것 안에는 또 더 지극히 세밀한

것이 있다. 한 꺼풀 한 꺼풀 씩 환하게 꿰뚫어 나가야 한다. 예컨대, 자식은 효도를, 신하는 충성해야 한다는 것은, 분명히 드러나 있어 알기 쉽기 때문에[易見] 이른바 겉[表]이라 한다. 그런데 효가 되는 까닭[所以爲孝]과 충이 되는 까닭[所以爲忠]은 효와 충이라는 말 한마디[一言]로 다 드러나는 것이 아니다. 효를 가지고 말하자면, 집에 있을 때 공경하고[居致敬] 부모를 보살필 때 즐거움을 드리고[養致樂] 부모가 병환중일 때 걱정하고[病致憂] 부모의 상을 당해서는 슬퍼하고[喪致哀] 제사를 지낼 때 엄숙히 하는 것[祭致嚴], 이 모든 것이 효 이면에 있는 절목들이기에 이른바 속[裡]이라고 한다. (…) 그런데 이러한 것들은 공경을 유지할 때 밖으로 드러나는 것[見於外者然耳]일 따름이다. 매우 삼가고 신중함에 이른다는 것[洞洞屬屬]은 마치 옥을 쥐는 일이나 가득 찬 것을 받들 때와 같이 보통사람은 감당하기 어려운 일[中人弗勝]과 같다. 형태가 없는 것을 보고 소리가 없는 것을 들리는 지경에 이른다면 저 節文 이면의 골수에 또한 이른 것이다. 모름지기 격물 하고 또 격물하여 격물할 것이 없는 데까지 이른다면 그 재주가 최고의 경지일 터이니, 정밀하고 거친 것 또한 마찬가지이다. (…) 겉만 보고 속을 보지 못하거나, 거친 것만 보고 섬세한 것을 궁구하지 않으면, 그것은 진실로 다함이 없는 것이다. 그렇지만 속만 궁구하고 겉은 버려두거나, 섬세한 것을 찾되 거친 것을 버려두는 것도 역시 미진한 것이다. 모름지기 겉과 속, 거친 것과 섬세한 것에 모두 이르러야 비로소 격물이다.[125]

---

125) 饒魯는 주희의 이학을 계승했지만 육학의 영향을 받은 학자로 알려져 있으며, 강우학파의 태두로 알려져 있다. 黃幹의 문하이자 吳澄의 스승이기도 하다.
『饒雙峰講義 總12卷』, 이 책은 요노가 오경을 강의하면서 남긴 疎解를 청대 乾隆의 王朝璩가 정리해 편집한 책이다. 요노는 『饒雙峰講義 2』에서 『禮記』, 「內則」 및 「祭儀」를 설명하며 격물에 대해 다음과 같은 글을 남기고 있다. : 格物, 窮至那道理恰好闡奧處, 自表而裏, 自粗而精, 裏之中又有裏, 精之中又有至精. 透得一重, 又有一重. 且如爲子必孝, 爲臣必忠, 顯然易見, 所謂表也. 然所以爲孝, 所以爲忠, 則非忠孝一言之所能盡. 且以孝言之,

위 제시문에서는 격물치지 공부의 대상 범주가 사물[일과 물事物]의 표면적인 영역은 물론 보이지 않는 내부적 세계의 메커니즘까지 모두 포괄해야 한다고 말한다. 또한 격물치지의 공부 방법은 대강의 공부방법과 정밀하고 섬세한 공부 방법 모두를 아울러서 그 이해의 깊이와 너비가 완전할 수 있어야 한다고 말한다. 특히, 격물은 방법이 구체적이고 세세한 항목들에 대해 간과하지 않아야 한다. 요노(饒魯)는 격물궁리를 위한 독서를 중시하면서도 '장구 훈고(章句 訓詁)'를 경계하고, 격물에 있어서 지행을 강조하여 '선박후약(先博後約)'을 말한 것으로 알려져 있다.126) 널리 배우되 능히 요약할 줄 알아야 한다는 건데, 여기서 '박(博)'은 격물을 포함한다. '박으로 말미암아 약으로 간다.'는 이 말은 후외려가 지적하듯 이정자(二程子)가 말한 규구(規矩)의 뜻과 유사하다. 당시 '예로의 반복을 약이라 한다(反之于禮, 是謂約矣.).'로 이해되던 '약'은 사실상 복례(復禮)를 의미했다. 격물의 대상 영역을 확장시키며 방법론적으로 구체성과 정밀함을 격물이 껴안은 것은, 유가들이 '격물'을 '예'가 포괄해왔던 각론의 방법으로 자연스럽게 연관시켰음을 보여주는 예(例)이다.127)

如居致敬, 養致樂, 病致憂, 喪致哀, 祭致嚴, 皆是孝裏面節目, 所謂裏也. 然所謂居致敬者, 又若何而致敬? 如進退周旋愼齊, 乘降出入揖遊, 不敢噦噫嚏咳, 不敢欠伸, 跛倚, 寒不敢襲, 癢不敢搔之類, 皆是致敬中之節文. 如此, 則居致敬又是表, 其間節文之精微曲折又是裏也, 然此持敬之見於外者然耳. 至於洞洞屬屬, 如執玉捧盈而弗勝, 以至視於無形, 聽於無聲, 則又是那節文裏面骨髓, 須是格之又格, 以至於無可格, 才是極處. 精粗亦然, (…) 若見其表, 不見其裏, 見其粗而不窮其精, 固不盡然, 但窮其裏而遺其表, 素其精而遺其粗亦未盡, 須是表裏精粗無不到, 方是格物.

126) 후외려, 『송명이학사 2』, 431-435쪽 참조.
127) 陸澄이 '惟精惟一'에 대해 묻자 王陽明은 다음과 같이 답한다. "널리 배우고 자세히 묻고 신중하게 생각하고 밝게 변별하고 돈독하게 행하는 것은 모두 '유정'을 위함으로써 '유일'을 구하는 것이다. 그밖에 '박문'하는 것은 '약례'의 공부이고, '격물치지'하는 것은 '성의'의 공부이며, '도문학'은 '존덕성'의 공부이고, '선을 드러내는 일'은 '몸을 성

그런데 송명원청(宋明元淸) 시기를 거쳐 사용되던 이 '격물'의 의미는 오늘날 우리가 아는 '과학'의 개념보다는 박물학과 같은 포괄적 물세계의 공부를 지시하는 쪽으로 확장되었다. 조선도 마찬가지였는데 학술 대상범주의 포괄적 성격은 담헌 이전의 실학자들, 예컨대 유형원, 이익, 안정복 등을 통해서도 쉽게 확인할 수 있는 부분이다. 또한 위 지문의 예시에서도 보이듯, 유가들은 격물의 가치를 효나 충과 같은 인간사의 덕목에 자연스럽게 연관하고 있었다.

혹자들은 이러한 격물치지의 특성(특히 주희에서 보여주는)을 두고 도덕주의로 연관하여 이해하기도 하는데[128], 본서는 이러한 특성이 예를 강한 덕성으로만 환원하는 도덕주의보다는 예 '공부'의 하위 개념으로 격물을 이해했던 기존 유가들의 사유패턴이 낳은 결과라고 본다. 예컨대 '격'이라는 말은 법(法)에서도 사용되어 왔었다.[129] '격물'의 '격'이라는

실히 하는 공부'이니 여기에는 다른 설이 없다. [博學, 審問, 愼思, 明辯, 篤行者, 皆所以爲惟精而求惟一也. 他如博文者卽約禮之功, 格物致知者卽誠意之功, 道問學卽尊德性之功, 明善卽誠身之功, 無二說也.]" 또한 但衡今은 1957년에 『王陽明傳習錄札記』를 발행하면서, 윗글에 다음과 같은 주를 남기고 있다. "주자의 박문이 어찌 약례를 구하지 않았겠는가? 도문학이 어찌 일찍이 존덕성하지 않았겠는가? 격물명선이 어찌 일찍이 성의성심 공부가 아니었겠는가? 이것으로 말미암아 정주의 학문을 다루는 방법이 실제로는 곧 양명 학술의 덕에 들어가는 문이라는 것을 알 수 있다. [考亭之博文, 何嘗不求約禮? 道問學, 何嘗不尊德性? 格物明善, 何嘗非誠意誠身之功? 由此可知程朱之治學法, 實卽陽明學術入德之門也.]" 왕양명, 『전습록』上, 151-152쪽.

128) 이행훈의 「학문 개념의 근대적 변환 - 격치, 궁리 개념을 중심으로」의 384쪽 이하와 김용헌의 「격물치지 - 사물의 이치를 따져 보는 공부」; 한국사상사연구회, 『조선유학의 개념들』 모두 이와 같은 관점을 보여주고 있다.

129) 중국의 고대인들은 법을 '예'의 從者이자 보조자로 규정하면서 법전을 다시 律·令·格·式으로 구분했다. '율'은 일반적으로 형벌적, 제재적 법률을 의미했고, '령'은 일반적으로 명령적, 금지적 규범을 의미했다. 그리고 '격'은 율령 가운데의 勅 중에서 꼭 적용되어야 할 규정을 기본으로 하여 편수한 법전이었다. '勅格'이라는 용어는 여기서 등장한다. '격'은 율령에 대해서 보충적 의의를 갖는 법이었는데, 前格 이후의 칙격에 의해서

단어를 '(물성에 대한) 과학적 탐구'라는 틀만 가지고 접근할 필요가 없다는 점은 그래서 분명하다. 다시 말해 오늘의 과학 정신, 과학개념을 기_(때) 상정한 채 '격물'정신의 기원으로 소급해 적용할 필요는 없다는 뜻이다. 18세기까지 진행되었던 '격물'에는 언제나 물적 탐구의 결과물을 인간사의 문제나 정감의 언어로 환원하는 경향성이 함께 하고 있었다. 성리학자들은 물 세계의 원리들을 직접적으로 인간사의 가치에 유비했고, 담헌 역시 이러한 영향 하에 있었다. 그래서 마지막으로 '예의'로 변환되는 물성의 정보들에 담헌이 어떻게 접근하고 있었는지를 살펴보려 한다. 이는 3장으로 이어지는 가교가 될 것이다. 다음 「의산문답」의 글을 살펴보자.

> 五倫과 五事는 사람의 禮義이고, 때를 지어 다니면서 서로 불러 먹이는 것은 금수의 예의이며, 떨기로 나서 무성한 것은 초목의 예의이다. 사람으로서 物을 보면 사람이 귀하고 물이 천하지만 물로써 사람을 보면 물이 귀하고 사람이 천하다. 하늘이 보면 사람이나 물이 마찬가지다.[130]

실옹과 허자는 사람의 몸과 물(物)이 같은가 다른가를 두고 갑론을박을

변경 될 수도 있었고, '식'도 격에 의해서 개정될 수 있는 위치에 놓여 있었다. 마지막으로 '식'은 율령에 관계있는 事項의 세목을 규정한 법률로서 율령에 대해서는 종속관계에 있었다. 이러한 중국식 법제는 당 이전까지 유지되었고, 그 이후 약간의 변화가 있긴 했지만, 율령격식의 기본 의미는 크게 바뀌지 않았다. 법이 상세히 분화되고 구체적 항목들도 보충되어 갔지만 여전히 '예'의 가치는 상위에 있었고 이는 근대식 법이 등장하기 까지 지속되었다. 李相悅, 「中國의 禮典과 律·令·格·式 : 法史的 考察」 참조.

130) ≪補遺 : 毉山問答≫, 「內集 4」, 『湛軒書』: 五倫五事, 人之禮義也, 羣行呴哺, 禽獸之禮義也, 叢苞條暢, 草木之禮義也, 以人視物, 人貴而物賤, 以物視人, 物貴而人賤, 自天而視之, 人與物均也.

벌인다. 허자는 천지간의 생물 중에 오직 사람만이 귀하다며, 저 금수와 초목은 지혜, 깨달음, 예법, 의리가 없기 때문에 천하다고 말한다. 여기서 실옹은 허자의 이야기를 듣고는 "당신이야 말로 진실로 사람이군요."라고 웃으며 위와 같이 말한다. 여기서 보이는 천시의 관점은 인물동성과 만물가치의 평등성을 증거하면서도 격물의 가치를 부각시키는 일이었기에 그동안의 연구들은 이 천시의 객관적 관점에 주목해 왔다.

하지만 본서는 담헌이 '천시'를 이야기 한 목적이, 단순히 인간중심의 시선을 벗어나 어떠한 '객관성'을 확보하기 위해서라고 보지 않는다. '객관성'이라는 단어가 격물의 중심 가치로 평가되면, 담헌이 '천시'를 통해 탐구대상을 객체화시키는 이분법적 사고를 남겼다고 평가할 수 있기 때문이다. '천시'의 방점은 인(人)과 물(物)이 더불어 같이 동등하게 놓여 있다고 하는 시선의 이동에 있었다. 그래야 물에도 예의가 있을 수 있다는 다음의 질문과도 연결된다. 담헌에게 예의는 인간중심적 도덕주의가 아니라, 각 사물세계가 각자의 방식으로 표현하고 있는 가치의 총칭이다. 그래서 만물의 예의를 관찰하는 것은 보편적 생명원리와 그 질서의 표현 양식들을 궁구하겠다는 예의 방법론과 만난다. 모든 생명체가 저마다 드러내고 있는 질서의 원리를 궁구하는 것은 만물과의 교통의 외연을 확장시키게 돕기 때문이다. 물론 이 과정에는 실옹이 그러했듯 많은 지식과 정보가 정밀히 드러나야 할 것이다. 하지만 이 소통의 끝에는 너와 나의 위상이 같다는 존재론적 동일성이 놓여있다. 격물의 숙제는 그것을 다루는 인간의 독특한 사유능력으로 말미암아 인간이 다른 개체보다 우월하게 보이게 만들지만, 모든 만물에 각자의 가치[禮義]가 담겨 있다면 존재 자체들 간의 근원적 우열은 없다. 성인이 보여주었듯, 예의의 우열, 가치의 우열은 물들의 활동에서 올 뿐이다. 따라서 역으로 생각해 볼 수도 있다. 오직 인간만이 그 임의적 사유 활동과 인위적 구성물들로 말미암아 스스로 그러했던 본래적 표현질서를 위기에 빠뜨리게 만들 수 있다. 그리고 유가는 언제나 이 '인위(人爲)'의 한계를 스스로 반성해 왔다. 끊임없이 인간의 가치를 금수와 초목 세계에 이입하려는 마음이 원시적 마음이라 치부할 수 없는 이유다.

현대과학의 이원적 사유는 객관성의 확보를 위해서라면 언제든 물적 대상과의 단절에서 모든 관계가 끝날 수 있지만, 지식과 정보의 교류가 가치의 교류를 전제한다면 인/물세계는 상호적 관점의 치환을 지속적으로 유도할 수 있다. 담헌은 '격물치지'의 실천을 통해 실질적 내용물들을 얻고 있었고, 이 과정의 가치는 '예'의 다양한 방법들로부터 쌓여지고 있었다. 그러한 점에서 격물의 방법론은 예 개념의 하위에 놓이겠지만, 격물의 정신이 물간의 일원론적 소통에 기여하고 예가 동일성[人物同論/華夷一也]의 깨달음으로 개체를 인도한다는 점에서 격물과 예는, 결코 다르지 않다[一也].

이제 3장에서는 18세기 담헌이 실제로 궁구한 새로운 학문[西學]의 세계를 구체적으로 정리하려 한다. 정주학은 기본적으로 학은 본받는 것[學之爲言效也.]이라 역설했다.[131] 성인이 남긴 구체적 기록들 — 역(易)과 예(禮)의 가치 — 은 그래서 중요했다. 하지만 조선의 '홍자(洪子)'는 타자(物·

---

131) 이를 바탕으로 피터볼은 신유학이 전통적 유교모델을 정당화 하고 있다고 본다. 예컨대 그는 "『가례』에 실려 있는 바, 예의 수행을 위한 상세한 규정들을 따른다는 것은 타인에 의해 지시된 행위와 규범을 내면화한다는 점에서 모방으로서의 학"이라고 말하고 있다. 피터 볼, 『역사속의 성리학』, 249쪽.

人)의 '모방'은 물론 스스로가 '모방'이 되는 자취를 만드는데 주저함이 없었다. 예에 관한 자율적 이해는 담헌의 격물 혹은 담헌의 과학에 관한 이전과는 다른 해석을 요구한다. 이상에서 우리는 담헌의 동론이 예와 연결되고 이 예를 통해서 격물에 접근할 때 담헌의 사상이 일원론으로서 일관되게 연결되고 있음을 확인했다. 이 일관성은 18세기 밀려들었던 서구의 신학문과의 만남에서도 그대로 적용되고 있었다. 따라서 이하에서는 담헌이 가졌던 격물이해의 급진성과 예, 새로운 과학의 문제가 종합적으로 고찰될 것이다.

제3장

예와 18세기 과학의 만남

이 장의 내용을 본격적으로 논의하기에 앞서 먼저 검토해야 할 단어가
있다. 바로 '과학'이다. 담헌이 서학을 오늘의 과학개념의 틀 속에서 수
용한 게 아니었음에도 불구하고 그동안의 많은 담헌 연구서와 18세기 실
학연구서들은 이 틀에 대한 문제제기를 하지 않았다. 격물과 실학, 그리
고 서구의 신지식은 우리가 인식하고 있는 '과학'이란 개념 속에 다 담길
수도 없고 담겨지지도 않는다. 그래서 먼저 우리가 정의하고 있는 '과학'
이 무엇인지에 대해 물어야 한다.

오늘의 우리가 '과학'이라고 사용하는 용어는 사실상 영어 'Science'
의 번역어이다.[1] Science는 라틴어로 scientia부터 왔으며, 이 말은 안
다(know)고 하는 scire로부터 연유했다. 그런데 원래 Science는 예술을

---

1) 'Science' : The intellectual and practical activity encompassing the systematic study
   of the structure and behaviour of the physical and natural world through
   observation and experiment Originally science was knowledge in general, or any
   branch of knowledge, including the arts, and the word is from Latin scire 'to know'
   (also found in conscience (Middle English) 'inner knowledge' and nice). The
   restricted modern sense of science, concentrating on the physical and natural world,
   dates from the 18th century. 옥스퍼드 사전(http://www.oed.com/) 참조.

포함하여 지식의 다양한 가지들을 포함하는 knowledge의 의미였었다. 이 단어가 오늘날의 현대적 의미, 즉 물리적이고 자연적인 세계에 집중하여 한 정된 의미로 사용한 연원은 18세기로 거슬러 올라가야 한다. 이 시기는 서양에서도 Science 개념이 성립되는 시기이면서 동양에서도 새로운 의미의 과학 개념들이 정립되어가는 시기이기도 했다.

'Science'를 처음 번역한 것으로 알려진 니시 아마네는 처음에는 '학(學)'으로 번역했었다. 김성근이 연구했듯이, '과학'이란 한자어는 메이지 중기에 이르러서야 정착된다.[2] 일본인들이 이해한 과학(科學, かがく)은 '체계적이면서 경험적으로 실증 가능한 지식[体系的であり、経験的に實証可能な知識]'이었다.[3] 일본인들은 과학이란 단어가 19세기 말 일본에서 만들어져서 그 이후 중국으로 유입되었다고 설명하면서 독일어 'Wissenschaft[특정한 영역 안에서 연구 활동으로 생산되는 지식]'의 번역이라고 말한다.[4] 결국, '과학'은 18세기 전후에 동서양에 정착되어 번역된 개념이니, 우리가 18세기 담헌을 '과학자'로 부르는 것은 어색한 이름임에는 틀림없다.

---

2) 김성근, 「니시 아마네의 과학개념」 참조.
3) 『廣辭苑』에서 '科學' : 物理學·化學·生物學などの自然科學が科學の典型であるとされるが '經濟學·法學などの社會科學·心理學·言語學などの人間科學もある'狹義では自然科學と同義.
　『世界大百科事典』第2版の解說에서 '科學' : 科學とは今日通常は自然科學を指す. 人文科學, 社會科學という呼び方もある. 元來は英語(もしくはフランス語)のscienceの譯語として19世紀末に日本で造られた單語であり, その後中國にも輸入された. scienceとは本來ラテン語のscientiaつまり〈知識〉全般を指す言葉から生まれたものと解される. ヨーロッパ語としてはフランス語に取り入れられたのが早く, 17世紀初期に英語としても定着した. ドイツ語ではこれにWissenschaftという譯語を当てた.
4) 두덴사전(www.duden.de/)에서 정의하고 있는 'Wissenschatt'의 의미는 나음과 같다 : ein begründetes, geordnetes, für gesichert erachtetes) Wissen hervorbringende forschende Tätigkeit in einem bestimmten Bereich.

더불어 우리가 이른바 '과학적 방법론'이라고 부르는 요인들에 정형화되고 계획적인 관찰, 측정, 실험, 일반화, 시험 및 가설의 변경 과정이 등장한다는 것은 흥미로운 연상을 가능케 한다.[5] 자연과학의 관찰이 인간의 시각적 데이터를 확장시키고 다시 그러한 정보를 통해 다시 인간의 세계가 더 가시적이고visible 더 감지할 수 있는tangible한 세계로 확장된 사실은 오늘날 새삼 언급할 필요가 없는 인류공동의 경험이 되었다. 그리고 이러한 발전의 이면에는 바로 관찰과 측정을 통한 일반화, 그리고 그 공식화된 사실들을 100% 완전한 질서라 믿지 않고 끊임없는 갱신을 시도했다는 점, 새로운 주조를 위해 기존의 것의 적용과 수정을 반복했다는 점이 있었다. 그렇게 보면 자연의 질서를 읽는 방법론 자체는 사실상 동서고금이 크게 다르지 않은 셈이다. 하나의 자연과학적 사실이 한 공동체의 지적 질서로 통용되기 위해서는 늘 이러한 방법을 취해왔던 것이다 : 드러난 것을 잘 관찰해서 다시 잘 (어떠한 form으로) 드러내게 한다, 이 드러낸 것을 보편적 질서형식으로서 공유하고 응용한다, 그러나 이 상태를 온전히 믿지 않고 늘 새로운 변화가능성을 열어둔다.

서구의 과학개념으로 동아시아 과학사를 보기 시작한 연원에는 조세프 니담의 과학사를 언급하지 않을 수 없다. 『중국의 과학과 문명』에서 니담은 동서 비교를 통해 동아시아인들이 가졌던 과학적 지식의 우수한 내용을 소개하였고 이 이래로 많은 연구가 '과학' 개념을 동아시아 과학사에 적용해왔다. 니담의 연구는 방대한 동아시아의 물학을 분류, 체계화

---

5) 'scientific method' : A method of procedure that has characterized natural science since the 17th century, consisting in systematic observation, measurement, and experiment, and the formulation, testing, and modification of hypotheses. 옥스퍼드 사전(http://www.oed.com/) 참조.

했고, 동시에 동아시아인들도 알지 못했던 과학계 성취물들의 가치를 상기시켜줬다는 점에서 높은 평가가 당연하다.

이러한 방식의 연구는 과학적 성취물의 나열, 유무 비교, 혹은 주어진 지식의 유형에 따라 그 발전의 정도를 비교 서술한다는 점에서 사실 확인에 관한 타당성을 보여주지만, 연구 주체 혹은 발견 주체의 상황이나 환경에 대해 맥락적으로 접근하지 못하는 한계가 있다. 또한 과학사회학에서 다루는 중요한 논점들을 간과하게 한다. 대표적인 것이 철학자이면서 동시에 수학자였던 서양의 철학자들의 능력을 동양의 것과 바로 대등하게 비유하면서 추켜세우는 오류를 범한다는 점이다. 하지만 동아시아인들의 격물학을 동아시아인들의 철학과 바로 연관시키려면 다른 관련한 다양한 요소들, 즉 통제변인도 같이 언급되어야 마땅하다. 특히 직업의 분화가 이루어지지 않아 학적연구의 분업체제가 불완전했던 상황들과 연구를 가능케 하는 재정적 후원, 학적 공간(아카데미)의 유무 등은 과학의 내용 자체를 결정지을 수 있는 중요한 요인들이기 때문이다. 연구주체의 환경적 한계가 무엇인지, 연구주체의 관심사가 왜 제한될 수밖에 없었는지를 종합적으로 보지 못하면, 동아시아인들의 물학사는 끊임없는 열등감과 편협한 시각을 내재한 채 서술될 수밖에 없다.

담헌의 과학을 이해하기 위해서는 지금 우리가 가지고 있는 과학 개념의 틀로부터 자유로울 필요가 있다. 담헌은 서학의 놀라운 지식 앞에 식민적 의식을 보이지 않았고 청국의 번영 앞에서 다시금 소중화의 변방의식을 상기하지 않았다. 이원론을 수용해야 한다거나 주객관념을 강조하지도 않았다. 이는 담헌을 일원론의 틀 속에서 이해해야 하는 중요한 이유가 된다. 그래서 본서는 부득이하게 본 장의 큰 제목에는 (읽는 이의 쉬운 개요를 위해) '과학'이라는 이름을 달았지만, 이하에서는 과학이라는 용어대신 '물학'과 '신(新) 격물학'이라는 용어를 사용하려 한다. 담헌이 18세기에 만난 서학(선교사들이 서교와 함께 가져온)은 오늘 우리가 아는 그 '과학'이 맞다. (하지만 그는 우리가 지금 아는 '과학' 개념을 몰랐기에 과학으로서 서학을 이해했다고 말할 수 없다.) 그런데 이미 성리학자로서 그는 '격물학'을 공부한 바 있었기 때문에, 당시 그 과학을 격물학으로서 이해했다. 하지만 그 이후 그가 기존의 격물학과 과학을 요리하는 방식을 보면 분명 기존 다수의 성리학자들이 보여주지 못한 격물학의 이해가 보인다. '새로운 격물학'이란 이름이 필요한 이유다. 게다가 가장 중요하게도, 그의 '신 격물학'은 예학을 통해서 공부해온 물학의 범주 하에 있었다. 그의 삶과 철학은 결코 격물학에 국한되지 않았다. 더 큰 이름과 더 일관된 개념이 필요한 이유다. 곧 일원론자의 물학인 것이다.

앞서 살펴보았듯, 18세기에 '물(物)'의 확장된 범주는 이러한 개방성과 응용을 자연스러운 활동으로 도왔다. 서학 역시 다양한 물에 대한 정보를 주고 있었기에 이 과정에서 기존의 격물학은 내용과 방법 모두가 수정된다. 의리역학과 상수역학 모두가 취사선택된다. 먼저 (격)물학을 새로운 물학으로 추동하게 했던 몇 가지 배경적 요인들이 있다. 이 논의부터 시작해 보자.

1. 격물학(格物學)에서 물학(物學)으로

1) 개방적 학문관으로부터

18세기 담헌이 마주한 세계의 복잡성은 그의 학문적 만남의 궤도와 함께 간다. 다행히 사람으로 태어나 환하게 밝은 마음을 흉중에 간직했음[我生幸圓顱, 燦然涵天衷.]을 감사히 여기던 담헌이다. 다양한 공부의 여정을 그가 얼마나 기꺼한 마음으로 따랐을 지는 이하에 충분히 서술될 것이다. 본서는 크게 두 가지 틀로 이 학문적 영향관계를 고찰하려고 한다. 첫째는 전통 유가적 범주 안에서의 학문적 영향이다. 공맹을 위시한 유가, 순자, 묵자, 장자가 여기에 해당된다. 둘째는 중국과의 교류를 통해 자극되어진 양명학과 금고문학의 영향이다. 담헌의 개방적 학문관은 18세기 조선의 어느 학자의 그것과 견줄 수 없을 정도의 폭을 보여 주고 있다.

(1) 신유학의 문제 : 묵자와 장자의 영향

신유학자들은 형이상학적 논의를 통해 개념세계가 포섭할 수 있는 다양한 역량을 보여주었다. 그들에게 형이상자(形而上者)에 대한 논의, 도(道)에 대해 묻는 다는 것은 중요하고도 어려운 일이었다.[6] 형이상학이 지닌 은밀함[密]은 발견과 해석을 요할 수밖에 없었다. 형상을 떠난[形而上] 은밀한 추상성은 일상의 경험세계에서 수집되었던 친밀한 가치들을 상위의 개념으로 묶게 한다. 그리고 이렇게 위로 올라간 경험들은 개념 띠가

---

6) 『二程集』, 162쪽 : 氣是形而下者, 道是形而上者. 形而上者則是密也.

지닌 의미의 일반화로 인해 이전 경험과 상관없었던 사물들까지 묶게 한다. 경험하지 않아도, 추상화된 개념들이 개별 개체들에게 특정 경험이 지닌 (연관) 의미들을 상기시켜주기 때문에, 형이상학에 대한 강조는 형에 갇힌[形而下] 사물들에 대한 이해를 오히려 강화시키고 확장해줄 수 있는 것이다. 또한 개념이 지닌 추상성은 신유학이 꿈꾸는 이상(理想)을 위해서 현실의 구성원들을 더욱 결속시키고 도덕적인 인간으로 더욱 추동하는데 주요한 역할을 할 수 있었다. 더 많은 소통을 위해서, 더 넓은 이해를 위해서 필요한 것이다. 여기서 문제는 담헌이 성리학의 정통 강령을 현실 속 아무개의 문하(門下)가 아닌 텍스트를 통해 원리적으로 단독 접근한다는 점이다. '홍자(洪子)'라는 평가가 나오는 이유다. 담헌은 개념이 주는 원칙성을 누구보다 중시했기에 '누구의 말'을 통하기보다 텍스트에 직접적으로 다가간다. 현실적 조건의 필터링을 거치지 않고 학문적 본질을 스스로 해석하고 실천한다. 개념의 이상성에 충실하되 권력과 연고, 계파와 신분에 얽매어 있지 않았던 그의 자유로운 학술 방법은 자기 고유의 해석이 정주(程朱)와 공맹(孔孟)에 묶이지 않게 하는 여유의 공간을 만들게 했다. 『묵자(墨子)』와 『장자(莊子)』의 텍스트 역시 이러한 개방적 이해의 연장선상에 있었다.

◉ 담헌과 묵자

담헌 철학과 묵자의 연관관계에 대해 연구한 대표적 선례는 박희병이다. 박희병은 저서 『범애와 평등』에서 "조선학인 중 묵자를 긍정한 사람은 좀처럼 찾아보기 어려운데, 담헌이 '묵'에 들어갈 건지를 고민하는 모습은 조선 사상사의 일대 사건이라 평할 만하다."고 적고 있다. 그가 검토하고 있듯이[7], 실제로 담헌은 편지글과 시를 통해서 묵가의 가르침에 대해 매료된 바 있음을 술회하고 있으며, 특히 묵가의 검소함[8]과 범애[9], 박애[10] 정신에 대해서는 직접적으로 그 가치를 언급하고 있다. 담헌이 자신의 사유체계 속에 본격적으로 묵자를 유의미한 것으로 끌어 들인 것은 중국을 다녀온 이후의 일로 봐야 맞을 것이다. 더 넓은 세계 속에서 더 많은 사람들과 부딪힌 것은 그러한 사상의 지평을 확장시켜준 계기가 되었을 것이다. 하지만 담헌이 그렇게 '드문 학자'라고 해서 담헌의 사상적 지향을 '탈유교적'으로 확정하기에는[11] 몇 가지 언급해야 할 것들이 있다.

먼저 박희병이 지적한 "김종후와 같은 '꽉 막힌 조선의 보수적 학자'들과의 논쟁 이후 담헌이 자기 사상을 새롭게 정립하는 쪽으로 나아간 것은 '조선의 기존 학문과 결별'했기 때문이다"[12]라는 말은 납득하기 힘들다. 담헌은 공자를 위시한 유가의 정통과 정주 철학의 핵심을 저버린 적이 없다. 그는 유·묵의 사상을 '대립적인 것'으로도 파악하지 않았다.[13] 박희병이 근거로서 인용하는 다음 두 개의 담헌의 말을 살펴보자.

---

7) 박희병은 위의 책 69-72쪽에서 담헌이 墨에 관해 언급한 부분들을 발췌, 정리하고 있다.

8) ≪詩 : 次孫蓉洲有義寄秋詩韻 仍贈蓉洲≫, 「內集 3」, 『湛軒書』: 老墨雖異敎, 淳素亦可取. 노씨와 묵씨의 가르침은 다르지만 순박함과 검소함은 또한 취할 만하네.

9) ≪雜詠, 四首≫, 「內集 3」, 『湛軒書』: 老聃遂入胡, 仲尼欲居夷. 洪勻陶萬品, 窮髮同秉彝. 疆界有內外, 汎愛無偏私. 노담은 드디어 오랑캐에 들어가고, 중니는 구이에 살고자 했노라. 조화가 품물을 만드니 북방 불모의 땅에 사는 이도 천성은 같네. 강역의 내외는 있다 해도 범애에는 편사가 없노라.

10) ≪詩 : 贈元玄川歸田舍 二首≫, 「內集 3」, 『湛軒書』: 韓人矜褊心, 深文多譖誣, 偉哉玄川翁, 博愛遵聖謨. 우리나라 사람은 편협한 마음 뽐내며 가혹하여 모함이 많거늘 거룩할 손 현천옹은 박애로써 성인의 법을 따르길.

11) 박희병, 『범애와 평등』, 69쪽.

12) 이상 따옴표, 박희병, 『범애와 평등』, 75-76쪽, 74쪽.

이 두 분의 제멋대로 한 의론이 실로 나의 마음과 같다고 여겨 세상을 돌아보고 슬피 여기면서 몇 번이나 유에서 도망쳐 묵으로 들어가고자 하였는데, 그 튼튼하지 못한 우리에 근거를 두고 그 입장에 서서 인귀관의 머리에 드나들었으니, 매우 민망한 비웃음이 되었습니다.[14]

추호를 크다 하고 태산을 작다 함은 장주씨의 과격한 말이다. 지금 내가 건곤 보기를 한낱 초정처럼 여기니, 나도 장차 장주씨의 학문을 할 참인가? 30년 동안 성인의 글을 읽었던 나인데, 어찌 유에서 도망하여 묵으로 들어갈 것인가? 말세에 살며 화란을 겪자 하니, 눈의 어지러움과 마음의 아픔이 극심하다.[15]

이상의 말 속을 살펴보면 유(儒)와 묵(墨)이 대립적 구도에 놓여서 마치 담헌이 그 기로에서 '유'로 갈 것인지, '묵'으로 갈 것인지를 고민하는 듯한 인상을 준다. 하지만 담헌은 그러한 거친 '유'의 길속에서 느끼는 아픔[傷心之極]을 토로한다. 조선뿐만이 아니라 동아시아 거의 모든 시대의 유가들은 이러한 '탈세'의 고민을 묵자나 장자의 이름을 빌어 노래했고, 또한 그들의 삶을 통해 위로받았다. 결코 불가(佛家)가 될 수 없는 유가들은 묵자와 장자를 비난하고 비판했지만 그것은 그들의 정치적이고 학문적인 노선을 함께 할 수 없기에 구분한 처사지, 그들의 삶이 보이는 진정성과 가치를 무시한 것이 아니었던 것이다. 거의 모든 조선의 사대부들

---

13) 박희병, 『범애와 평등』, 75쪽, 주석 100.
14) ≪與人書二首≫, 「內集 3」, 『湛軒書』: 妄以爲二子橫議, 實獲我心, 怳然環顧, 幾欲逃儒而入墨. 其立脚不牢, 出入於人鬼關頭, 殊爲悶笑.
15) ≪乾坤一草亭主人≫, 「內集 3」, 『湛軒書』: 大秋毫而小泰山, 莊周氏之激也. 今余視乾坤爲一草亭, 余將爲莊周氏之學乎? 三十年讀聖人書, 豈逃儒入墨哉? 處衰俗而閱喪威, 萬目傷心之極也.

은 자연의 휴식 속에 마음의 위안을 얻을 때, 세류의 고루함과 졸렬함으로 답답함을 토로할 때, 사단취장(捨短取長)의 마음으로 묵자와 장자의 가면을 쓰고 칠실(漆室)16)에 들어갔다. 따라서 같은 맥락에서 보자면, 박희병이 말하는 '하늘의 관점[天視]' 역시 담헌이 범애를 말하게 된 영향력 있는 시선이 되겠지만, 그것이 유가를 등지고 장자나 묵자의 입장을 따랐기 때문에 수용한 결과로 설명할 수는 없다. '천시'의 관점은, 담헌뿐만이 아니라 여느 유가들도 자신의 삶과 시류 사이에서 괴리감과 두려움을 느낄 때 요청했던 것이다. 그 이유를 대변하는 예가 바로 '좀벌레'의 비유이다.

백발이 되도록 경학을 연구했건만, 쓸쓸한 이 신세 좀벌레와 같구나.

한 평생 책장만 뚫으니, 저는 참으로 하나의 좀벌레로구다.

노씨와 묵씨는 교범은 다르지만 순진하고 소박함은 또한 취할 만하구나. 건곤을 부모로 삼고 온 세계 사람을 형제처럼 여긴다네. 벌레도 모두 혜택을 입고, 새도 또한 솟아올라 춤을 추는구나.17)

---

16) ≪詩：回到山海關登望海亭有懷錢塘諸人≫, 「內集 3」, 『湛軒書』: 一泓東海小如杯, 漆室何人涕泗漣. 한 모퉁이 동해는 술잔처럼 작은데, 어떤 사람이 칠실에서 눈물 흘리나.
cf. 漆室 : 분수에 맞지 않는 것을 걱정한다는 뜻으로 옛적 노나라 어느 미천한 여자가 캄캄한 방에서 나랏일을 근심했다 함.

17) ○ 窮經到白紛, 寂寞同蠹魚. / ○ 終身鑽故紙, 彼哉眞一蠹. / ○ 老墨雖異敎, 淳素亦可取. 乾坤爲父母, 四海同廓廡. 蠢動皆含靈, 自翅亦掀舞. 순서대로. ≪雜詠 四首：窮經到白紛 寂寞同蠹魚≫, ≪詩：寄陸篠飮飛≫, ≪詩：次孫蓉洲有義寄秋詩韻仍贈蓉洲≫, 「內集 3」, 『湛軒書』.

담헌은 자신의 신세를 '좀벌레'에 비유한다. 자신에게 좀벌레의 이름을 붙인 것은 책에 기생하여 먹고 사는 자신의 처지를 묘사한 것이기도 하지만, 좀벌레처럼 눈에 띄지 않게 작아진 자신의 모습은 하늘에서 내려다보아 스스로가 획득한 명찰이다. 하지만 이미 앞서 정이천을 비롯한 (정직한) 선배 유가들[18]은 하늘의 관점을 빌어 이따금 스스로를 작디작아진 '좀벌레'로 규정하곤 했다. 자기 자신의 모습을 하향의 구도로 바라볼 때, 그 거리감이 만들어 내는 공간에는 거친[野] 현실의 기운이 흐른다. 군자는 이 날 것을 기르는 자이다. 담헌은 호기(浩氣)와 혈기(血氣)가 한 가지의 기임을 강조했다. 그는 유경여가 호기에 대해 묻는 편지에서 "오직 그 성대히 유행하는 것은 호기라 하고 사욕을 따르는 것은 혈기라 하나, 그 실은 한가지의 기입니다."라고 답한다.[19] 담헌에게 기는 한 가지도 없앨 수 없었다[不可偏廢也]. 혈기를 따르는 나의 작은 몸을 정직하게 바라보는 것(顧我雖拙謀, 나는 재주가 졸렬하고 쓸모도 없지만), 그리고 그 밖에 흐르는 거대한 호연의 기를 마주 하는 것(聲氣頗相同, 마음과 의지만은 본디 서로 같습니다), 그리하여 그 충만한 기운을 받아드려[集義] 담대한 기운으로 내 뿜을 수 있는 것, 이것이 좀벌레가 따라야 하는 뜻[命]이었다. 오히려 유가 정통의 원리에 더 정직하게 임하는 순수주의자일수록 이 같은 고백이 자연스러웠을지도 모른다. 가장 깨끗한 마음[性善]이 그 어마한 기운을 모을

---

18) ≪三經問辨 : 周易辨疑≫, 「內集 1」, 『湛軒書』 : 故于野之亨, 必在於君子之正也. 거친 공간에서의 형통함은 오롯이 군자의 정직함에 있다.

19) ≪答兪擎汝浩氣問書≫, 「內集 3」, 『湛軒書』 : 盖浩氣血氣, 非兩氣也. 如論本然氣質, 本是一性. 故凡言氣者, 皆屬充體. 惟其盛大流行, 則謂之浩氣, 徇私逞欲, 則謂之血氣, 其實一氣也. 至若無暴其氣與養浩氣, 語意有偏全之別, 無暴其氣. 是言血氣之不可不致養而闢告子之非是. 養浩氣, 是配道而集義, 則持志自在其中而爲養氣之全功也.

수 있다는 것을 누구보다 유가들은 잘 알고 있었다. 유가들은 스스로가 만들어낸 규율과 관조의 자유, 그리고 거부할 수 없는 타율의 전통 속에서 장자와 묵자의 지혜를 외경했지만, 그들의 길을 따라 걷는 것은 또다시 좀벌레를 붕새로 조장(助長)하는 일이라 보았다. 그리고 이는 명백한 부정직함이었다. 담헌은 그래서 청고(淸古)라 지칭하는 이들을 비판했다.

세상에서 자기 스스로가 특이함을 좋아하고 높인다고 말하는 자는 왕왕 궁벽스러운 것을 캐내고 괴이한 일을 행(색은행괴)하며 방랑 자득하는데, 그 행을 상고해보면 밖으로 외경할만한 위엄과 풍지의 볼만한 것이 없고, 안으로 충신과 재지의 말할 만한 것도 없다. 그럼에도 우선 마음은 산수에 노닐고 몸을 시와 술 사이에 풀어 놓으며 서로를 모뜨고 본받으며 스스로를 청고라 자칭한다. 이는 명리에 따라 벼슬 직위에 나아가는데 성급하여 권세를 탐람하는 자와 청탁의 구별은 있는 것 같으나 그 세를 그르치고 속을 병되게 함은 청고에 가까울수록 더욱 크게 어지러워 그해가 도리어 심하다. 군자 된 자로서 비록 눌러서 바로잡지는 못하더라도 도리어 용허하여 조장해서야 되겠는가?[20]

장자와 묵자는 호연지기(浩然之氣)의 가치 이상으로 담헌의 삶을 압도해 들어오지 않았다. 담헌은 선배들이 그러했듯, 장자와 묵자를 유가의 시선으로 품었다. 이는 유가가 누릴 수 있는 최고의 특권이자 가장 유가다운 '정체성'이었다. 다수의 유자들이 자신이 좀벌레로 비유되는 것을 불쾌해

---

20) ≪三經問辨 : 周易辨疑≫, 「內集 1」, 『湛軒書』: 世之自好尙奇者, 往往行恠索隱, 放浪自得, 夷考其行, 則外无威儀風旨之可觀, 內无忠信才智之可言. 而方且遊心於山水, 放形於詩酒, 相倣效, 自謂淸古. 此與躐進名利貪婪權勢者, 雖若淸濁之有別, 其誤世病俗, 彌近而大亂, 則其害反有甚焉. 爲君子者縱不能抑而正之, 乃反許而助之哉?

할 때 그는 자발적으로 좀벌레를 자처했고, 실제 그 자신이 새가 되어 춤[拚舞]을 출 때 그는 좀벌레가 된 다수의 유자들도 모두 영험함의 혜택을 입었다[含靈]고 말했다. 이것이 바로 유자인 담헌이 일관되게 보여주는 범애(汎愛), 즉, 인물성동(人物性同)이다.

그럼에도 불구하고, 담헌이 장자와 묵자에 대해 개방적 태도를 유지했다는 것은 동시대 다른 유자들에게서 쉽게 찾아 볼 수 없는 면모임에 틀림없다. 묵가는 가족을 중심으로 단계적으로 사랑을 확장해 나가는 유가의 모습[21]을 비판했기 때문에, 겸애(兼愛)가 바라보는 유가의 '인'은 차별적 표현방식으로 읽힐 수밖에 없었다. 그러한 점에서 담헌이 인물성동론을 주장한 데는, 겸애가 보이는 일관된 사랑의 표현방식에 일정 부분 자극 받았을지도 모른다. 게다가 유송령과의 대화에서도 드러나듯, 그는 타인을 내 몸과 같이 사랑하는[愛人如己.] 서교(西敎)의 사랑에 대해서도 들은 바 있었다.[22] 겸애가 아니라 '범애'로 표현한 것에는 묵가의 이단성 비판을 비껴가면서 동시에 유가가 표방하는 성즉리의 정신과 '인'의 본래면목을 회복하려는 그의 바람이 담겨 있다고 본다.[23]

---

21) 유가의 인과 묵가의 겸애가 그 적용 대상의 외연에 따라 차이가 난다고 볼 수 없다는 것은 정재현을 비롯한 여러 연구에서 밝혀진 바 있다.

22) 答曰, 我國之學, 敎人愛尊天. 萬有之上, 愛人如己. 余曰, 愛之云者, 指何耶? 抑別有其人耶? 答曰, 乃孔子所云郊社之禮, 所以事上帝也, 並非道家所講玉皇上帝. 又曰, 詩經註不言上帝天之主宰耶. 답하기를, "우리나라의 학문은 사람들을 사랑하는 것과 하느님을 높이는 것을 가르칩니다. 萬有의 위에 계신 하느님을 높이고, 타인을 사랑하되 자기 몸처럼 합니다." 고 하였다. 내가, "사랑이란 무엇을 말합니까? 특히 그러할 사람이 있습니까?" 하니, 답하기를, "공자의 이른바 郊社의 예는 上帝를 섬긴다 가 그것이고, 도교에서 말한 玉皇上帝는 아닙니다." 하였다. 또 말하기를 "詩經의 註에서도 上帝는 하늘의 主宰라고 말하지 않았습니까?" 하였다.

23) 왜냐하면 '汎愛'는 『論語』, 「學而」 편에도 등장하는 말이기 때문이다.

두 번째로, 박희병이 지적하듯 묵가가 검소함과 근로에 대해 강조한 것 역시 담헌에게 현실을 비판하는 데 영향을 주었다고 본다. 예컨대 을병여행기 곳곳에서 보이는 사치와 낭비에 대한 담헌의 의견들, 후장(厚葬)을 반대하는 입장, 노동하지 않는 사대부들에 대한 신랄한 비판 등은 묵가의 영향이 있다고 판단되는 부분이다. 물론 이러한 태도들은 『예기』와 같은 유가 경전이나 선배 성리학자들의 글에서도 배운 바 있을 것이다. 하지만 이는 역시, 유가를 향한 묵가의 공격 지점으로 널리 알려져 있었다. 따라서 유가 자신의 자성(自省) 지점으로서 검소함과 노동의 강조는 유효한 영향관계로 언급될 수 있다.

세 번째로, 묵가가 공자의 정명사상을 발전시키면서 정치적 언어의 바른 사용과 언어적 조리의 맥락 등을 중시한 점, 명학의 전통이 명실일치(名實一致)의 사상을 표방하면서도 한편으로는 실학과 대구(對句)되어 이해되었던 점, 그리고 묵가가 격물학(건축, 무기 과학 등) 분야에 관심을 가지고 실용성과 논리성에 입각하여 유가 규범체계를 비판했던 점은 담헌이 '실'에 대해 재고하는 많은 자극 지점이 되었으리라 본다.

정재현은 동아시아 정명사상의 방향을 '실을 바로잡음[正實]'과 '이름을 바로 잡음[正名]', 두 가지의 의미로 설명한 바 있는데, 전자를 대체적으로 유가와 법가, 후자를 도가와 묵가의 흐름으로 분류한다. 후자는 현실이나 실제 대상의 상태를 바로잡는 것이 아니라 실제 상황을 토대로 우리가 가진 이름을 교정하려 한다는 점에서 '정명' 본연의 이름의 뜻을 따른다. 그런데 앞서 고찰한 '말해야 하는 상황[所謂]'을 구분하고 언어 표현의 명확한 사용을 시도하는 담헌의 경향은 도가나 묵가의 정명 흐름에 상당히 가깝다. 또한 정재현은 후기 묵가의 명학을 연구해야 할 이유로 동아시아의 이상적 명분체계인 예(禮)의 이해가 필수적이라 언급하며, 이러한 예의 논리적 뿌리라고 할 수 있는 시비(是非)와 동이(同異)의 분류에 대한 연관적 고찰은 매우 긴밀하다고 말한다.[24] 이러한 설명은 담헌이 분석의 과정을 중시하고 분변을 위해서 동이(同異)의 영역을 구분한 이유를 이해할 수 있게 하는 배경지식이 된다.[25]

그런데 이상의 영향관계 이전에, 담헌 스스로가 밝히고 있는 묵가에 대한 관심은 사실 '인귀관(人鬼關)'에서 시작되었었다. 그는 "몇 번이나 유에서 도망쳐 묵으로 들어가고자 하였는데, 그 튼튼하지 못한 우리에 근거를 두고 그 입장에 서서 인귀관의 머리에 드나들었으니, 매우 민망한 비웃음이 되었습니다.[欲逃儒而入墨, 其立脚不牢, 出入於人鬼關頭, 殊爲悶笑.]"라고 말했다. 그렇다면 인귀관이 무엇이기에, 그는 묵가적 생각을 하게 되었을까?

담헌이 상장예의(喪葬禮儀) 제도에 깊은 관심을 가지고 있었다는 것은 그가 중국을 여행하면서 만난 다양한 사람들에게 던지는 질문을 통해서도 수차례 확인할 수 있는 바이다. 유가의 '예'는 상장문화에 큰 영향을 미쳤고, 특히 후장풍습의 연원은 유가이론의 민속적 표현이었다. 그런데 묵가는 절장(節葬), 절용(節用), 단상(短喪) 등을 주장하며 유가를 비판하고 명귀의 설을 이야기한다. 공자는 『예기』 「표기」에서 "은나라 사람들은

---

24) 정재현, 「후기 묵가의 명학연구」, 150쪽, 157쪽.
    名家나 墨經의 논리에 관한 전반적 이해는 대빈호의 『중국고대의 논리』 참조.
25) ≪與人書二首≫, 「內集 3」, 『湛軒書』: 掉脫分析則得於書者少映發之味. 분석함을 떨치고 나오면 글에 있어서 깨달음이 밝게 나타나는 의미가 적다.
    cf. ○ 「小取」, 『墨子』: 其然也, 有所以然也. 其然也同, 其所以然不必同. 其取之也, 有所以取之. 其取之也同, 其所以取之不必同 (…) 故言多方. 殊類異故, 則不可偏觀也/ ○ ≪三經問辨 : 周易辨疑≫, 「內集 1」, 『湛軒書』.

신을 높이 받들어 온 백성들이 신을 섬겼다. 귀신 섬기기를 우선시하고 예를 뒤로 하였다. (…) 주나라 사람들은 예를 높이 받들고 남에게 베푸는 것을 숭상하였으며, 귀신을 섬기고 공경하면서도 그것을 멀리하였고, 사람을 가까이 하여 충실하였다."[26]고 말한 바 있다. 그런데 묵가는 "옛날부터 오늘날까지 사람이 생긴 이래로 일찍이 귀신이라는 물체를 본 일이 있고, 귀신의 소리를 들은 일이 있다."고 말하며 지금 귀신이 없다고 주장하는 사람들이 오히려 분별을 혼란스럽게 하여 사람들이 의심을 품게 만들고 있다고 주장한다.[27] 이를 두고 혹 몇 연구자들은 '묵자에게는 하늘이 곧 인격적 존재였다'고 말하고 있지만,[28] 묵가는 천(天)을 인격적 존재가 아닌 인간이 제어할 수 없는 운명과 같은 비인격적 힘으로 간주하고 있었다. 그리고 본서는 바로 이 부분을 담헌이 묵가의 우리로 들어간 계기로 판단한다.

담헌은 설명할 수는 없지만 감지되는 존재에 관해, 기본적으로 많은 관심을 보여 왔었다. 그것은 분명 '없다'고 할 수 없는 현상이었기에, 담헌은 이를 이해하고 싶어 했고 설명하고 싶어 했다. 담헌이 직접 적고 있는 '귀신'을 살펴보자. 그는 「유·포문답(劉鮑問答)」에서 "서양 사람들은 산수를 가지고 전도하기도 하고 또 의기를 전공하여 기후를 귀신처럼 측량하기도 한다."며, "역상에 정묘함은 한·당 이후 없던 것이다[有以算數傳道,

---

26) 「表記」, 『禮記』 : 殷人尊神, 率民以事神, 先鬼而後禮. (…) 周人尊禮尚施, 事鬼敬神而遠之, 近人而忠焉. 또한 공자는 『논어』, 「술이」 편에서 怪力亂神보다 人本의 일들에 대해 말할 것을 주문했다.
27) 「明鬼下」, 『墨子』 : ○ 自古以及今, 生民以來者, 亦有嘗見鬼神之物, 聞鬼神之聲. / ○ 今執無鬼者曰, 鬼神者, 固無有, 旦暮以爲敎誨乎天下, 疑天下之衆, 使天下之衆, 皆疑惑乎鬼神有無之別, 是以天下亂.
28) 박희병, 『범애와 평등』, 77쪽. 물론 정재현은 이에 반대한다.

亦工於儀器, 其測候如神. 妙於曆象, 漢唐以來所未有也]."라고 적고 있다. 하지만 묵가는 귀신의 존재를 인정했음에도 불구하고 그 존재를 설명할 수 있는 토양을 제공해 주지 못했다. 묵가의 집은 '불뇌(不牢 : 튼튼하지 못하여 감옥답지 못한 감옥)'였다. 이러한 이해는 담헌이 비가시적 움직임의 세계를 원리적으로 이해하기 위해 상수(象數)나 역학(易學)의 문제에 지속적으로 관심을 보여준 이유이기도 하다고 본다. 그는 「계몽기의」에 다음과 같은 말을 남기고 있다.

> 天五가 土를 생하고 地十이 그것을 이룬다는 것은 더욱 말이 안 된
> 다. '지'란 '토'일 뿐이다. 토를 이루는 地란 과연 무슨 物이란 말인가.
> 천지의 수가 변화를 이루는 까닭이 되고 귀신을 행하게 하는 까닭이
> 된다 하는데, 이것이 무슨 말인가?29)

그는 전통적 물학(物學)을 공부하여 수(數)를 통해 만물의 현상과 변화를 설명하는 과정을 살펴보았고 이를 나름대로 이해하여 정리하고자 했다. 하지만 수(數)가 변화를 만들어 낸다거나 귀신을 움직이게 한다는 식의 기존의 설명들은 납득할 수 없는 부분이 많았다. 소강절(邵康節)·주자(朱子)의 뜻은 충분한 설명이 없는 과도한 추측이었으며[邵朱之意盖如此, 恐推之太深.], 상수학과 주역학 모두 암시적 깊이에 비해 정밀한 해설을 보여주지 못했다. 오히려 (뒤에 서술하겠지만) 담헌이 이러한 관심의 여정의 끝에 만난 것은 서양의 학문이었다.30) 그는 천문학, 수학, 물리학을 비롯

---

29) ≪三經問辨 : 啓蒙記疑≫, 「內集 1」, 『湛軒書』 : 天五生土地十成之者, 尤不成語. 地者土而已. 成土之地, 果是何物也. 天地之數所以成變化而行鬼神, 何謂也.

30) ≪方圓乘除率 : 籌解需用總例≫, 「外集 4」, 『湛軒書』 : 精數, 莫如西法之密. 學者詳之.

한 다양한 서구의 학문을 접하고 나서「의산문답」을 짓는다.

또한 담헌은 정자(程子)의 "귀신은 조화의 자취[迹]다."라는 말에, "대저 자취에 나아가 귀신의 공용(功用)을 보는 것은 가하나, 자취를 가지고 바로 귀신이라 해서는 안 될 것 같다."고 첨언하고 있다. 무성무취(無聲無臭)의 무엇이 행여 감지된다면 그 감지되는 자료를 통해 그 무엇의 움직임은 이해될 수 있을 것이다. 하지만 그 자료가 곧 귀신의 '있음'을 입증하는 자료는 아니었다. 존재의 유무(有無) 방식은 여러 사람이 그것을 있다/ 없다 지칭한다고 해서 규명될 수 있는 것이 아니기 때문이다. 마찬가지로 담헌은 사람들이 리(理)로써 귀신을 언급하는 것을 비판하면서 귀신은 음양의 두 기(氣)가 보이는 영험한 능력이지, 리(理)라 할 수 없음이 명백하다고 적고 있다.[31] 지금 내 눈에 형태가 안 보이고 소리가 없어 알 수 없다 여기는 것도 '존재하지 않는다'고 말할 수는 없다. 그것은 원래부터 그러했던 거대 원리도 아니고, 용(用)을 주재하는 체(體)도 아니다. 하지만 그것은 기의 세계로써 현상에 드러나 있기 때문에, 설명될 수 있고 설명

---

31) ≪四書問辨：中庸問疑≫,「內集 1」,『湛軒書』: 程子曰鬼神者造化之跡. 夫卽跡而見鬼神之功用則可, 以迹而直謂之鬼神. 則恐亦未安, 天曰神, 地曰祇, 人曰鬼, 其實一也. 人生曰精神, 死曰魂魄, 其實亦一也. 是以萬物之合散者, 神祇之功用, 而各歸之萬物之靈能, 亦可也, 應物之無窮者, 精神之靈能, 而統歸之天地之功用, 亦可矣. 鬼神者, 二氣之靈能也, 其非理也明矣, 乃云不見不聞, 隱也, 體物如在則亦費矣, 是以理言鬼神也, 此最不可曉. 정자는 이르기를, '귀신은 조화의 자취.'고 하였다. 대저 자취에 나아가 귀신의 功用을 보는 것은 가하나, 자취를 가지고 곧 귀신이라 해서는 안 될 것 같다. 天을 神이라 하고 地를 祇라 하고, 人을 鬼라 하나 그 실은 하나다. 사람이 살아서는 精神이라 하고 죽으면 魂魄이라 하나, 그 실은 역시 하나다. 그러므로 만물의 합하고 흩어짐은 神祇의 功用이지만, 각각 만물의 靈能에 귀속할 수 있고, 物의 應함이 무궁함은 정신의 靈能이지만, 통하여 천지의 功用에 귀속할 수 있다. 귀신은 二氣의 영험한 능력이니 그 理가 아님이 명백한데 이제 이르되 '不見不聞은 隱이다.', '體物如在'는 역시 費이다.' 하는 것은, 理로써 귀신을 말하는 것이니, 가장 알 수 없다.

되어야 하는 미제로 남아 있을 뿐이다. 그리고 담헌은 이 미제의 '물(物)'에 관심이 많았다. 요컨대, 묵가의 첫 길[頭]은 매력적이었지만 그가 오랫동안 가져왔던 여러 가지 의문점들을 해소해 주지도 못했고, 타인이 보기에도 아니 자신이 보기에도 스스로가 부끄러운 웃음[悶笑]을 지을 수밖에 없는 것으로 귀결되었다.

◉ 담헌과 장자

담헌 철학을 장자의 영향으로 읽는 대표적 연구는 송영배의「홍대용의 상대주의적 사유와 변혁의 논리 — 특히 장자의 상대주의적 문제의식과의 비교를 중심으로」이다. 송영배는『장자』「추수(秋水)」편과「의산문답」을 비교하며 담헌이 지녔던 상대주의적 인식론의 측면을 분석한다. 송영배가 지적하듯 장자 사상의 핵심에는 상대주의적 관점이 있었다. 그리고 담헌은 이러한 장자의 가치를 높게 평가하고 있었다. 하지만, 담헌 스스로가 "이천은 장자의 도체를 매우 잘 형용했다[伊川稱莊子形容道體甚好.]"[32]는 후현들의 의론을 옮기고 있다는 점에 비추어, 본서는 담헌이 장자를 공자를 위시한 유가계열의 한 가지로 보고 있었다고 본다. (적어도 장자를 노자와 같은 계열에 둔 것 같지 않다.) 그리고 장자를 통해 자극받은 지점으로 '상대적 관점'보다 다음 두 가지를 더 강조하려고 한다. 이는 공자가 주장한 것이지만 후대 제자들이 그 가치를 잃어 버려 장자가 복원한, 그래서 원래적 가치의 뜻을 크게 밝힌 장자철학 고유의 것과 만나는 부분이기도 하다.

---

32) ≪與鐵橋書≫, 「外集 1」, 『湛軒書』.

그 하나는, 교화의 관점에 있어서 끊임없이 개체의 자율성을 강조한다
는 점이다. 담헌은 스스로 거문고를 즐겨 연주할 만큼 음악에 조예가 깊
었다. 그는 「대동풍요서(大東風謠序)」33)에서, 노래[歌]가 기존의 인위적 학
습을 통한 교화를 넘어서는, 그리고 다시금 교화 그 자체의 개념을 넘어
서고자 하는 우수한 기능이 있음을 예찬하고 있다. 마음[天眞]에서 우러나
오는 농부의 노래가 천기(天機)를 깎아 인위적으로 곡조를 만들려 하는
사대부의 애씀보다 더 자연스럽기 때문에 풍속의 이루는 본래의 의미에
도 더 부합하다고 말한다. "노래란 그 정(情)을 말하는 것이다. 정이 말에
움직이고 말이 글에 이루어지는 것을 노래라 한다. 교졸(巧拙)을 버리고
선악(善惡)을 잊으며 자연을 따르고 천기를 발하는 것은 노래의 우수한
것이다."

담헌이 교화를 언급하면서 기존의 유교적 교화가 지니는 한계점을 자
성하고 있었다는 점은 장자의 모습과 닮아 있다.34) 담헌이 자연을 따라

33) ≪大東謠序≫, 「內集 3」, 『湛軒書』: 朝鮮固東方之夷也. 風氣褊淺, 方音侏儸. 詩律之工,
固已遠不及中華而詞操之體, 益無聞焉. 其所謂歌者, 皆綴以俚諺而間雜文字. 士大夫好古者,
往往不屑爲之, 而多成於愚夫愚婦之手. 則乃以其言之淺俗而君子皆無取焉. 雖然, 詩之所謂風
者, 固是謠俗之恒談. 則當時之聽之者, 安知不如以今人而聽今人之歌耶? "惟其信口成腔而言
出衷曲, 不容安排, 而天眞呈露, 則樵歌農謳, 亦出於自然者, 反復勝於士大夫之點竄敲推言則
古昔而適足以斲喪其天機也. 苟善觀者不泥於迹而以意逆志, 則其使人歡欣感發而要歸於作民
成俗之義者, 初無古今之殊焉." "오직 그 입에서 나오는 대로 노래가 이뤄진다 하더라도
말이 마음에서 우러나오고, 혹 곡조에 알맞게 되지 못했다 하더라도 天眞이 드러나면
樵童과 農夫의 노래라 할지라도 또한 자연에서 나온 것이다. 말은 비록 옛 것이라 할지
라도, 그 天機를 깎아 없앤 사대부로서 이것저것 주어 모아 애써 지은 것보다는 도리어
나을 것이다. 진실로 잘 관찰하는 자가 자취에 구애하지 않고 뜻으로써 미루어 간다면,
그 사람으로 하여금 기뻐하고 感發하여 결국 백성답게 되고 풍속을 이루도록 회복하는
의의는 애당초 고금이 다르지 않을 것이나."
34) 『장자』 「도척」 편의 공자의 이야기에서 장자는 도덕이 교화의 가장 중요한 수단으로
믿었던 유가에게 일침 한다.

선악을 잊게 하는 힘이 노래에 있고, 시의 교화는 아래로부터 위에까지 막힘이 없다고 말하는 부분은 '말'에 얽매어 행(行)을 잊고 형식에 얽매어 바탕을 바라보지 못하는 현실을 비춘다. 자구(字句)를 벗어난 교화의 과정 속에서 담헌이 주목하는 것은, 착함을 옮기는 행동주체가 "스스로 그 연유를 알지 못하게 하는" 힘이 바로 노래에 있다는 점이다. 곡조와 박자는 그 부르는 이의 자율적 감정을 실어 나르고 공동체의 문화를 반영한다. 풍속을 따르는 노래에는 부르는 이의 감사함과 정직함이 담겨 있고 그 자연스러움은 화이(華夷)의 간격과 상관없이 기능한다. 당대 사대부의 군자들은 조선의 노래라는 것이 항간에 퍼져 있는 촌스러운 말[俚諺]로 엮었기에 그 말이 얕고 속되다 하여 취하지 않았지만, 담헌은 이를 평가 절하하지 않는다. 오히려 세속의 보통의 말을 반영한 노래들은 사대부가 제시하는 교화의 목차들보다 훨씬 더 비근한 형식으로써 실제적 변화[感發]을 이끌어 낼 수 있다고 본다. 진실로 잘 관찰하는 자[善觀者]가 된다면 자취에 구애받지 않을 것[不泥於迹]이다. 자신의 뜻[自律]으로써 미루어 간다면, 장자가 전거와 전례에 얽매이지 않고도 좌망(坐忘)의 지혜를 얻었듯 나의 노래가 타인의 마음과 포개지는 소통의 지혜를 경험할 수 있는 것이다.

　다른 하나는, 사회적으로 아래에 처해야 함을 강조한다는 점이다. 청빈과 검약의 삶을 사대부들이 중시하지 않은 것은 아니다. 예컨대 묵가는 하층민의 민간신앙을 고수한 것으로 평가 받고 있으며,[35] 예컨대 앞서 살펴본 귀신에 대한 믿음을 비롯하여 묵가의 실용적인 윤리는 오늘날

---

35) 그래이엄, 『도의 논쟁자들』, 70쪽 이하 ≪2. 극단적 반응 : 묵자≫ 참조.

연구에서 지배층의 시각보다 아래로부터의 시각을 보여주고 있는 증거로 언급된다.[36] 유가들은 이른바 이단으로부터 공격을 받으며 자신들의 사상을 비판적으로 검토해왔기에 하층민의 삶에 대한 관심은 결코 배제될 수 없는 것이었다. 그런데 사실 이러한 강조점을 더욱 가시적으로 드러내며 영향을 주었던 것은 장자의 철학이었다.

『장자』에는 유가의 어떤 다른 텍스트 보다 다양한 화자들, 즉 장애를 가진 사람부터 동물까지 여러 물(物)들이 '말하는 자'로 등장한다. 뿐만 아니라 장자는 지식집단의 편견을 깨고 이런 다양한 사회계층의 사람/물들이 오히려 지혜를 지니고 있다고 말하고 있다. 그리고 담헌은, 「주역변의」 곳곳에서 괘상의 뜻을 풀이하면서 지혜로운 자가 아래에 처하는 가치를 다음과 같이 서술하고 있다.

음양의 생함은 아래로부터 위로 오른다. 사람의 달함은 그 처음에는 반드시 궁하고, 물의 커짐은 그 처음엔 반드시 작다. 그러므로 괘를 그리는 자는 아래로부터 올라간다.

낮은 데를 좋아하고 높은 데를 싫어할 자가 누가 있겠는가? 단지 그 높은 것을 원하는 것은, 겸양에 힘써 빛이 넘을 수 없게 하는 것(출처:『周易』, 謙卦, 象辭의 겸양할수록 더욱 빛난다[謙尊而光])만 못하니 높음이 누가 크다 하겠는가? 만약 많음을 자랑하고 빈 데를 어지럽게 달려 망령되이 스스로의 교만함을 크게 한 자는 사람들이 천히 여겨서 禍와 害가 따른다. 높아도 빛나지 않으며 낮아도 넘을 수 없게 된다면, 지혜[智]라 말할 수 있지 않을까?[37]

---

36) 정재현, 「묵가의 실용주의와 논리주의」, 28-29쪽.
37) ○ 陰陽之生, 由下升上. 人之達者. 其先必窮. 物之大者, 其先必小. 故畫卦者, 自下而上也. /

담헌이 중국여행을 통해 만난 이방인[夷]들 각각의 지혜를 언급하는 부분은 「을병연행록」에도 다수 등장한다. 지혜는 낮은 곳에 있고, 물에 대한 관심은 사실상 오랑캐의 문화에서부터 괘상의 풀이까지 펼쳐져 있다. 오랑캐의 지혜이던, 괘상이 보여주는 지혜이던, 담헌은 자신을 낮추어 세계의 지혜를 모으는데 거침이 없었다. 따라서 건곤(乾坤)을 보는 것을 한낱 초가집[草亭]처럼 여기는 지혜가 추호를 통해 태산의 허영을 비판한 장자의 영향이 아니라고 말할 수는 없을 것이다.[38]

(2) 반주자학의 문제 : 양명학과 금고문학의 영향

담헌의 개방적 학문관을 돕고 당대 학술에 대한 강한 비판의식에 영향 준 부분으로 양명학의 존재를 언급하지 않을 수 없다. 담헌이 중국여행을 통해 만난 친구들은 모두 양명학의 영향 아래에 있었기 때문에, 그리고 이미 중국여행 전부터 담헌은 주자학의 폐단을 인지하고 있었기 때문에 양명학의 영향을 받지 않았다 할 수는 없을 것이다. 하지만 그가 양명

○ 孰有喜卑而惡尊者乎? 苟欲其尊, 莫如務謙, 光而不可踰, 尊孰大焉. 若夸多鶩虛, 妄自驕大者, 人之所賤而禍害隨之. 尊而不光, 卑而可踰, 可謂智乎.
cf. ≪三經問辨 : 周易辨疑≫, 「內集 1」, 『湛軒書』: ○ 聰明睿智, 君之德也, 今日童蒙而吉, 何也? 盖不能自卑而任賢, 雖有材知之過人, 亦不免於亢龍之悔. 故君道惟在於巽志而順賢. 총명예지는 군의 덕인데, 이제 '童蒙이고 吉하다'함을 무슨 까닭인가? 대개 스스로 낮추고 현자에 맡기지 못하면 비록 남보다 나은 才知가 있어도 亢龍의 뉘우침을 면치 못한다. 그러므로 군도는 오직 志를 異하고 賢에 順하는데 있다. / ○ 剛下柔則亨, 孚于嘉則吉. 以多問於寡, 以能問於不能, 顔子之所以幾於聖也. 天下之德, 莫善於不恥下問, 自卑而尊人也, 剛이 柔 아래에 있으면 亨하고 嘉에 孚하면 吉하다. 寡에 多問함으로써 不能에도 능히 물을 수 있으니 안자가 聖에 기틀이 된 까닭이다. 천하의 덕은 하문하기를 부끄러워하지 않음보다 더 좋은 것이 없으니, 스스로 낮추고 사람을 높인다.
38) ≪詩 : 乾坤一草亭主人≫, 이 시를 통해 많은 연구자들이 담헌과 장자의 연관성을 언급했다.

학자로 볼 수 없는 이유는 크게 두 가지 이다. 하나는 양명학의 강조점들은 성리학(혹은 실학)의 보완적 방법으로 수용하면 되는 일이었고, 다른 하나는 양명학이 주자학의 비판 수단으로써 이미 활용되고 있었기 때문에 기존 성리학을 대치할 정도의 위상 자체가 될 수 없었다. 따라서 양명학에 대한 담헌의 생각은, 크게 보면 반주자학(反朱子學)적 입장으로부터 시작되어야 할 것이다. 여기서의 '반(反)'은 정반대를 지칭하기보다 '비판'과 '지양'의 의미를 갖는다. 주자학 일변의 조선 학술의 비판하면서 양명학의 가치를 평가하는 것이다. 이렇게 본다면, 양명학에 대한 그의 포괄적 접근은 주자를 중심으로 하는 학술의 획일성[一任之註疏]에 반사적 영향을 받고 있었다고 볼 수 있다. 담헌은, "동국에서는 다만 주자의 주석이 있는 것만 알고 그 밖의 것이 있는 줄은 알지 못한다. (…) 대저 글을 보는데 있어 가장 걱정되는 것은 먼저 선입견이 주가 되는 일입니다"[39]라고 말한 바 있다.

담헌은 양명과 주희의 큰 차이가 격물치지에 대한 입장에 있다고 말했다.[40] 주자학은 무엇보다 물세계로부터의 지식의 강조를 선점했기 때문에 주희를 따르는 실학자들은 일단 다양한 물로부터의 정보를 강조한다. 그의 물에 관한 지식 역시 일본학과 불학으로까지 확장된다.[41] 담헌은 실질적 학문을 통해 주자 중심의 해석이 낳고 있는 현실의 병폐들을 해결하고자 했다. 『능엄경(楞嚴經)』은 마음 수양함에 필요하고, 『황정경(黃庭經)』도 원기 보호하는 데 적절하다[42]고 했다. 담헌에게 지식의 경계를 세

---

39) 「外集 3」, 『湛軒書』 : 余曰, 東國, 知止有朱註, 未知其他. (…) 大抵看書, 最患先入爲主.

40) ≪杭傳尺牘 : 與篠飮書≫, 「外集 1」, 『湛軒書』 : 陽明之背朱子, 人要在於格物致知.

41) 박희병의 연구는 원중거와 담헌의 관계를 통해 담헌이 일본학술에 대해서도 관심을 갖고 있었음을 최초로 보였다. 박희병, 『범애와 평등』, 92-104쪽.

244 　일원론자 홍대용

운 다는 것은 이처럼 무의미했다. 그런데 현실의 조선은 ─ 중국과 일본에 비해 ─ 거의 모든 영역에서 여전히 주자의 학술 체계만을 고집하고 있었다.[43] 이 시기 담헌은 누구보다 먼저 다양한 반주자학적 학술들을 접하면서 조선이 추구해야 할 학문[實學]의 지도를 그린다. 이에 대한 정밀한 이해를 위해 먼저 양명학과의 연관을 검토해 보자.

◉ 담헌과 양명학

가장 먼저 양명학과 실학의 연관성에 대해 연구한 이는 정인보이다. 그는 담헌이 외면적으로는 양명학을 비난한 말을 하지만 앞뒤를 종합하여 보면 양명학파의 갈래나 다름없는 이라고 평가한다. 특히 그는 「의산문답(醫山問答)」이 지닌 '허실론(虛實論)'이 왕양명의 '발본색원론(拔本塞源論)'과 표리가 됨이 완연하다고 부연한다.[44] 유명종은 정인보의 해석을 이어 양

---

42) ≪詩 : 寄嚴鐵橋誠≫, 「內集 3」, 『湛軒書』: 楞嚴妙心相, 黃庭固眞元.

43) ≪與人書二首≫, 「內集 3」, 『湛軒書』: ○ 六經定於孔門而人之道立矣, 箋註成於洛閩而人之道明矣, 盖著書之功, 於是爲大而無以加矣. 雖然, 自孔朱以來, 不幸不遇, 道載於書. 搢紳先生, 捨本趨末, 摹畫皮毛, 層生註脚, 紛然疊床, 殊不知孔朱之所以爲孔朱在道而不在書也. 육경이 공문에서 정리되자, 사람의 도리가 성립되었고, 주석이 낙민에서 이루어지자, 사람의 도리가 밝아졌으니, 대개 저서의 공로는 이보다 더 큰 것이 없습니다. 그러나 공자, 주자로부터 지금까지 불행히도 세상을 만나지 못하고 도를 글에다 실어 놓았습니다. 그런데 선비들은 그 근본은 버리고 끝을 따라서 겉모양을 본뜨느라고 주각에 주각을 첩첩히 내는데, (그들은 실로) 공자 주자가 공자주자답게 된 소이는 도에 있고 책에 있지 않다는 것을 알지 못합니다. / ○ 半生耗神, 做得百十卷疣贅之書, 成就私利之契劵而徒亂人意, 卒無補於世敎也. (주자는) 반평생동안 정신을 소모하면서 백여 권의 군더더기 같은 쓸데없는 글을 지었으니, 사리를 위하는 문서로서 한갓 사람들의 의견만 혼란시켰을 뿐 마침내 세상 교화에는 도움이 없게 되었습니다.

44) 정인보가 주목한 『의산문답』의 구절은 다음 실옹의 말이다 : 正學之扶, 實由矜心, 邪說之斥, 實由勝心, 救世之仁, 實由權心, 保身之哲, 實由利心. 四心相仍, 眞意日亡, 天下滔滔, 日趨於虛. "정학을 붙드는 것은 실상 자랑하려는 마음에서 말미암고 사설을 물리치는 것도 실상 이기려는 마음에서 말미암았으며, 仁으로 세상 구제하는 것은 실상 권력을 유지하

명학과 실학과의 관련성을 긍정하는데,[45] 특히 북학파(홍대용, 박지원, 박제가)와의 연관성을 폭넓게 고찰하여 담헌 실학정신의 근원을 양명학에서만 찾지 않고 그의 스승 김원행의 실심·실학과의 영향관계에서도 살피고 있다.[46] 하지만 정인보와 유명종이 공통적으로 언급하고 있는 '담헌과 왕양명의 만물일체관이라고 하는 공통분모'에 대해서는 동의할 수 없다. 왜냐하면 만물일체관은 이미 이정자(二程子)가 성즉리(性卽理)를 통해 선취한 신유학의 기조이며, 더 올라가면 그 근원을 장자(莊子)를 통해 찾을 수 있기 때문이다.

금장태는 "양명학이 주자학의 규범적 형식성을 비판하는 태도를 취한 것은 실학파들에게도 자극을 줄 수 있었던 것으로 생각된다."고 언급한다.[47] 이러한 입장은 실학을 양명학의 영향 하에 두지는 않지만 실학자들이 양명학을 개방적으로 이해하고 있었다는 의미를 긍정하게 한다.[48] 송석준은 양명학을 실학의 포괄성 하에 두면서 담헌이 양명학에 대한 조예가 탁월하여 그 흔적이 문집에 뚜렷하게 나타나있다고 지적한다. 하지만 담헌이 생각했던 실학이 양명학의 상위개념이 될 수 있을지에 대해서

려는 마음에서 말미암고 명철함으로 몸을 보전하는 것은 실상 이익을 노려보자는 마음에서 말미암았다. 이 네 가지 마음이 서로 따르매, 참뜻은 날로 없어지고 온 천하는 물 흐르듯이 날로 허망에로 치닫는구나." 정인보, 「양명학연론」, 184쪽. cf. 한정길도 「조선후기실학자들의 양명학관」 논문에서 이에 동의하고 있다.

45) 유명종, 『한국의 양명학』 232-283쪽.
46) 유명종, 「북학파의 양명학 - 담헌의 주기설을 중심으로」, 99쪽.
47) 금장태, 『한국실학사상연구』, 17쪽.
48) 송석준, 「한국양명학과 실학의 사상적 관련성에 관한 일고찰 - 초기 양명학의 실학적 전개 양상을 중심으로」, 4-5쪽. 송석준은 「실학파의 사상에 나타난 양명학적 사유구조」 4장에서 홍대용 사상과 양명학간의 관계를 규명하고 있다. 그밖에 송석준, 「한국양명학의 실학적 전개양상」 참조.

는 의문이 여지가 있다. 예컨대 담헌은 "먼저 안 다음에 행하는 것은 고금의 공통된 의리"라 하면서 지행합일이 양명의 전유물이 아님을 설파했기 때문이다.[49] 그래서 조선의 사대부들이 실학과 성리학을 다르다 보면서 자신을 주자학자가 아닌 실학자로 규정했을 것이라 보기는 힘들다.

한편 한정길은 조선 양명학의 특성을 '실심실학(實心實學)'으로 보는데 기여한 위당 정인보의 양명학설에 대해 고찰하며, 실심에 입각한 실공의 강조는 양명학과 실학과 연관성이 깊다는 송석준의 의견에 동의한다.[50] 그리고 한정길은 담헌을 양명학자로 규정하는 데에는 보다 조심스러워해야 한다고 말하면서도 「항전척독(杭傳尺牘)」 속의 '소음에게 보내는 편지(與篠飮書)'를 인용하면서[51] 담헌이 양명을 비판한 이유를 치양지의 접근이 주관적이기 때문이라, 그리고 이를 강조하다보면 객관적 격물학의 의미를 놓치기 때문이라 분석한다. 하지만 격물치지의 1차적 강조점은 '올바른 지식 습득'에 대한 논의에 있었고, 그 지식의 확장성을 제한한 현실적 상황에 있었다. 담헌은 "오직 그 빛깔을 버려두고 눈에서만 명(明)하기를 구한다면 오색의 변화를 이루 다 볼 수 없을 것이며, 그 소리를 버려두고 귀에서만 총(聰)하기를 구한다면 오성(五聲)의 변화를 이루 다 들을 수 없을 것이며, 그 맛을 버려두고 입에서만 분별하기를 구한다면 오미

---

49) ≪杭傳尺牘 : 與鐵橋書≫, 「外集 1」, 『湛軒書』 : 先知而後行, 此古今之通義也.
50) 한정길, 「조선양명학의 실심 실학과 조선후기 실학 - 위당 정인보의 양명학관에 대한 비판적 성찰을 중심으로」, 137쪽.
51) "주자학과 양명학의 기본적인 입장 차이에 대한 인식하에 홍대용은 주자의 격물론을 지지한다. 양지를 실현(致)해야 한다는 양명의 주장이 옳지 않은 것은 아니다. 그러나 그러기 위해서는 궁리공부가 선행되어야 한다고 본다. 궁리공부가 선행되지 않으면 객관적 사실에 대한 정확한 인식을 빠뜨리게 되어 본심양지가 혼란에 빠지게 된다는 것이다." 한정길, 「조선후기실학자들의 양명학관」, 239쪽.

(五味)의 변화를 이루다 맛볼 수 없을 것입니다."[52]라고 말했다. 빛깔과 소리 그리고 맛은 이미 존재하는 세계의 다양성이다. 이 다양성을 위해서는 함양공부와 강학과 같은 궁리공부에 대해 모두 열려 있어야 한다. 또한 보통사람의 공부방법과 선각자의 공부 방법을 같게 적용할 수 없으며, 설령 총명함을 지녀서 "한때의 집중시킨 힘으로 다소 마음이 맑아지고 깨우쳐 해득하게 되는 공이 있다 하더라도, 막상 일의 변동이 복잡하게 몰리게 되면" 그 마음은 흔들릴 수밖에 때문에 모든 일에 모든 마음을 다잡는 사람은 있을 수 없다. 담헌이 함양공부를 오히려 강조하고 있다는 다음의 일화도 이를 재고하게 한다.

담헌은 「계방일기」에서 정조와 사마천에 대해 이야기를 나누면서 "함양의 공부가 없으면 치지에도 반드시 정밀히 못합니다. 치지에 이미 정밀히 못하다면 일을 처리하는데 어찌 능히 다 착하게 할 수 있겠습니까? 대저 학문과 사업은 반드시 함양으로써 근본을 해야 합니다."[53]라고 말한다. 담헌이 양명학을 통해 불편함을 느끼는 지점은 '양지'나 '본심'에 결부되어 있는 주관성이 아니다. 주관적 관념은 불교도나 양명학자나 성리학자나 모든 함양공부를 하는 자들의 마음 가운데 존재할 수밖에 없다. 함양의 공부는 양명학인의 전유물이 아니다. 함양과정 속 주관적 관념의 작용은 격물치지하는 과정 속에서도 격물의 정밀함[銖絲功]을 도울 수 있다. 따라서 담헌식 공부방법론의 강조점은 '듣는 이를 가려 그것을 적용해야 한다'는 데에서부터 읽어야 할 것이다. 담헌의 공부 방법은 이전의 다양한

---

52) ≪杭傳尺牘 : 與鐵橋書≫, 「外集 1」, 『湛軒書』 : 惟捨其色而求明於目, 五色之變, 不可勝見也, 捨其聲而求聽於耳, 五聲之變, 不可勝聽也, 捨其味而求辨於口, 五味之變, 不可勝嘗也.

53) 「桂坊日記」 : 涵養無功, 則致知必不精. 致知旣不精, 處事安能盡善乎? 大抵問學與事業, 必以 涵養爲本.

공부 방식들과 전체적인 균형 및 조화를 의식하되 개별 상황에 가장 적합한 방식을 선택[中]하는 일이다. 담헌의 공부는 그것이 성인으로 가는 적절한 길인지를 끊임없이 반추하는 가운데에서 고찰되어야 했다.

그동안의 담헌 연구자들은 조선중기라는 상황자체가 양명학이 수용되기에는 여러 가지로 어려운 상황이었다는 것을 언급하면서 조선후기에 등장한 실학과, 양명학이 강조하는 마음공부/함양공부의 연결고리를 느슨하게 분석해왔다. 특히 퇴계의 예시를 들어, 양명학 배척이 정주학의 정통성을 확보함과 동시에 정치적으로 치자의 도덕성을 바탕으로 하는 도학정치의 제도적 확립을 마련하기 위함이었다고 지적해 왔다. 이 때문에 그동안의 실학 연구의 방점은 오롯이 '격물'과의 연장선상에 치우쳐진 듯해 보이기도 한다. 하지만 양명이 주희에 비해 상대적으로 더 큰 방점을 두고 있는 함양공부는, 오히려 지배계급의 인격성에 대해 엄격한 잣대를 제시하는 수양의 수단이 될 수 있다. 양명이 강조하는 능동적 마음은 누구나 개별 삶 속에서 도덕적[善] 자각성[心]을 자연스럽게 상기시켜 도학정치의 실현에 도움을 줄 수도 있다. 따라서 당시 실학자들이 격물공부 중요성의 근거를 주희로부터만 가져왔다고 보기 힘들다. 오늘의 연구자들이 실학자들의 격물을 '실용성'에 국한 시킨 나머지 당대 실학자들이 함양공부보다 격물공부를 '더' 중요하게 여겼다고 일관하는 것은, 적어도 담헌에게는 적용시키기 힘들다. 그리고 이와 같은 문제의식은 금문학(今文學)과 고문학(古文學)에 대해 비판하는 지점에서도 마찬가지다.

◉ 담헌과 금고문학

금고문학을 이해하려면 먼저 고증학에 대해 말해야 할 것이다. 청초의 학자들은 육왕학의 폐단과 명나라의 멸망을 지켜보면서 경세를 위해서는 실사에 기초한 학문의 필요하다고 생각했다. 그들은 경전문자의 막연했던 권위를 해체하고자 했고 송명이학자들이 채택했던 연구방법을 배척, 한당대의 훈고학을 계승하여 실증적이 연구방법론을 강구하게 된다. 예컨대 고염무(顧炎武, 1613-1682, 호는 정림亭林)는 주자의 경전 주해의 문제점들을 지적하는 책을 발간한다. 모기령(毛奇齡, 1623-1713)과 염약거(閻若璩, 1636-1704)와 같은 이들은 문헌적 고증을 바탕으로 문자, 음운, 자구를 해석하여 경학서를 발간한다. 물론 이러한 책들은 18세기 전후 조선에 유입된다. 고증학의 발달은 한대(漢代) 나누어졌던 금문경학파와 고문경학파 사이의 검증 열기를 다시 불러 일으켰고, 금문과 고문54)에 관한 이견은 조선에서도 이어진다.

주시할 것은 금문경학의 강세가 공자를 앞세워 비교적 학술자 개인이 자신의 독자적 사상을 전개할 수 있는 여지를 넓혀주었다는 점이고, 이러한 흐름을 조선의 젊은 지식인들이 수용하고 있었다는 점이다. 담헌은 경학과 사학의 문헌실증에 지나치게 빠져 고증방법에 있어 실용적 기예를 간과하는 일련의 흐름에 비판적이었다.55) 심지어는 주소가(註疏家)들

---

54) cf. 공양학은 금문경서인 『춘추』「공양전」을 연구하며 공자를 숭상, 춘추에 숨겨져 있는 공자의 뜻을 밝히려는 학적적 방법론을 따른다. 반면 고문경학은 『주례』를 위주로 하여 주공을 숭상. 육경(六經)이 기본적으로 고대의 사료로 보고 그것이 출현한 시대의 선후에 따라 배열－역경, 서, 시, 예, 악, 춘추, 공자에 대한 평가(『논어』 구절 : '信而好古, 述而不作.')－을 달리한다.

55) 반면 중국 고증학에 있어서는, 실천적이고 실용적 기예학문을 중시했던 顔元을 위시한 顔李학파들은 18세기에 거의 소멸되었다. 고증적 경세학을 편 고염무는 실학의 과제를 전문적 언어학지식으로부터 시작하려 했으며, 대진의 경우는 경학연구의 일환으로 수학, 천문학, 예학 등의 학문적 범위를 확장시켜나갔다. 고증학에 관해서는 조병한, 「청대 중국의 실학과 고증학」. / 벤자민 엘먼, 『성리학에서 고증학으로』. / 余英時, 『論戴震與章學誠－淸代中期學術思想史硏究』. / 錢穆, 『中國近三百年學術史』 上·下. / 미나모토 료

의 쓸데없는 수다와 박잡함을 질타하며, 한 친구가 의례(儀禮)에 관해 글을 쓰려고 하자 쓸데없는 군더더기를 만든다[卒不免爲儀禮之疣贅也], 천하의 종이 값 만 높인다[適足以高天下之紙價]고 말하며 질책한다.56) 경금자(絅錦子) 이옥(李鈺, 1760-1815)과 연암(燕巖) 박지원(朴趾源, 1737-1805) 같은 이들은 "나는 요즘 세상 사람이다. 나 스스로 나의 시, 나의 문장을 짓는 데 선진양한(先秦兩漢)과 무슨 관계가 있으며, 위진삼당(魏晉三唐)에 얽매일 필요가 뭐 있는가.", "문장에 고문과 금문의 구별이 있는 게 아니다. 중요한 것은 자기 자신의 글을 쓰는 것이다."고 말하며 자신 고유의 자유로운 글쓰기를 강조한다. 이 가운데 담헌이 한글로 연행기를 '따로' 남기고, 「의산문답」을 통해 새로운 형식의 글쓰기 장(場)을 연 것은, 그래서 주목하지 않을 수가 없다.

담헌은 금문이 주는 해석자의 주체적 의견과 고문이 주는 경전의 권위를 조화롭게 풀어가려 했다. 고문의 지엽성을 지양하고 금문의 자의성은 배제하려 했다. 이 근거는 대화체라는 형식을 선호하는 그의 글쓰기를 통해 살펴 볼 수 있다. 「의산문답」과 「항전척독」이 택한 대화체는 글의

엔, 『도쿠가와 시대의 철학사상』 참조.
56) ≪與人書二首≫, 「內集 3」, 『湛軒書』 : 若疏家之冗碎蹉駁, 儘有爬櫛之未盡者, 高明之思有定著, 亦似矣. 雖然, 朱門之力量辯博, 何可當也? 如篁墩之心經附註, 實多叢雜, 積學如退翁者, 猶不敢妄加雌黃. 後來寒岡之發揮, 適足爲原經之疣贅. 今高明乃不法退翁之長厚, 欲效寒岡之支離, 何也? 況此書浩博, 非心經可比 必費十數年工夫, 或能粗成草本. 雖成草本, 苟不能發前未發而大有補於吾學, 則適足以高天下之紙價, 眩學士之心目, 而卒不免爲儀禮之疣贅也. cf. 竊意易貴時義, 聖稱從周. 古今異宜, 三王不同禮. 居今之世, 欲反古之道, 不亦難乎? 窮年累世, 縷析毫分, 而實無關於身心之治亂, 家國之興衰而適足以來聚訟之譏. / ○ 則殆不若律曆筭數錢穀甲兵之可以適用而需世. 猶不失爲稊稗之熟也, 況其掇拾於煨燼之餘而傅會以漢儒之雜, 欲其句爲之解而得聖人之心, 多見其枉用心力也? 담헌은 시의를 벗어나 고제로 돌아가는 일련의 흐름에 대해 비판적이었다. 새로운 물학을 포함하여 변해가는 사회적 조건들을 정치가 수렴하지 못한다면, 그것은 예의 본령이 아니라 보았다.

주어를 낮추기 때문에 등장인물들이 자신의 말을 하면서도 동시에 말 뒤에 남을 수 있는 여백의 공간이 생긴다. 독자는 대화가 진행되는 맥락을 전지적 관점에서 바라보며 작가의 관점과 등장인물의 관점을 입체적으로 바라본다. 이와 같은 '공간 보여주기'는 바로 담헌이 인의의 집[仁義之府]과 예법의 장소[禮法之場]를 강조한 맥락과 맞닿아 있다. 그는 일방적으로 대담하게 자기 목소리를 펼치기보다 자기를 숨기어 다양한 의견이 모이는 공간을 드러냈다. 게다가 그는 이 온갖 미추(美醜)가 모여드는 이 공간에 배제되는 이가 없도록 어머니와 아내를 위해 한글로 같은 글쓰기를 반복해 남겼다. (그래서 담헌의 연행기는 한글본과 한문본이 있다.) 관습적인 언어 사용에 거리를 두고 이전에 없던 글쓰기의 양식으로 그가 글을 쓸 수 있었던 것은 오늘의 눈으로 보면 조화와 소통의 결과이겠지만 당대에는 자기를 겸양하면서도 자신의 오류가능성을 부끄러워하지 않겠다는 미증유의 대범함이었다. 이와 같은 급진적 정치적 글쓰기와 새로운 형식을 바라는 표현들은, 마지막으로 '예학'에 대한 그의 입장에서 정점을 이룬다.

(3) 일원론자의 물학 : 「어떤 이에게 주는 편지 두 편」

담헌이 중국 여행길을 통해서, 혹은 그 이후에도 서학서를 포함하여 다양한 책을 구해 읽었다는 것은 여러 문헌을 통해 짐작할 수 있다. 흥미로운 점은, 『담헌서』에서 그가 노골적으로 중국인들을 만날 때마다 물어 물어 찾고 있는 책, 그래서 가시적으로 누구나 '담헌이 이 책을 정말 읽고자 했구나',라고 느끼게 기록된 책은 서학 서적이 아니라는 점이다.

「장주문답」과 「오팽문답」에는 담헌이 '독례통고 속편(讀禮通考 續篇)' 책을 찾는 장면이 등장한다.57) 그런데 이 장면은 「건정동필담」에서 다시 등장한다.58) 난공한테도 '독례통고 속편'을 얻고 싶다고 말하는 것이다. 이 책은 서건학(徐乾學, 1631-1694, 자는 원일原一이고 호는 건암健菴)이 고향에 머물며 '예'에 관한 책들을 읽을 때 편찬한 것으로 알려져 있는데, 그 주된 내용은 역대 상제(喪制)를 수집, 해설한 것이다.59) 또 하나 담헌이 읽고자 찾았던 책은 '황면재집(黃勉齋集)'이다. '황면재집'은 주희의 사위이자 제자인 황간(黃幹, 1152-1221, 자는 직경直卿, 호는 면재勉齋, 시호는 문숙文肅)의 문집이니 당대 조선의 학자라면 당연히 관심을 보였을 것이다. 이 책은 「엄

---

57) ○ ≪燕記 : 蔣周問答≫, 「外集 7」, 『湛軒書』: 問讀禮通攷續集? 周曰, 此乃本朝徐乾, 學相公之書, 幷無續集. "독례통고 속집이 있습니까?" 하니, 주 감생이, "이것은 본조 相公 徐乾學의 저서인데 속집은 없습니다." 하였다. / ○ ≪燕記 : 吳彭問答≫, 「外集 7」, 『湛軒書』: 余問讀禮通考續編有無? 彭曰, 此誰人所編? 余曰, 此中國徐乾學所編, 豈未曾見乎? 皆稱未聞. 내(담헌)가 "독례통고 속편이 있습니까? 없습니까?" 하니, 팽관이, "그것은 누가 편찬한 것입니까?" 하였다. 내가 "중국 서건학의 편찬인데, 아직 보지 못했습니까?" 하였더니, 모두 듣지도 못했다고 말했다.

58) ≪杭傳尺牘 : 乾淨衕筆談≫, 「外集 2」, 『湛軒書』: 余曰, 讀禮通攷續篇, 亦欲得之. 蘭公曰, 此徐乾學所纂, 皆記喪禮, 續編, 未見, 呂晚村所選之文有之. 自己集亦未見. 余曰, 詩集及經義有之.
내가 "독례통고 속편을 또한 얻고자 합니다." 말하니 난공이 "그것은 서건학이 찬한 것인데, 모두 喪禮續篇을 기록했으나 보지 못했습니다. 呂晚村의 所選된 글은 가지고 있었으나 己集부터 또한 보지 못했습니다." 했다. 내가 "詩集과 經義가 있습니다."고 말했다.

59) 서건학은 사학, 지리, 예제 등에 박학다식하여 예서에 관한 기념비적 저작을 남겼을 뿐만 아니라 당대 제일의 장서가로도 알려져 있었다. 무엇보다 그는 고염무의 누이의 아들[甥姪]이었다. 고염무는 청대 고증학의 개조로, 王夫之·黃宗羲와 함께 삼대 遺老로 알려져 있다. 고염무는 명말과 청초를 모두 겪었기 때문에 그의 사상적 범주는 주자학에서부터 경세치용의 학문에까지 그 너비가 크며, 고염무의 사상적 영향은 이덕무나 다산에게도 널리 발견된다. 이덕무(1741-1793)는 고염무·주이존·서건학 등 중국 고증학파에 심취했으며, 당대 이만운에게 지도받은 것으로 알려져 있다. 이덕무는 1778년 연경에 갔을 때 반정균 육비랑도 교류하였으며, 고증학서적들을 조선으로 가져온다. 『독례통고』는 다산의 저술에서도 언급되기에 당대 다수의 실학자들은 고염무의 책을 접한 것으로 보고 있다.

성에게 보낸 편지」에서 등장하는데, 여기서 담헌은, 전집에 있는 예(禮)를 논한 글에 볼만한 것이 많다 해서 해마다 북경의 저자에게 구입하려 했지만 끝내 구하지 못했음을 토로하며, 이 책을 얻기를 갈망하고 있다.60)

이 두 책은 모두 예학에 대한 담헌을 비롯한 당대 성리학자들의 관심과 분야를 보여주는 책임에 틀림없다. 중국인을 만나기만 하면, 복식이나 음식, 과거시험이나 가례의 준칙여부 등을 질문하는 담헌이 이 책을 관심 갖지 않을 이유가 없다. 담헌은 '예'에 대해 남다른 관심을 가지고 있었다. 그리고 국가가 커지고 국조가 바뀌면서 동아시아의 지식인들은 '예학'을 통해 그 너비와 깊이의 변주를 도모하고 있었다. 문제는 예에 대한 이러한 시대적 관심의 요청과 더불어 담헌이 왜 '예'에 대해서 관심을 보이는 가이다. 이를 위해서는 「어떤 이에게 주는 편지 두 편」61)을 살펴봐야 한다. 이 글은 담헌의 '예'에 대한 관점을 보여주는 중요한 글이다.

① 오늘 현실의 예 비판 :
(집사가 이르기를), '후세 학자는 心과 性은 말하나 禮에 대해 고찰함은 우습게 여겨 마음에 두지 아니한다'고 하셨는데, 집사는 어째서 이런 말씀을 던진 거신지요? (…) 집사가 말하시는 '예'라는 것을 앞뒤로 차례대로 세어 보니, 단지 눈이 아프고 귀가 어지러운 정도만이 아니었습니다. 오직 그 형상과 문구만을 본떠서 화려하게 집 꾸미는 것을 가장 좋아하였으니, 증거를 고증해서 책을 만들었다 할지라도 무너

---

60) 담헌은 ≪杭傳尺牘 : 與秋庫書, 洪花浦奏請日錄 (略)≫, 「外集 1」, 『湛軒書』에서도 받고 싶은 책으로 『황면재집』, 『소자전서』, 『천문류함』 등을 언급하고 있다.
61) 이 편지의 수신인은 미상이지만, 본서는 이 글이 수야(秀野, 김종후)에게 보낸 편지로 추정한다.

지고 흠결이 생김을 조금 면할 뿐입니다. (옛말에) '하루 동안이라도 예를 다스리면 천하가 仁으로 돌아온다.' 했고, 또 '終南山의 지름길은 유가 利慾의 문을 크게 열어 놓았다.'고 하였습니다. 이러므로 김삼연 (金三淵)이 웃으면서 말하기를, '유학이 지금 예를 강구하는 집[講禮家] 으로 돌아가는데, 조금만 고증할 줄 알면 이내 서로 자랑하는구나.'고 했던 것입니다.62)

② 시의풍속에 맞추어 변하는 것이 예이다. : 융통성과 편리성

적이 생각건대, 예란 근본이 있고, 지엽적인 것이 있으며, 본말 가운 데는 또한 각각이 대소와 경중을 가지고 있다고 봅니다. 그 근본은 헤아리지 않고 말단을 다스리는 것은 옥려자(屋盧子)가 임인(任人)에게 굴복 당했던 바인데, 제가 무슨 말로 스스로 변명하려 하겠습니까? 비록 그러하나, 한 가지 이야기할 것이 있습니다. 맹자가 등문공(滕文公) 이 묻는 禮에 대해서 답하던 것을 보면, 삼년 상, 제최[齊衰]의 복식, 전죽의 음식 따위만을 말했을 뿐, 升降, 拜揖, 籩豆의 항목에 대해서는 약간이라도 언급하지 않았습니다. 상상컨대, 그 당시 예를 행할 때는, 풍속에 따라 편리함을 취하였고, 꼭 상대기(喪大記) 문장에 다 맞추어 하지 않았습니다. (…) 요컨대 슬퍼하고 근심하고 성실하고 공경하는 실질[實]에는 잘못이 없으니, 이미 지나간 자취에만 따라서 자질구레하게 달갑게 여길 필요는 없을 것입니다.63)

---

62) ≪與人書二首≫, 「內集 3」, 『湛軒書』: 來諭後世學者說心說性, 顧於禮不屑, 執事何爲而發此 言也? 若齊明盛服之禮, 視聽言動之禮, 吾亦未多見矣. 若執事所謂禮者, 歷數前後, 不啻目眯 而耳聒. 惟其倣像儀文, 最好粧點, 考據成書, 差免敗闕. 一日治禮, 天下歸仁, 終南捷徑, 儒家 之利門大關. 是以金三淵猶然笑之曰, 儒學今歸講禮家, 差能考證便相誇.

63) ≪與人書二首≫, 「內集 3」, 『湛軒書』: 竊謂禮有本有末, 本末之中, 又各有大小焉輕重焉. 不 揣其本而齊其末, 屋盧之所見屈於任,愚將何辭而自明. 雖然, 有一說焉. 觀孟子答滕文公之禮, 不過曰三年之喪, 齊疏之服, 飦粥之食而已, 升降拜揖籩豆之節, 略不及焉. 想當日行禮, 因俗乘 便, 未必盡合於喪大記之文也. 及朱子解之則曰, 喪禮經界兩章, 見孟子之學識其大者. 由此觀 之, 先立其大者, 則凡升降之或爲或否, 拜揖之或先或後, 籩豆之或東或西, 要不失哀戚誠敬之

③ 예를 행하는 것과 주석을 남기는 것은 아무런 상관이 없다. : 예
　의 실천성

집사는 의례 한 책을 들어, 비록 주자 문인들이 만든 通解64)가 있으
나 오히려 미처 다 어유로움(상세함)을 가지고 있지 못하다고 합니다.
(그래서) 거칠고 누락되고 빠지는 틈을 보충하여, 후학들에게 혜택을
입히려 하는데, 이는 장차 이전의 공들보다 많게 하는 것이니 매우 담
대한 생각입니다. (…) 다만 그 보충하는 까닭으로 보자면, 주관(周官)·
대기(戴記)·제자(諸子)의 서적에 全本이 갖춰져 있는데, 이에 찢고 자르
고 나누고 붙이는 것은 거의 程文을 유형별로 모은 것과 같습니다.
(…) (주희는) 반평생 동안 정신을 소모하면서 백여 권의 쓸 데 없는[疣
贅] 글을 지었으니, 개인적 이욕을 맺는 책을 성취하여 한갓 사람의 뜻
을 어지럽게 했을 뿐, 끝내는 세상의 교화에는 도움이 없게 되었습니
다. (…) '행하고 남은 힘이 있으면 글을 배운다.'라는 성인의 훈계는
무용지물이 된 지 아, 이미 오래되었습니다. 이러므로 옛 학자들은 근심
이 서적의 없음에 있었지만, 오늘 학자들의 근심은 서적이 너무 많음
에 있습니다. 옛날에는 책이 없어도 영웅과 현자의 무리가 나왔는데,
지금은 책이 많아도 인재는 날로 줄어듭니다.65)

實而未必屑屑於旣往之迹也. (…) 周公之制, 因周之宜也. 朱子之禮, 因宋之俗也. 因宜因俗, 損
益無定法. 是以行之無甚是, 不行無甚非者, 十居二三. 今就其二三之輕且小者, 幷作不易之大
典. 齪齪焉無或少違, 則以此爲禮, 吾恐其纏繞拘泥, 或不免見笑於林放矣.
이 뒷 문장에서는 앞 맥락의 의견을 뒷받침하는 정자, 주자 등의 사례와 우리나라 기해
년(1659, 효종 10) 服制 문제가 얼마나 예를 따르느냐, 안 따르느냐의 문제를 가지고 국
가의 흥망이 관계된 것처럼 큰 소리를 쳤는지에 대한 비판적 의논이 이어지고 있다. 스
승과의 불화를 불러왔던, 허목과 윤휴의 무리에 대해서 나름의 의논도 의거한 바가 있
었을 것이라는 담헌의 유명한 말도 여기에서 등장한다. : "복제를 따르고 따르지 않은
것과 어진 이와 간사한 자의 나아가고 물러난 것은 당초부터 서로 관련이 없었다."
64) 이 책은 주희와 황간이 편찬한『儀禮經傳通解』로 보인다.
65) ≪與人書二首≫, 「內集 3」, 『湛軒書』: 竊執事以儀禮一書, 雖經朱門通解而猶有未違悉者, 欲
補苴罅漏, 嘉惠後學, 將多于前功, 甚盛意也. 愚於此書, 盖耿耿二十年于玆. 曩因明敎, 始奮然
發願, 讀之迄未半矣. 雖略綽涉獵, 不足以望其堂奧, 惟其廣大周詳, 情文悉備, 三代威儀, 不遠

④ 담헌이 생각하는 예 :

마음을 바루고 뜻을 성실히 하는 것이 진실로 배우고 행하는 '체
(體)'라면, 만물의 뜻을 열어 천하의 사무를 성취하는 것은 배우고 행
하는 '용(用)'이 아니겠습니까? 읍양과 승강이 '개물성무'의 긴급한 용
무라면 율력(律歷)·산수(算數)·전곡(錢穀)·갑병(甲兵)은 어찌 '개물성무
(開物成務)'의 대단(大端)이 아니겠습니까? 지금 집사의 고명함이 율
력·산수·전곡·갑병을 소학의 도[小道]로 여긴다면 그럴싸하겠지만 유
독 어찌 그것을 스스로 책임지지 않고 가르침을 베풀려 합니까. 그렇
다면 이는 곧 가르침을 세운 것이 읍양·승강의 주각의 주각 낸 것에
있다는 겁니다. (…) 이제·삼왕의 대경(大經)·대법(大法)과 공·맹, 정·
주의 절요한 심법은 육경에 갖추어져 있습니다. 보내주신 편지에는, 다
행히 대의를 얻으나 오직 완역하고 복용하는데서 합해야 한다고 하셨
습니다. 제가 그것에 대해 논하자면, 아마도 집사의 '대의를 얻는다'는
말에는 미진한 곳이 있는 듯합니다. 그렇지 않다면, 구주·구경과 예악·
병형은 성인이 능히 다룬 일이어서 하등의 문제없이 완전하게 구비되
어 있는데, 집사는 이에 또 승강·읍양에 대해 주각의 주각을 붙여서 일
을 마치려 하는 것입니까? 집사는 이 점에 있어서 어찌 또 척연히 움
직여 깨닫고 초연히 멀리서 바라봄으로써 끊임없이 지엽적인 기록들

伊邇, 而大規模嚴心法, 眞聖人之作也. 但其所以補之, 則周官戴記諸子之書, 全本具在, 乃割裂
分屬殆同程文之類聚. 則分繫象象, 王弼之亂易, 不足責. 類聚言仁, 南軒之遺弊, 不必規. 是故
愚以此書比之經書集註, 不能無差殊觀也. 妄見如此, 聊以奉質. 未知後來知識稍進, 更以爲如
何也. (…) 今就其大義大節揖讓升降之平易易知者,講究體行, 亦可以終身受用, 及其義精德卲,
則因時義起, 左右逢原矣. (…) 耗神, 做得百十卷疣贅之書, 成就私利之契券而徒亂人意, 卒無
補於世教也.嗚呼, 此實近世儒學心腹膏肓不治之疾也. 且夫人生之心力有限, 理義之眞精無涯,
應物發慮, 外有事業之實務, 靜觀息養, 內有本源之眞功. 乃今好學者終歲勤苦, 不出於尋行數
墨參伍考證之間. 寧事業之有闕, 惟恐看書之不博. 寧本原之口荒, 惟恐著書之不多. 餘力學
文, 聖訓之弁髦, 吁已久矣. 是以古之學者, 患在於無書, 今之學者, 患在於多書. 在古無書而
英賢輩出, 在今多書而人材日下. 豈惟運氣之相懸哉. 實多書爲之祟也. 今日任世道者亦可以
知所憂患矣.

을 깎아 없애내지 않으시는 겁니까?[66]

    이상의 글을 순차대로 살펴보자. 먼저 담헌은 당대에 행해지고 있는 예(禮)의 현실에 대해 비판한다(①). 담헌이 보기에는 예에 대해서 요즘 이야기 안한다는 시류의 평가는 잘못되었다. 오히려 제대로 된 예를 이야기 하지 않아서 된 병폐가 더 크다. 지금의 예는 온갖 구실을 가지고 옛 문자 속에서 근거를 찾아내어 불필요한 형식을 번잡하게 만들어 내기 급급하다. 이러한 작태가 세도를 어지럽히고 있는데 여기에 또 증거를 고증해서 책을 짓는다 하니, 담헌은 편지를 보낸 글쓴이를 질책하고 있는 것이다. 담헌이 보기에 지금 유가에서 유행하고 있는 '고증 열풍'은 조금도 현실의 '실(實)'과 '리(利)'에 도움이 안 되는 것이었다. 특히 가장 기본적인 예라고 불리우는 비례물시(非禮勿視)의 정신이나 심신의 정갈한 예는 당장 제대로 실천되고 있지 않아 문제인데, 여기에 더 선수를 써 '예의 집[禮家]'을 꾸미고 단장[粧點]하려 하니, 담헌은 17세기 중후반 이미 예의 폐단에 대해 개탄했던 김창흡 선생의 시를 인용하지 않을 수 없었던 것이었다.

    이에 담헌은 예라는 것은 원래부터 시대의 풍속에 따라 변해 왔으며,

---

66) ≪與人書二首≫, 「內集 3」, 『湛軒書』: 正心誠意, 固學與行之體也, 開物成務, 非學與行之用乎. 揖讓升降, 固開物成務之急務, 律曆算數, 錢穀甲兵, 豈非開物成務之大端乎. 今高明以律曆算數錢穀甲兵爲小道則似矣, 獨無奈其自任而設教, 則乃在揖讓升降註脚之註脚. 愚未敢知執事之與奪扶抑, 中正而無偏乎. 亦未敢知執事無此書而朱黃之書不可行於世乎, 抑成此書而周公之制始不墜於地乎. 亦豈曰無尺寸之補哉, 惟捨却眞正大業, 瘁盡方寸性靈, 收拾得尺寸之補於人, 此果爲人乎, 爲己乎. 亦果謂知所務乎. 二帝三王之大經大法, 孔孟程朱之切要心法, 具在六經. 來諭云, 幸見得大義, 只合玩繹服用. 以愚論之, 恐執事之見得大義者, 猶有所未盡也. 不然則九疇九經, 禮樂兵刑, 聖人之能事, 何等全備, 而執事乃欲了之以升降揖讓註脚之註脚乎. 執事於此, 盍亦惕然動悟, 超然遠覽, 剗去節錄, 刊落枝葉.

이러한 예의 융통성이 오히려 예의 참 모습임을 설파하고 있다(②). 특히 예라는 것이 근본과 말단을 모두 갖추고 있으며, 또 그 각각이 대소와 경중을 가지고 있기 때문에, 시의에 맞춰 그것을 융통성 있게 이해해야 하는 것임을 강조하고 있다. 지금 조선의 예학은 대다수가 그 말단과 지엽적인 부분에 매달려 본래적 모습과 뜻을 간과하고 있다. 자질구레한 자취에 연연하는 것은 예가 보이는 편의성을 무시하는 처사다. 시대에 따라 예는 다른 모습으로 변해왔고, 그 변용하는 예의 실천 속에서 예의 실질인 '인'은 돌아올 수[歸仁] 있었다. 임방(林放)이 공자에게 예의 근본에 대해 물었을 때, 공자는 "훌륭한 질문이구나. 예는 사치하기보다 검소해야 한다"고 했다.[67] 무엇이 중요한 지의 대체가 드러난다면 예의 변형이 융통성과 편리함에 근거한다는 것을 이해 못할 사람은 없었다. 하지만 이른바 배운 이들이 예를 실천한다고 하는 행위는 고작 주각에 주각을 다는 일에 머물고 있었다. 그래서 담헌은 예를 공부한다고 하여 주석 다는 일을 자랑스러워하는 행태들의 문제점을 더 구체적으로 지적한다(③).

2장에서 살펴보았다시피, 예라는 것은 원래 '일'에 결부되어 작동하기 때문에 언제나 각론의 영역에 친밀하다. 그런데 그러한 자세함과 상세함은 예의 역할이기도 하지만 동시에 '예'가 주의해야 할 부분이도 했다. 왜냐하면, 예를 실천하는 행위자의 정밀함은 결코 모든 틈을 메꿀 수 없기 때문이다. '예'가 원리가 되고 '예'가 기준[體]이 되는 이유가 여기에 있다. 이미 예의 문장은 삼대(三代)부터 고른 분야에 걸쳐 성인이 완성하였고 그 뒤의 선현들이 이를 보충하였다. 그러나 결국 예의 가치는 실천

---

67) 「八佾」, 『論語』: 林放問禮之本. 子曰 : 大哉問! 禮, 與其奢也, 寧儉.

에서 드러나는 것이지 그 말의 누락을 완성하는데 있지 않았다. 담헌이 주자를 가차 없이 비판하는 부분도 바로 여기에 있다. 내가 이 말을 적어 남기지 않는다고 이 말의 지혜를 아는 이가 앞으로도 없을까? 뒤에 올 지식은 점차 진보하기 마련이다[未知後來知識稍進, 更以爲如何也].68) 수많은 나무를 베어 책을 찍어내는 것이 도대체 누구를 위한 일일까? 책이 많아진다고 과연 똑똑한 인재가 많아질까? 이것은 시대의 운[運氣]을 탓할 것도 못된다. 정치를 하려는 모든 행위자가 두려워하고 걱정해야 할 바이다. 예를 실천한다는 것은 결국 그것을 입는 수용자의 몫이기에 그 시대의 몸에 따라 예의 모습은 다를 수밖에 없다. 하지만 성인은 그 뜻이 다르게 발현될지라도[因時義起], 그것은 모두 하나의 근원에서 만날 수 있다[左右逢原矣]고 말했다. 이 성인의 예를 무용지물[弁髦]로 만든 것은, 지금의 학자들이 만들어 낸 병폐 때문이다!69) 이제 담헌은 ④ 네 번째 글에서 자신이 생각하는 예, 예학에 대해 말한다.

예의 뜻은 본디 '성의정심'에 기본 하여 배우고 행하는 데 있었다. 이것이 예의 '체(體)'이다. 만물의 뜻을 열어 천하의 사무(事務)를 얻고자 하는 것은 예의 '용(用)'이다. 그런데 지금의 유학자들은 '예'의 용으로 읍양과 승강, 인사와 제사와 같은 일만을 연구한다. 여기서 담헌은 '사물의 뜻을 열어 만물의 일을 성취한다'는 개물성무(開物成務)'가 보여주는 기존

---

68) 이러한 생각은 이른바 실학을 궁구했던 당대 지식인들의 보편적인 생각이었다. 서유구 (1764-1845) 역시 그의 책 『農對』에서 서광계의 『農政全書』의 가치를 언급하며 "뒤에 나온 것이 더 낫다[後出爲勝]"는 말을 남기고 있다.

69) 담헌은 한두 번의 쓸모를 위해 만들어진 물건들과 공적 변화[敎化]와는 상관없이 행사에 의해 수습되는 글들에 대해 비판한다. 예컨대 '弁'은 緇布冠으로서 冠禮를 행하기 전에 잠시 쓰는 것이고, '髦'는 결혼하기 전 총각의 더벅머리를 말한다. 이것들은 모두 관례가 끝나면 사라지는 것들이다. 모두 적폐.

의 틀을 과감히 넘어선다. 율력·산수·전곡·갑병 등도 모두 개물성무라고 말한다. 그것도 작은 방법[小道] 아니다. 큰 시초[大端]라 말한다. 더 나아가 담헌은 단순히 예의 범주를 확장하는 것을 넘어서 실천의 문제까지 지적한다. 편지를 보낸 이는 율력·산수·전곡·갑병이 예의 작은 쓰임에 불과하다고 보기에 설교는 하면서도 스스로 책임지지는 않으려 했다. 자임하지 않고 말만하는 것은 담헌이 보기에 결국 읍양·승강만 가지고 각 주에 각주를 다는 것과 다름이 없었다. 이러한 예(禮)가 과연 치우침이 없는[無偏] 대의라 할 수 있을까? 담헌은 구주·구경과 예악·병형[70]에 대해 이미 성인이 능히 다룬바 있다고 말하고 있으며, "율력·산수·전곡·갑병에는 (정작 본인은 하나도 깨달은 것이 없다고 겸양하고 있지만), 지극한 원리가 있어서 인사(人事)에서 뺄 수가 없다."[71]고 강조하고 있다. 담헌은 이전에 「대학문의」4장의 소주(小註)를 문제시 삼을 때도, 성인이 그 근본만 일삼고 그 말절은 힘쓰지 않은 것처럼 보이게 하는 주희의 해석을 지적했었다. 만물에는 본말(物有本末)이 있고, 이는 어느 것 하나 빼놓을 수

---

70) 洪範九疇는 五行·五事·八政·五紀·皇極·三德·稽疑·庶徵·五福과 六極을 말한다. 오행은 水·火·木·金·土를 말한다. 오사는 외모, 말, 보는 것, 듣는 것, 생각하는 것을 말한다. 팔정은 양식 관리, 재정 주관, 제사 관리, 백성 교육, 범죄 단속, 손님 대접, 양병 및 백성의 땅 관리를 말한다. 오기는 歲·月·日·辰·曆法의 계산을 말한다. 황극은 임금의 법도로서 임금이 정치의 법을 세우는 것을 말한다. 삼덕은 정직·剛克·柔克을 말한다. 계의는 卜과 筮의 점을 치는 사람을 임명하고 그들에게 점을 치게 하는 것을 말한다. 서징은 비·맑음·따뜻함·추움·바람 및 계절의 변화를 지칭하는 일을 말한다. 오복은 壽·富·康寧·攸好德·考終命를 말하고, 육극은 횡사요절·질병·근심·빈곤·악·약함을 말한다. 九經은 『周易』, 『詩傳』, 『書傳』, 『禮記』, 『春秋』, 『孝經』, 『論語』, 『孟子』, 『周禮』를 말한다. 여기에 예법과 禮樂, 국방과 형사정책[兵刑]이 더해지고, 음률, 수학, 천문[律曆], 算數, 화폐와 곡식[錢穀], 병사와 무기[甲兵]까지 하면, 사실상 담헌이 생각하는 개물성무 예의 범주가 거의 다 포괄될 것이다.

71) ≪與人書二首≫, 「內集 3」, 『湛軒書』: 至律曆算數錢穀甲兵, 雖博而寡要, 莫有一得, 亦至理所寓而人事之不可闕者.

없었다. 소도(小道)와 말(末)의 공부로 취급하는 천문학과 산수와 같은 물학은 결코 만물의 질서를 배우는 예학 밖의 일이라 할 수 없다.

담헌의 독특성이 드러나는 지점은 여기에서 그치지 않는다. 그는 몸소 이러한 예의 확장적 가치와 당연한 의미를 보이기 위해 율력을 공부하여 천문관련 기기를 만들고, 산수를 공부해서 반드시 필요하다고 생각되는 수학 예제들을 정리한 책을 만든다. 담헌이 이러한 각론의 실천을 보이는 것은 단순히 각주에 각주를 다는 행동이 아니다. 그것은 큰 틀에서 각 분과의 원리를 나누어 드러내는 일이다. 산학, 상수학, 서학을 그가 직접 탐구한 것은 바로 그러한 원리적 이해가 갖는 효용성과 실질의 힘을 알고 있었기 때문이다. 만물의 의미를 드러낸다[開物]는 것은 결국 물에 결부되어 있는 질서를 누구나 이해하기 쉽게 드러낸다는 뜻이다. 그래서 그와 유사한 유형의 것들이 그 원리로 인해 엮어지게 되고[類聚] 다시 다른 영역으로 확장성을 지닐 수 있게 편의를 드러낸다는 것이다. 담헌이 보이는 물학에 대한 탐구의 자세는 예지리(禮之理)가 닿는 거의 모든 영역에서 표현되고 있었다.

담헌은 엄철교[72]의 품성을 칭찬하며, 그가 남을 사랑하고 묻기 좋아하는[能愛人好問] 지점을 언급한바 있다.[73] 타인을 사랑한다면, 타인에게 묻기 좋아하는 것은 자연의 행위다. 만물을 어진 마음으로 바라본다면, 만물에게 다가가 질문하기를 좋아하는 것은 일관된 발현으로 이어질 수 있다. 그는 엄철교와 대화할 때, "물건을 보고 사람을 생각한다[睹物懷人]는

---

72) 嚴誠(1732-1767)은 담헌의 知音으로의 자는 力闇이고 호는 鐵橋이며, 浙江省의 錢塘 사람이다.
73) ≪與鐵橋書≫, 「外集 1」, 『湛軒書』.

말은 실로 느낌이 절실하다."74)고 말했었다. 물의 질서와 사람의 질서는 분리되어 있지 않다. 그 질서를 공부하는 일[禮學]은 그래서 '인학(仁學)'과 만날 수밖에 없다.

담헌의 호기심은 널리 사랑하고자 성인의 법을 따르는[博愛遵聖謨] 기존의 규정된 평범한 학습을 넘어 이제 서쪽 늙은이의 참된 식견[西叟眞慧識]으로 뻗는다. 이 서쪽 늙은이는 기존의 천문학, 산학, 상수학이 보여주지 못하는 새로운 지혜를 보여주고 있었다. 지구의 모양이 둥글고 지구가 움직이고 있다는 사실은 나눠지고 합침에 일정한 도수가 있어서였다[分合有常度]. 그런데 우물 안에 앉은 좁은 소견[陋見乃坐井] 때문에, 사람들은 일식·월식으로 서로 빛을 가리는 것이 재변이 아님[薄蝕非災眚]을 생각지 못한다. 담헌은 「측관의(測管儀)」를 쓰면서 전통적 측후가 근거를 가지지 못하고[測候無據] 분잡해서[紛如] 모두 억상에서 나왔다[摠出臆想]고 적고 있다.75) 하지만 서학은 이러한 법상(法象)에 대해 신묘한 설명[機術之妙]을 하고 있었다. 게다가 이 설명은 만 리 밖에 떨어져 있는 친구[良朋在萬里]에 대한 그리움을 위로[慰]76)해 줄 수 있는 또 하나의 방법[何以]을 보여주고 있었다. 나누어지고 합침에는 이유가 있고 규칙이 있었다. 그리고 이러한 원리적 이해가 그를 서양의 학문[西學]에 대한 담대한 접근으로 그를 추동하고 있었다.

---

74) ≪乾淨衕筆談≫, 「外集 2」, 『湛軒書』: 余曰, 睹物懷人之敎, 實是感切.
75) ≪籠水閣儀器志≫, 「外集 6」, 『湛軒書』: 天有七曜, 垂象至著. 惟離地絶遠, 人視有限, 所以唐虞之神明, 猶待於璣衡之器. 勾股之術也. 惜其法象失傳, 測候無據, 代有制作, 談說紛如. 摠出臆想. 小合大差. 盖自西法之出而機術之妙深得唐虞遺訣, 儀器以覘之, 算數以度之, 天地之萬象無餘蘊矣.
76) ≪詩≫, 「內集 3」, 『湛軒書』: ○ 何以慰君心. / ○ 何以慰相思.

18세기 담헌이 보여주는 개방성에 대해 "소통의 체계로서 무한 우주론이 그의 새로운 세계상 정립에 새로운 방식으로 적용한 것"이며 "과학의 탐구뿐만이 아니라 평등과 우애의 윤리관 정립에 창조적으로 작용했다."는 평가는 그래서 타당하다. "간격과 사이를 넘어 평등하게 소통하려는 그들의 소망은 당시의 시대적 상황의 변화뿐만 아니라 지적 관심의 변화에 추동되어 나타난 것"77)인 셈이다. 지적 호기심은 곧 자기 열림이다.78) 자기 개방을 통한 소통의 의지가 없는 이에게 세계가 말을 걸어 올리는 없다. 물 세계에 성실한 질문을 던지는 것, 그리고 답하기를 기다리는 것, 이는 사실상 근대 과학자들의 공통된 자세였다. 담헌이 그 한복판에 있었다.

2) 홍담헌의 신(新) 격물학 수용

담헌은 『주해수용』 내 「측량설(測量說)」79)에서 그가 왜 물학(오늘의 언어로

---

77) 이규성, 『의지와 소통으로서의 세계』, 990쪽.

78) 반면 '의심'의 순간은 자기 닫힘에 머물러 있다. 뒤에 살피겠지만, '好'에 의해 촉발되는 이 같은 자세는 이원론들의 skepticism과 대비된다 말하지 않을 수 없다.

79) ≪籌解需用外編 下：測量說≫, 「外集 6」, 『湛軒書』 : 盖天者萬物之祖, 日者萬物之父, 地者萬物之母. 星月者萬物之諸父也, 絪縕孕毓, 恩莫大焉. 呴濡涵育, 澤莫厚焉. 乃終身戴履而不識天地之體狀. 是猶終身怙恃而不識父母之年貌, 豈可乎哉? 若曰天吾知其高且遠而已, 地吾知其厚且博而已, 則是何異於曰父吾知其爲男子而已, 母吾知其爲女子而已者哉? "故欲識天地之體狀, 不可意究, 不可以理索, 唯製器以窺之, 籌數以推之. 窺器多製而不出於方圓, 推數多術而莫要於勾股."; "그러므로 천지의 체상을 인식하고자 할 때는 뜻을 궁구함으로써는 불가능하고 이치를 탐색함으로써도 불가능하니, 오직 기기를 제작함으로써 그것을 살피며, 수를 계산함으로써 그것을 추론한다. (천지의 체상을) 살피는 기기는 많이 제작되었으나 方圓에서 벗어나지 않고, 수를 추론하는 학술은 많으나 勾股의 방법에 요약됨에 불가하다."

말하자면 과학)을 공부하고 그 의의가 무엇에 있는가에 대해 다음과 같이 설명하고 있다. "태양은 만물의 아버지이고 땅은 만물의 어머니이다. 그런데, 천지의 기운이 만물을 낳고 길러줌에도 인간은 천지의 체상을 알지 못한다. 그것은 마치 종신토록 부모에게 의탁하고 있으면서도 부모의 연령이나 체모를 알지 못하는 것과 같다."

따라서 부모를 이해하고 사랑하기 위해 부모의 잠자리를 살피고 필요한 것을 묻듯, '물'에 대해 질문하는 것은 담헌에게 당연한 일이었을 것이다. 문제는 '물'의 언어는 인간의 것과 달라서 인간의 편의대로 짐작해서 궁구할 수는 없다[不可意究]는 점이다. 이론만 가지고 찾아내 취할 수 있는 것[不可以理索]도 아니다. 따라서 기기를 만들어서 그것으로서 측정하고[唯製器以窺之], 그 측정된 수를 가지고 계산하여 추득[籌數以推之]하는 과정이 필요하다. 격물(格物)의 단계에서의 측량화와 수치화는 불가피한 셈이다. 담헌은 사물의 세계를 객관적으로 바라보게 하는 토대와 기준의 구축을 필요로 하고 있었다. 마침 그가 만난 서학은 측량과 측정에 관한 새로운 방법론을 보여주고 있었다. 더 정확하게 물에 대해 질문하고 있었고, 더 정밀하게 물의 질서를 읽고 있었다. 세계는 이미, 빠짐없이 자신의 모습을 드러내고 있다[天地之萬象無餘蘊矣]. 알지 못하는 것[不識]은 인간이었고, 알려고 하는 것[欲識]도 인간이었다. 이제 담헌이 알려했던 신(新) 학문의 지점을 세 부분으로 나누어 검토하려 한다. 첫째, 새로운 시간, 둘째, 새로운 공간, 셋째, 새로운 학문적 방법론이다.

(1) 시간의 개조, 달력

17-18세기, 조선과 중국은 시간에 대한 근본적인 변화를 맞이한다. 동

아시아 지식인들은 자신이 믿었던 시계의 원리를 근원적으로 수정보완 하면서 시헌력 시행과 절기배치법을 둘러싼 논쟁을 경험한다. 이른바 과 학이 정치를 움직이고 정치가 과학을 수용한 이 대표적 사건을 본서가 주목하는 이유는, 단순히 시간인식의 대대적인 변화가 동아시아인늘이 오랫동안 지켜왔던 시간에 결부되었던 문화적 양식들을 총체적으로 변 화시켰기 때문만은 아니다. 무엇보다 이 사건을 통해 서학은 동양의 정 치인들과 지배계급의 인식을 변화시켜 실제적 실행을 이끌어냈다. 또한, 서학의 정보가 한국의 중인계급뿐만이 아니라 사대부들에게까지 수용됨 으로써[80] 지식권력 집단의 상호교류가 촉진되었다. 달력의 변화는 시간 에 개입된 물학(혹은 과학)의 문제가 특정 집단의 소유물이 아니라 일반 대중의 관심으로까지 확장되는 중요한 기점을 만들고 있었다.

담헌은 구 달력에서 신 달력으로 이미 전환된 시점에 태어났지만, 여 전히 생활 속에는 관성처럼 존재하는 구력의 습(習)과 이해가 남아 있는 시기에 살았다. 천문학을 좋아했던 그의 호기심이 신력 시헌력의 신선한 정확성에 경도될 수밖에 없었던 것은 당연하다. 중요한 것은 시간의 합 의는 정치적 제반 활동의 시작이기에 달력 문제는 전통적 문화양식을 배 제할 수 없다는 점이고, 달력에 대한 이해는 그래서 '예'에 대한 이해와 연관될 수밖에 없다는 점이다.

시헌력과 전통천문학 대통력 사이의 갈등은 절기를 배치하는 방법인 정기법과 평기법과 연관된다. 이 배치 방식의 차이, 사실과 결부된 원인 관계, 달력의 실행을 둘러싼 중국과 한국의 각기 다른 반응들을 살펴보

---

80) 앞서 언급했듯, 천문학은 禮制와 긴밀한 관련이 있었기에 과거를 치루는 사대부들의 몫 이었지만, 산학, 의학, 계측, 건축 등의 영역은 대부분 중인계급의 몫이었다.

는 일은 담헌이 바라보는 서학의 대강을 이해하고 그 변화수용과정의 의의에 관해 논하는데 중요하다. 먼저 중국에서의 개력(改曆) 과정에 대해 간략히 살펴보자.

중국에서 구력의 개정문제에 대한 논의들은 16세기 말 마테오리치 (Matteo Ricci, 利瑪竇, 1552-1610)를 비롯한 서양의 선교사들이 동방에 발을 디디는 시기와 밀접한 관련이 있다. 1581년부터 1669년까지 예수회 중국 선교의 보고서인『중국포교사』[81]에 따르면, 초기 예수회 신부들은 기존의 방식으로 포교를 하다 어려움을 갖자 적응주의 노선의 차원에서 천문 혹은 달력 개정에 대해서 관심을 가지기 시작했다고 한다. 서교(천주학)를 대신한 '서학'은 실용적인 기술과 계측을 압축한 정밀한 원리들을 품고 있었기 때문에, 또한 달력의 제정과 배포는 천문 계측의 정확성에 의존하고 있으면서도 문화 및 정치적 행사와도 긴밀히 연관되고 있었기 때문에, 이는 당대 지배계급이었던 고위 관료들과 지식인들의 주의를 끌기에 충분했다. 서광계(徐光啓, 1562-1633)와 탕약망(湯若望, 아담 샬Johann Adam Schall von Bell, 1591-1666)은 서양 선교사들이 가져온 신학문에 매료되어 중국의 발전을 위해 이러한 새로운 기술과 과학적 체계를 수용하려고 했던 대표적인 식자이자 관료였다. 청조는 이들을 발탁하여 활용하는데, 이 과정에서 서양의 새롭고 유용한 학문을 수용해야 한다는 중국 내부의 정치적 움직임과 예수회 신부들과의 이해관계가 점점 증폭되어 간다.

---

81) 이 책의 원래 제목은 『1581년에서부터 1669년까지 키나에서 그리스도교의 옳은 신앙을 포교하기 위해서 활동한 예수회 신부들에 대한 보고 : 그 시작과 전개를 중심으로』이다. 저자는 순치제의 훌륭한 신하이자 소현세자의 친구로 알려진 아담 샬과 『중용』을 라역(羅譯)해서 서구에 소개한 인토르체타이다. 이 책에 관한 자세한 안내는 안재원의 「아담 샬, 순치제, 소현세자 : 아담을 바라보는 두 시선 사이에 있는 차이에 대해서」 논문 참조.

중국은 원래 평기법을 통한 구력을 택해왔었는데, 이 평기법에 따르면 매달 월윤 만큼 삭망점의 위치와 절기점의 위치는 어긋날 수밖에 없다. 그래서 몇 월이라고 규정할 수 없는 달, 즉 무중월이 생기기 때문에 윤달을 배치해왔었다. 그런데 태양 운동의 실제 관측이 점차 정밀해지고, 시간이 지나면서 윤달의 배치가 반복되다 보니, 점차 절기 배치에 있어서 전반적인 혼란이 가중되었다. 명 말에 이르자 서광계, 탕약망 등의 주도로 서양천문학 이론을 적용한 『숭정역서』[82)가 만들어졌고, 신력의 정기법을 위시하여 기존의 평기법과 무중치윤법은 도전을 받게 된다. 1645년 청조는 시헌력을 공식역법으로 시행한다. 그러나 시헌력이 실제 사용되면서 내부에 도사리고 있던 구력과 신력의 갈등은 본격화된다. 시헌력이 채택한 무정기법에서 절기의 배치간격이 불규칙해지면서 절기간격이 좁은 겨울철에는 한 달에 3개의 절기가 드는 경우가 생기고, 무중월도 33개월에 한 번씩 규칙적으로 들지 않게 된 것이다. 천문학자 양광선(楊光先, 1597-1669)은 1660년 바로 이러한 점을 문제 삼아 시헌력이 갖는 윤달배치의 문제점을 지적하는 상소를 올린다. 그러나 남회인(Ferdinand Verbist, 1623-1688)은 서양력이 늘 천체의 운행을 가장 정확하게 반영하고 있다고 거듭 강조하며 양광선의 상소를 두고 하늘을 억지로 인간에게 맞추는 일이라 비판, 조목조목을 반박한다. 그런데 이러한 상황은 어떤 절기법이 태양의 운행을 더 정확하게 반영하느냐를 문제 삼고 있지 않았다. 매문정(梅文鼎), 양광선 등의 전통주의자들이 정절기법을 반대하면서 가장 우

---

82) 『崇禎曆書』는 총 137권으로 명나라의 마지막 황제인 毅宗 연간(1624-1644)에 편찬된다. 간행은 1631년 1차를 시작으로 1634년 5차까지 해서 완성되었는데, 그 후 몇 차례 補刊本이 간행된다. 청대에 들어와 아담샬에 의해 『西洋新法曆書』라는 제목으로 재편집되어 간행되었고, 우리나라에는 17세기에 들어와 읽혔다.

려한 것은, 무중치윤법이 의지하고 있던 경전적 근거와 전통천문학의 원칙이 무너질 수도 있다는 점이었다. 그럼에도 불구하고 청조는, 서양천문학을 강력하게 옹호한 강영(江永)의 주장을 수용하여 시헌력을 고수한다.

원래 동아시아인들이 '몇 월'이라고 부를 때, 그 판단은 수천 년 동안 그 달에 있는 중기가 결정해왔다.[83] 시간적 질서를 통해 백성을 안정케 한다는 것은 결국 농업사회 통치자가 시간에 맞춘 공동체의 행사를 용이하게 함을 의미했다. 고대인들은 태양의 위치를 통해 계절을 구분했고, 다시 이를 농경사회의 작업에 맞게 구분하여 24절기를 만들어왔다. 그런데 고대의 통치자들은 정확한 관측에 따라 이러한 달력의 정밀성을 향상시키는 일 보다, 문화적 의례를 시기에 따라 배치하고 농업경제 및 국방, 정치 등과 관련된 '일[事]'을 제정하는 일을 더 중시 여겼다. 달력의 목적

---

83) 고대로부터 예와 시간을 연결하는 가장 중요한 언급은 '윤달' 문제였다. : 於是閏三月, 非禮也. 先王之正時也, 履端於始, 擧正於中, 歸餘於終. 履端於始, 序則不愆; 擧正於中, 民則不惑; 歸餘於終, 事則不悖. 백성들의 혼란을 막기 위해 시간적 질서가 필요했고, 고대의 치자들은 윤달을 제정한다. 『춘추좌씨전』에는 윤달과 관계된 구절이 총 10번 나오는데, 다음 구절 역시 이러한 '예(禮)'로서의 시간'의 면모를 살펴 볼 수 있는 대표적인 자료다. : 閏月不告朔, 非禮也. 閏以正時, 時以作事, 事以厚生, 生民之道於是乎在矣. 不告閏朔, 棄時政也. 何以爲民? 윤달 자체는 달력의 오차를 줄이기 위해 생겨난 방책이지만, 실제 윤달의 의미는 '때에 맞는 정치적 행사' 안에, 즉 '禮' 안에 포섭되어 있었다. 주나라 천자는 매년 가을과 겨울 사이에 다음해의 역서를 제후들에게 나누어주었는데, 이 역서에는 윤달, 매월 초하루가 어느 날인지가 포함되어 있었다. 제후들은 매달 초하루에 이 달력[曆書]을 조상의 신주를 모시는 사당에서 받아 조회한 다음 보관했다. 이를 '朝廟'이라 한다. 그리고는 양을 죽여 사당에서 제사를 지낸 후 정무를 보았는데, 이 제사를 '告朔'이라고 한다. 그런데 『춘추』「문공」은, 윤달의 달력을 받고서 제사를 통해 백성들에게 이를 알리지 않는다면 그것은 백성의 삶을 버려두는 일이나 다름없다고 말한다. 그리고 시간을 조정하는 일, 때를 바로 잡는 일이 곧 달력의 제작이라면, 이 달력의 의미는 백성을 살리는 방법[生民之道] 안에 있어야 한다고 기록한다. 이러한 이해방식은 정치적 시간의 의미가 시간의 측정[物學]에서 시간의 공표로, 다시 시간의 공유에서 生道-사실상의 生之理로 연결되는 지점이다.

이 백성에게 일을 만들고 그 일로 하여금 백성의 삶을 풍요롭게 하기 위함이었기 때문이다. 따라서 일반 백성들 역시 오랫동안 '예'라는 형식 속에 구체화된 시간의 양식들을 시간 일반을 인식하는 가장 1차적이고도 비근한, 또 구체적인 수단으로 간주했다. 사실상 17-18세기 시헌력이 도입되기까지, '예' 밖의 시간을 따로 생각할 수 있는 여지는 일반 사람들에게 많지 않았다.

원래 '역(歷)'을 주고받는 정치행위는 일종의 정치적 위계를 전제하는 통치 질서의 순환을 의미해 왔다. '역'을 만들 수 있는 지배자는 '역'을 주는 시혜를 통해 지배권이 실재함을 드러내고, 피지배자는 수혜를 통해 지배권의 실체와 이에 대한 복종을 인정한다. 이러한 구도의 연상선상에서 중국 고대에는 '왕조가 바뀌면 제도를 바꾼다'는 수명개제(受命改制)의 믿음이 오래 동안 유지될 수 있었다.[84] 제도의 변화가 새 왕조의 성립을 백성들에게 확인하게 하고, 또한 새로운 달력 제도는 더욱 자연의 이치에 부합하는 것임을 선전하여 왕조의 정당성을 드러내는 정치적 행위의 기초로 기능했다. 그런데 17세기 중국의 천문학자들은 새로운 왕조인 청나라의 정당성을 뒷받침하는 안목을 갖고 있지 못했다. 이제 더 이상 연 11일에 달하는 오차를 수정하고 또 계산하는 식의 정도로만 해결할 순 없었다. 그들은 새로운 관측 기술을 가진 이국문화의 사람들과 시간의 질서를 재편하는 일을 두고 경쟁해야만 했다.

중국이 서학의 논리를 수용하여 납득할만한 자신들만의 시간적 질서를 확장시켜 나가고 있을 무렵, 바로 담헌이 중국을 유람한다. 그가 흠천

---

84) 국사편찬위원회, 『하늘, 시간, 땅에 대한 전통적 사색』, 「제3장 역과 역서」, 22-23쪽.

감(欽天監)의 관직에 있는 장경(張經, 호는 석존石存)을 만나러 갔을 때 시헌력의 원리에 대해 물은 것과, 다시 장경의 대답에 대해 그의 소천함(疎淺)과 무식함을 지적하며 「연기」에 기록을 남긴 일은 그가 이러한 '일'과 결부된 시간적 질서를 온전히 이해하고 있었음을 보여주는 증거이다.[85] 그렇다면 이제 조선의 상황을 살펴볼 필요가 있다. 조선의 지식인들은 중국의 달력 변화를 어떻게 수용하고 또 이해하고 있었을까?

조선에서의 구력(舊曆)과 신력(新曆)의 갈등은, 1645년 청나라에 볼모로 가있던 소현세자와 봉림대군이 돌아오면서부터 시작된다. 원래 조선은 세종 이후 대통력(大統曆)의 체계에 맞춘 칠정산법(七政算法)에 의한 독자적인 역법을 사용하고 있었으므로 시헌력이 언급되었을 때 개력의 필요성은 자연스럽게 제기되었었다.[86] 그러나 효종대 초반 시헌력의 시행과정

---

85) 《燕記》, 「外集 7」, 『湛軒書』: 二十九日. 復往, 李德星, 金復瑞亦偕焉. 經欽天監官, 德星略問曆法, 皆疎淺無識. 問時憲書何爲不置臘? 經曰, 臘卽冬至. 余曰, 冬至在十一月, 臘在十二月, 俗稱十二月爲臘月. 臘與冬至, 何以混稱? 經又强辨不已. 余曰, 此有韻書, 可以立辨. 經卽出康熙字典, 使余考出. 余卽考臘字而示之, 經憮然無以答. 又問不置寒食? 經曰, 此係介子推故事, 不必爲節日故去之. 問越伏之法? 經曰, 此以子正前後爲限. 此答亦未瑩也.; 29일. 이덕성·김복서와 함께 다시 갔다. 장경이 흠천감의 관직이 있다 하여 덕성이 역법에 대하여 대강 질문하였으나 (그의 대답은) 모두 소천하고 무식하였다. 묻기를 "시헌력에는 어찌해서 납일을 두지 않았습니까?" 하니 장경이 대답하기를 "납일이 곧 동지이기 때문입니다." 하였다. 내가 말하기를, "동지는 11월에 있고 납일은 12월에 있기 때문에 12월을 속칭 섣달이라 합니다. 그런데 납일과 동지를 어찌 뒤섞어 말합니까?" 하니 장경이 그래도 억지로 변명하여 마지않았다. 내가 다시 말하기를, "이것은 운서에도 있으니, 금방 가려낼 수 있습니다." 하니 장경이 강희자전을 내어 주면서 나를 보고 찾아보라고 하였다. 내가 즉시 섣달 '납'자를 찾아내서 보여주었더니, 장경은 무안해서 무어라 더 대답하지 못하였다. 또 묻기를, "시헌력은 어찌해서 한식을 두지 않았습니까?" 하니 장경이 대답하기를 "이는 개자추의 옛 일에 관계되는 날일뿐, 절후는 되지 못하기에 뺀 것입니다." 하였다. 묻기를 "월복의 원리는 무엇입니까?" 하니 장경이 말하기를 "자정 앞뒤로써 경계를 둡니다." 하였으나 이 대답도 모호하고 분명하지 못하였다. (cf. 월복 : 보통 10일 간격으로 드는 중복과 말복 사이가 20일 간격으로 드는 일)
86) 인조실록 23년 6월 3일 기록에는 청나라에 귀국한 한흥일과 당시 관상감 장관이었던

에서 반대론이 제기되었는데, 김시진(金始振, 1618-1667)은 신법(新法)에서 논의된 시각의 계산 방식(時刻法)의 차이와 태양의 부등속운동을 부정하며 강하게 신력을 반대한다. 반면 남극관은(南克寬, 호는 夢囈, 1689-1714) 그의 문집 『몽예집』에서 지구설과 시헌력에 대한 이해를 바탕으로 김시진의 오류를 조목조목 지적하여 정기법을 옹호한다. 첫 논의가 있었던 1945년부터 10여 년간 자체적으로 조선은 시헌력 체계를 비교 검토하여 역서를 제작할 수 있는 역량을 갖추어 갔고, 1654년 조선은 시헌력을 정식으로 시행한다. 하지만 조선은 중국에서의 논란을 의식하지 않을 수 없었기에 시헌력 시행 이후에도 지속적으로 달력을 검토해야 하는 상황을 맞이하고 있었다.

예컨대 중국에서는 강희역옥(康熙逆獄) 사건이 일어나서 1667년 다시 대통력이 반포되는 일이 발생했다.[87] 조선은 이미 1667년 역서를 시헌력으로 계산해서 인쇄해 놓은 상태였기 때문에, 이 소식을 전해들은 조선은 시헌력과 대통력을 일시적으로 둘 다 인쇄해 두기로 하고 청의 반응을 기다린다. 사실 조선은 시헌력을 1654년부터 사용하면서도 계속해서 대통력도 인쇄해서 제사 등에 사용을 하고 있었다. 하지만 청은 대통력에 맞춘 1667년 달력을 보내오고 결국 조선은 1654년부터 1666년까지의 윤달과 날짜를 대통력에 맞춰 각종 기념일을 바꾸어 기록하게 된다. 문제는 1669년에 다시 일어난다. 조선은 1669년력(이 해 12월에 윤달이 들어있었다) 역시 대통력의 체계로 계산하여 반포하고 있었는데, 청에선

김육의 개력에 관한 첫 건의 및 논의가 보인다.
87) 이 이후 강희제는 다시금 몇 가지 비교 관측을 거쳐서 시헌력을 주장하는 남회인의 손을 들어 주었고, 1670년 청은 다시 시헌력으로 돌아간다.

다시 시헌력을 주장하는 남회인이 강희제의 지원을 받아 흠천감부가 된 터라 1669년력에서 12월의 윤달이 1670년 2월이 되어야 한다고 알려온 것이다. 이 사건 이후, 다수의 관상감 관원들이 구력주장자들이 가진 역법지식의 비전문성과 천문학적 비정밀성을 비판했기에, 17세기 말이 되면 시헌력에 대한 의문은 사그라져 간다. 그리고 1670년 시헌력으로 다시 돌아간 이후 조선은 비교적 안정된 지지와 정확한 자료를 수집해가며 1896년 태양력으로 바뀌기까지 시헌력을 유지한다.[88]

담헌이 이러한 비논리·무근거적 논쟁과 소모적인 정치적 상황에 대해 객관적이지만 동시에 친근하게 바라볼 수 있는 거리를 두고 태어났다는 점은 중요하다. 그가 구력과 신력의 의미를 검토하여 독자적 측량의 필요성을 역설하고 시간에 관한 주체적 인식을 재고하게 된 것은 당연한 시대적 흐름이었다.[89] "예수회 사람들에 의해 서양천문학이 전래된 이

---

88) 18세기를 지나면서 자체적 정밀함을 갖춘 조선의 천문학은 정치외교적인 이유를 제외하고는 이러한 시간적 독립성을 강하게 주장하고, 자립하려 했다고 본다. 실용 학문의 가치를 피력한 젊은 학자들과 이를 지원했던 정조는 (강희제만큼이나) 서학이 보여주는 논리적 정밀함이 사회적 질서를 바로잡는 긴요한 근거를 제공할 수 있다고 믿었다. 그럼에도 불구하고 이 뒤에 '11월의 중기' 사건이 일어난다. 1772년 관상감(觀象監)에서는 1775년 달력을 계산해보다가 동지-소한-대한이 모두 11월에 드는 것을 발견한다. 이때 역관 이덕성(李德星)은 역시나 중국의 의사를 묻지 않을 수 없었기에 북경에 파견되고, 거기서 흠천감의 관원으로부터 '시헌법을 쓰면 한 달에 세 개의 절기가 드는 일이 있는 것이 당연한 일인데 무얼 다시 질문하냐'고 면박을 당한다. 이덕성은 1765년 담헌과 함께 북경 사행을 가서 서양인 신부에게 역법을 질문했던 바로 그 이다. 결국 중국과 조선 모두 이 해의 윤8월을 다음해의 윤2월로 고치게 된다. 이 '11월의 중기' 사건은 시헌력의 원칙이라는 전통역법의 원칙 앞에 무너지는 경험이었다. 전용훈은 이를 두고 "서양천문학은 동양천문학에는 승리했지만 동양적 전통에는 승리하지 못했던 것이다"라고 평한다. (전용훈의 「17-18세기 서양과학의 도입과 갈등」, 논문 참조.) 본서는 이 사건의 원인을 내부에서 찾고자 한다. 달력의 문제를 주체적으로 해결하지 못한 채 전통으로 회귀한 것은 결국 정치 지도자들이 18세기 담헌이 그토록 바란 '예 개념의 확장적 변용' 문제를 해결하지 못한 탓이 크다.

후 벌어진 세치 이론의 역사는, 동아시아 지식인의 눈에 비친 서양천문학이 논리적으로 일관된 정합적 지식의 체계가 아니라 해석자의 관점에 맡겨진 파편적 지식의 집합일 수도 있다"[90])는 것을 보여줬다. 이러한 경험과 문제의식을 고려한다면, 담헌의 고민은 서학이 보여주는 새로운 측량의 방법론과 문화와 결부된 전통적 시간적 질서를 종합적으로 이해하려는 노력으로 자연히 귀결될 수밖에 없었을 것이다. 시헌력의 사용은 암기만으로 한식일의 간지를 산출해냈던 문화와의 결별을 의미했다. 이제 더 이상 명과학 종사자도 책력을 보지 않으면 어떤 절기도 암기로 추정할 수가 없다. 게다가 새로운 시간관을 둘러싼 지식과 권력의 정치적 관계를 담헌은 비판적으로 볼 수밖에 없었다. 역법의 우열문제는 몇 가지 관측 자료로 쉽게 검증되기가 어려운 매우 테크니컬한 문제였기 때문에 그 스스로가 이러한 문제의 해결을 위해 천문학을 학습한 것은 정치적 이해관계에 휘둘리지 않는 시간질서의 확립에 공을 두고 있었다는 증거다.

이러한 조선의 상황은 분명 담헌으로 하여금 정치적으로 시간의 예속을 유지시키는 일이 얼마나 불편하고 불합리한 관행인지를 상기하게 하는 지점이 되었다고 본다. 그것은 숭명이나 존청과 상관없이 진행되는 삶의 절실한 문제였다. 담헌은 역법에 대해 그 어떤 실학자보다도 실질적인 정보를 다룰 수 있었다.[91] 역잠이 쓴 「농수각기(籠水閣記)」[92]에는

89) 조창록, 「전근대 동아시아 국제관계의 재인식; 조선 실학에 끼친 서광계(徐光啓)의 영향 - 서유구 가문을 중심으로」, 109쪽 이하 참조.
90) 전용훈, 「17세기 서양 세차설의 전래와 동아시아 지식인의 반응」, 393쪽.
91) 유송령과 포우관 앞에서 통역관 홍명복은 담헌에 대해 다음과 같이 소개한다. "저분은 우리의 3번째 대인의 조카되는 분인데, 중국에 처음 왔습니다. 그는 재주와 기술이 매우

"우리나라의 역법(曆法)은 이전보다 월등하게 발달되었다. 여러 나라의 사다리와 배를 가지고, 산학을 궁구하여 넓히고 또 정미하게 했다. 항상 서양(外洋)으로부터 가져와 다스렸는데, 이것은 천도(天道)와 성지(星志)가 본래 전문가가 있어 우리 지역 안에만 국한될 수 없어서이다. 동국의 홍처사 담헌은 책에 있어 궁구하지 않은 바가 없으며, 기예와 기술[藝術]에 이르기까지 두루 미쳐서 아주 작은 미세한 데까지 정묘하게 분석하였다."라고 기록되어 있다.

담헌은 시간의식에 관한 변화된 흐름에 맞춰[中] 시간에 결부된 '예'의 문제를 변혁해야 한다고 생각했을 것이다. 시간적 통제로 가해지는 정치적 비효율성과 일의 번다함은 '예'의 본래적 의미와도 맞지 않다. 인식의 변화는 객관적 관측 방법과 자료를 보여줘서 해결되는 문제가 아니었기 때문에, 시간을 '일'로서 받아드렸던 사람들에게 시간은 결국 일상의 변용으로 접근되어야 마땅했다. 담헌은 관상대나 천상대 수준을 넘어 자명종(自鳴鍾), 요종(鬧鐘)은 물론 자명종 수리처(修理自鳴鍾處)에 이르기까지 새롭게 밀려드는 시간측정에 관한 효율적이고 간이한 기구[西洋良工之利器]들에 세밀한 관심을 보였다.[93] 시간은 누구에게나 평등한 것이었고 이러한

높아서, 星象·算數·律曆 등 모든 법도를 회통하지 못한 것이 없습니다. 손수 渾儀를 만들었는데, 天象과 묘하게 맞습니다. 두 분을 만나보고 높은 이론을 한 번 듣고자 찾아온 것입니다." [他我三大人任兒, 初入中國. 其才術甚高, 星象算數律曆諸法, 無有不會. 手造渾儀, 妙合天象. 所以願見兩位, 一聽高論.]

92) ≪杭傳尺牘≫, 「外集 3」, 『湛軒書』 : 我朝曆法, 邁越前古. 梯航萬國, 博微算學. 恒致自外洋, 是則天道星志, 固有專家, 不得囿之域中也. 東國洪處士湛軒, 於書無所不究, 旁及藝術, 妙析微塵.

93) ≪燕記≫ 2월 6일자의 일화에는 담헌이 이덕성과 함께 장석존에게 자명종을 사려했다가 내부가 용수철로 된 것을 보고 용수철은 수명이 길지 않으므로 이덕성을 만류하여 사지 않는 장면이 나온다.
cf. 강명관은 『조선에 온 서양 물건들』에서 안경, 망원경. 유리거울. 자명종, 양금 다섯

기기들은 모두의 삶을 실질적으로 움직이게 하는 서학의 예술(藝術)이었다. 담헌에게 서학의 제도를 궁구하는 일은 시간의 형통함[亨]이 이로움[利]을 만나 맺는 실질성[實]에 대해 이해한다는 것에 다름 아니었다.

(2) 공간의 재배치, 천문학과 서학

아주 오랜 시간 동안 동아시아의 예는 그 사회의 평균적 삶의 가치를 단순히 드러낼 뿐만이 아니라 구체적인 일들을 사람들에게 제시해 주고 있었다. 이러한 점 때문에 오늘의 관점에서 당시의 예를 통해 한 사회가 개인에게 주었던 평균적 삶의 질을 추측하기란 어렵지 않다. 예를 따르지 않는다는 것은 그 사회 밖에 놓인다는 것과 다름없었고, 예를 따르지 않음으로서 수반되는 여러 가지 불리함 역시 떠안을 수밖에 없었기 때문이다. 예가 사람 일반의 생활 평균을 움직이는 요소로 작용하고 있었다는 것을 고려한다면, 확장된 물세계와의 만남을 자극시켰던 18세기는 이미 예 개념에 대한 양적·질적 변화를 예감하고 있었다. 담헌을 비롯한 그 시기의 사람들이 경험한 지적갈등, 확장된 물세계를 요청하는 왕성한 호기심들, 이를 추동한 원인들을 살펴보는 일은 주요하다. 가장 먼저는 '지도(地圖)'가 있다.

조선이 처음 서구식 세계지도를 본 것은 17세기, 마테오리치(Matteo Ricci, 利瑪竇, 1552-1610)의 '곤여만국전도(坤輿萬國全圖)'였다. 그리고 담헌이 지원설(地圓說)와 지전설(地轉說)에 대해 말한 것은 널리 알려진 사실이

가지 물건을 소개한다. 4장에서는 조선 사대부들이 서양시계에 얼마나 관심을 가지고 있었는지를 일화로 설명한다.

다.94) 하지만 담헌 이전에, 확신을 가지고 천원지방(天圓地方)의 전통관을 깼던 이들로는 이익과 안정복, 이수광과 같은 이들이 있었고, 지도인식을 통해 선취한 이들의 세계관의 변화가 있었기에 담헌은 그 다음의 단계로 나아갈 수 있었다. 지도와 더불어 들어온 천문학서들 역시 담헌의 구체적 탐구활동에 큰 영향을 미친다.

담헌의 지원설이 나타나 있는 텍스트는 『오위역지(五緯歷指)』이다. 선교사가 쓴 이 책에는 프톨레미의 천동설과 티코 브라헤의 지원설이 담겨있다. 담헌의 선배 김석문은 이 책을 읽고 직접 인용하며, 자신의 책 『역학이십사도총해(易學二十四圖總解)』에서 여러 행성들이 태양의 주위를 궤도에 따라 돌 뿐만이 아니라 지구도 남북극을 축으로 1년에 360번 자전한다고 주장한다. 홍대용은 김석문을 통해 삼대환공부설(三大丸浮空, 해와 달과 땅이 탄환처럼 둥글게 생겼고 그것이 공중에 떠 있다는 의미)을 이해하고 있었기 때문에 『오위역지』를 접했음에 틀림없다.95) 돈 베이커는 홍대용이 자연현상에 대하여 관심을 가졌으나 '수학적 분석'과 '실험적 탐구'가 수반되지 않았기 때문에 근대성의 자질이라 보기 힘들다고 평가한다.96) 하지만 담헌이 천문학에 관한 수학적 계산과 실험적 탐구를 '하지 않았다'는 명확한 근거 역시 어디에도 없다. 오히려 이종우의 의견처럼, 홍대용이

---

94) 정옥자 외, 『정조시대의 사상과 문화』 참조.

95) 이종우, 「담헌 홍대용의 북경방문 이후 화이 평등과 그 우열의식 - 담헌서의 의산문답과 김종후에게 보낸 편지를 중심으로」. 주석 10.

96) 더구나 그는 과학적 실험실scientific laboratory을 가졌던 실학자는 자기가 아는 한 없다고 부연하며 홍대용은 아마 천문학적 실험실을 가졌을지도 모르겠지만, 그가 수학적 법칙을 드러내는 시도들에 참여했다는 증거는 없다고 평가하고 있다. Don Baker, *practical ethics and practical learning : Tasan's approach to moral cultivation.* 50쪽.

수학적 분석으로써 연구하지 않았다는 평가는 단정할 수 없는 부분이다. 『오위역지』의 측정방식 및 실제 천문의 계산을 직접 확인해 보지도 않고서, 서학서에서 나타나고 있는 천운지정설(天運地靜說 : 하늘은 운행하고 땅은 고정되어 있음)을 비판하고 또 동시에 자신의 지전설(땅은 끊임없이 빠르게 돈다)을 주장할 수는 없기 때문이다.97) 또한 「연기」에는 담헌이 얼마나 관상대의 의기(儀器)들을 보고 싶어 했는지를 알 수 있는 대화가 등장한다.98) 실제 관상대를 상관의 허락 없이 몰래 보고 나와 남긴 기록만 보아도, 그가 각종 천문 기계와 그 작동 원리에 대해서 상당한 이해를 이미 가지고 있었음을 알 수 있다.99)

이제 서구로부터 온 지도와 천문학서가 동아시아 지식인들의 시공간 인식에, 특히 공간의 확장적 인식에 중요한 변곡점이 되어 주었다는 것을 부인할 수는 없을 것이다. 그렇다면, 이들은 단순히 서학의 정보와 문물을 수용의 자체로 일관했을까? 그렇지 않다. 17세기부터 이미 성리학자들은 자신들의 일원론적 세계관 속으로 이 변화된 세계를 적극적으로 맞이하고 재해석할 준비를 하고 있었다. 곤여만국전도를 중국으로부터 얻어 조선의 관상감에서의 재 제작을 주도했던 영의정 최석정(崔錫鼎, 1646-1715, 호는 명곡明谷, 문정文貞)은 1704년에 「우주도설(宇宙圖說)」이란 글을 남긴다. 여기에는 새로운 지도의 충격과 기존 격물학이 지닌 접점을

---

97) 담헌이 쓴 「측량설」에는 "천지의 체상을 알고자 할 때 제일 먼저 기기를 만들어서 이것으로서 측정, 수를 계산해야 한다[故欲識天地之體狀, 不可意究, 不可以理索, 唯製器以窺之, 籌數以推之]."는 말이 나온다. 게다가 연암은 담헌선생에 대해 나라의 稅政을 맡길 수 있는 분이라 했다.
정인보, 「湛軒書 序」, 『湛軒書』: 先生天算之邃, 固無俟言矣. 燕巖又稱其可使掌邦賦.

98) ≪衙門諸官≫과 ≪劉·鮑問答≫을 참고 바람.

99) ≪觀象臺≫, 「燕記」, 『外集 9卷』

'일원론적 사고'로 이해하려는 그의 입장이 담겨져 있다. 아래의 글은 새로운 세계의 다양성에 대해 조선의 성리학자들이 어떠한 이해를 갖고 있었는지를 보여주는 중요한 자료다.

경전(회남자)에서 말하기를, 상하 사방의 공간을 '우(宇)'라고 말하고, 고금의 시간을 '주(宙)'라고 말한다. 또 말하기를 우주는 손 위에 있고, 만 가지 변화는 마음에서 생긴다고 했다. 추자(鄒衍)의 비해(裨海 : 중국 사방을 둘러싼 바다)와 九州가 곧 '우설'이다. 소자(邵雍)의 一元十二會[100]가 곧 '주설'이다. 漢志에서 말하기를 무왕이 紂를 치기 위해 孟津을 건너간 해부터 계산해서 역원을 거산(距算 : 역법에서의 계산 기점인 역원으로부터 경과한 햇수)하면 십삼만 여세라고도 하고, 그 후에도 曆家들이 距算을 말하기도 하는데, 사람들마다 다르다. 대저 모두 '주설'이다. 근세에 서양의 이마두가 지원설(지구가 둥글다)을 말했는데 이것 역시 '우설'이다. 그러나 내가 일찍이 깊이 생각해서 세밀히 그것을 미루어 짐작해보니, 기의 체는 지극이 커서 밖이 없다. 항구하며 쉼이 없다. 대저 어찌 한 세계 한 개벽에서 국한될 뿐이겠는가. (…) 장자와 소자 두 분의 논의에는 '우설'이 함축되어 있어 뜻을 볼 수 있다. 주렴계와 주희 두 현자의 논은 '주설'이 뚜렷해짐에 비할 바가 아니다. 대개 종횡하는 것은 一氣라는 점에서 같고, 크게 오래도록 변하지 않는다는 것은 一理라는 점에서 같다. '주'가 이미 이와 같으니 '우'가 어찌 홀로 다르겠는가? 석씨(佛家)는 이 천지가 7번의 개벽을 차례대로 따른다고 한다. 이와 같이 하면 시초에 대한 논의가 그 큰 근원의 시작점에 있게 되어서 살펴도 불투명해진다. 그러나 이른바 그것

---

100) 소옹은 우주의 시간을 四時와 四維로 설명한다. 하늘의 사시는 元, 會, 運, 世, 땅의 사유는 歲, 月, 日, 辰으로 구성된다. 하루는 12신, 한 달은 30일, 12달은 1세이다. 그리고 1世는 30년, 12世는 1運(360년), 30運은 1會(10,800년), 12會를 1元(129,600년)이다. 그는 1元이 지날 때마다 하늘과 땅이 새롭게 된다고 보았다.

을 갠지스 강의 모래와 같은 무한히 많은 세계라 말하게 되면 도리어
투명하게 간파되어 그 하나를 얻으면 그 하나를 버려두게 된다고 말할
수 있다. (그래서) 무릇 이런 식의 논의는 거대한 거짓말에 미치게 되
니 순지기 이른바 무용한 변론이다고 말한 것이다. 급하지도 필요하지
않은 일을 살핀 것은 거의 이러한 종류이다. 그러나 군자는 하나라도
격물하지 못하는 것을 부끄럽게 여긴다. (…) 공간에 대한 가설은 허다
한 세계를 가지고 있고, 시간에 대한 가설은 허다한 개벽을 가지고 있
다. 그 사이의 인간의 형색과 명목은 반드시 완전히 같은 것은 아니다.
세계의 밝고 어둡고 고르고 어지러운 것 역시 정해진 기준이 없다. 그
러나 음양오행의 운화와 삼강오상의 윤리는 반드시 보편적이어서 있
지 않은 곳이 없으며, 잇닿아 뻗쳐 있으니 바꿀 수가 없다. 비록 발과
눈이 도달하는 곳이 아닐지라도, 단지 이치로써 그것을 추측할 수 있
을 따름이다. 지금 망령되이 지도를 만드니, 궁리 격물의 일단을 바탕
으로 말한 것이다.101)

최석정은 기존의 우(宇)·주(宙) 개념을 공간과 시간의 개념으로 나누어

---

101) 崔錫鼎, 「雜書 : 宇宙圖說」, 『明谷集』11, 167-169쪽. : 傳曰, 上下四方謂之宇, 往古來今謂
之宙. 又曰, 宇宙在乎手, 萬化生乎心, 鄒子裨海九州, 卽宇說也. 邵子一元十二會, 卽宙說也.
漢志云武王會于孟津之歲, 距曆元十三萬餘歲, 其後曆家距算言, 人人異. 大抵皆宙說也. 近世
西洋利瑪竇地球之圖, 卽亦宇說也. 然竊嘗潭思而細推之, 氣之體, 至大而無外. 恒久而不息.
夫豈局於一世界一開闢而已哉. (…) 莊子曰, 六合之外, 聖人存而不論, 邵子曰, 人或告我曰天
地之外, 別有天地萬物, 異乎此天地萬物, 則吾不得而知之. 周子曰, 混分闢兮, 其無窮兮. 朱子
詩曰, 前瞻旣無始, 後際那有終. 莊邵二子之論, 宇說得含蓄而意則可見. 濂朱兩賢之論, 宙說
得不翅分曉. 蓋從衡同一氣也, 久大同一理也. 宙旣如此, 宇何獨殊? 釋氏以此天地爲第七開
闢. 此則有始之論, 其於大原頭, 看得不透. 而其所謂恒河沙世界, 却是看得透, 可謂得其一而
遺其一矣. 凡此所論, 涉於宏闊矯誕, 荀子所謂無用之辨. 不急之察, 殆此類也. 然君子恥一物
之不格. (…) 假設宇有許多世界, 宙有許多開闢. 其間人物之形色名目, 未必盡同. 世界之明闇
理亂, 亦無定準. 而其陰陽五行之運化, 三綱五常之倫理, 則必普遍而無不在, 綿亘而不可易.
雖非足目所到, 只可以理而推之耳. 今輒妄爲圖子, 以資窮格之一端云. 甲申初夏, 書于紫洞之
晚悟堂.

설명함으로써, 동아시아 전통에서 학습되어 왔던 공간설[宇說]과 시간설[宙說]에 대해 정리한다. 예컨대 추연의 구주(九州)는 공간을 설명하려다 나온 말이고 소옹의 129,600년은 시간을 설명하려다 나온 말이다. 요즘 유행하여 알게 된 마테오 리치의 지원설 역시 공간에 대한 학설 중의 하나이다. 시간을 설명함에 있어서 그 무한함을 읽지 못하고 (윤회설처럼) 처음과 끝을 상정하게 되면 자꾸 그 근원이 되는 시작점으로 소급하게 된다. 그리고 이렇게 되면 '투명하게 간파되어 설명되는' 지점이 없게 된다. 공간을 설명함에 있어서도 마찬가지다. 그저 수많은 다양한 세계가 수없이 존재한다고 해버리면, 어느 하나의 세계는 이해될지 몰라도 다른 또 하나의 세계는 영원히 미지의 것으로 남게 된다. 따라서 이러한 가설들은 '어느 것 하나 유용함을 남기지 못할 뿐'더러, '끊임없이 바로잡아야' 하는 상황을 만든다. 하지만 장자(莊子), 소자(邵子), 주자(朱子), 주자(周子)가 그러했듯, 말할 수 없는 것에 대해 알 수 없다고 말하고 뚜렷이 말할 수 있는 것을 드러내게 되면 최석정은 다음과 같은 사실을 마주할 수 있다고 정리한다. 첫째, 종횡하는 것은 동일한 일기(一氣)이며 크게 오래도록 변하지 않는 것은 동일한 일리(一理)라는 점이다. 둘째, 음양오행 기의 운화와 삼강오상의 윤리는 두루 퍼져 있어서 있지 않은 곳이 없다는 점이다. 셋째, 그럼에도 불구하고 발과 눈이 도달하는 곳이 아닐지라도 이치로써 그것을 추측해야 하니, 그것이 참된 격물(格物)하는 자세라는 점이다.

최석정이 일기(一氣)와 일리(一理)를 역설하고 있는 점은 공간이 확장되고 시간인식이 변한다 할지라도 결국 일원론에 대한 동아시아인들의 오랜 믿음이 쉽게 바뀌지 않았음을 보여준다. 오상이라는 인간의 정감의 언어로 세계를 읽으려는 시도 역시 포기하고 있지 않다. 지도의 충격은 분명 현실공간의 물의 질서를 새롭게 재편하는 계기가 되었다. 변화된 시선은 많은 종류의 통일성이 우주를 구성하고 있다고 믿게 할 수도 있었을 것이다. 그러나 17세기의 그는 다양한 삶의 모습들을 '갠지스 강의 모래'에 비유하며, 파편화된 다원성을 경계한다. 여전히 다수의 조선 지식인들은 현재적 공간을 채우는 기(氣)의 실용성을 살펴서 만물의 구체적으로 보여주고 있는 가치가 하나의 결(一)로 연결되어 있음을 보는 일이 중요했다. 18세기, 더 많은 세계에 대한 정보들이 담헌을 덮쳤을 때, 담헌 역시 격물을 통해서 얻었던 그 일원의 세계관 이외의 것을 굳이 상정할 필요가 없었다. 그랬기에 담헌은 중국과의 관계에 있어서도 더욱 뚜렷이 '급하지도 않은 일'과 '무용한 말들'을 흔들림 없이 구분해 낸다. 그랬기에 담헌은 최석정의 갠지스 강의 모래에서 더 나아가, 모래에서 보는 관점, 즉 각계에서 보는 관점[各界之觀]을 통해 동일한 세계의 가치[各星 衆界/衆星皆界也]를 역설할 수 있었다.102)

또한 담헌은 「황종103)고금이동지의」를 지으면서, 억지로 중국의 황종과 똑같게 맞추려는 작금의 자세를 비판한 바 있다. "중국은 천하의 백분의 일에 불과하며 게다가 적도 북쪽에 위치하고 있으니 영천 지역과 양성 지역이 천하의 가운데라 볼 수도 없는데"104), 굳이 이 지역의 대나무

---

102) ≪補遺 : 毉山問答≫, 「內集 4」, 『湛軒書』: 實翁曰, 不然. 滿天星宿, 無非界也. 自星界觀之, 地界亦星也. 無量之界, 散處空界, 惟此地界, 巧居正中, 無有是理. 是以無非界也, 無非轉也. 衆界之觀, 同於地觀, 各自謂中, 各星衆界.
   是以無非界也, 無非轉也. 衆界之觀, 同於地觀, 各自謂中, 各星衆界.
103) 황종은 음악에서 십이율의 첫째 음을 말한다.
104) ≪籠水閣儀器志 : 黃鍾古今異同之疑≫, 「外集 6」, 『湛軒書』: 況中國, 天下百分之一, 且退居赤道之北, 則穎川陽城, 安見其爲天下之中而於此候氣能毫忽不爽乎.

를 가져다가 가장 중국식에 가까운 황종을 만든다고 한다. 자연의 온갖 소리가 구멍에 따라 다른 소리를 만들어 내듯[地籟則衆竅是已][105], 사람도 쫓는 도에 따라 소리는 다를 수밖에 없다. 오히려 서양의 거문고는 매우 편리하게 정음(正音)을 구해서 정율(正律)하게 돕고 있다. 서양의 거문고는 지금 여기에 원본과 맞추어 보았을 때 어긋나지 않는 기준을 가지고 있다[今有不差之考準]. 담헌에게 이 분명한 상생[相生分明]의 방법[道]을 쓰지 않을 이유는 없었다. 담헌이 이처럼 명확한 기준을 가지고 신과학과 신기술을 '생도'로 수용했다는 사실은 중요하다. 이는 이원(二元)이나 다원(多元)으로의 근본적 변화 없이, 18세기 거의 모든 동아시아의 지식인들이 새로운 문명의 정보들을 사람을 기르고 살리는, 생명을 낳고 번성케 하는, '방법이자 도구[道]'로서 받아드리고 있었다는 증거가 되기 때문이다. 이 생도적 수용의 배경에 대한 이해를 위해 그 구조적 배경이 되는 사실들을 조금 더 깊이 살펴보지 않을 수 없다.

16세기 중국에 서구의 선교사들이 정착한 이래로 서학과 서교의 수많은 정보들이 동아시아에 물꼬를 트기 시작한 것은 주지의 사실이다. 하지만 그만큼이나 마테오 리치를 비롯한 예수회 선교사들은 중국에 있는 동안 여러 차례의 편지로 중국 및 동아시아인들에 대한 정보를 서구사회에 소개하고 전달했다. 이는 담헌을 비롯한 유가들이 서양의 과학을 어떠한 구조 내에서 수용하고 있었는지에 대한 주요한 자료이다. 또한 이는 앞서 언급한 '예(禮)', '실학(實學)' 그리고 '격물(格物)'의 연관

---

105) 담헌은 『장자』, 「제물편」의 '地籟則衆竅是已, 人籟則比竹是已' 말을 여기서 인용하고 있다.

적 맥락을 이해하는 데에도 충분한 근거가 된다. 먼저 사회적 관리 방식 governance으로서 초기의 서학이 중국인들에게 어떠한 위치에 있었는가를 살펴볼 것이다. 그 다음엔 범주의 확장과 개념의 분류체계를 고려하는 가운데 서학과 격물학이 어떠한 관계를 맺고 있었는지를 살펴볼 것이다.

1) 조정의 내정기구는 여섯 개-吏部, 戶部, 禮部, 兵部, 工部, 刑部-로 되어 있는데, 그것을 '부(部)'라고 부른다. (…) 세 번째 기구는 예부로서 관청의 제사, 사원 및 승려 등을 관장한다. 또한 황제 및 황조의 혼례, 각종 고시, 학교 및 교관 등을 관장하며 특정 계절과 상황에 따라 황제를 위해 전국에서 거행되는 축하의식과 퇴직 유공자의 封號 및 의사와 수학자에 관련된 고시도 관장한다.106)

2) 명나라 개국 황제는 일반인들이 수학을 연구하는 것을 금지하였고 관에서 파견된 흠천감만이 연구할 수 있게 하였다. 일반인들이 이런 학식을 이용해서 반역에 나설까 염려해서였다. 하지만 황궁에서는 수학자들을 많이 길러냈다. 그들은 택마이라 불렀는데, 궁 밖에도 있었다. 시험 성적에 따라서 고위관직과 많은 봉록을 받았다. 그들은 궁 안이나 밖을 막론하고 모두 두 파로 나뉜다. 한파는 중국 전통방식으로 계산하고 다른 한파는 페르시아에서 전래된 새로운 방법으로 계산한다. 그러고 나서 두 파 상호간에 비교를 해보고 수정한다. (…) 흠천감은 바로 예부 소송기관이었다. (…) 남경성 안 높은 산에 설치되어 있는 천문기구를 구경하러 갔다. 서양에서 본적이 없는 훨씬 뛰어난 중요한 네 가지 기

---

106) 마테오리치, 『(마테오리치의) 중국견문록』, 72쪽.

구가 있었다. 동구(혼천상, 渾天象), 혼천의(영롱의, 玲瓏儀), 천척
(앙의, 仰儀), 간의(簡儀)이다.[107]

마테오리치는 중국의 내정기구에 관해 위와 같이 서구에 소개한다. 윗
글에는 다음 두 가지의 주요한 사실이 열거되어 있다. : ① 예부(禮部)는
의학이나 수학, 천문학에 관련된 일을 맡아 보던 국가 부서라는 점, ②
새로운 과학방법이 전수 되었을 때 비교우위를 위해 '측량'의 성실성을
강조하고 있었다는 점이다.

사천감(司天監) 학자들을 비롯한 중국의 유자들이 마테오 리치를 비롯
한 서양군자들이 말하는 내용을 듣고 나서 다투어 그들을 예부상서에 추
천했다고 하는 일은 널리 알려진 바이다.[108] 그만큼, 예부는 다른 나머
지 5부에 비해서 더욱 직접적으로 서학의 정보들을 다룰 수 있는 위치에
있었다. 또한 시험을 출제하는 권한이 다름 아닌 예부에 있었다는 사실
은 기억해 둘 필요가 있다. 예부의 직책들은 새로운 정보들을 직접 이해
해서 설명해야 하는 위치에 있었다. '예'가 원리를 다루면서도 각론의 구
체성을 포괄해왔던 역사를 생각해 본다면, 예부가 포괄해야 하는 영역과
그 역할의 확대는 18세기에 불가피한 현실이 되었을 것이다. 게다가 선
교사들이 청 조정의 간부로 들어와서 활동한다고 해도 그들은 모두 이전
전통의 학습(한자 학습, 예의의 응대 등등)을 반드시 이수해야만 했다. 중국
전통 방식으로 계산하는 천문학자와 페르시아에서 전래된 방식으로 계

---

107) 마테오리치, 『(마테오리치의) 중국견문록』, 54쪽, 55쪽, 390쪽, 434쪽.
108) 서광계, 「簡平儀說序」, 『徐光啓 文集』, 53쪽 : 于時司天氏習聞諸君子之言者, 爭推擧以上大
宗伯.

산하는 천문학자들은 공존하며 행사와 연관된 규칙적 기록·보고에 충실해야 했다. 동아시아인들이 이처럼 전통과의 단절을 원치 않았다. 또 하나 주시해야 할 것은, 마테오리치가 중국인들의 과학에 조리나 해석의 방법이 없다고 비판하면서도 계측과 측량기구의 상섬을 언급하고 있다는 사실이다. 동아시아인들은 정확한 포착을 통해 구체적 '실(實)'을 쌓고 있었고, '계측'과 '측량'이 가능한 기기들의 제작에 공을 들였다.109) 그리고 측산(測算)과 측험(測驗)을 강조한 맥락은 담헌에게도 동일하게 드러난다.

담헌의 「주해수용」을 살펴보면, 내편 하(下)와 외편 하(下)에는 모두 실물 측정에 대한 서술이 대부분을 차지하고 있다.110) 측량과 측정에 대한 관심은 거의 모든 조선의 실학자들의 공통적 분모로 발견된다. 그런데 여기서 주의해야 할 점이 있다. 그동안 많은 실학 연구물들이 담헌의 정량적 과학탐구의 방법론을 높이 평가하며, 담헌 이전의 동양의 전통적 자연관에는 정량적 사고방식이 거의 없었던 것처럼 서술한다는 것이다. 그 근원에는 네이산 시빈(Nathan Sivin)의 기술이 큰 역할을 했다. 그는 「중국의 과학과 기술」111)에서 중국의 전통과학을 정량적(定量的) 분야와 정성

---

109) 갈릴레이가 망원경이란 도구를 이용하여 관측(목성과 달 등)으로서 서양 천문학의 새 시대를 연 것도 17세기이다. ≪유·포문답≫에는 유송령에게 망원경을 보자고 청하는 담헌의 말이 담겨 있다.

110) 「籌解需用 內篇 上」에만 각종 산술방법들이 서술되어 있다. ≪天元解≫에서는 方田, 圓田, 圓臺, 方臺, 方錐 등에 대한 측량 방법을 서술하고 있다. 거리나 깊이, 나비를 측정하는 방법도 해안, 섬, 산봉우리, 강, 산, 언덕 등 실제 존재하는 物을 기준으로 한 측량이다. ≪測量說≫에서는 천지의 체상을 측정하기 위해 남극, 북극, 땅, 지구 등을 측량해야 한다고 적고 있다. 측량에 사용되는 방원의, 상한의, 구의, 구척 등도 制器로서 미리 설명한다.

111) 김영식의 『중국전통문화와 과학』 참조.

적(定性的) 분야로 구분한다. 그가 전자를 수학[算], 수리화성학[律呂], 수리천문학[曆法] 등으로, 후자를 의학[醫·本草學], 연금술[伏鍊], 점성술[天文], 풍수설, 물리연구 등으로 구분한 것이다. 하지만 율려에 질적인 성격을 규정하는 정성적 방법론이 없는 것도 아니고, 고전적 천문과 의학에 정량이 배제 된 일은 더더욱 없다. 물론 18-19세기 동아시아인들은 정량적 방법을 과학 전 분야의 학적체계로 반영하지 않았다. 따라서 교육체계의 구성과 정량적 사고의 유무는 구분되어야 한다.

측량과 측정은 공간 개념에 대한 정확한 인식과 더불어 개념의 분명한 확장을 수반한다. 이 선명성이 학문적 '실(實)'을 떠받치고 있다고 해도 과언이 아닐 것이다. 조선이나 중국이나 오래전부터 유가들은 '예(禮)'의 세목들을 구성해 오면서, 어떠한 상황에 결부된 문제를 해결하기 위한(사실상 소통을 목적에 둔) 일련의 절차나 방법을 구상해 왔다. 그런데 이렇게 개발된 절차나 방법들은 질적으론 측량과 계측의 합리성, 명료성을 더해가면서도 양적으론 무분별한 확장을 지양해왔다. 원칙적으로 예에 있어서 간소함을 강조한 이유다. 특히 유가의 예는 가장 효율적이고 효과적인 공공의 절차와 방법을 무언의 연결규칙으로 작동시켰다. 예의 규칙들은 그때그때의 상황에 맞는 변용에 열려 있었기 때문에 세세한 문자적 기록에 덜 의존하고 하고 있었고, 그것은 예의 형식에도 동일하게 적용되었다. 그런데 흥미롭게도 이렇게 그때그때의 상황에 적합하게 전달되는 일련의 규칙이나 질서의 대강들이 오히려 물학 곳곳에 실질적 가치를 불러오고 있었다는 사실이다. 측량과 측정으로 명확해진 사실일지라도 대다수의 물적 정보들은 예라는 느슨한 개념 아래에서 공적가치의 검열을 통과한다. 그리고 이 공적 절차의 의미는 그것을 준수하는 사람들 간의 의

도 및 시도와 상호 정보를 교환하며 개진되어 간다. 예를 연결하는 행위자들 간의 세계와 그 예를 다루는 공동체의 언어가 열려 있었기에, 예는 측량을 통해 그 효율성을 도모하면서도 다시 그 현실공간이 부여하는 타당함에 의해 변화될 수 있었다.

그런데 18세기 예학이 품어야 했던 서학의 정보들은 기존의 계측·계량의 방식과는 또 다른 종류의 방법론을 요청하고 있었다. 그 가운데에는 계측의 구체적 투명성과 상관없는 추상적 개념의 서술만으로 구성된 명료한 원리가 있었다. 본서는 이 방법이 담헌에게 매우 매력적으로 다가왔으리라 본다. 왜냐하면, 동아시아인들에게 예의 질서와 더불어 언제나 언급되는 것이 '중(中)'이었다. 이 '중'의 가치는 정해진 절차와 방법 없이 오직 그 시간적 상황에만 결부되어 작동해 왔다. 그때그때 적절함을 찾는 다는 것은 질서(규칙성)를 넘어서는 가치이다. 그래서 유가들은 '중용(中庸)'을 가장 어려운 숙제로 인식했다. '중용'은 사실상 만인의 가치이기보다 '성인(聖人)'이 찾아 몸소 보여준 가치였다. '중용'의 어려움과 고귀함은 그래서 단순히 다수의 인정이나 명망 있는 몇 선인들의 승인만으로 부여되는 것이 아니었다. 예컨대 『담헌서』에는 명망 있는 사가(史家)와 현인들의 의견에 상관없이 역사적 인물들과 사건에 대해 담헌 자신의 생각을 남긴 평(評)들이 남아 있다. 그때 그 인물이 가장 적절한 행동을 했다고 평가내릴 수 있는 열린 공간은 '중용'이 지닌 가치가 오히려 그 시점에 갇혀 있었기 때문에 가능하다. 모든 말과 사물들이 그 시점에 갇혀 버렸기에, 혹자에겐 지금 내리는 평가는 몇 가지 손 안의 정보들로 내리는 억측과 추측으로 보일 수도 있겠지만, 유가들은 그러한 평가가 오히려 정답이 없다고 전제했기 때문에 더욱더 모두의 해석을 논의의 장으로 불러왔다. 과거의 인물과 사건을 가지고 다시 지금 공간의 가치 경쟁을 불 지피는 것이다. 이러한 반복적인 유가들의 행위는, '중'으로서 다양한 해석이 모이게 하고 '예'로서 그 다양성이 공존할 수 있도록 돕기 때문에 현실의 문제가 과거 어느 공간의 적절함(혹은 부적절함)과 분리되어 있지 않다는 의식을 만연하게 한다.

원래 「중용」은 『예기』에서 추출한 것이었다. 그렇게 본다면 '예'는 지금 우리가 생각하는 것 이상의 '느슨한, 열린, 다층적' 질서였을지도 모른다. 유가들은 '예'가 표방하는 절차와 질서를 따르면서도 그 내부에서는 행위자의 자율성이 가져오는 '중(中)'을 존중했다. '예'가 가지고 있는 무시간적 가치를 전통으로 고수하면서, '중'이 가지고 있는 국수적이고 폐쇄적 상황의 가치를 '예'의 큰 틀 속에서 포괄하고 있었다.

담헌을 비롯한 송명리학자들이 상수학과 주역의 추상성을 높이 평가하면서도 격물의 실질성을 질서의 효율에 더 적합한 방식으로 연관시켰다는 점을 상기하자. 그리고 '예'가 '중'의 가치를 통섭하고 있었다는 점도 기억하자. 이 두 가지의 맥락에 비해 담헌이 마주한 서학은 매우 비슷하면서도 다른 구도로 나름의 형식과 내용을 보여주고 있었다. 담헌이 이 차이를 고민하지 않았다는 이유는 없다. 이제 이 문제에 대해서 논의해 보겠다.

(3) 기하학의 미제

오늘의 많은 과학사 연구에서 명말청초 서양수학[西學]이 중국에 유입되는 단계에서 있었던 다음 주요한 역사적 사건을 언급하고 있다.[112] 첫째는 유클리드의 『기하원본(幾何原本), 1607』과 클라비우스(Christopher

Clavius, 1583-1612)[113]의 『실용 산술 개론』이 번역되었다는 것, 둘째는 명말 청초 신역법 계산을 위해서 수학 지식의 활용되었다는 것, 셋째는 강희 제 재위 시 매곡성(梅穀成, 1681-1763)을 통해 중국의 전통수학과 함께 수입 된 수학을 집대성하여 53권으로 엮은 『수리정온(數理精蘊), 1723』이 만들어 졌다는 것이다. 둘째는 이미 앞서 언급했다. 첫째와 셋째는 긴밀히 연관 되어 있다.

강희제가 서양학문을 도입하고자 예수회 선교사들을 등용하고 또 그 자신이 특히 수학에 많은 관심을 보인 것은 널리 알려진 바이다. 담헌도 창춘원을 방문했을 때 그의 이러한 적극적 치적을 높게 평가하였다.[114] 여기서 마테오 리치가 서광계[115]와 함께 1607년 『유클리드 원론』 처음 6권을 번역한 『기하원본(幾何原本)』은 『수리정온』을 편찬하는데 지대한 영향을 끼쳤기 때문에 조금 더 살펴보지 않을 수 없다.[116] 특히 『기하원 본』에 뒤이어 출간하여 『천학초함(天學初函, 1629)』에 실린 수학 3부작 『측 량법의(測量法義)』, 『측량이동(測量異同)』, 『구고의(勾股義)』는 모두 실용수학

---

112) 허민, 『수학자의 뒷모습 1, 2』 참조.
113) 『기하원본』의 정확한 이름은 『클라비우스 유클리드 원론에 대한 주석서commentaria In Elementa Geometria』이다. 클라비우스는 예수회의 번역에 근본적 영향을 준 예수 회 소속의 수학자이자 천문학자였다. 이 영향관계에 관해서는 Volker, R. Remmert의 13/ Picturing Jesuit Anti-Copernican consensus : Astronomy and Biblical Exegesis in the Engraved Title-Page of Clavius's Opera mathematica(1612) 291쪽 이하 참조.
114) 「桂坊日記」에도 나오고 「外集 9」의 ≪暢春園≫편에도 나온다.
115) 서광계는 1597년 향시에 급제한 후 선교사를 통해 천주교와 서구과학문명을 접했고, 이 후 학문연구에 전념하다 1628년 崇禎帝에 다시 등용이 되었다. 이때의 직책이 예부우시 랑, 예부좌시랑, 그리고 예부상서였다.
116) 18세기 조선의 지식인들이 두 종류의 『幾何原本』을 보았다는 사실은 구만옥의 논문을 통해 자세히 설명되고 있다. 구만옥, 「마테오리치 이후 서양수학에 대한 조선지식인의 반응」, 310쪽 이하 참조.

서의 범주에 속하기 때문에, 『기하원본』의 이질성은 크다 하겠다.

그런데 당시 중국인들에게 가장 환영을 받은 책은 유클리드의 『기하원본』이었다. 이는 세상에서 중국인만큼 수학을 중시하는 민족이 없기 때문일 것이다. 비록 교육 방법은 다르지만 그들은 단지 증명을 해내지 못했을 뿐이지 수많은 수학 상의 문제들을 발견하였다.117)

마테오 리치가 기록하고 있듯 『기하원본』은 동아시아인들에게 가장 환영을 받았다. 『기하원본』이 보여주는 새로운 합리적 구조는 기존의 산학, 천문학, 역학 등에서 볼 수 없는 어떤 것이었다. 『원론Elemanta』118)은 유클리드 기하학에 관한 가장 체계적인 최초의 논의로, 오랜 시간 동안 논리적 엄밀성의 근원으로서 서구사회에서 각별히 중시되어 왔다.119) 따라서 이 책을 둘러싼 대응을 살펴보는 일은 17-18세기 동아시아인들, 나아가 담헌의 물학관을 이해하는 중요한 지점이 될뿐더러, 오늘의 연구를 반성적으로 검토할 수 있는 부분이기도 하다. 그래서 본서는 이하에서 이를 크

---

117) 마테오리치, 『(마테오리치의) 중국견문록』, 648쪽.
118) 이 책의 구성은, 1권부터 6권까지는 평면 기하학(합동·평행·피타고라스정리/면적의 변환과 기하학적 대수/ 원·현·호의 측정에 관한 정리/ 원에 내접 또는 외접하는 다각형/ 비례론/ 평면기하에 비례론의 응용), 7권부터 10권까지는 정수론(무리수적 선분 포함), 11권부터 13권까지는 입체기하학이다.
119) 서구인들은 당연히 알기에 정의하지 않은 몇 개의 말과 증명하지 않은 公理(너무 자명해서 증명할 필요 없이 무조건 받아들여야 하는 명제)만을 사용해서, 미지의 결론(새로운 定理)이 증명될 때까지 연역적으로 추론해 가는 학문, 곧 기하학을 만들었다. 여기서 최초로 준비하는 말들은 중요한데, 그들은 이를 구분하여 定儀(definition, 公準 (postulaten), 公理(혹은 공통관념, axiom, common notion)로 부른다. 또한 이러한 개념을 다루는 場을 公理系(axiomatic system)라 명명한다. 연역적 추론이라 함은 이른바 아리스토텔레스의 삼단논법을 일반화한 것으로서, '소수의 가정과 공리, 공준, 정의 등 자명하여 증명이 불필요한 명제에서 출발하여 축차적으로 증명된 명제들을 계층적으로 구축, 보편적 진리의 지적체계를 형성해 나가는 방법'을 말한다.

게 5가지로 정리하고자 한다.

 하나의 원리[義], 하나의 알고리즘[法]은 반드시 그 원리적 흐름을
따라 그 근원으로 거슬러 올라가서, 그 줄기를 원인으로 해서 그 가지
까지의 도달을 심도 있게 말할 수 있어야 합니다. 단지 천문역법을 집
대성하는데 그치는 것이 아니라, 만사의 근본을 겸할 수 있어야 합니
다. 이미 자명한 것에, 이미 자명한 규칙의 의미를 더해서, 그것이 명백
해지면, 스스로 성립 가능한(증명이 필요 없는) 법칙이 됩니다. 그것을
사람들에게 전해주면, 수백 년 후에 (논리적으로) 어긋나고 비어 있는
점들이 드러나더라도, 그 원인을 추론하여 밝힐 수 있습니다.[120]

 동아시아인들이 기하원본을 향해 보여주었던 환영과 미제의 반응을
살펴보기에 앞서 첫 번째로 언급해야 할 것이 있다. 중국인들이 서학을
접했을 때 지금 우리가 사용하는 '수학'이나 '과학' 같은 새 용어를 바로
만들어 사용하지 않고, 상수제서(象數諸書), 도수지학(度數之學)[121], 예학(藝
學)[122] 등과 같은 기존의 용어를 사용했다는 점이다. 물론 『기기도설

---

120) 「曆書總目表」, 『徐光啓文集』, 43쪽 : 一義一法, 必深言所以然之故, 從流遡源, 因枝達幹, 不
 止集星曆之大成, 兼能爲萬務之根本. (…) 旣而法意旣明, 明之者自能立法,傳之其人, 數百年
 後見有違離, 推明其故.
121) 「刻幾何原本序」, 『徐光啓文集』, 63쪽 : 幾何原本者度數之宗, 所以窮方圓平直之情, 盡規矩
 準繩之用也.
122) 「刻幾何原本序」, 『徐光啓文集』, 64쪽 : 利先生從小年時, 論道之暇, 留意藝學. (…) 因請其
 象數諸書, 更似華文.
 이러한 이해의 단서 때문에, 서학의 과학이 '禮'가 아니라 六藝의 '藝'로 이해함이 더
 타당하지 않느냐고도 질문할 수 있을 것이다. 하지만 수학이 기예가 되면 이 책의 오늘
 의 문제의식과도 배합되지 않을뿐더러, 만물이 표현하고 있는 질서 개념[禮]을 일원론
 [仁論]과 비분리하기 위해 광의의 의미와 협의의 의미로 분합되어왔던 동아시아인들의
 오랜 역사 역시 설명해 낼 수 없다. 또한 藝學으로 數을 한정하는 것은 다시 인간중심
 사고로 돌아가는 관점에 불과하다. 물론 數의 이해를 인간의 전유물로만 한정하려는

(1627)』과 같은 역학서(力學書)에서는 '중학(重學)'과 '역예지학(力藝之學)'과 같은 새로운 용어도 등장한다. 하지만 그 학문적 기초로서 여전히 도학(度學)과 수학(數學)의 중요성이 언급된다.[123] 『농정전서(農政全書)』 내 「태서수법(泰西水法)」에서 서광계는 '물리(物理)'란 용어를 사용하고 있지만 이 말은 지금의 물리학(physic)이라기보다, 박물(博物)적 의미가 강하다.[124] 원래 전통적으로 물리는 인정물리(人情物理), 물지리(萬物之理의 준말로)의 맥락에서 사용하던 용어였기 때문에[125], 뒷날 방이지(方以智, 1611-1671)가 『물리소실(物理小識)』이라는 백과사전을 펴냈을 때 사용했던 것과 같이 포괄적 의미가 컸다. 또한 『원론』을 소개하고 있는 위 서광계의 인용문에서도 보이다시피, '연역적 추론의 방법'을 설명함에 있어 그는 '일의(一義), 일법(一法), 소이연지고(以然之故)'라고 하는 기존 한문의 용어들을 사용하면서 그 구조가 보이는 의미를 '소원(遡源), 지간(枝幹), 이(旣)'라고 하는 단어를 통해 풀이하고 있다.[126] 이처럼 새로운 용어를 조성하지 않고도 거의 대부분

이들에게 수학은 예학일 것이다. 하지만 이러한 관점은 정면으로 담헌철학과 대치된다. 마지막으로 오늘의 일반적 관념으로 보건대, 藝는 기예에, 기예는 재주에 가깝다. 그리고 재주는 '學'이라기보다 '習'에 가깝다.

123) 『奇器圖說』, 48쪽 : 以此重較彼重之多寡, 則資算學. 以此重之形體較彼重之形體大小, 則資測量學. 故數學度學正重學之所必須.

124) 오늘날 우리가 아는 화학(chemistry)이란 용어는 1856년 윌리암슨의 『格物探原』에서 등장하고, 물리(physic)에 가까운 용어는 격치학이나 격물학으로 먼저 사용되었다. 프라이어의 『格致彙編』은 서양인을 중심으로 하는 전문번역 기관이 성립한 이후에 쓰여진 책이다. 야부우치 기요시, 『중국의 과학문명』 참조.

125) 「王鈇」, 『鶡冠子』 참조.

126) '一義', '一法'이란 용어는 오늘의 연구에서 밝혀졌다시피, '원리 혹은 수리적 증명'과 '알고리즘(=계산법)'을 염두에 둔 말이다. 『기하원본』에서 정의·공준·공리에 해당하는 용어는 界說·求作·公論으로 표현되고 있다. (김문용, 「조선 후기 서양 수학의 영향과 수리 관념의 변화」, 410쪽.) 뿐만 아니라 '所以然之故'란 말은 '원인'을 궁구한다는 기본 목표를 보여주고 있으며, '遡源'은 이 방식이 결론의 역방향regressive을 지닌다는 것, '枝幹'은 연역(deduction, 라틴어 deducere, de-는 'down' + ducere는 'lead')적 추

의 개념들을 기존의 언어로 환원하여 표현한 점은, 새로운 수리(물리) 언어를 따로 고안해야 할 만큼의 이해의 필요성을 못 느꼈다는 사실과 기하지학의 내용을 이미 있는 격물학의 고전 용어를 통해 별 불편함 없이 활용하여 이해하고 있었다는 사실을 보여준다.127) 중국의 지식인들은 선통적 방법에 따라 서양과학을 자체적 분류체계 속에 배치하고 있었으며,128) 서양 기물이나 그것에 대한 해설에 있어서도 한자의 뜻을 활용하고 있었다.129) 서광계는 『기하원본』을 출판하면서 다음과 같이 말한다. : "여기서 내친김에 한 가지 말한 것은 과학용어를 나타내는데 중국어는 그 어휘가 결코 부족하지 않다는 사실이다."130)

동아시아인들은 고전과의 개념적 연관성을 유지하면서 기존의 형식을 유지한다. 초창기 중국인들이 기하학을 보완적 학술로 바라본 일을 단순히 학술문화의 주도성을 빼앗기지 않으려는 자존심의 결과로만 읽어서

론이 관계적 성질을 지닌 다는 것을 비유적으로 지시하고 있다. 마지막으로, 반복되어 사용되는 '旣'는 이러한 과정들이 이미 알고 있는 것, 이미 자명하여 더 이상의 부가적 증명이 불필요한 주장들로만 밝혀진다는 것을 암시한다.

127) 물론 이러한 방식이 가져오는 단점을 그들은 몰랐다. 기존의 언어로 환원해서 이해하게 되면 그 다른 표현의 형식과 맥락이 가져올 영향력을 다르게 바라볼 수밖에 없다. 다른 방법의 형식은 다른 방점의 세계를 불러 오기 마련이다. 하지만 서학을 접한 동아시아 지식인들은 서구인들이 고유적으로 개발했던 표현의 형식성-그 여파를 쉬이 간과했다.

128) 예컨대 서광계는 기존의 編寫方法에 따라 『숭정역서』의 내용을 분류하는데 천문학의 기초지식은 法原, 관찰과 계산에 관계된 천문표는 法數, 천문계산에 이용되는 서양의 기하학과 삼각법은 法算, 천문의기의 제조 및 사용법은 法器 등의 용어로 분류한다. 김형석, 「명말의 경세가 서광계 연구」, 109-110쪽.

129) 「기기도설」에는 力藝(mechanics의 의미, artes of mechanicae의 번역어, 무게의 학 scientia de ponderibus, 力藝, 重學也. 38쪽), 器皿(machine), 制器器 등의 단어가 등장한다. 김영식, 「17세기 서양 과학기술의 중국 전래와 기술도에 대한 연구 : 『奇器圖說』을 중심으로」 참조.

130) 마테오리치, 『(마테오리치의) 중국견문록』, 649쪽.

는 안 된다. 의미 자체의 큰 충돌이 없었다는 점, 새로운 형식의 개념을 만들 절실한 필요성이 없었다는 점은 그래서 중요하다. 특히나 동아시아인들은 물학의 개념들을 확장시킬 때 전통 예학의 용어들을 참고하고 있었다. 예컨대 동아시아 기하학 고전이었던 『구장산술(九章算术)』131)의 서문에는 다음과 같은 글이 남겨져 있다.

> 나는 구수(九數)에 '중차'라는 개념[名]이 있음을 찾아내었는데 그 취지에 기인함이 곧 그것을 여기에 적용하게 된 까닭이 되었다.132)

유희는 구고술을 더 복합적·중측적 측량에 활용하기 원했고, 『주례(周禮)』의 구수(九數)에서 '중차(重差)'를 찾아 구고의 연속개념을 만들어 낸다.133) 또한 왕징(1571-1644)은 『기기도설(1627)』134)를 구성할 때, 서문과 범례에 이어서 '表性言-力藝內性圖(역예지학의 내적 특성들)'과 '表德言-力藝外德圖(역예지학의 외적 속성들)'란 이름의 해제를 둔 다음 그에 해당하는 4가지 해설(四解)을 배치한다. 이처럼 동아시아인들에게 (사)물세계의 공부

---

131) 『九章算术』은 유휘(劉徽, 220?-280?)가 주석을 써 정본이 되었다고 알려져 있다. 서문 역시 유휘의 것으로 추정된다.

132) 徽尋九數有中差之名, 原其指趣乃其所以施於此也, 凡望極高, 測絶深而兼知其遠者必用重差, 句股則必以重差爲率, 故曰重差也. (…) 徽以爲今之史籍且略擧天地之物, 考論厥數, 載之於志, 以闡世術之美.

133) '중차'는 두 쌍 이상의 닮은 직각 삼각형을 이용하는 측량방법이다. 이 중차 개념을 통하면 바다에 있는 섬과 같은, 실제로 도달할 수 없는 곳까지의 높이와 거리를 측량할 수 있다. 王與之 撰의 『周禮訂義』卷二十二에는 '鄭司農曰九數, 方田, 粟米, 差分, 少廣, 商功, 均輸, 方程, 贏不足, 旁要, 今有重差, 夕桀, 句股.'이란 말이 남겨져 있다.

134) 『奇器圖說』의 원제는 『遠西奇器圖說錄最』이다. 예수회 신부 테렌츠(Johann Terrenz, 鄧玉函, 1576-1630)의 구술에 바탕해서 서양의 기계들과 그 원리가 되는 역학적 지식을 도해한 책이다.

개념을 통섭하고 있는 것은 여전히 '예(禮)'였다. 안대옥은 강희 54년에 편찬된 청초를 대표하는 성리학서 『성리정의(性理精義)』135)와 서학의 관계를 고찰하면서, "서교(기독교학)을 배제하고 주자학적 틀을 원용하여 서학=역산학을 수용하는 방식이 매문정에 의해서 일단 그 형식적 완성을 이루었다. 이 방식은 주자학적 틀 속에서 격물치지의 한 분야로 서학을 수용하는 이상 그 수용이 내용적으로 주자학적 예학의 학적 구성 속에 포함 가능한 천문역 산학에 한정되어 진행될 수밖에 없었다."고 분석한다.136) 간과해서는 안 되는 점은 이 '예'라는 틀이 결코 작지 않았다는 점이다.

그렇다면, 『기학원본』의 경우는 어떠한가? 두 번째로 언급해야 할 것은, 바로 이러한 거대한 틀 속에서 동아시아인들에게 매우 예외적 학문이라 할 수 있는 기하지학을 다루었던 몇 학자의 독특성이다. 서광계의 3부작137)을 연구한 안대옥은 서광계가 서양의 측량술을 소개한 것은 답은 알지만 원리를 모르는 중국과학의 단점을 보완하기 위함이지 새로운 계산법을 서법(西法)에서 얻고자 한 것이 아니라 지적한다. : "서광계가 시도한 증명이란 단지 알고리즘의 일반해를 구하는 것 이상의 의미를 지니지 않는, 다시 말하면 공리계와는 전혀 無緣한 체계였다."138) 예컨대 『측

---

135) 『성리정의』는 1729년에 조선에 들어온 것으로 알려져 있다.
136) 안대옥, 「성리정의와 서학」, 303쪽.
137) ① 서양의 측량술을 계통적으로 소개한 『測量法義』, ② 중국 전통의 구고술과 비교하여 그 異同을 확인한 『測量異同』, ③ 구고술을 서학 기하원본의 논리를 통해 재구성한 『句股義』. 특히 『구고의』는 기하원본의 제정리를 이용하여 중국인 스스로가 수학 명제를 하나하나 증명한 최초의 책이다. 안대옥, 「마테오 리치와 보편주의」, 43쪽, 50쪽.
138) 안대옥, 「마테오리치와 보편주의」, 53쪽. 그는 또한 다른 논문에서 『기하원본』이 청대

량이동』의 서술방식은 이전보다 매우 추상적으로 진행되고 있기는 하지만『구고의』에서는 여전히 구체적 수치를 이용하여 표현하고 있기 때문에 중국인들이 공리계에 대해 완벽한 이해에 도달하지 못했으며, 따라서 기학지학의 이질성을 극복하지 못했다고 보는 것이다.

하지만,『측량법의』에는 숫자를 전혀 사용하지 않은 채 관계 중심의 논리적 증명으로만 구성되는 예제가 남겨져 있다. 또한 청대의 산학자 이예(李銳, 1768-1817)와 같은 이는『기하원본』의 핵심을 '구체적인 수치를 거론하지 않고 수리를 밝힌 것'이라고 기록한 바 있다.[139] 오늘의 눈으로 보면, 산술의 형식화와 기하학은 전혀 다른 차원을 가지고 있다고 말할지도 모른다. 유클리드『원론』은 무언가의 성질을 논하는 '정리 theoremata'와 기하학적 구성을 논하는 '문제problemata'를 명확하게 구분한 반면, 동아시아인들의 기하학은 이것과 '똑같은' 구성을 보여주고 있지 않기에, 이러한 지적은 비교가 될 수 있다. 하지만 이 차이점은 '증명을 통해 보편성을 확보하는 추론의 연쇄'에서 오는 것이 아니다. 오히려 그 이유는, 언어 자체의 구조적 차이 및 의미사용의 공적 약속들이 추론의 연쇄를 다르게 표현하기 때문이다.[140] 물론 명말 청초를 거치면서 중국인들은『기하원본』에 자극받아 기하학 관련 수많은 서적들을 출간하

에 재 간행된 이유를, 중국 지식인들(주로 수학을 分內의 일로 인식한 한인 유자들) 다수가 공리계적 형식주의의 난해함을 제대로 이해하지 못했기 때문으로 보면서, "사실상 연역체계, 공리계의 논리적 엄밀성에 대한 포기선언"과 다름없다고 말하고 있다.

139) 『疇人傳』, 「歐几里得」條 傳論：當以幾何原本爲最, 以其不言數而頗能言數之理也.

140) 오늘날에 언어와 수학의 알고리즘의 중요성을 알게 하는 잘 알려진 일화가 있다. '5×3=답안지를 작성하시오.'라는 문제에 대해서 5+5+5=15라고 풀이와 정답을 쓴 경우를 틀렸다고 한 것이다. 정답은 3+3+3+3+3=15였는데 그 이유는 이 문제를 "five groups of three"라고 '읽기' 때문이다.

였지만,[141] 이 책들은 지적체계의 위계질서를 연역적으로 구축한다기 보다 일반해를 구하거나 단순히 논리적 증명을 덧붙이는 정도로 다시금 전통 수학형식으로 회귀하는 경향을 보이고 있었다. 그래서 『기하원본』의 추상성이 중국 지식인들에게 『기하원본』의 가독성을 방해한 장애기 되었다는 평가를 전적으로 부정할 수는 없을 것이다.[142] 하지만 텍스트의 의의를 간파하고 또한 모방의 흔적을 남겼다는 사실은 이해의 '정도'가 아니라 이해의 '방식'을 보여주는 자료일 수 있다. 담헌의 다음 두 가지의 사례는 정리와 풀이문제를 의식한 분명한 흔적을 보여준다. 담헌이 단순히 연역 형식의 난해함 때문에 기하학을 저버렸다 볼 수 있다고 확정할 수 있는 근거는 어디에도 없다.

먼저, 담헌의 『주해수용 내편 상』에 등장하는 22개의 법(法) 파트는 모두 '무언가의 성질을 논하는' 말들로 시작된다. '일법(一法)'은 알고리즘 즉 계산법이기 때문에 방법만을 서술하면 되는데, 여기서는 일종의 개념적 정의가 먼저 나열된다. 문장구조로 보자면, '□□者, □□□□. 其法爲~. (□□이라고 하는 것은 □□□□이라는 것이다. 그 방법은 ~게 한다.)'는 식이다. 이러한 표현방식은 의미의 규정이자 원리를 표현하는 '정의(界說)'나 '일의(一義)'에 가깝다. 담헌은 '법(法)'안에 일종의 '정의'와 '일의'를 두어, 이들을 먼저 밝히고 구체적 계산으로 진입해 가는 방식을 택한 셈이다. 이와 같은 모양새는 분명 『원론』의 형식성을 모방한 것이다. 단지 차이가 있다면, 숫자 없이 오롯이 무엇간의 성질을 논하는 형식, 즉

---

141) 孫元化, 李篤培, 方中通, 王錫闡, 杜知耕, 張亨陽, 梅文鼎 등의 책이 간행되는데, 구체적 서명은 안대옥의 「滿文 『算法原本』과 유클리드 初等整數論의 東傳」, 367쪽을 참고 바람.
142) 안대옥, 「滿文 『算法原本』과 유클리드 初等整數論의 東傳」, 377쪽.

정리theoremata만으로 구성되는 사례는 없다. 하지만 이 안에는 '정리와 문제의 뚜렷한 구분'이 있고, 이 구분의 가치에 대한 판단과 시도가 존재한다.

또한 『주해수용』내 구고에 의한 측량술을 설명함에 있어 담헌은 종래와는 다른 형식을 보여주고 있다. 이전의 구고측량술은 '어떤 대상을 재느냐' 혹은 '어떤 의기로 무엇을 재느냐'에 따라 구분하였다. 그러나 한영호의 연구에서도 분석되었듯, 담헌은 '有遠求高(즉 측량 대상물까지의 거리를 알 때 대상물의 높이를 어떻게 구할 것인가)'의 문제를 '어떤 유형의 측량인가'에 따라 분류한다. 유형의 문제로 재검토한 것은 그가 기존의 귀납적 방식에 의존하고 있는 구체적 대상이나 측정의 도구보다 논증을 구성하는 유형과 형식 그 자체에 더 민감한 의식을 보인 것이라 할 수 있다. 같은 내용이라도 다른 형식의 구성을 가시적으로 남기는 일은 그 형식이 보여주는 부수적 가치를 인식하지 않았다면 불가능한 일이다. 담헌이 기하지학이 보여주는 공리계에 대해 얼마나 깊은 이해를 가졌는가는 정확히 알 수 없다. 그럼에도 불구하고 담헌이 "서양 과학의 정수가 어디에 있는지를 살펴 그 근간을 이루고 있는 기하학을 최초로 받아들였다."는 것과 자신의 방식으로 기존의 산학서 서술의 형식을 변형한 것은 "특별한 업적"[143)으로 평가 되어야 한다. 또한 더욱 강조되어 언급되어야 할 것이 있다. 그가 이러한 과정 속에서도 서학의 형식을 단순히 모방하지 않고, 기존의 산학가지고 있었던 '실(實)'의 관점과 용어들을 여전히 현실의 필요에 의해 폐기하지 않았다는 점이다. 이러한 면모는 수학자이면서

---

143) 따옴표는 한영호, 「서양 기하학의 조선 전래와 홍대용의 ≪주해수용≫」, 75쪽, 88쪽 인용.

동시에 정치인이었던 담헌 고유의 독특성이라 평가하지 않을 수 없다.

담헌이 공리계의 형식성이 보이는 실용적 측면에 열린 자세를 취한 이유는 세 번째 논의에서 부연해야 할 것이다. 담헌은 상수학의 무근거성을 비판하기 위해 서학을 내용을 수용하면서도 일원론이 지켜왔던 의리학과 상수학의 종합적 이해를 위해 서학을 하나의 '방법론'으로 다루고 있다는 점이다. 이 종합적 이해의 바탕에는 일원론적 세계관(그렇기 때문에 성리학자들은 세계를 정감의 질서로 읽는 일을 조선이 망하는 끝 날까지 포기하지 않았다)이 자리 잡고 있었기 때문에 이에 대한 고찰은 '담헌에게 기하지학이 끝까지 미제로 남을 수밖에 없었던 이유'를 설명해줄 수 있을 것이다. 담헌은 서학을 만나기 이전 역학을 통해 사물의 질서원리를 학습하고 있었다. 주역의 점(占)과 상수(象數)는 세계 내 크고 작은 질서의 결을 무작위와 작위의 방식으로 이해하는 방법이었다. 그리고 의리학은 의미세계의 실용을 찾고자한 노력이었다. 「계몽기의」와 「의산문답」를 중심으로 이를 살펴보자.

주희는 일찍이 시대가 바뀌면서 개선되는 학설의 정확성을 인정하여 상수학이 의지하고 있는 주역이 원래 점을 치지 위해 만들어 진 서적임을 분명히 한 바 있다.[144] 하지만 성인이 상(象)과 수(數)를 취한 것은 나름의 근거가 있다고 보고 의리와 상수 양쪽 모두를 탐구할만한 가치가

---

144) 주희는 원추(袁樞, 1131-1205, 원기중)에 보내는 편지에서 다음과 같이 말한 바 있다. "하도, 낙서를 믿기 어렵다고 여기는 설은 구양수이후부터 이미 말이 있었다. 그러나 상서 고명, 주역 계사전, 논어 모두 하도낙서라는 말이 있는 것은 끝내 어찌할 수 없는 것이다. 많은 선비들이 전한 두 그림의 수는 비록 서로 뒤바뀜이 있기는 하지만 이치에 맞지 않음이 없다."

있다고 말했다. 담헌 역시 주역의 도수를 직접적으로 실용 물학에 적용할 의도가 없었다. 청대 초기에는 고증을 통해 주역의 오류를 밝히는 학풍이 유행했기에[145] 담헌 역시 하도낙서가 복희, 문왕, 주공, 공자와는 관련이 없는 후대에 나온 설임을 익히 알고 있었다.[146] 담헌은 충분한 설명과 근거 없이 믿어지는 논리에 대해서 지적한다. : "천지의 수가 변화를 이루는 까닭이 되어 귀신을 행하게 한다는데, 무슨 말인가?"[147] 더불어 그는 용어 자체의 모호함을 드러내는 중언부언에 대해서도 의문을 던진다. : "하늘의 5(天五)가 토(土)를 생성하고 지의 10(地十)이 그것을 이룬다는 것은 더욱 말이 안 된다. 지(地)란 토(土)일 뿐이다. 토(土)를 이루는 지(地)란 과연 무슨 물건인가?"[148] 하지만 담헌은 주희의 의견을 넘어서서 상수학과 의리학의 새로운 근거를 찾고 있었다. 이는 오행의 생성순

---

145) 예컨대 胡渭(1633-1714)는 『역도명변』에서 하도낙서가 진단이 만들어낸 도사의 연단술에 불과하다고 주장한다.

146) 주희가 생각한 '象'은 괘상과 물상이었고, '數'라 함은 대연지수와 천지지수를 의미했다. 대연지수와 천지지수는 「계사전」에 나오는 하도와 낙서를 이루는 중요한 숫자이다. 담헌은 여느 이학자들처럼 수가 생기는 것[生數]과 수가 이루는 것[成數]을 구분하여 이해하고 있었다. : "河圖의 점은 홀수·짝수의 수이다. 홀수와 짝수는 양과 음의 수이니 圖를 본받아 卦를 그린 것이므로 본래 괴이할 것이 없다. 오행과 오사와 오복과 육극의 類는 어째서 1부터 9에 이르는 수에서 취하는 것인가?" ≪周易辨疑 : 附 啓蒙記疑≫, 「內集 1」, 『湛軒書』: 河圖之點, 奇耦之數也. 奇耦者陰陽也, 則圖而畫卦, 固无恠也. 五行五事五福六極之類, 何取於自一至九之數也.
cf. 하늘의 법을 따르는 하도에는 1-10까지 숫자가 있다. 모두 더하면 55인데 이를 천지지수라 부른다. 여기서 5를 빼면 50이 되는데 이를 대연지수라 부른다. 천지지수는 천수(홀수. 양)와 지수(짝수, 음)로 되어 있다. 또한 1,2,3,4,5는 하도 안에 위치하여 근본으로서 생명을 낳는다고 보아 生數라 한다. 6.7.8.9.10은 오행이 생긴 이후 하도 밖에 위치하여 형상을 갖추었다고 보아 成數라 한다. 일반적으로 동아시아인들은 생수와 성수를 줄여 生成이라 부르며, 우주 만물 변화의 바탕이 된다고 파악했다.

147) ≪周易辨疑 : 附 啓蒙記疑≫, 「內集 1」, 『湛軒書』: 天地之數所以成變化而行鬼神, 何謂也.

148) ≪周易辨疑 : 附 啓蒙記疑≫, 「內集 1」, 『湛軒書』: 天五生土地十成之者, 尤不成語. 地者土而已. 成土之地, 果是何物也?

서에 관한 논의에서 뚜렷이 드러난다. 담헌은 '수-화-목-금-토'로 알려진 기존의 순서를 두고 '토'가 없으면 목금이 의부(倚附)할 곳이 없다고 말한다. 토를 기준으로 앞에 '수화', 뒤에 '목금'을 두어야 마땅하다고 피력한다.149)

주희의 『태극도해』에서 水는 陰이 왕성하므로 오른쪽에 거하고, 火는 陽이 왕성하므로 왼쪽에 거한다 등을 운운했는데, 이는 五行의 본체를 말한 것이지 오행 발생의 순서를 말한 것이 아니다. 면재(勉齋, 황간)가 의심한 것은 지나친 것이다. 다만 발생의 순서로서 水木은 陽이고 火金은 陰이라 일컬었는데, 무릇 水는 陽으로 여길 수 없고, 火는 陰으로 여길 수 없음은 그 이치가 뚜렷이 드러나 있다. 이에 그것의 생성을 나눔으로써 천, 지, 홀수, 짝수에 속하게 한 것은 도리어 그 음양의 본체를 바꾼 것이 된다. 따라서 마땅히 의심할 것을 의심하지 않고 도리어 곡해해서 마침내 水는 陽이 어린 것이고 火는 陰이 어린 것이라고 하는데, 이것은 어떠한 의리를 이루는 것인가? 一이 水을 낳고 二가 火를 낳는다는 것은 이미 명확한 증거가 없다. 만일 이로써 전하여 水는 陽이고 火는 陰이라고 말한다면 더욱 조화를 이루지 못할 것이다. '각

---

149) ≪周易辨疑：附 啓蒙記疑≫, 「內集 1」, 『湛軒書』：五行生成之序, 肇自何書? 朱子太極圖解, 亦日五行以質而語其生之序, 則日水火木金土. 生物之初, 先輕淸而後重濁, 其理甚確, 水火之先, 木金之後是也. 惟土不生成, 則木金無所倚附, 土之後生, 必不然也. 造化發育, 天生而地成, 不易之理也. 水木之生成, 固也, 火金之生成, 其理甚逆. 萬物之生, 必先有氣而後有質, 所以天生而地成.；五行의 생성의 순서가 어느 책에서부터 시작했는가? 주자의 『태극도해』에도 "오행은 質로써 말하는 것이고, 그 생성의 순서는 수화목금토라고 한다." 하였다. 물이 생겨나는 처음을 보면 輕淸한 것이 먼저고 重濁한 것이 뒤임은 그 理가 매우 확실하다. 곧 水火가 먼저고 木金이 뒤에 생긴다고 봐야 한다. 土가 생성하지 않으면 木金이 倚附할 곳이 없다. 土가 뒤에 생긴다는 것은 그럴 수가 없다. 조화와 발육은 하늘이 낳고 땅이 이루는 것이니 바뀔 수 없는 이치다. 水-木의 생성은 그러할 순 있으니 火-金의 생성은 그 理가 심히 逆하다. 만물의 생은 반드시 먼저 氣가 있고 뒤에 質이 있는 것이니 天이 生하고 地가 成하는 까닭이다.

각 종류로서 서로 구한다.'는 것은 一三五七九는 모두 陽의 부류기에 서로 구하고 二四六八十은 모두 陰의 부류기에 서로 구한다는 것을 말한다. 대개 동류(同類)이므로 서로 얻고 이류(異類)이므로 합한다. 이른 바 서로 얻는다[相得]는 것은 형제와 같다는 것이고 서로 합한다[相合]는 것은 부부와 같다는 것이니, 형제는 동류이고 부부는 이류이다.150)

이상에서 담헌은 괘상과 물(物), 또 음양의 성질과 물(物)의 특성을 연관시키는 역학의 기본구도를 인정한다. 그러면서도 만물 발생의 순서와 그것을 추상적으로 그려낸 지도[圖]에 집착한 점, 그래서 그 지도 속 상의 위치에 따라 수의 질서를 적용시킨 점, 또 생수와 성수는 다른 개념일 수 있는데 이를 다시 생과 성으로 나누어 그 각각에 수를 분속한 점을 비판한다. 물의 성질에서 음성(陰性)을 읽고 불의 성질에서 양성(陽性)을 추출해 내는 것은 오래 전통이고 납득의 지점이 있었다[坎离之爲水火, 厥象甚明]. 공간을 점유하고 있는 각종 형상이 보여주는 질서를 괘로 유형화 하고, 다시 괘상을 통해 만물이 지닌 모양의 패턴을 유추하는 일은(적어도 새로운 타당한 학설이 등장하기 까지는), 나름의 합리적 근거를 쌓아온 공감이 지점이 있었다. 그래서 담헌은 지금 당장 이해하지 못했을지라도, 그 선대의 몇몇 분석·종합(析合)적 논의를 두고 "반드시 그 까닭이 있을 것이다

---

150) ≪周易辨疑：附 啓蒙記疑≫,「內集 1」,『湛軒書』：坎离之爲水火, 厥象甚明. 惟於一二生成之數, 則無所發明. 如以陽一畫而陰二畫則鑿矣. 且此猶可說也, 於木金之震兌, 將作如何解耶? 太極圖解, 水陰盛故居右, 火陽盛故居左云云, 是語五行之本體也, 非謂生之序也. 勉齋之疑之過矣. 但以生之序而謂之水木陽也, 火金陰也, 夫水不可以爲陽, 火不可以爲陰, 其理較然. 乃以其生成之分, 屬於天地奇偶之數而反易其陰陽之本體. 則當疑而不疑, 乃反曲爲之解, 遂謂之水爲陽穉, 火爲陰穉, 是成何等義理? 一生水二生火, 旣無明據. 若以此而轉謂之水陽而火陰, 則尤不成造化. 各以類而相求者, 謂一三五七九, 皆陽之類而相求, 二四六八十, 皆陰之類而相求. 蓋同類故相得, 異類故有合. 所謂相得如兄弟, 相合如夫婦, 兄弟者同類, 夫婦者異類也.

[是必有其說也.]."라는 말을 남겼던 것이다.

하지만 뒤로 이어지는 옥재(玉齋胡氏)[151]의 설과 주희의 설은 그가 판단키에 지나친 곡해였다. 소강절과 주희의 논은 추측이 과했다[邵朱之意盖如此, 恐推之太深.]. 상수학은 수로 엮어진 다양한 규칙을 통해 물세계의 풍부한 이야기로 접근가능하게 도왔지만 논리적 왜곡[曲]이 있었고, 의리학은 충분한 설명과 근거를 제시하지 않은 채 수의 문제를 과도하게[太深] 수비학(數祕學)적 문제로 끌어 들이고 있었다.[152] 또한 "옛사람이 때에 따라 모범될 만한 말을 세워 만물의 모든 이름[總名]을 지은 것은 여기에 한 가지도 보탤 수 없고 한 가지도 줄일 수 없다는 것이 아니라 천지 만물이 이런 수(數)가 있다는 것이었다. 따라서 오행의 수(數)는 원래에 정해진 의론이라 할 수 없었다. 술가(術家)는 이를 조종(祖宗)으로 삼아 하도와 낙서로써 억지로 맞추고 주역 상수를 파고 들어가 생극(生克)이니 비복(飛伏 : 飛神과 伏神)이니 하며 지리한 수작으로 여러 술수(術數)를 장황스럽게 이야기하고 있지만, 끝내 그런 이치는 없는 것"[153]이었다.

반면, 담헌은 「의산문답」에서 소요부의 문제점들을 조목조목 반박하는데, 여기서 끌어오는 원리적 근거에는 전통적 용어들과 서학의 정보들이 뒤섞여 있다. 예컨대 '지면의 세력[地面之勢]'이나 '땅 둘레에 모이는 기

---

151) 宋나라 婺源 사람 胡方平을 가리킨다. 호는 옥재, 『주역』에 정통하여 주자의 역학을 이어받아 『易學啓蒙通釋』을 지었다.

152) "음양의 학설에 얽매어 이치에 막히고 천도를 살피지 않은 것은 先儒의 허물이었다." ≪毉山問答≫, 「內集 4」, 『湛軒書』: 實翁曰. 拘於陰陽, 泥於理義, 不察天道, 先儒之過也.

153) ≪毉山問答≫, 「內集 4」, 『湛軒書』: 古人隨時立言, 以作萬物之總名, 非謂不可加一, 不可減一, 天地萬物, 適有此數也. 故五行之數, 原非定論. 術家祖之, 河洛以傅會之, 易象以穿鑿之, 生克飛伏, 支離繚繞, 張皇衆技, 卒無其理. ≪毉山問答≫, 「內集 4」, 『湛軒書』: 夫火者日也, 水土者地也. 若木金者, 日地之所生成. 不當與三者並立爲行也.

[周地之拱湊]' 등의 표현들은, — 담헌이 에테르 이론을 알았던지 알지 못했던지 간에 — 당대 유행했던 동서의 지식들을 풀어낸 자기 이해를 반영한다. 그런데 그는 서양 사람이 밝힌 주행안행설(舟行岸行說 : 배가 움직이는가, 연안이 움직이는가)의 뜻이 분명한 이해를 가져다준다고 강조하면서도, 하늘의 운행과 땅의 회전을 같은 형세로 이해하는 것이 중요하다며 분리된 이론의 가치를 거부[無用分說]한다. 서양의 분별된 언어들을 상대적 사고를 촉진하여 더 정확한 원리적 이해를 가져다주고 있었다. 하지만 그럼에도 불구하고 담헌에게 사물 각자의 고유한 실용적 관점을 시간의 흐름(전통)과 분리되지 않은 일원론의 구도에서 유지하는 것, 이는 더욱 중요한 틀이었다.

담헌은 질서의 의미 차원을 지금의 문화와 사상을 가능케 한 전통의 수리관념과 주역의 상징성을 통해서 이어 나가되, 물세계가 지닌 구체적 질서의 원리를 가장 타당한 근거 속에서 유추하고 또한 인간의 직접적 경험세계와 어떻게 만날지를 실질적으로 고민하고자 했다. 따라서 이러한 태도는 서학의 프톨레마이오스나 코페르니쿠스-티코 브라헤(케플러)의 논리를 만날지라도 달라질 이유가 없었다.[154] 동아시아인들은, 자연발생

---

154) 崇禎改曆에 반영된 서양천문학의 전반적 내용은 다음과 같다. : 지구설에 기초한 우주론, 프톨레마이오스, 코페르니쿠스, 티코 브라헤 등의 행성운동이론, 구면삼각법을 비롯한 기하학, 그리고 사분의, 육분의, 망원경 등을 비롯한 서양의 관측기구와 관측기법들을 적용하여 성립한 천체운동 체계.
이후 청조에서 사용하던 『역상고성후편』에는 케플러의 타원궤도 이론과 계산법이 적용되어 있다. 조선의 경우, 영조대 초반에는 『역상고성』과 『역상고성후편』 체계를 동시에 습득해야 하는 어려움이 있었지만, 중후반에 들어서는 조선의 천문관원들은 북경에 직접 가서 예수회 수사들에게 직접 계산 방법을 배워온다. 결과에 만족하여 상을 내렸을 정도로 시헌력의 운용하는 일이 거의 완전해진다. 전용훈의 「정조대의 역법과 술수학 지식 : 『천세력』과 『협길통의』를 중심으로」와 전용훈의 박사학위논문 1장 참조.

의 기본적 조건에서 발견되는 수[生數]와 (인)물들이 만들어 내는 배치의 수[成數]를 구분하여 인식했음에도 불구하고, 이 두 수의 만남[卽]을 하나의 전 우주적 보편개념[生成]으로 채택했다. 그리고 이것이 모든 생명 있는 것들의 활동 사이사이에 교집합적 공간을 부여하여 다시금 동아시아인들에게 거대한 인식구조를 만들어냈다. 담헌은 일찍이 모든 질서에 대한 이해는 결국 나 자신의 열림으로써 그것이 의미를 지니는 것이지, 주입한다고, 부연한다고 되는 것이 아니라고 말했다.155) 그래서 그 열림의 당위를 자율적으로 구성해내기 위해, 담헌은 자기 스스로의 개방을 강조하고, 물과 물 사이의 공통성을 강조했다. 따라서 이 공통의 고리는 중요하다. 그것은 이쪽의 질서를 저쪽의 질서로 함부로 환원하지 않으면서 만물에게 소통의 당위를 마련해주는 배려[禮]의 길이었기 때문이다.

'같은 류(類)이어서 얻고 구할 수 있고, 다른 류(類)여서 합한다'는 말에 드러난 담헌의 사상적 태도는, 담헌 스스로가 당대 서학의 논리를 이른바 이원론으로 수용하지 않았음을 보여주는 증거가 될 수 있다. '이류(異類)의 합'은 다르다는 이유만으로도 어려운 일이다. 하지만 이류를 이원으로 접근하면 '합[感通과 意味의 세계]'의 당위는 질서의 문제가 아니게 된다. 담헌의 일원은 새로운 세계이해의 생성(生成)이 '합'에서 이루어진다는 것을 전제하고 있다. 이 가운데 담헌은 인간의 언어를 하나의 해석의 언어로 취하고자 했다. 담헌의 서학이 생도(生道)가 될 수 있었던 이유는 그래서 이러한 맥락을 고려하지 않으면 안 된다.

---

155) ≪毉山問答≫, 「內集 4」, 『湛軒書』: 民可使由之, 不可使知之. 백성은 이치대로 말미암도록 할 수 있어도 이치를 알도록 할 수는 없다.

따라서 넷 번째로 언급해야 할 것은, 동아시아인들이 기하지학을 비롯한 서학의 물학을 일원론의 구도 속에서 수용하고 있었기 때문에, 오늘의 기준으로 동아시아인들이 논리성을 갖추지 못했다고 결론짓는 평가는 지양되어야 한다는 점이다. 원래부터 유자들에게 '소이연(所以然)'을 따지는 일은 격물궁리의 가장 기본적 방법론이었으나, 대다수의 연구서는 바로 동아시아 수학을 경험적·실용적 경향으로 규정해 왔다.156) 하지만 증명을 하지 않았다는 이유로 원리적 측면은 간과되고 실용적 측면만이 중시되었다는 일부의 결론은 재고의 여지가 있다.

서광계는 『측량법의』 제문에서 다음과 같이 말한다. : "(동아시아인들은 그동안) 직각삼각형의 길이가 다른 가로 변과 세로변은 서로 구할 수 있고, 짧은 세로변과 긴 가로변, 짧은 가로변과 긴 세로 변으로 된 두 면적이 같음은 말했지만, 어째서 면적이 같고 서로 구할 수 있는지는 설명하지 않았다."157) 결과를 적시하되 과정, 즉 방법[何以]을 설명하지 않았다는 것은 후대의 사람이 보기에 큰 잘못이었다. 하지만 여기서 물어야 할 것은 왜 방법을 말하지 않았는가, 정확히 말하자면 왜 기술하지 않았는가? 이다. 서광계는 대답한다. "기술할만한 것으로 여기지 않았기 때문이다."158) 기록 행위에 가치를 부여하지 않음으로써 모두가 볼 수 있는 글로 '방법'을 남기지 않게 되었고, 이것이 결국 근거에 대한 빠짐없는

---

156) 안대옥, 「마테오리치와 보편주의」, 33-34쪽 : "중국 수학의 오랜 전통은 문제 해결적 관점과 실용성 중시의 경향 속에서 논리적 완결성이나 증명을 그다지 중시하지 않고 또 필요한 결과만을 추구하는 현실적 특징을 내재하고 있었다."

157) 「題測量法義」, 『徐光啟文集』, 72쪽 : 言大小句股能相求者, 以小股大句, 小句大股, 兩容積等, 不言何以必等能相求也.

158) 「題測量法義」, 『徐光啟文集』, 72쪽 : 曷故乎? 無以爲之籍也.

의심을 지나치게 했다. 결과물에 이르는 과정을 가시적으로 드러내고 공유했더라면, 더 많은 이들이 결과의 도출 과정에 참여할 수 있었더라면, 과정의 시비(是非)와 정확성은 가시적으로 더 정밀해질 수 있었을지도 모른다. 하지만 "사람들은 결론의 권위를 믿고, 『주비산경』에서 이미 모든 근거가 말해졌다고 확신했다." 서광계는 덧붙인다. "그렇지 않다. 기록되지 않았다. 적술 해야 하는 것 속에 또 적술 해야 하는 것이 있는 법이다."159)

하지만 그럼에도 불구하고 기록의 생략이 곧 '원인의 줄기[幹]들이 없음'을 지시할 수는 없다. 표현형식의 부재와 논리적 사유체재의 부재는 구분되어야 한다. 후외려는 예수회의 자연과학이 중세기의 낙후된 신학적 우주체계를 고집하고 있었기 때문에 중국의 자연과학자들은 서양에서 출현한 근대자연과학의 체계를 접촉하는 것이 불가능했다고 말한 바 있다.160) 그렇다면 예수회로부터 서양의 과학을 배운 서광계가 자국의 과학이 서양에 비해 뒤쳐져 있다고 생각했다는 사실 역시 서구식 논리 속에 편입된 상대적 열등감을 표현하고 있는 셈이다. 동아시아인들에게 이른바 '정밀한 과학적 논리'가 없었다 말하는 것은 잘못되었거나 알 수 없다. 하지만 언어세계로 더 표현될 수 있는 어떤 것들을 표현하지 않았다는 것은 명확하다.

그러한 점에서 동아시아인들은 외면적 기술 형식이 다를 뿐 나름의, '다른 방식의 표현 논리'로 형식과 내용의 문제를 이해했던 흔적을 살펴보는 것은 의미가 있다. 특히 동아시아인들은 사물이 표현해 내는 질서

---

159) 「題測量法義」, 『徐光啓文集』, 72쪽 : 周髀不言籍乎? 非籍也, 籍之中又有籍焉.
160) 후외려, 『중국철학사』, 232, 237쪽.

와 그것을 읽는 언어의 인간적 맥락을 좀처럼 분리시키지 못했다. 그것은 인간중심에 기원했다기보다 근원적으로 언어가 지닌 이해의 한계를 인정했기 때문이었다. 예컨대 피타고라스에게 기하학의 시초로서 삼각형의 '정리Pythagorean theorem'가 있었다면 동아시아인들에게는 구고술(句股術)161)이 있었다. 구고의 원리를 설명하고 있는 『구고의(句股義)』 서문에는 '구고(句股)의 소(所)'란 표현이 등장하는데, 이는 동아시아인들이 가졌던 독특한 개념인식의 하나의 예시다.162)

1) 우임금이 천하를 다스릴 수 있었던 까닭[所以]은 이런 수의 방법[數之所]에서 비롯된 것입니다.163)

2) (전략) 물결이 동쪽 바다로 흘러 들어가게 하여 침수가 없어지도록 했으니 곧 구고의 방법[句股之所]가 여기에서 생겨났다. 교대로 이어지는 원형과 사각형을 살펴보면 공통으로 반복되고 있는데, 서로 통분하게 되면 각각 얻어지는 것이 있다. 그런즉 순서를 통합하고 여럿이 논의해서[統敍群論] 모든 이치를 폭넓게 기록하되, 심오한 내용까지 꿰뚫고 은미한 곳으로 들어가면 깊은 곳까지 끌어 올리고 먼 곳까지 다스리게 된다. 그러므로 만물을 마름

---

161) 직각 삼각형을 이용한 이 측량방법은 고대 중국의 가장 중요한 수학서로 알려진 『九章算术』에 등장한다. 참고로 '股'는 직각 삼각형에 있어서 서 있는 것이고, '句'는 가로로 누운 것, '弦'은 빗변을 의미한다[直曰股, 橫曰句, 斜曰弦].

162) 「句股義序」, 『徐光啟文集』, 81-82쪽.
cf. 「측량설」에서 담헌은 "천지의 체상을 측정하는 기기는 많이 만들었으나 그것은 모두 모지고 둥근 것에 불과하다. 수를 추득하는 덴 그 방법이 많으나 句와 股의 방법에 요약이 된다[窺器多製而不出於方圓. 推數多術而莫要於勾股]."고 말하고 있다. 그는 구고술 및 측량과 측정에 활용되는 산학의 가치를 폭넓게 인식하고 있었다.

163) 「句股義序」, 『徐光啟文集』, 81쪽 : 故禹之所以治天下者, 此數之所生也.

질하여 하는 것은 오직 그것[句股之所]이 하는 것이다.164)

　1)과 2)의 지문은 우리가 아는 '수학'이나 '기하학'이란 단어가 '수지소
(數之所)'나 '구고지소(句股之所)'로 표현되고 있음을 보여준다. 원래 '소(所)'
는 주로 장소(위치)나 방식(방법)의 의미를 갖는다.165) 그런데 '數之○', '句
股之○'의 ○자리에는 '理', '道', '法', '學' 대신에 '所'자가 놓여 있다.
'所'는 '所以(원인·까닭)'의 용례와는 다르다. 비교컨대 이 단어는 '정리(定
理)'를 뜻하는 서양의 theorem(~을 보다speculation라는 뜻)보다 주객 분리
의 성격이 적다. 또한 '所'와 '術'의 '행(行)' 속에 내포한 공간적 작용 개
념은 연구자의 활동 공간과 수(數)적 세계가 별개가 아니라는 점을 연상
시킨다.

　일반적으로 동아시아인들이 설명하는 이른바 논리의 세계는 바로 그
논리적 사유를 하는 사람들의 생활 활동과 유리되어 논의되지 않았
다.166) 예컨대 『연기(燕記)』 곳곳에는 담헌이 청심환으로 중국인들의 환심을
사는 장면이 많이 나온다. 청심환이 지닌 논리적 완결성과 청심환의 보
편성은 논리나 증명이 아닌 오직 실용으로부터만 오는 것일까? 일련의

---

164) 「句股義序」, 『徐光啓文集』, 81쪽 : 漢趙君卿注曰, "禹治洪水, 決流江河, 望山川之形, 定高
　　下之勢, 除滔天之災, 釋昏墊之厄, 使東注於海, 而無浸溺, 乃句股之所由生也."又曰, "觀其迭
　　相規矩, 共爲反覆, 互與通分, 各有所得. 然則統敍群論, 弘紀衆理, 貫幽入微, 鉤深致遠, 故曰
　　其裁制萬物, 惟所爲之也."

165) 鄭周永, 「『說文解字』中的"所"字結構」 참조.

166) 오늘날 우리가 언급하는 논리logic란 '바른 추론형식' 혹은 '생각이나 추론이 지녀야
　　하는, 밟아야 하는 원리나 법칙'을 가리킨다. '바른'이라는 말은 사회적 동의와 합의를
　　전제하고, '지녀야 한다'는 당위는 시대적 상대성을 전제한다. 원리principle란 '법칙
　　가운데 가장 근본적인 것'을 의미한다. 고려대한국어대사전의 다음사전, 국립국어원의
　　네이버사전, 백종현의 『철학의 주요개념』, 철학사전편찬위원회의 『철학사전』 모두 동
　　일하게 정의하고 있다.

연구는 이러한 예들을 미신적이고 비과학적이며 논리적 흠결이 가득 찬 미개한 과정, 혹은 심리적 착각으로 분석하였다. 모든 '내용'은 특정 형식의 유무와 상관없이 나름의 질서를 가지고 현현한다. 이 질서 가운데 바르고 마땅한 원리가 이른바 '논리'가 된다. 그런데 어떤 내용 안에 논리가 존재하고 있음을 아는 것은 그것을 관찰/경험하는 사람들의 축적된 전수(傳授)물들과 분석된 내용의 종합 때문이지, 논리가 지닌 형식의 정교함과 상세함 때문이 아니다. 특정 논리적 형식의 정교함은 그 형식으로 물의 질서를 해석하려는 이들의 발명이지 발견이 아닌 것이다. 따라서 우리는 동아시아인들의 논리를 동아시아인들의 표현 형식을 통해서 접근할 필요가 있다. 시공간 안에서 만물은 변화하기 때문에, 기의 흐름은(사실상 시간의 흐름은) 쉼이 없기 때문에, 동아시아인들에게 유클리드 공리계의 특성이라 할 수 있는 '무오류적 논리의 완결'이란 익숙한 당위가 될 수 없었다. 동아시아인들에게 논리와 시간을 분리시키는 일은 익숙하지 않았다.

안대옥은 마테오 리치의 『기하원본』 번역의 의미에 대해 "경험적 지식 즉 허리(虛理)에 대한 비판"이라고 요약한다. 흥미롭게도 「의산문답」을 보면, 실옹은 허자를 꾸짖고 있다. 실옹의 태도와 마테오 리치의 태도는 얼핏 비슷한 구도를 보이고 있다. 그러나 살펴보면, 허자와 허리의 비판지점과 정감의 상태는 전혀 다른 기반 위에 서 있었다. 실옹은 경험 자체를 불확실성의 원죄로 보지 않았다. 실옹은 무지하고 어리석은 허자를 불안감 속에서 대대의 감정으로 밀어낸 적이 없다. 그래서 동아시아인들 특유의 일원론적 논리의 세계를 비과학으로, 비가치적으로 단정하는 일은 지양되어야 한다. 『원본』에서 보이는 구성과 완전히 똑같은 모양이 동아시아인들에게도 발견되어야 한다는 것은, '논리'에 결부된 '약속'과 '합의'의 문제를 무시하는 처사일 수 있다. 유클리드 기하학의 명석 판명한 논리는 의도적으로 시간을 배제시킨 닫힌 언어적 공간 속에서만 작동 가능하다.167) 오직 유클리드 기하학만이 전대미문의 논리성을 갖추고 있어서 보편성이 효율적으로 확보되었다고 주장하는 일은 이러한 용어사용의 전제를 간과한 처사다.168) 따라서 동양적 논리성을 이해하기 위해

167) 비슷한 맥락에서, 오늘날 우리가 가진 서구적 시선으로 동아시아 개념을 판별할 때 저지르는 또 다른 실수는 서구 '과학의 언어'가 일반언어와 구분되는 전혀 새로운 폐쇄적 구조를 지니고 있었기 때문에 효율적이었고 동아시아 언어의 특징이 정감적이었기 때문에 인과성의 진보에 한계가 있었다고 서술하는 것이다. 그러나 '언어'가 단순히 문자 letter만을 지시하는 것이 아니라 한다면, 서구 '과학의 (외적) 언어'가 폐쇄적이면서도 효율적 구조를 가졌듯 동아시아 '경험의 (내적) 언어' 역시 폐쇄적이면서 효율적인 구조를 지니고 있었다고 해야 한다. 맥을 짚을 수 있는 이에게 손목에서 감지되는 다양한 색깔의 맥은 환자에 대한 다양한 정보를 건네주지만, 그것을 이해하지 못하는 이들에게 맥은 어떠한 묘사로도 이해할 수 없는 비실증적 설명이다. 하지만 이 이해의 방식에는 논리적 단계가 있고 자체적으로는 정합적인 체계가 있다. 이 편리하고 익숙한 설명 속에 오히려 낯선 것은 모든 것을 문자화시키는(그것은 훨씬 타율적 질서의 외양을 지닌다) 기록의 낭비, 맥락의 삭제이다. 외적 언어는 개체 개별적 삶과 분리되어 전수될 수 있지만, 내적 언어는 개체 개별적 삶이 소멸하면 언어도 소멸해버린다. 동아시아인들이 인식한 질서 관념은 공평한 모두의 시간 속에서 함께 흐르고 모든 개체는 생멸의 삶속에서 교접된다. 그리고 담헌은 이러한 세계관을 포기 하지 않았다. 만약 동아시아인들이 구성해온 일원론적 질서(/인과)의 원리가 현대인들에게 어려운 문으로 다가온다면 결국 그것은 이해知의 한계가 아니라 시간의 문제이지 않을까?

168) 17세기 서구의 많은 사람들은 이성의 연역적 활동이 의지하고 있는 언어형식의 토대를 강조하여 자신의 사유가 100% 타물의 사유로부터 분리되어 있다고 확신했었다. 이렇게 사유의 논리가 경험이 주지 못하는 명백하고도 보편적인 완전성을 선취하려면, 이성의 활동은 경험의 작동과 대대(對)적 관계에서 우위의 싸움을 벌여야 한다. 하지만 다수의 동아시아인들은 사유와 경험을 분리하거나 경쟁의 구도로 인식하지 않았다. '동아시아인들이 상관적 질서를 가지고 있었다'라는 평가 역시 단순히 개체상호간의 열리고 닫히는 연관성만을 지시하지 않는다. 교접의 당위는 일적 소통의 세계 위에서만 지칭될 수 있는 무거운 책임성을 내포하여 왔다. 일원론의 질서는 결코 수만 개의 문장으로 쉽게 이해될 수 없는 좁은 문을 지니고 있었기 때문에, 많은 지식인들은 하나의 삶으로 들어가야 한다고 강조했던 것이다. 질서 자체가 삶과 함께 흐르고 있다는 것은 그 질서 자체의 포착을 어렵게 만든다. 하지만 이것은 이해의 한계가 아니라

서 오늘의 우리는 이 익숙하지 않은 전통적 사유의 틀을—담헌이 그러했듯—조금 더 개방된 시선으로 바라볼 필요가 있다.

「의산문답」의 두 주인공이 만나는 첫 장면에서 허자는 실옹의 생김새·음성과 같은 몇 정보와 단지 세상으로부터 동떨어져 살고 있다 이유만으로 실옹을 현자로 공손히 대한다. 이에 실옹은 내가 어떤 사람인지도 잘 알지도 못하면서 치켜세운다며 허자의 짐작[虛禮]을 꾸짖는다. 그러나 박대 뒤에 바로 이어지는 실옹의 응대는 "먼저 너의 배운 것부터 들어보고 싶다.[吾請先聞爾之所學.]"는 자기 개방의 말이었다. 이에 허자는 자신이 배운 각종 지식들을 대답해가며 열거하고, 실옹은 이어 말한다. "그렇다면 너는 儒者로구나. (…중략…) 지금 내가 너에게 묻겠다. 너의 몸이 물(物)과 다른 점을 꼭 이야기하라."169) '너는 유자다'라는 정체성은 이미 너의 몸이 물과 다름을 지시하고 있다. 그런데 실옹은 다시 허자보고 그 정체성의 이유를 본인의 입으로 설명하라 말한다. 차이의 이유를 지시해주지 않은 것은 실옹과 허자가 궁극적으로 같은[同] 궁구의 입장에 놓여있다는 뜻이다. 처음부터 '동(同)'을 이야기 하지 않고 진행되는 순서와 '화이일야'를 향한 전진적 구성은, 실옹이 '동'을 통해 과거적 지혜로의 회귀를 의도한 것이 아니라는 사실을 드러낸다. 또한 이 '이(異)'는 남을 이기려는 마음을 조장하지 않는다.170) 차이의 말을 들었던 이유가 너

시간의 한계다.

169) ≪毉山問答≫, 「內集 4」, 『湛軒書』: 實翁曰, 然, 爾儒者也. 先灑掃而後性命, 幼學之序也. 今吾將語爾以大道, 必將先之以本源. 人之所以異於物者, 心也, 心之所以異於物者, 身也. 今吾問爾. 爾身之異於物者, 必有其說.

170) ≪毉山問答≫, 「內集 4」, 『湛軒書』: ○ 今爾膠於舊聞, 狃於勝心, 率口而禦人, 求以聞道, 不亦左乎? / ○ 夫大道之害, 莫甚於矜心. 人之所以貴人而賤物, 矜心之本也.

와의 감통[同]을 위해서였기 때문이다.171)

이어지는 「의산문답」에서 담헌은 물학에 관한 자신의 종합적 인식을 담는다.172) 실옹의 입을 통해 서술되고 있는 담헌의 말에는 다음 세 가지 주요한 특징이 담겨 있다. ① 궁구의 대상이 되는 모든 물은 결국 생물[活物]이라는 점173), ② 생물 활동의 원리가 보여주는 질서는 시대에 따라 수정되거나 다르게 이해될 수 있다는 점174), ③ 근본이 같은 것끼리 서로 작용함이 물(物)의 이치라는 점175)이다.

① 첫째는, 어떠한 종류의 새로운 정보를 마주했을지라도 물리(物理)를 생리(生理)로 변환시키는 일을 담헌이 너무도 당연히 여기고 있었다는 점을 드러낸다. ② 둘째는, 납득할 만한 합리적 이유들을 제시하지 못하는 기존의 당위적 설명들은 가차 없는 비판의 대상이 될 수 있다는 점을 드러낸다. 무근거의 당위적 설명들은 억지[强], 오만[大言], 무지[知不及此], 기

---

171) 지적 차이의 양상이 우열이던 다양이던지 간에, 차이에 대한 인식의 저변에 무엇을 둘 것인가에 대한 문제는 그래서 중요하다. 담헌이 죽고 난 이후, 19-20세기의 동아시아는 제국주의와 선교활동의 일환으로 서구의 과학과 문명의 전개를 경험했다. 이 시퀀스는 지금 동아시아 공동의 고민인 '正體性의 문제'에 상기해주는 바가 크다고 본다.

172) 김문용은 「의산문답」에 담겨진 주요 자연관을 '空界論'과 '地氣論'으로 규정하고, 전자를 지원설, 지전설, 다중세계설(무한우주설)로, 후자를 地冷界說, 地活物說, 地氣蒸變說로 정리한다. 김문용, 「홍대용 자연과의 방법론적 전환」 참조.

173) ≪毉山問答≫, 「內集 4」, 『湛軒書』 : 虛子曰, 地之有震, 山之有遷, 何也? 實翁曰, 地者活物也. 脉絡榮衛, 實同人身, 特其體大持重, 不如人身之跳動. 是以少有變, 則人必怵之, 妄測其灾祥也.

174) ≪毉山問答≫, 「內集 4」, 『湛軒書』 : 實翁曰, 五星之體, 各有其德, 五行之分屬, 術家之陋也. 且自地界觀之, 繁星連絡, 如昴宿之叢萃, 類居羣聚. 其實十數點之中, 高下遠近, 不啻千萬其里. 自彼界觀之, 日月地三點, 耿耿如連珠. 今以日月地, 舍爲一物而命之以三星, 可乎?

175) ≪毉山問答≫, 「內集 4」, 『湛軒書』 : 夫地塊旋轉, 一日一周. 地周九萬里, 一日十二時. 以九萬之濶, 趁十二之限, 其行之疾, 亟於震電, 急於炮丸. 地旣疾轉, 虛氣激薄, 閡於空而湊於地, 於是有上下之勢, 此地面之勢也. 遠於地則無是勢也. 且磁石吸鐵, 琥珀引芥, 本類相感, 物之理也. 是以火之上炎, 本於日也, 潮之上湧, 本於月也, 萬物之下墜, 本於地也.

만[自欺]과 같은 잘못들을 낳고 있었고 그것은 수정되거나 재편되어야 할 것들이었다. ③ 셋째는, 모든 물의 질서가 일원론적 소통의 틀 위에서 궁구되어야 한다는 점을 드러낸다. 요컨대, 동아시아인들에게 물학의 질서는 일원론의 당위로부터 자유롭지 못하기에 담헌의 물학은 일원론자의 논리적 맥락에서 읽어야 한다. 그렇지 않다면 이른바 과학의 폐쇄적 논리구조로 속으로 의산문답의 열린 대화를 무한 환원시키는 오류 이상을 벗어날 수 없을 것이다.

그렇다면, 다시 처음으로 돌아가 언급해야 할 것이 있다. 다섯 번째, 왜 담헌을 비롯한 동아시아인들은 『기하원본』의 가치를 높게 생각하고 또 차용하려 했음에도 그 명증한 형식을 더 절실히 수용하지 않았는가, 이다. 이에 대한 고찰은 다른 어떠한 영역보다 서구 기하학이 숨기고 있는 본질에 대해 담헌이 명확히 파악하고 있었다는 증거가 될 수 있다고 본다. 이 이유에 대해 접근하려면, 먼저 '왜 마테오 리치를 비롯한 예수회 선교사들은 보유론적 입장을 포교방침으로 정립한 이래 『기하원본』의 번역활동을 가장 중요한 자신들의 미션으로 삼았는가?'라는 질문부터 검토해야 한다.

1623년 알레니는 예수회의 교육체계를 비롯하여 서양의 교육시스템을 중국어로 소개하는 『서학범(西學凡)』이라는 책을 썼는데, 여기서 알레니는 馬得馬第加mathematica가 "形物의 分限을 審究하는 학문" 의미하며, 理科=philosophia가 '義理의 大學'으로서 "사물에 포함된 理를 밝히는 격물궁리가 주요한 추구 대상이 되고 있다"고 적는다. 중국인들에게 격물공부의 특성은 일반적으로 내성공부가 아닌 외적 세계에 대한 열린 태도를 기반으로 했기 때문에, 예수회는 철학과 이학의 연관성을 상기시키면서 새로운 학문에 적극적 관심을 갖게 유도한 것이다. 예수회가 포교전략에 맞게 자신들의 학문개념을 중국어에 부합하여 설명하기 까지 영향을 준 두 사람은 앞서 언급한 클라비우스 외에도 데카르트(René Descartes, 1596-1650)가 있었다. 그가 '이성' 개념을 강조하여 그 이성이 구성하는 사유 내부의 본유관념들과 그로부터 연역되는 관념들의 체계만을 보편적 진리로 인정한 것은 널리 알려진 바이다. 그런데 『기하원본』의 서문과 『기하원본 잡의(幾何原本雜議)』에는 바로 이 '명증한 진리'에 대한 설명이 등장한다.

> (기하원본은) 명백한 것으로부터 특별한 세목으로 그리고 의혹으로부터 믿을만한 것으로 진행한다. 대개 쓸모없게 보이는 것이 쓸모가 있고 모든 것의 기초로 사용된다. 진실로 무수히 많은 현상의 기초를 이루고 온갖 이론을 모이게 한다고 말할 수 있다.[176]

상술되어 있듯, 기하지학(幾何之學)이 보여주는 원리적 질서와 새로운 형식이 궁극적으로 강조하고 있는 것은 '명백함'이었다. 마테오 리치의 숙제는 중국에 복음을 전파하는 것이었고, 데카르트의 숙제는 그 명백함clara et distincta을 통해 '보편 수학Mathesis universalis'이라는 학문을 정

---

176) 徐光啟, 『幾何原本』序, 1쪽 : 由顯入微從疑得信. 蓋不用為用, 衆用所基. 真可謂萬象之形, 囿百家之學.
   비슷한 구절은 『幾何原本雜議』에도 등장한다. : 此書有四不必. 不必疑, 不必揣, 不必試, 不必改. 有四不可得. 欲脫之不可得, 欲駁之不可得, 欲減之不可得, 欲前後更置之不可得. 有三至三能. 似至晦, 實至明, 故能以其明明他物之至晦. 似至繁, 實至簡, 故能以某簡簡他物之繁. 似至難, 實至易, 故能以易易他物之難. 易生於簡, 簡生於明, 綜某妙, 在明而己.

립하는 것이었기 때문에, 예수회는 이 명증한 이성의 방법론을 신학체계 안으로 흡수한다. 그리고 명증해진 신학을 보편 진리로서 포교한다.

그런데 이 엄밀한 추론의 저변에 자리 잡고 있던 것은, 수많은 다양성[分殊]의 세계를 일관하여 움직이는 기[一氣]가 아니었다. 제1의 원인에는 부동의 일자(一者), 서교(西敎)의 하나님이 놓여있었다. '모든 것의 기초'라던가, '삼지삼능'은 명백한 기독교 신 존재증명, 삼위일체Trinity의 다른 얼굴이었다. 초창기 적응주의 노선을 통해 들어온 수학은 신학의 모습을 적절히 가리고 있었고,177) 『기하원본』은 그 큰 세계관의 아주 작은 단초로 소개된 것이니, 논리 뒤에 숨어 있는 신학의 큰 그림은 동아시아인들에게 옅게 인식되고 있었을지도 모른다. 하지만 분명한 것은, 이와 같은 일자 중심의 신학적 구도가 리일분수를 인식했던 리학자들에게 전체적으로는 매우 익숙하게 다가왔을지도 모르지만, 결국 『기하원본』을 실제 접한 이들은 서교인들이 『기하원본』을 통해 궁극적으로 말하려는 모든 것의 원인, '제1원인'이라고 하는 전제를 납득하기 어려워했을 것이라는 점이다.

담헌을 포함한 조선인들의 서학 연구를 '보편'이 아닌 '수학'에 방점을 두고 접근해야 하는 이유가 여기에 있다. '수(학)'를 통한 탐구는 이미 역학(易學)이나 격물의 방법론을 통해 익숙한 바였기에, 그 원리의 새로움과 이로움만 취하면 될 부분이었지만, '일자(一者)를 통한 보편'의 문제는 단순히 '수(학)의 방법론'만으로 되는 것이 아니었다. 수(數)를 배제한 연역

---

177) 예수회와 수리과학 전도의 상세한 관계는 안대옥 논문, 「마테오리치와 보유론」 참조.

논리의 전개가 소급적으로 구성되려면 인과성에 대한 확신을 배경으로 깔고 가지 않으면 안 된다. 제1원인을 규명하기 위해서 퇴행적으로 전개되는 논리가 보편적 이해를 얻으려면 원인이 있어 결과가 발생한다는, 결과의 이면에는 반드시 원인이 존재한다는 세계이해가 동의되어야 한다. 그런데 아주 오래전부터 동아시아에는 인과성에대한 강한 확신을 보여주는 역사가 옅었다. 동아시아인들은 다층적, 거시적, 우연적, 복합적 성격들로 설명되는 세계이해를 선호했으며, 단선적 구조 속에서 사건의 인과를 펼쳐놓는 작업에 익숙하지 않았다. 게다가 예수회 선교사 인토르체타(Prospero Intorcetta, 1625-1697)는 『중국인 철학자 공자 서문 Confucius Philosophus Sinarum : Promialis Declaratio(1687)』에서, 공자 이래 동아시아인들에게 있었던 유신론의 씨앗을 '성리(性理)'라고 하는 자연철학과 무신론으로 함부로 설명하고 오염시킨 이들로 네 명의 주석가, 주돈이, 장재, 정이천, 주희를 꼽고 있다.178) 조선의 지식인들이 이러한 서교인들의 관점들에 동의했을 리는 만무하다.

담헌이 『천학초함(天學初函)』을 곁에 두고 살폈다는 것은 그의 목소리로 기록되어 있다.179) 또한 홍대용의 '측관의'를 연구한 자료에 따르면

178) 『중국인 철학자 공자 서문』은 본래 쿠플레 신부가 지은 것으로 알려져 있으나, 이를 인토르체타의 것으로 밝힌 이는 안재원이다. 이 인용구는 미발간 원고 안재원의 번역『중국인 철학자 공자 서문』을 참조하였다.

179) 『천학초함』은 1629년 李之藻가 서교 교리서인 理編 10종과 서양 과학서인 器編 10종을 합하여 편찬했을 때 기편에 속한 책으로, 여기에는 『泰西水法』,『渾蓋通憲圖說』,『幾何原本』,『表度說』,『天問略』,『簡平儀說』,『同文算指』,『圜容較義』,『測量法義』,『句股儀』가 들어있다. 『천학초함』은 최석정이 지은 수학서 『九數略』의 인용서적에도 포함되어 있는 것으로 보아 17세기 중에 이미 조선에 들어온 것으로 보인다. 참고로 『동문산지』는 클라비우스의 『실용산술개론 Epitome arithmeticae practicae (1585)』을 바탕으로 정대위의 『산법통종』을 비롯한 중국의 수학서의 많은 문제들을 발췌해 엮은 책이다. 《杭傳尺牘 : 與秋庫書》,「外集 1」,「湛軒書」: 其他如邵子全書及天文類函兩書, 平生願見,

웅삼발(熊三拔, Sabathino de Ursis)이 지은 『간평의설』과 담헌 '측관의조'가 상당부분 상통하며, 오히려 절기선과 시각선의 작법에 대해서는 『간평의설』의 내용보다도 더욱 상세하여 오히려 담헌이 『오위역지』를 출간한 나아곡(羅雅谷, Giacomo Rho)의 『비례규해(比例規解)』같은 다른 책도 참고했을 거라 추정한다.180) 이러한 사실들은 이미 담헌이 서학의 기초적 자료에 대해 많은 관심을 보였을 뿐만이 아니라, 그것이 보이는 전체적 그림을 자국의 형식과 내용, 나아가 세계관의 차이를 통해 이해하고 있었음을 증거한다. 담헌은 기하지학과 같은 학술체계를 가장 근본적이고 가장 근원적 학문의 수준으로 끌어 올릴 생각이 없었다. 담헌을 비롯한 많은 조선의 지식인들은 서교와 서학을 분리해서 인식하고 있었다. 그래서 서학의 엄밀성과 확증성 뒤에 숨어있는 정치적 의도에 비판적 거리를 둘 수 있었다. 조선의 경우는 직접 선교사가 조정으로 들어 온 것이 아니었고, 청조처럼 오랑캐라는 이름의 콤플렉스를 극복해야 하는 학적 의무감이나 전조(前朝) 문화와의 조화를 도모해야 한다는 사명감 또한 없었다.181)

而諒其卷秩不少, 設或有見在者, 何可遠寄耶? "그밖에 『邵子全書(소강절의 문집)』와 『天文類函』 같은 두 가지 서책은 평생 두고 보고 싶은 것이지만 그 권질이 적지 않을 것이니 설혹 있다 하더라도 어떻게 멀리 부칠 수 있겠습니까?" 한영호는 이 문맥에서의 '天文類函'이 훗날 반정균이 구해 보낸 것을 보면 '천학초함'을 지칭함이 분명하다고 말하고 있다. 이 말을 한 시기는 담헌이 40이 되던 해고, 그 뒤 10년이 지나 반정균으로부터 천문략과 천학초함의 후반부 半帙을 받았다고 본다. 한영호, 「서양 기하학의 조선 전래와 홍대용의 『주해수용』」, 89쪽.

180) 한영호 외 5인, 『홍대용의 측관의 연구』, 146쪽.

181) 담헌이 중국을 방문한 18세기는 명말의 보유론적 구도보다도 훨씬 더 서학의 규모가 축소되던 시기였다는 점을 기억해야 할 것이다. 시헌력이 반포되고 서학이 관학으로 수용되긴 했으나, 18세기에는 명말의 서광계나 이지조 등과 같이 보유론적 입장에서 서학을 수용하고 있는 사대부들이 적었다. 『을병연행록』 곳곳에서도 보이지만 한인보

「건정동필담」에는 담헌이 중국인 친구들에게 천비(天妃, 마리아)에 대해서 물었을 때, 그들이 담헌보다 서교에 대해 더 아는 바가 적음을 보여주는 상황이 적혀있다. 담헌은 다음과 같이 서교(西敎)에 대한 자신의 생각을 남긴다. "하늘의 역법을 논함에는 서법이 매우 높아서 전인미개의 것을 개발했다. 다만 그 학문(서학)은 우리네 상제의 호를 절취하여 불가의 윤회의 설로 장식하고 있으니 천루(淺陋)하고 가소롭다."[182] 기존 유가 문화의 토양에서 바라보았을 때 서교의 하나님이 상제, 예수의 부활이 윤회로 받아드려진 것은 자연스러운 결과였다. 따라서 담헌이 서교에 대한 정보를 얼마만큼 이해하고 있었는가와 상관없이, 18세기 유가적 '실(實)'에 충실한 이들은 기본적으로 서학과 서교, 내용과 형식의 차이를 분명히 인식하고 있었다고 봐야 하는 것이다.

서학을 소개한 이들이 동아시아인들에게 빠른 속도로 서교의 진리를 전파하려 했다는 점은 이제 의심할 여지가 없다. 기하지학의 도식성은 기존의 물학에 도움이 될 방법론이었다. 전통적 격물학의 몇몇 결론들은 너무도 좁은 경험에 국한되어 있었다. 관성에 따라 오차와 예외를 간과하거나, 축적된 시간정보에 단순 비례하여 일반화를 관철하려 했다. 여기서 서학의 자극은 기존의 협소한 근거들을 반성하게 하고 동시에 '미래적' 정보의 가치를 보게 하는 배움으로 간주될 수 있었다. 하지만 그렇다 해서, 여느 중국인도, 여느 조선인도 (적어도 아편전쟁과 강화조약이 맺어지기 전까지) 이 배움의 속도까지 서구인의 기준pace에 맞출 생각은 없

_____

다 만주 旗人들이 활약이 두드러지고 있었고, 서교는 배척되었으며, 학적 외연이 필로소피아에서 역산학으로 축소되던 시기였다.

182) ≪杭傳尺牘 : 乾淨衕筆談≫, 「外集 2」, 『湛軒書』: 余曰, 論天及曆法, 西法甚高, 可謂發前未發. 但其學則竊吾儒上帝之號, 裝之以佛家輪廻之語, 淺陋可笑.

었다. 서광계는『역서총목을 황제에게 바치면서 올린 글(曆書總目標)』에서 수차례 "급히 가면 잘 걸을 수 없다."[183], "일은 천천히 그림을 그려야 하니, 간단한 것을 먼저 하고 복잡한 것은 그 다음에 하는 겁니다."[184] 등과 같이 일의 조급성에 대한 경계의 말을 남기고 있다. 성과물을 빨리 얻고자 혹은 배움의 효율성만을 고려해서 과정을 조장하는 일은 담헌에게도 전혀 익숙하지 않았다. 감응의 도는 '반드시' 안정함에 있는 것이지 조급하고 경망해서는 안 되는 것[感應之道, 必在安靜而不可躁妄.]이었다. '새로운 형식이 보여주는 가치를 동아시아인들이 몰랐다'고 하는는 결론은 '왜 그럼 빨리 배워 나와 동일한 모습으로 탈바꿈하지 않았냐'는 재촉자의 우월적 위치만을 드러내게 할 뿐이다. 배움이 필요하다고 판단될 때, 어떤 것이 필요한지를 묻는 것과 어떤 것을 먼저 배울지의 문제는 서둘러 묶어 논할 것이 아니었다.[185]

18세기의 담헌은 이러한 시간적 템포 속에서 서학의 실질적 가치를 조망할 수 있는 위치에 있었다. 서구인들이 가져온 신기한 물건들의 실질성은 기존의 격물성을 확대하고 보완할 수 있는 내용을 분명히 보여주고 있었다. 예수회 선교사들이 적응주의 노선의 활동을 본격화 했을 초기, 중국에선 공자와 조상을 숭배하는 미신 같은 중국의 의례가 그리스도교

---

183)「曆書總目表」,『徐光啟文集』, 42쪽 : 大事必須衆力, 疾行當無善步.
184)「曆書總目表」,『徐光啟文集』, 43쪽 : 兩端臚列, 事在徐圖, 先其易簡, 次其繁重.
185) 담헌이 죽은 바로 다음 해 1784년, 동아시아에서 오직 조선만이 카톨릭을 (선교에 의탁하지 않고) 자발적으로 받아드린다. 본서는 이 원인을 '정감의 부재'를 견딜 수 없어 하는 이 땅의 사람들의 (일원론적) 稟性에서 추정해본다. 조선은 禮의 나라였기에 理性의 궁핍, 物學의 생략은 언제든 따라 잡을 수 있는 것이었을지도 모른다. 하지만, 어디에도 의탁할 수 없는 부패한 사회, 신뢰공동체의 상실은 그들의 實心에 숨 가쁨을 더했던 것이 아닐까?

신앙에 위배되는 것이 아닌지에 대해 대대적인 전례논쟁이 발생한 바 있었다. '예'의 질서를 준수하지 않았을 때 입는 타격은 컸기 때문에 선교사들은 대안으로서 기하지학(幾何之學)을 선택한다. 왜 그러했겠는가? 기하지학이 지닌 독특성이 바로 '예'의 작동을 전면적으로 거스르지 않으면서도 질서의 가치를 통해 자신들의 내용(천주교)을 은밀히 전달 할 수 있는 훌륭한 형식이 되었기 때문이다. 그리고 이 관계는 예를 읽는 유의미한 시사점을 남겨준다.

담헌에게 예는 실질적 내용을 지배하는 질서였다. 동시에 구체적 형식을 포함하고 있었다. 이 총체적 의미의 '예'는 결코 과학기술의 하위에 둘 수 없는 가치이자 틀이었다. 담헌은 이전 시기의 문제점들을 재고하며 물간의 무애한 입장에서 더 배우고자, 더 설명을 듣고자, 적극적으로 새로운 정보에 다가갔다. 그러나 18세기 이후 이 의미 있는 만남의 확장은 이후 여러 공평치 않은 이유들도 장애를 받았다. 무지와 부패의 반성과 정치사회적 안정을 위해 내부적 시간을 벌고자 했으나 이러한 시기가 충분하기도 전에 다가온 것은, 허무하게도 무력(武力)을 든 강요된 개방이었다.[186] 지금 우리는 너무도 당연한 과학기술의 이원론과 너무도 당연한 정치적 다원론의 사회에서 살아가고 있다. 그런데 담헌은 이 추이에 대한 대안적 의식을 보여주고 있다. 그것은 18세기의 해법이었지만 그 고찰은 오늘의 의미를 더할 수 있다고 본다.

이하의 장에서는 그래서 담헌의 사상의 고유한 궤적들을 규명함과 동

---

186) 19-20세기 제국주의라는 전방위적 亂刺가 없었다면, 동아시아인들은 연속성[氣]과 관계성[理]을 폐기하지 않은 채, 오랜 시간동안 분수와 질서의 원리였던 '예'를 (이정도로) 골방의 늙은이로 키우지 않았을지도 모른다.

시에 유자의 정치성이 어떻게 새로운 과학(서학)의 영역으로 확장될 수 있었는지에 대해 논의하려 한다. 실(實)에 대한 발전적 이해와 일원론에 대한 고찰도 함께 할 것이다. 성리학자에게 생지리(生之理)가 인지리(仁之理)에 다름 아니었듯, 담헌에게 물학은 예학에 다름 아니었다.

2. 예학의 근대적 변용

담헌의 철학을 오늘의 과학개념으로 접근해서는 안 된다는 앞선 고찰은, 이 장에서 다루려는 '근대적 변용'이라는 문제의식과 역행하는 것이 아닐까,라는 의문을 남긴다. "전통적 수양과 공부로서의 학문개념은 점차 퇴색하고, 인간학과 자연학의 분리, 문명개화와 근대 국가 건설에 복무하는 실용학으로서의 학문적 변용"을 근대성으로 규정한 기존의 연구들의 관점에서 보면, 담헌의 물학이 결국 보완적 퇴행이 아니냐 결론을 의식하게 하는 것이다. 반대로, 도리와 물리를 분리시키지 않았기 때문에 "근대 문명을 넘어서는 대안적 세계에 대한 상상의 단초"187)가 될 수 있다고 평가하는 입장에서 보면, 담헌의 물학은 '비서구적 근대화'188)의 방식 속에서 평가해 볼 수 있는 개량적 복고주의일 수 있다.

하지만 담헌의 예는 이 모두에 반발하고 있다. 먼저 담헌의 예는 과정으로서 인간학과 자연학의 분리적 인식이 필요하다고 보고 있기 때문이다. 분별을 통해 차이성의 가치를 따져보는 일은 앞서 의산문답의 실옹

---

187) 이행훈, 「학문 개념의 근대적 변환」, 381쪽, 407쪽.
188) 김현우, 「조선후기 호락논쟁에서 보이는 근대적 사유에 관한 연구」, 227쪽, 228쪽.

이 허자에게 가장 먼저 요청한 대화의 과제였다. 또한 담헌의 예는 복고주의를 언급할 수 없을 만큼 현실에 대한 강한 비판의식과 형식과 내용 모두에 있어서의 변화를 촉구하고 있다. 서구와 같은 동일한 과정을 근대성의 기준으로 제시하지만 않는다면, "자아의 확실성, 논리중심주의, 합리성, 단일 체계의 확신, 수학적 정밀성, 인권, 개인주의"[189] 등을 엿볼 수 있는 근대적 단서들은 실학 저변에서 왕왕 발견된다. 더욱이 담헌의 예 개념은 이러한 단서들을 넘어 다음 두 가지의 중요한 근대적 의식들을 환기시키고 있다. 하나는 정치적으로 인성과 물성, 그리고 토성에 대한 균등한 가치를 서로의 자율적 활동을 통해 이해할 수 있어야 한다는 점이고, 그 이해에 대한 소통의 표현은 주관적 번다함을 지양하여 타인의 자율성을 저해해서는 안 된다는 점이다. 이 자율성의 틈이 없다면, 또 다른 '확장'은 꿈꿀 수 없을 것이다. 그리하여 다른 하나는 예 개념의 확장적 인식으로 수용된 새로운 물학이 기존의 정감세계의 질서를 존중하여 체용관의 일원성과 시중[中庸]의 지혜를 함께 고민하는 방도로 활용되어야 한다는 점이다. 본서는 전자의 예로서 가마, 세신, 동물을 통해 남기는 담헌의 기록을 살필 것이다. 그리고 후자의 예로서 시간활용의 새로운 지평을 보여준 물학의 실(實)과 아이덴티티의 개념 등을 고찰할 것이다. 이 전후는 긴밀히 연관된다.

---

189) 정대현은 「머리글」, 『근대성과 한국 문화의 정체성』에서 근대성의 특징들을 이상 8가지 정도로 나열하여 설명한다.

1) 물학의 정치적 표현문제 :
노동하는 '물(物)'과 토성(土性)을 이해하는 '인(人)'

담헌에게 있어서 '화이일야'의 평등성은 결국 너와 내가 드러내는 다양한 표현들을 어떻게 이해할 것인가에 대한 질문과 연결되었다. 실제로 담헌은 다층적 삶의 표면을 있는 그대로 읽어 주는 일에 많은 공을 들이고 있다. 담헌이 묘사하는 연경(燕京)의 풍경에는 중국적 도구의 편리성[190], 도구의 안전성을 통한 인본적 가치의 반영[191], 도구를 활용하는 인간들의 공정한 의식들[192]이 드러나 있다. 이것은 정보이면서 동시에

---

190) ≪燕記：器用≫,「外集 10」,『湛軒書』：○ 凡遠道致物皆用車, 若城市則有扁擔而無負戴. 扁擔者, 肩一丈之木, 兩端有條, 懸物如權衡. 離地不遠, 乍俯可以捨息. 兩肩替擔. 且行且替. 凡行賈雜種薪水日用之具, 搬致皆以此. 보통 먼 길로 물건을 운반할 때는 모두 수레를 사용한다. 도성의 시가에서는 扁擔이라고 하는 것이 있어서, 등에 지거나 머리에 이는 일이 없다. 편담이란 열 자쯤 되는 나무막대를 어깨에 메는데, 양쪽 끝에 끈이 있어, 물건을 달면 저울처럼 된다. 땅에서 떨어짐이 얼마 되지 않기에 조금만 구부리면 물건을 땅에 내려놓고 쉴 수 있다. 양쪽 어깨에 번갈아 메면서 가기도 하고 서기도 한다. 보통 여러 가지 물건, 땔나무·물·일용기구들을 팔러 다니거나 옮기고 보낼 때는 모두 이 방법으로써 한다. / ○ 凡中國機器, 多用足踏, 盖比諸手運, 省力大半, 而見功倍之也. 대체로 중국 기계들은 대부분 발로 밟는 것인데, 대개 손으로 움직이는 것에 비하면 힘이 절반도 안 들고 일은 갑절을 하게 된다.

191) ○ 作井盖, 以石鑿口, 僅容罐. 平壤箕子井, 可考也. 灰塵不及, 風暘不侵, 水土相養, 泉性不壞. 且在井除之間, 不患赤子之匍匐. 華俗之綜密, 可法也. 우물덮개를 만들 때는 돌로써 입구를 뚫어서 겨우 물박[罐]을 허용할 만큼의 구멍을 낸다. 평양에 있는 기자 우물을 보면 알 수 있다. 재와 티끌이 미치지 않고 바람과 햇빛도 들어가지 않아서 물과 흙이 서로 보호를 받아 샘물 맛[泉性]이 나빠지지 않는다. 또한 우물을 퍼는 사이에 어린아이들이 기어 다니는 것을 염려하지 않아도 된다. 중국 풍속의 치밀성[綜密]은 본받을 만하다. / ○ 華俗, 凡屬器用, 專尙便巧. 중국 풍속에서는 일반적인 모든 기용에 있어 편리하고 기교한 것들을 전적으로 숭상하고 있다. 이상 모두 ≪燕記：器用≫,「外集 10」,『湛軒書』.

192) 담헌은 天平이라는 저울을 설명하면서 합리적 도구의 사용이 인간 사이의 신뢰를 구축하는데 도움이 되고, 나아가 공정한 거래를 도모해 사용자들의 의식 역시 공평한 상호 대우로 표현될 수 있다고 말한다. ≪燕記：器用≫,「外集 10」,『湛軒書』：衡不低昂, 錘不進退, 奸民無所施其巧也.

정보에 대한 맥락적 이해를 역설하는 텍스트로 기능하고 있다. 본서가 그의 관찰 속에서 주목하는 부분은, 그가 생산력의 변화에 따른 효율적 도구의 활용을 비근히 설명하면서도 도구를 활용하는 노동에서의 인간 평등 뿐만 아니라 모든 생물의 평등을, 공간을 구성하는 사물의 가치뿐만이 아니라 환경 자체의 가치를 언급하고 있다는 점이다. 이 통합적 시선을 이해하기 위해서는, 그가 정치적 장(場)에 들어와 있는 이들에게 노동하는 인간들 사이에서 있어야 할 공정함에 대해 언급하고 있다는 사실을 먼저 살펴야 한다.

대개 인품에는 고하가 있고 재주는 장단점이 있다. 그 고하에 따라 단점을 버리고 장점만 쓴다면 천하에 전혀 못쓸 재주란 없을 것이다. 면에서 가르치는 데는 그 중 뜻이 높고 재주가 많은 자는 위로 올려 조정에서 쓰도록 하고, 자질이 둔하고 용렬한 자는 아래로 돌려 야에서 쓰도록 하며, 그 중 생각을 잘하고 솜씨가 재빠른 자는 공업으로 돌리고, 이에 밝고 재문을 좋아하는 자는 상업으로 돌리며, 꾀를 좋아하고 용맹이 있는 자는 무반으로 돌리며, 소경은 점치는 데로, 궁형 당한 자는 문지키는 데로 돌리며 심지어, 벙어리와 귀머거리, 앉은뱅이까지 모두 일자리를 갖도록 해야 한다. 그리고 놀면서 입고 먹으며 일하지 않는 자는 나라에서 벌주고 향당에서도 버려야 한다.[193] (…) 그중 사

---

193) ≪補遺：林下經綸≫.「內集 4」, 『湛軒書』：凡人品有高下, 材有長短. 因其高下而舍短而用長, 則天下無全棄之才. 面中之教, 其志高而才多者, 升之於上而用於朝, 其質鈍而庸鄙者, 歸之於下而用於野, 其巧思而敏手者, 歸之於工, 其通利而好貨者, 歸之於買. 問其好謀而有勇者, 歸之於武, 瞽者以卜, 宮者以閽, 以至於瘖聾跛躄, 莫不各有所事. 其遊衣遊食不事行業者, 君長罰之. 鄕黨棄之. (…) 我國素重名分. 兩班之屬, 雖顚連窮餓, 拱手安坐, 不執耒耜. 或有務實勤業, 躬甘卑賤者, 羣譏衆笑, 視若奴隷, 遊民多而生之者少矣. 財安得不窮而民安得不貧也? 當嚴立科條. 其不係四民而遊衣遊食者, 官有常刑, 爲世大戮. 有才有學, 則農買之子坐於廊廟而不以爲僭, 無才無學, 則公卿之子歸於輿儓而不以爲恨. 上下戮力, 共修其職, 考其勤慢,

농공상에 관계없이 놀고먹는 자에 대해서는 관에서 벌칙을 마련하여 세상에 용납할 수 없도록 하여야 한다. Ⓐ 재능과 학식이 있다면 비록 농부나 장사치의 자식이 낭묘(의정부)에 들어가 앉더라도 참람스러울 것이 없고, Ⓑ 재능과 학식이 없다면 비록 공경의 자식이 여대194)(하인)로 돌아간다 할지라도 한탄할 것이 없다. 위와 아래가 힘을 다하여 함께 그 직분을 닦는데 부지런하고 게으름을 상고하여 상벌을 베풀어야 한다.

이 글의 출처는 「임하경륜(林下經綸)」이다. 박희병은 이 구절을 만민개노(萬民皆勞)의 관점으로 보아 담헌이 신분세습을 부정한 부분을 높게 평가 한바 있다.195) 그가 담헌의 정치의식을 급진적이라고 표현한 것은 그의 평등의식을 도드라지게 하는 평가임에 틀림없다. 하지만 본서가 보기에 여기에서 드러나는 담헌의 관점은 단순히 정치적 신분을 문제 삼는 수준을 훨씬 넘어 서고 있다. 오히려 그가 과감한 처벌과 신분이동의 효과를 피력하는 이유는, 신분질서 속의 특정 신분의 변화가 아니라 노동 그 자체가 표현하고 있는 가치에서 비롯되고 있었다. 모두가 일할 바를 갖는다[各有所事]는 그의 입장과 놀고먹으면서 일하지 않는 자에 대한 가차 없는 비판은 결국 노동에 대한 균등한 의식을 반영하고 있기 때문이다. 본서는 이러한 노동 참여자들에 대한 평등한 가치부여가 사실상 그가 '명(名)'을 비판하고 '실(實)'을 선택하게 된 중요한 기점이라 본다. 담헌이 보기에 자국의 정치적 병폐는 바로 이러한 명분에 대한 집착적 의

明施賞罰.
194) 여대(輿儓)의 '여'는 수레나 가마 같은 탈것을 지시하는 말이다.
195) 박희병, 『범애와 평등』, 118쪽 이하 참조.

식[我國素重名分]에 상당부분 의존해 있었다. 그리고 이러한 의식을 깨고 실질적 이익과 가치를 구현하기 위해서는 상하의 신분 이동, 아니 노동의 이동쯤은 문제가 되지 않아야 했다. 담헌은 활동주체의 가치를 노동이 보여주는 가치와 동등하게 연결한다. 노동의 이동이 가능한 사회 속에, 노동의 이동이 반영된 균등한 의식들 속에 실질[實]의 시작이 있었기 때문이다.

　　머리를 깎는 사람은 천평과 같은 모양으로 한쪽 어깨에 두 개의 둥근 통을 메고 다니는데 통 겉은 울긋불긋 칠을 하였고, 통 안에는 머리 깎는 삭도와 크고 작은 빗, 세숫대야, 그리고 화로, 주전자 등 물을 데우는 기구 등 갖춰져 있지 않은 것이 없었다. 귀이개, 티눈 파내는 것 등 무릇 씻고 깎고 하는데 필요한 자질구레한 기구들도 모두 구비되어 있었다. 남에게 시킴을 당하는 것을 달게 여기며 천한 일을 꺼리지 않음이 이와 같다. 중국이 오랫동안 승평(昇平)이 지속되다보니 인구와 문물들이 많아져서 살아가는데 힘들고 어려워졌다는 것을 상상할 수 있었다.196)

　그런데 연경 여행은 담헌에게 모든 노동이 어떠한 가치를 담고 있다는 생각과 실질적 이익추구의 관계를 재고할 수 있게 하는 기이한 풍경을 각인시켰다. 위 글에서 그가 놀라는 것은 두 가지다. 하나는 미용사[剃頭者]의 다채로운 도구들이고, 다른 하나는 이 모든 도구들을 사용하는 노동이 당연하게 통용되고 있는 문화 그 자체이다. 문제가 되는 것은 후자

---

196) ≪燕記：市肆≫, 「外集 10」, 『湛軒書』：剃頭者, 以扁擔, 擔兩圓桶, 外施雜彩, 桶中削刀, 大小箆, 洗盆及爐罐溫水之具, 無不備. 挖耳垢刮足核, 凡洒削薄技, 猥瑣械器, 無不具. 其甘爲人役, 不憚卑屑如此. 中國昇平之久, 民物繁庶, 生理之苦艱可想也.

인데, 머리카락을 자른다는 문화 자체도 상투를 트는 조선인에게는 낯선 일일 테지만, 거기에다 귀를 파주고 티눈을 제거해 주는 등, 자신의 신체적 청결을 남에게 부탁하는 세신 문화 자체가 그에겐 이질적일 수밖에 없었던 것이다. 담헌은 이러한 체두자의 노동이 바람직한 생활 원리의 바탕과 활동 조건이 아니라고 판단한다. 그리고는 그것을 생리지고(生理之苦)라 규정하고 그 원인으로 두 가지를 문제 삼는다. 하나는 남에게 시킴을 당하는[人役] 노동 그 자체의 문제점이고, 다른 하나는 천하고 자질구레한 일들을 꺼리지 않는[不憚卑屑] 태도의 문제이다.

나라는 태평해지고 인구도 많아졌으며 문물들의 다양성은 증대되었다. 하지만 그것은 노동을 즐겁지 못하게[苦] 만들고 있었고 스스로의 일로 당연시 했던 세신(洗身)조차 남에게 맡기는 이상한 풍습을 양산하고 있었다. 하급 노동이 만연할 수 있는 것은 직접 노동에 참여하는 이들의 이면 의식과 이들을 바라보는 시선 자체가 이를 문제 삼지 않고 있기 때문에 [其甘爲人役] 가능한 일이다. 더러운 것을 다루기 때문에, 힘든 일을 하고 있기 때문에, 이 직업이 이방인의 눈에 특이했던 것이 아니다. 담헌은 아주 사소한 일상의 영역, 신체의 단장과 치장까지 침범해 오고 있는 편의주의를 간파한다. 담헌은 그것을 굳이 상세히 묘사하여 '고(苦)'라 지적한다. 이러한 매매는 어떻게 가능했던가? 그것은 노동에 있어서 부리는 사람과 부림을 당하는 대상간의 주객관계를 임의로 분리하고 그것을 돈이라는 이윤적 가치의 이동만으로 평가하기 때문이다. 부리는 자에게 체두자라는 직업은 없어도 되지만 있으면 좋은 만족을 선물한다. 부림을 당하는 자에게 체두자라는 직업은 그것이라도 해야 겨우 먹고 살 수 있다는 열악한 사회적 환경 때문에 불가피하다. 민물번서(民物繁庶)의 상황 속엔 민물을 살리는 이치[生理]가 없었다. 노동 현장이 생리의 가치를 표현하고 있지 못했기 때문에, 그는 다시 이치에 맞지 않은 고통의 상황을 아무런 문제의식 없이 받아드리고 있는 다음과 같은 (슬픈) 상황을 묘사한다.

길을 가다가 보면 더러 조그만 교자를 어깨에 메고 그 위에 네모난 통을 설치해서 분뇨를 가득 채워 가는 사람이 있었다. 그들의 매우 부지런함과 알뜰함을 알 수 있다. 우리나라 下卒輩가 혹 옆에 따라가면서 장난을 치는데, 심한 사람은 그 똥을 찍어 그 사람의 주둥이에 바르기까지 했다. 그러나 그 사람이 가마가 뒤집힐까 해서 감히 보복하려 하지 않고 그저 실없이 웃기만 할 뿐이었다.197)

분뇨 통을 짊어지고 가는 이에게 못난 장난을 치는 자국 하인의 행동도 부끄럽기 짝이 없는 못난 짓이지만, 가마를 내려놓거나 소리 지르지 않고 그 못난 장난에 아무렇지도 않게 웃음으로 대응하는 중국인의 모습도 담헌에게는 씁쓸한 장면이었을 것이다. 담헌에게 짧지만 강렬한 인상을 주었던 위 장면은 같은 하졸배간의 불평등한 상황과 불평등한 물적 조건, 그리고 노동 행위 자체가 함축하고 있는 불평등한 가치를 한꺼번에 보여주고 있다. 감히 보복하지 않는[不敢報] 상황과 달게 부림을 받아드리는[其甘爲人役] 상황은 노동의 가치를 노동 주체 스스로가 알지 못하는데서 시작되었다. 인간적 가치dignity와 인간의 노동이 분리되어있음은

---

197) 《燕記 : 市肆》, 「外集 10」, 『湛軒書』 : 路上或見人肩挑獨轎小車, 上置方箱, 滿載糞穢而行. 其勤苦纖嗇可知也. 我國下卒輩或從傍侵戲之, 甚者挑其糞而抹其嘴. 其人恐翻車不敢報, 只嬉笑而已.

당연하다. 위정자는 따라서 올바른 정치로부터 이러한 불합리한 원리를 바로잡아야 할 것이다. 하지만 더욱 심각한 것은 행위를 행위자로부터 분리시키는 물적 조건들이었다. 담헌이 이제 문제시 삼는 것은 바로 노동에 개입되어 있는, 노동활동 자체에 대한 문제의식을 멀게 느끼게 만들어주는 '사물'들이다. 노동 활동의 생생한 의미를 모르게 만드는 사물들, 그 대표적인 예에 '가마'가 있었다.

제왕들의 행차 호위는 매우 성대하여, 앞뒤로 각각 수십 쌍의 호위가 따르는데, 사람을 보면 반드시 비켜서라고 소리친다. 그 밖에는 비록 일품의 재상들이라 할지라도 사람을 비켜 세우거나 길을 빼앗지 않는다. 오랑캐의 풍속이지만 간소함이 또한 숭상할 만한 일이다.198)

말이 끄는 가마[騎轎]는 사면으로 검은 주단 장막을 드리웠고, 다만 臺轎는 오직 4사람이 메고 간다. (…) 우리나라 풍속에 많은 사람이 메게 하여 허세[虛儀]를 부리는 것과는 같지 않았다.199)

가마는 조선시대 흔히 볼 수 있는 탈 것이었다. 물론 아무나 가마를 타는 것은 아니었다. '탈 것 명칭의 분절구조'를 연구한 배성우에 따르면, 가마라는 어휘는 '구조(43%)'의 면에서 가장 분절이 높다고 한다. 유사한 육상운송의 명칭, 예컨대 자동차나 궤도차, 수레에 비해서 가마가 '주체'

---

198) ≪燕記 : 京城記略≫, 「外集 8」, 『湛軒書』 : 諸王驕衛甚盛, 前後各十餘雙, 逢人必呵下. 其外 雖一品閣老, 不辟人不奪路. 胡俗之簡率, 亦可尙也.

199) ≪燕記 : 京城記略≫, 「外集 8」, 『湛軒書』 : 逢公主行, 辟人甚嚴. 甲軍一雙, 持皮鞭前驅, 次 宦者一雙, 後隨者亦七八騎. 轎四面垂黑緞帷, 但擡轎惟用四人, 時方雪寒, 裕衣尙流汗, 買勇 不遺力, 不若東俗之尙多人張虛儀也. 嘗往西山, 遇紅帷大車, 前後騎十數雙, 甲軍持鞭辟人益 嚴. 問之, 云妃嬪自皇城往圓明園者. 亦無女侍從者.

에 있어서 높은 어휘 다양성을 가졌다는 점은 탈것에 반영된 사회상과 신분계층의 이미지들을 반영하는 결과이다.200) 문제는 가마라는 사물 자체에 부여된 이용자의 불평등한 배치는 차치하고, 이 가마에 부여된 문화양식전반 자체가 이러한 배치를 문제시삼고 있지 않다는 점이다. 담헌이 언급하는 지점은 바로 이 부분이다. 신분적으로 높은 이들이 가마를 데리고 이동할 때 하하(呵下)하는 것은 조선이나 청조나 지극히 당연한 문화였다. 하하라 함은 일종의 갈도(喝道 : 소리쳐 행인의 통행을 금하는) 행위이다. 그런데 담헌이 목격한 오랑캐의 문화는 조금 달랐다. 그들의 통행 문화는 성대한 행렬이라 안전이 필요한 경우가 아닌 다음에는 자신의 신분을 과시하거나 정상적으로 통행하는 이들에게 불필요한 불편함을 야기하지 않았다. 담헌은 누구의 길도 아닌 것을 누구의 길로 만들어 버리는[不奪路] 헛된 의식과 도구의 존재에 부착된 헛된 의례를 지적한다. 사람들을 벽에 세우는 것[辟除]은 가마가 만들어낸 문화적 허세다. 이 문화를 용인하는 것은 다시금 가마를 둘러싼 부가적 주변의식도 헛되게 만든다. 장정 4명이 들을 수 있는 가마를 일부러 여러 사람이 들게 하는 것은 자신이 부리는 사람이 많음을 자랑하는 것이다. 물건이 사람의 노동에 종사하는 것이 아니라 사람이 물건에 봉사한다. '가마'를 둘러싼 불합리한 노동이 통행에 부자유를 얻는 자[不羣人]와 그 부자유로 인해 자신의 허영을 채우는 이들 간의 심리적 거리를 양산해 낸다. 이 거리가 신분질서 이전에 노동질서 안에서 고착되어 있었다. 담헌이 「임하경륜(Ⓐ, Ⓑ)」 에서 보였던 문제의식은 '○○ 신분'이라는 이름만의 개조에 있지 않았

---

200) 뒤를 이은 것이 '주체(37%)', 그 다음으로는 '형태(11%)', '용도(9%)' 등이다. 배성우, 「<탈것>명칭의 분절구조 연구 : <수평 이동의 운송기구>를 중심으로」 참조.

다. 행위자체, 노동 자체의 이동이 가능해야 한다. 재상의 자식이라도 가마를 들어야 한다. 길 가는 사람을 벽에 세우는 문화는 사람과 사람의 평등한 가치를 파괴시키고 사물에 임의적으로 부여되었던 추상적 등급을 실재화 시킨다. 그리고 이는 '동물'을 바라보는 시선, 동물을 이용하는 방식에도 그대로 적용되어 담헌의 비판의 대상이 된다.

2월 18일 날, 두 사람이 발발이와 양 한 마리, 원숭이 한 마리를 거느리고 館에 들어와서 재주놀이를 보여 주었다. (…) 발발이는 주인이 채찍을 휘두르면서 꾸짖으면 곧 일어나 시키는 대로 하는데, 겁내는 것 같기도 하고 근심이 있는 것 같기도 하였으니, 정말 요물이었다. 궤짝을 뜰 위에 놓고 원숭이를 향해 무어라 중얼중얼하니, 원숭이는 앞에 나와서 (…) 양을 채찍질하여 먼저 달리게 한 다음 나는 듯이 달려가 뛰어 올라타기도 하였다. 그런데 다만 한번 하고 나면 반드시 손을 모아 쉬게 해달라고 애걸을 했다. 주인이 들어 주지 않고 채찍을 내리치면 놀라 겁을 내며 감히 명령을 어기지 못하고 시키는 대로 하였으니, 보기에 너무나 가련하였다.[201]

전에 外史를 보면, 秦 始皇이 朱亥를 虎圈에 넣어도 범이 감히 물지 못했다는 이야기가 있다. 그렇다면 호권은 진 나라 때부터 시작된 듯

---

201) 《燕記 : 畜物》, 「外集 10」, 『湛軒書』: 嘗見瀋陽人家, 有勃勃而盲者, 能向人跪拜及筋斗, 惟人使. 二月十八日, 有兩人率勃勃及一羊一猴, 入舘呈戲. 先置木圈如篩機者四箇于地, 皆側立而石鎭之如門, 鼓小鑼, 呼勃勃而叱使之. 勃勃由圈機, 出入回旋, 低頭徐行, 皆有節度. 數回, 或蹲坐而示憊. 使之者揮鞭而叱之, 卽罝勉從命, 如怕如愁, 眞物妖也. 置櫃子于堦上, 向猴咄咄語, 猴進而抽櫃中衣帽, 穿戴如人, 叩頭拜舞, 少間必易服, 或携柱杖傴僂, 爲老人狀, 或爲朝服幞頭坦步, 如官人狀, 或着假面爲戲子戲, 或兜鍪鐵鎧, 使鎗試釰, 驍敏絶人. 最後戴胡帽騎羊馳走, 或臥或立, 如在平地, 或鞭羊先走, 必飛走超乘. 但一試之後, 必拱手乞休. 使之者鞭打不少貸, 驚懼不敢違, 見之殊可憐.

하다. 역대로 내려오며 그런 잘못된 일들을 본떠온 것은 실상 유익이 없는 그릇된 정치였다. (…) 호랑이는 갑문이 열리는 걸 보더니 훌쩍 뛰어 들어 갔는데 (그 모습이) 번개와 같았다. (…) 하는 수 없이 층계를 내려와 뒷문으로 해서 궤 옆으로 가서 구경을 했다. 한 사람이 망령되게 지팡이를 창틈으로 넣어 쿡쿡 찌르니 범은 다시 큰 소리를 지르며 몸을 뒹겼다. 궤 전체가 마구 흔들리며 금방 부서질 것만 같으므로 일행은 정신없이 밖으로 뛰쳐나오고 말았다.202)

심양에 갔던 담헌은 원숭이와 발바리를 기르는 이가 보여주는 재주[呈戱]를 구경하게 된다. 그런데 이 영민한 동물의 기묘한 운동을 신기하게 구경하던 담헌은, 어느새 춤도 추고 무예도 하고 사람흉내도 내는 원숭이의 화려한 노동에 깊은 가련함[殊可憐]을 느낀다. 담헌이 낯선 환경을 읽는 방식에는 이처럼 단순한 호기심 이상의 뚜렷한 감정의 결, 정서적 기준[情感]이 배어 있다.

호랑이 우리를 구경할 때에도 마찬가지다. 담헌은 호랑이 우리[虎圈]를 구경한 일화를 남기면서 그 서두에, '호랑이를 통해 엄중한 정치를 보이겠다고 생리(生理)를 거슬러 우리에 호랑이를 가두는 것은 너도 나도 가마를 타서 벽에 붙어 있는 사람들을 내려다보려는 껍데기 의례(虛儀)의 마음과 다르지 않다'고 명시한다. 더불어 담헌은 호랑이를 향해 망령되이 지팡이를 찌르는[妄以杖] 인간을 통해 유익함이 없는 쭉정이 정치[粃政]

202) ≪燕記 : 虎圈≫, 「外集 9」, 『湛軒書』: 嘗見外史, 秦始皇納朱亥于虎圈, 虎不敢噬. 然則虎圈, 盖昉于秦矣. 歷朝襲謬, 實爲無益之粃政. (…) 大呼而激之. 守者來言, 此獸入圈屬耳, 未馴習, 故見人驚怒如此, 慮其發病, 轉輾轆引闔而上之. 虎見闔上而門開, 一跳而入, 熛疾如電. 守者下闔, 開鐵網一架, 樹長梯而下, 掃除糞穢而出. 令從者懇守者, 復引闔而出虎, 虎屛蟄櫃中, 不復出. 給守者錢一緡, 取狗肉投于門前以誘之, 終不出. 遂下層除, 由後門至櫃傍窺察之. 有人妄以杖, 從窓隙而刺之, 虎復大喊奮身. 渾櫃震搖, 如將剝破也, 一行皆失色走出.

의 폐해를 본다. 동물에 이입되는 담헌의 이러한 정치의식은 단순히 인식 개념의 주입 때문에 그런 것이 아니라 움직이는 행위 자체가 교감의 선을 드러내기[形言] 때문에 가능했다. 분별하고 질서지우는 인지 과정 이전에, 표현되는 아무개의 행위가 이미 가치를 내포하고 있기 때문에 가능했다.

순자는 '불구(不苟)'의 의미를 설명하면서 "그러므로 천명이나 만 명의 감정은 바로 한 사람의 감정과 같다.[故千人萬人之情, 一人之情是也.]"고 말했다. 그래서 "마음을 성심으로 수양해야 한다."는 말도 했다.203) 담헌은 기행문을 통해 상황을 객관적으로 분석한 것이 아니다. 그는 상황과 상황에 담겨 있는 자신의 정서적 흐름을 묘사했고, 묘사된 상황을 통해 읽는 자가 그 상황적 감정과 교감하기를 바라는 마음에서 기록을 남겼다. 이 기록의 의미는, 도구를 이용하는 자나 동물을 이용하는 자나 모든 움직이는 행위의 가치는 노동을 수행하는 주체와 분리해서 계산 되어서는 안 된다는 기준의 제시에 있었다. 담헌의 묘사는 나도 당신도 느끼고 있는 (혹은 느낄) 이 비분리적 감정에 대한 가시적 기록이다. 따라서 담헌의 '인물성동(人物性同)'이란 결론은 이 비분리적 교류를 일으키는 수많은 움직임, 모든 노동들과 맞닿아 있을 수밖에 없다. 모든 물성이 인성과 분리될 수 없다는 의식은 물의 노동[氣]과 인간의 노동[氣]이 분리되지 않은 채로 표현되었기 때문에 발생된 것이다. 더불어 그 표현이 바로 본성[生理]에 기반한 동류적 감정의 발산이었기 때문에 더욱 생생하게 확고해져 갈 수

---

203) 「不苟」, 『荀子』 : 君子養心莫善於誠, 致誠則無他事矣. 君子養心莫善於誠, 致誠則無他事矣, 唯仁之爲守, 唯義之爲行. 誠心守仁則形, 形則神, 神則能化矣, 誠心行義則理, 理則明, 明則能變矣.

있었다.

담헌의 이와 같은 사고는 인성(人性)과 축물성(物性)의 등질적 인식을 넘어 이를 떠받치는 환경적[土性] 영향에 대한 연관적 인식에서 정점을 이룬다. 본서가 담헌의 사유를 급진적이라고 보는 것도 이 때문이다. 모름지기 사람은 물을 이용하면서 물성이 사람만을 위해서가 아니라 만물의 평등에 기여하고 있음을 봐야 한다. 더불어 물과 사람의 활동은 모두 동일한 환경 속에서 동등한 기준에 의해 마땅히 평가 받을 자격이 있다. 그리고 물과 사람을 키우는 환경이 모두 동일한 가치를 표현하고 있다면 '물과 사람과 환경'은 분리될 수 없는 것이다. 이를 이해하기 위해서 다음의 글을 읽어야 한다.

④ 들판에 놓아먹이는 말은 偃息(자유롭게 편안히 누워서 쉼)을 제 천성대로 하기 때문에 쉽게 살찌고 風字(자웅의 교미)도 시기를 놓치지 아니하므로 새끼를 많이 낳게 된다. 말은 불알을 까버리면 기운이 몸으로 뻗쳐 힘세게 되고, 고삐를 매지 않으면 정기가 발굽으로 몰려 빠르게 된다. 오직 토성이 생산에 알맞을 뿐 아니라 부리는 것도 또한 그 방법을 얻는 것이다.204)

담헌은 중국인들의 축물을 묘사하며 ① 적절한 도구의 활용205)과 ② 동물무리의 습성을 이해할 때 더는 상호의 수고로움206), ③ 길들이기[馴]

---

204) ≪燕記∶畜物≫, 「外集 10」, 『湛軒書』∶ 放牧在野, 偃息順其性而易肥, 風字不失時而富産. 騸其勢而氣壯于體, 不牽轡而神專于蹄. 不惟土性之宜産, 亦其御之得其方也.

205) ≪燕記∶畜物≫, 「外集 10」, 『湛軒書』∶ 鞍裝雖華侈, 實尙輕緻, 不若東俗之鈍重. 平地超乘, 無繩床挽鐙之撓, 要跑則微屈身而已, 不待加鞭蹴蹬, 而馬已跳薑矣.

206) ≪燕記∶畜物≫, 「外集 10」, 『湛軒書』∶ 路上見驅猪羊者, 一羣以千數. 每羣有渠師, 必其雄

는 주인과 동물의 품성을 연관한다.207) 그리고 이 세 가지에 관통하는 주제로서, ④ 토성과 물성의 마땅함[宜]이 적절한 방법[得其方]을 만났을 때 얻는 모두의 이익에 대해 말한다. 요컨대 인성, 물성, 토성이 서로에게 긴밀한 영향을 주고 있는 것이다.

담헌은 앞서 축물성과 인품의 상호 영향성을 동일선상에 위치함으로써 인간-동물간의 행동 및 감정 교류를 같은 가치[可以因畜物而識人品矣]로 평가했었다. 그런데 부리는 주체[人]의 지식 습득과 축물의 성정(넓은 도량)도 중요하지만, 토성(土性)도 함께 따라 주었기 때문에 그것이 가능했다고 말하며, 인성과 물성 그리고 토성이 지니는 가치를 같은 층위에서 연관시킨다. 인/물의 활동이 보여주는 가치가 환경적 가치와 분리되어 있지 않기에 인/물에 부여된 본질적 가치는 바로 그 공간[土]을 매개로 하여 수평적 교통의 가능성을 획득하고 있는 것이다.

「연기」가 보여주는 수많은 예시들은 담헌의 인물성동에 대한 구체화(具體化)라 할 수 있다. 모든 개체들은 자신의 구체적 시공간 속에서 활동하고 노동하며 자기 본성을 드러낸다. 그런데 각자의 모습으로 굳어진 형체가 구현하는 다양한 표현들은 사치[侈], 수고로움[鈍重]에서 오는 비실용성, 호들갑스러움[撓], 불필요한 싸움[不爭], 방법을 몰라서 생기는 오해 등등에 노출될 수밖에 없다. 담헌은 '인물성동'에 대한 확신을 갖고 이러한 표현의 문제들을 풀어줄 대안적 상황들을 「연기」에 담았다. 이 고정

且大者, 項有鈴振鳴而前, 猪羊之隨之者, 無敢有橫逸越次者, 其主者惟垂手從之. 慢行則呼咄其渠帥而已.

207) 《燕記 : 畜物》, 「外集 10」, 『湛軒書』 : 嘗於朝賀日, 過東華門, 見騎數百疋, 皆金銀繡鞍, 驪居三之一. 夾御路, 聚首排立, 整直如繩墨, 無敢有跳踉蹄囓者. 此雖御之得其方, 而含弘善恕, 在醜不爭, 可以因畜物而識人品矣.

된 기록들은 해결책에 대한 선각자의 나열이 아니라 객관적 상황 그 자체를 조망적으로 보여주기 때문에, 읽는 이는 동등한 위치에서 그 상황에 대한 자율적 이해를 갖는다. 더불어 담헌은 간결한 묘사 곳곳에 자신의 정감을 배치한다. 읽는 이는 정밀한 이해를 위해 지어진 담헌의 집에서 인을 만난다[仁義之府]. 과거와 오늘을 하나의 인식으로 모이게 하는 이 '과정'이 '실(實)'이라는 새로운 가치를 우리에게 전달한다.208) 따라서 당대 담헌이 실천한 '예(禮)'가 '인(仁)'의 몸(體)을 드러내었듯이, 담헌이 남긴 '실(實)'은 오늘의 평등한 인식에 기여할 수 있다. 가마, 세신, 동물에 일관적으로 흐르는 담헌의 '인물성동'에 대한 강한 확신과 당위는 다양한 삶들의 구체적 활동 속에서 의미를 지닌 채 확대될 수 있는 것이다.

담헌의 관찰은 그가 가졌던 개별의 물적 호기심으로부터 왔지만, 담헌의 일원론은 물세계가 보이는 이치의 미묘함[理之微妙在焉]으로부터 확고해질 수 있었다. 번다함을 지양하는 '예' 개념 속에는 개별 질서를 존중하는 시간이 있다. 예는 일원적 소통의 이상을 담아 쉼 없는 활동을 드러낸다. 담헌은 온갖 변화가 서로의 실마리를 찾는다면[萬化相尋繹] 미묘함을 밝히는 데에 여유가 있을 것[燭微有餘裕]이라 말했다. 담헌의 예 개념은 확장적 변용을 보여주지만 예지리(禮之理)는 여전히 단순한 원리를 자처하고 있다. 그리고 이 독특성이 다음 우리가 고찰할 과학의 실(實)과 연결되고 있다.

---

208) 독자는 18세기 정치적 문제를 해결하기 위해 요청했던 담헌의 '인물성동'을 오늘의 '인물성동'에 대한 확신으로서 만날 것이다. 實의 기록이 지금의 환경과 담헌의 '土性'을 만나게 하고 있다.

2) 확장된 예 개념으로부터 읽는 18세기의 실(實)

담헌은 서양기물을 보면서 그 간요함(簡要-자명종)을 찬탄했고, 기물제작에 있어서 오류를 줄이기 위해서는 간약함(簡約-혼천의)이 중요하다 말했었다. 기하지학을 만났을 때 역시 그는 명료하면서도 많은 내용을 압축해 보이고 있는 형식의 효율성에 대해 의식했으리라 본다. 그렇지 않았다면, 「주해수용」에서 "이 책속에서는 모든 방법에서 간단한 율을 전용하였다[故篇內諸術, 專用簡率.]"209)란 말은 굳이 남기지 않았을 것이다.

효율성은 단순히 더 많은 활동을 압축된 물리적 시간에 풀어 놓을 수 있게 하는 기능적 가치를 주기도 하지만, 주체의 입장에선 다른 활동을 할 수 있게 한 그 여분의 시간을 어떻게 사용할지에 대한 숙제를 동시에 껴안는다. 만약 그 효율성이 하나의 질서형식을 습득하는 배움 속에 작동된다면, 그 공동체는 이 배움의 과정을 그래서 두 가지 방식으로 고민해야 하는 것이다. 질서형식을 전달하는 앎의 과정 자체의 효율성, 그 외 시간을 채울 (이전 앎과 관계된, 혹은 직접 관계되지 않은) 배움의 활동. 그런데 동아시아인들은 특히 이 후자의 활동을 자율적으로 구성하는 측면을 중시해왔다. 예컨대 법가는 유가의 내면적 덕성을 두려워했고, 유가는 도가의 '하지 않음'에 자극받았다. 이 견제적 가치는 모두 '함[爲]'을 타율이 아닌 자율적 영역에 두어 얻는 결과물이었기에, 본서는 이러한 맥락 속에서 담헌을 포함한 동아시아인들이 맞이한 18세기의 효율성을 읽을 필요가 있다고 본다.

흥미로운 것은 동아시아인들의 질서 개념인 예가 오랫동안 인사에 있

---

209) ≪定率 : 籌解需用外編 下≫, 「外集 6」, 『湛軒書』

어서 검약을 그리고 그 원리적 활동에 있어서는 단순함을 강조하고 있었다는 점이다. 이는 담헌이 예 개념 안에서 기하의 원리를 이해할 때도 친숙한 지점으로 다가갔으리라 추측되는 부분이다. 담헌의 단순한 성정은 차치하고라도(예컨대 앞서 살펴본 담헌이 친구에게 예학을 말하면서 漢儒의 번잡함을 사절하라 주문한 것 등등도 포함하여), 이러한 유비를 살펴 볼 수 있는 자료는 많다.

학경(郝經, 1223-1275)은 『능천집(陵川集)』에서 강중정(剛中正)이 예지리(禮之理)이고, 상하를 분별하는 것은 예지분(禮之分)이며, 조화롭게 하면서도 바르게 하는 것을 예지용(禮之用)이라 설명한바 있다.[210] 그런데 이 강중정(剛中正)은 건괘의 속성이고, 건괘는 분화(--)가 아니라 다잡는 원리인 양(—)이다. 담헌은 바로 이 건괘의 상을 따라서 혼천의를 제작했다 : "번잡한 것을 버리고 간이하게 하였으며, 힘써 건[天]상에 맞게 하였다[捨煩就簡, 務合乾象.][211] 담헌 스스로가 예의 간이함을 추구해서 그에게 시간적 여유와 자율성이 보장 된 것이 아니었다. 예의 원리가 번다함을 거부할 수 있었던 이유는 예지리 자체가 규칙이나 기준 없이도 작동하는 느슨한 원리였기 때문이다. 청대에 동각대학사(東閣大學士)를 지낸 장부(蔣溥, 1708-1761)와 재상(宰相)을 지낸 유통훈(劉統勳, 1698-1773)이 편찬한 『어람경사강의(御覽經史講義)』에는 예가 리[蓋禮者, 理也]이며, 예라는 것이 규구 없이도 따를 수

---

210) 郝經, 『陵川集』 卷20, 70쪽 : 故仲尼於天澤之象而深明之上天下澤, 上下定位, 所以為禮天行健而履之以柔行而惠澤建于下, 下悦而應乎乾乃為履, 故剛中正者, 禮之理也, 辨上下者, 禮之分也, 和而正者, 禮之用也, 履虎尾而不咥人者, 有禮則危可以安也. 天澤 履卦는 정이천이 『易傳』에서 예의 근본[禮之本也]이라 말했던 상이다.

211) ≪杭傳尺牘≫, 「外集 3」, 『湛軒書』.
(cf. 앞서 ≪周易辨疑 : 三經問辨≫에서도 언급되었지만 (剛健中正은 天의 德며, 實이다.)

있는 것[理則無規矩可循]이라 서술되어 있다.212) 앞서 예의 특성들로 살펴
보았던 '변화'의 예는 기본적으로 분수의 질서였다. 또한 정치적으로 예
는 사회적 '기준'이었다. 하지만 후대에 와 예가 체가 되고 리가 되었을
때, 예의 원리는 더더욱 무한히 나누워지는 현상만을 의미하지 않았다.
또한 불변의 기준만을 지시하지 않았기 때문에 시중의 지혜가 들어올 수
있는 자율의 공간이 마련되었다. 분화의 원리 속에서도 하나의 결[理]이
강조될 수 있었던 것이다.

담헌이야말로 전통적 예 개념이 지녔던 중용의 가치를 누누이 강조했
다. 이는 그가 예를 수행할 때 상황에 따라 갖게 되는 자율적 행위의 차
이들과 단순한 원리의 가치를 예의 포괄적 원리로 수용하였다는 증거
다. 담헌이 '예' 개념 속에서 새로운 물리를 개방적으로 수용할 수 있었
던 가장 큰 요인은 바로 예 개념 자체가 허용했던 이 자율성의 공간 덕
분이었다.

그런데 개방성을 따라 들어온 다양한 물리의 방법과 정보들을 단순한
앎일 수 없었다. 왜냐하면 성리학자들은 질서의 형식을 보이는 모든 지
식을 단순한 앎이 아니라 자연적 이해[貞]의 과정으로 강조해 왔기 때문
이다. 이 절차에서 요청되는 인간 중심의 언어적 분별과 인간적 가치의
투영은 불가피하다. 하지만 이는 인간질서의 우위를 전제한 것이 아니다.
소통을 위해 요청한 이해의 과정이었기 때문에 만물의 원래적 가치[人物

---

212) 蔣溥, 劉統勳, 『御覽經史講義』卷2, 60쪽 : 謹按天高地下, 萬物散殊而禮制行焉, 禮之理原於
造化而, 禮之性實具於人心, 顧聖人緣人性以制禮旋反而治人之心者, 何也. 蓋禮者, 理也. 言
理則無規矩可循. 言禮則有秩序可守. 故聖人制禮, 所以正天下之履也. 禮以正履則言禮足矣.
而畫卦則曰履, 何也. 言禮則人之踐禮者, 屬於虛言履則禮之當行者, 體於實象曰, 上天下澤履
言人之所履當如是也.

性同를 훼손할 수 없다. 실옹의 '화이일야'은 허자의 무지가 아닌 서로의 불통을 일깨우는 과정[開物成務] 속에 성취된 실리[實理]였기 때문에 물리를 읽는 예 개념은 '예-체-실'로 구성되던 일원적 큰 틀에서도 벗어나지 않는다.

또 하나 중요한 사실은, 예 개념이 가진 느슨한 질서의식은 담헌으로 하여금 체용관을 모든 분야에 도식적 해석의 틀로 수용하지 않게 하는 비판적 의식을 성장케 했다는 점이다. 때문에, 개별 가치들은 위계질서 속에 자리 잡지 않지 않고, 사물세계를 유동적이게 통과하며 자신에게 맞는 다양한 가치를 획득해 나간다. 성인론 역시 이 과정에서 배제되지 않는다. 성인은 절대적 진리이기 보다 현실의 고민 속에서 더 나은 가치를 보여준 선례로 기능했기 때문에 성인론은 개별 가치들이 당대에 적합한 위상을 부여받기 위해 경쟁하는 과정 속에서 중심적 준거로서 작동할 뿐이다. 담헌은 물학의 이치를 정감의 질서 위에서 궁구하게 하는 예 개념을 포기할 이유가 없었다. 정감의 질서가 사라지면 일원을 경험[感通]하게 할 거시적[費]이고 비근한[隱] 방법론도 사라진다. 물리와 강상의 원리를 연결시킬 수 있었던 것은, 예가 물학와 정치적 질서를 포함할 수 있었던 것은, 바로 정밀한 원리의 이해를 통과한 이후 조망적 위치에서 자신이 궁구한 세계를 정감의 언어로 바라보는 반추의 과정 때문이었다.213)

---

213) 물론 이러한 결이 있는 정감언어를 비판적으로 바라보고 은유의 질서가 동아시아인의 특질이자 한계로 바라본 연구도 있다. 예컨대 오행 체계 안에서 이루어지는 상생생극의 생성관계를 본질적 인과성이 아닌 실용적 처방으로 보는 것이다. (예 : 김혜숙, 「음양적 사유와 인과적 사유」, 65-66쪽.) 그러나 동아시아인들이 '예' 안에 오행의 질서를 폭넓게 수용한 것은 그것이 논리성이 배제된 은유적 원리의 기능만을 충실히 보여주기 때문만이 아니었다. 오행이 도식에만 머물 뿐 실질적 효용성과 실용적 가치들이 (전혀) 없었다 한다면 질서의 통용자체가 불가하기 때문이다. (물론 수백 년 전 동아시

따라서 담헌에게 궁구가 세밀해져서 새로운 물학에 실질적 가치가 있다고 판단되었을 때 확장해야 할 것은 예 개념 그 자체였다.『중용』이 보인 분합의 방법론은 이러한 확장의 확실한 전거이다.「의산문답」에서 새로운 물적 정보들이 한심한 현실 위에서 검토되었을 때 실용은 이 새로운 지식과 방법의 활용이 더 많은 이들의 삶 속에 관통[貫之]되기를 바랬다. '화이일(一)야'의 가치는 내성(內省)의 종합적 깨달음이 아니었다. 그것은 문답(問答)이라고 하는 분별적 격물과정에서 도출된 '이해'였다. 또한 담헌이「주해수용」에서 서학의 효율적 구성논리를 모방하여 보인 것은 새로운 앎의 방법론들이 합쳐져 활용되었을 때 더 큰 실리로 나아가기를 바랬기 때문이었다. 그리고 이 이해와 바람 속에는 예지리가 가졌던 시중의 질서관념과 원리적 단순성이 그대로 투영되어 있다.

이에 대한 주장에 설득력을 더해 줄 개념이자, '현실 속 다르게 방점이

아의 사람들 모두는 이른바 이성적 사고 능력이 전연 없다고 전제하면 가능할 수도 있겠다.) 오행이나 사덕 등을 위시한 사물질서 각각의 연결들은 단선적이 아니라 중층적, 입체적 구조 속에서 때론 약하게 때론 강하게 묶인다. 이것이 가능한 것은 묶여지는 지점에 살아있는 물들의 활동이 정보의 사실fact을 만들어 그것을 납득 가능한 고리로서 인과성을 구성해 내기 때문이다. 오행의 상징적 질서를 둘러싼 은유적 설명이 불편함 없이 지속되고 있었다는 것은, 그래서 인과관계와 감응관계를 대대적으로 생각하는 이원론의 구도 속에서는, 實의 의미를 功利와 다원적 유용성에서 끌어오는 pragmatism이나 instrumentalism 등에서는, 도저히 납득될 수 없을지도 모른다. cf. 한편 근래 독일 라이프니츠 연구소, 튀빙겐 대학, 북다코타 대학에서 실행, 보고된 한 심리학 연구에서는 은유적인metaphoric thought and language 사람들이 문자적 사고와 언어를 쓰는literal thought and language 사람들보다 타인의 감정에도 민감하다higher levels of emotional understanding는 사실을 보여주고 있다. (자세한 사항은 다음 논문을 참고 바람. Adam K. Fetterman, Marc Werth, Jessica L. Bair, Florian Landkammer, Michael D. Robinson, *The Scope and Consequences of Metaphoric Thinking : Using Individual Differences in Metaphor Usage to Understand How Metaphor Functions*, Journal of Personality & Social Psychology. Mar2016, Vol. 110 Issue 3, p.458-476.)

찍힌 가치들과 만물의 원초적 동성(同性)이 어떻게 (수평적으로) 공존가능한가?'에 대한 이해를 도와줄 오늘의 단서가 있다. 바로 20세기 한국인들이 서양의 '아이덴티티identity'라는 개념을 '정체성'이란 단어로 번역한 선례가 그것이다. 이를 통해 기준이면서 변화하는 '예', 그리고 이를 바탕으로 하는 담헌의 발전적 예 개념과 일원론적 '체(體)' 개념에 대한 생각들을 유비해볼 수 있을 것이다.

아이덴티티identity를 정체성(正體性)이라고 번역하여 사용한 것은 70년대 후반, 오늘의 의미로 정착된 것은 90년대부터이다.[214] 영어 아이덴티티에는 동일성sameness과 특유성characteristic의 뜻이 있다.[215] 그래서 오늘날 자기동일성을 지시할 때도 아이덴티티란 단어를 쓰고, 개별존재의 특별한 성질을 지시할 때도 아이덴티티란 단어를 사용한다. 한국인들이 아이덴티티를 '바를 정(正)'자와 '몸 체(體)'의 조합으로 구성한 일과 이 단어에 일반적 동의를 구하는데 그리 많은 시간이 걸리지 않았다는 점은 주목할 만하다.

이 단어는 한자 문화권 하에 살았던 고금의 사람들의 언어적 습관을 매우 적절하게 반영한 예시가 될 수 있다. 예컨대 개인에게 발견되는 아이덴티티는 작게 보면 그 개인이 지닌 고유한 동일성을 지시하지만, 그

---

214) 네이버의 '뉴스 라이브러리' 신문검색 참조.
215) 서양철학에서 개인적 아이덴티티personal identity 개념에 대한 담론이 활발해 진 것도 사실 최근의 일이다. 아이덴티티가 절대적 관념notion of absolute identity의 의미와 상대적relative identity 의미의 맥락을 모두 지녔다는 점은 Stanford Encyclopedia of Philosophy를 참고 바람.
https://plato.stanford.edu/entries/identity/#Bib

것을 일반적 아이덴티티들 사이에 펼쳐 놓게 되면, 각각은 개체들이 지닌 차이성을 의미한다. 따라서 '정체성'이란 단어로 서양어 아이덴티티의 의미를 포착한 것은 동아시아문화권이 지녀왔던 '체' 개념의 분합적 의미를 잘 이해하여 반영한 사례이자 번역이라고 본다.216) 앞서 살펴본 담헌의 '인물성동'은 바로 이 수직적 체용구도와 분합적 체용이해를 적절히 반영하고 있었다. 그러고 보면 이 도식은 오늘의 이해와 낯설지 않는 셈이다. 또한 아이덴티티를 구성하는 방식에서도 '예'를 이해하는 방식과 유사한 지점이 있다. 예컨대 개별 사람들은 각자의 입장에서 자기 고유의 활동을 통해 자신 만의 아이덴티티를 구성해 나간다. 집단 역시 수많은 표현들을 내적으로 결합시켜 아이덴티티를 구성해 나간다. 그런데 이러한 동일성은 모두 암암리에 공유되고 합의된 질서를 바탕으로 한다. 동아시아인들은 이러한 질적 공통의 준거를 구성해내는 개별 질서 나아가 집단의 질서를 모두 '예지리(禮之理)'라 불렀다.

사실 담헌이 배운 '성인이 출현하여 예를 만들었고, 성인은 그 예로서 사람들을 교화했으며 인간이 금수와 구별된다는 사실을 알렸다.'217)라고 하는 가르침은 본래 인간중심의 문화구축을 목적으로 씌여진 것이 아니다. 『예기』는 인간과 물성이 본래적으로 다르다고 하는 천명을 명시하고 있지도 않다. 오히려 이 『예기』 구절 뒤에 이어지는 것은 '장사

---

216) 일본에서는 identity를 'アイデンティティー'라고 그대로 음역해서 대다수 사용하고 있으며, 사전적 풀이 『広辞苑』에서도 '自己同一性'이라던가 '自己の存在証明'이라고 풀이하고 있다. 또한 중국에서도 現代漢語詞典과 Baidu 百度百科(baike.baidu.com)에서 보이다시피 identity는 '认同性'이나 '认祖性'의 맥락에서 '身分 同一性'이나 '个性, 特性'의 의미로 사용하고 있다.

217) 「曲禮」, 『禮記』 : 是故, 聖人作, 爲禮以敎人, 使人以有禮, 知自別於禽獸.

치와 노동자라도 예를 안다면 그 뜻에 두려움이 없게 된다.'218)는 말이다. 이는 『논어』, 「학이」편, 공자와 자공의 대화에 등장하는 호예(好禮)의 의미와 연결된다.219) 마씨(馬氏)의 주석을 보자. "예를 좋아하게 되면, 자신의 내면에 확고히 얻는 바를 가지게 되어, 외부에 있는 사물이 그의 뜻을 빼앗을 수 없게 된다[好禮, 則有得於內, 而在外者, 莫能奪矣]."220) 최초에 성인이 출현하여 예를 만든 목적은 만물의 차이성을 강조함이 아니라, '예를 통해 사람을 살게 하기 위함'이었다.221) 예(禮) 자체가 생(生)의 '번영' 이전에 '유지'를 위한 아주 기본적 바탕[質]을 제공하고 있기 때문이었다. 예가 삶의 유지를 위한 기초적 조건을 마련하고 있다면 예는 당연히 빈부와 귀천에 의해 휘둘려서는 안 될 것이다. 예컨대 돈 있는 자는 물질성으로부터 과도한 자신감을 갖는다. 반면 돈 없는 자는 물질에 기대려는 마음이 생긴다. 마씨는 그래서 예를 모르는 자가 자신의 내면에 확고한 입장이 있을 리가 없다 말한 것이다. 자신의 뜻을 전달하는데 있어서 감정이 앞선다면, 마음활동은 매우 예민해 지기[懾] 마련이다. 자기 감정표현에 스스로가 어찌할 바 모르는 모습은 금수(禽獸)와도 같다. 하지만 예를 아는 자는 외부에 어떤 사물이 있다 해도 자신의 뜻을 표현할

---

218) 「曲禮 上」, 『禮記』: 夫禮者, 自卑而尊人, 雖負販者, 必有尊也, 而況富貴乎? / 정병섭 역, 『禮記集說大全, 曲禮 上』, 213-235쪽 참조.

219) 「曲禮」, 『禮記』: 富貴而知好禮, 則不驕不淫; 貧賤而知好禮, 則志不懾.
   「學而」, 『論語』: 子貢曰, "貧而無諂, 富而無驕, 何如?"子曰, "可也, 未若貧而樂, 富而好禮者也."子貢曰, "詩云, '如切如磋, 如琢如磨', 其斯之謂與?" 子曰, "賜也, 始可與言詩已矣, 告諸往而知來者."

220) 「曲禮 上」, 『禮記集說大全』, 237쪽.

221) 「曲禮 上」, 『禮記集說大全』, 237-238쪽: 永嘉戴氏曰, (전략) 聖人制禮之意, 所以生斯人也. 一日無禮, 則民有不得其死者矣. 성인이 예를 제정한 뜻은 사람들을 살게 하기 위함이다. 하루라도 예가없게 된다면 백성들 중에는 제명에 죽지 못하는 자들이 있게 될 것이다.

수 있고 펼칠 수 있다. 잘못된 것을 바로 잡을 수 있다. 자기 내부에 수많은 물세계의 질서형식으로부터 얻은 단단한 기준, 통약의 분모 예(禮)가 있기 때문이다.

성리학자들은 감정의 연장이 어떠한 논리를 만들어 낸다는 것을 알고 있었다. 서로를 공존케 하는 질서는 원래 사양(辭讓)하는 마음속에서 성장하는 것이었다. 이 배려의 마음은 우주의 질서, 물의 질서에도 존재한다. 그들은 우선적으로 질서 자체의 확실성에 대한 믿음보다 질서의 훈련을 통해 자기 본성을 원초적 상태로 회복하는 기초[習]를 마련하려 했다.222) 하지만 담헌이 새로 마주하게 된 질서는 이러한 종류의 기준으로는 해결할 수 없는 문제가 있었다. 일단 질서와 규칙이 보여주는 객관적 합리성과 정확성 자체가 문제였다. 가장 적나라한 경험은 바로 천문학과 수학을 통해 달력이 바뀌었다는 점이었다. 시간에 대한 민감한 의식은 그 균등한 시간을 이용하는 주체들에게 수평적 인식의 지평을 선물했다. 하지만 예약된 시간을 알리는 자명종의 알림음이 곧 그 예정된 시간에 대한 알뜰한 사용을 지시한 것은 아니었다. 효율성에 대한 고민은 다른 변화로 이어졌어야 했다.

수천 년 동안 동아시아인들은 귀납적 방법을 통한 지식의 학습에 익숙해 있었고, 그래서 당연히 시간의 축적을 필요조건으로 요구했다. 수많은 실험과 시행착오의 결과물, 경험의 종합과 추출들이 귀납적으로 구성되었다. 하지만 서학을 통해 얻어진 지식 가운데에는 이러한 귀납적 방법

---

222) 주자가 강조했던 '격물'의 결실체는 사실상 『소학』이었다. 이는 수징난의 『주자평전』, 392쪽 이하를 통해 잘 서술되어 있다. 소학의 문제는 18세기의 예를 읽는 또 다른 코드이기에 추후의 연구과제로 남겨둔다.

과는 동떨어진 연역체계의 정합성이 있었다. 특히 『기하원본』으로 대표된 공리체계의 연역논리는 일반적 사실을 통해서 다른 개별적, 혹은 특수적 원리들을 이끌어내어 불필요한 관찰과 계측의 반복을 생략가능하게 해주는 실효성이 있었다. 『주해수용』의 독자는 한문을 알고 수(數)를 필요로 하는 사람이다. 서학이 보여주었던 형식논리와 산출 방법들은, 그래서 다 제시될 필요가 없었다. 담헌은 실생활에 도움이 되는 기하학의 효율적 지식을 전하면서 동시에 '부재에 의해 절실한 형식의 논리'를 일반 사람들에게 보이고 싶어 했을 것이다. 가장 초보적인 연역적 학습의 샘플일지라도, 그 형식의 편리성과 효율적 구조의 실질을 보여주는 일, 본서는 여기에 담헌의 『주해수용』을 작술한 의도가 놓여있다고 생각한다.223) 『주해수용』도 예학이고 성리학인 셈이다. 그의 이 새로운 '이(理)'론은 '질서' 개념의 확장이자 새로운 격물학을 위한 실용적 전환의 가시적 시도다.

담헌은 과학을 수용하는 포괄적 기준을 인(仁)을 통해서 학습했다. 성리학자들에 인은 공이였기 때문에[仁者公也],224) 다양한 삶의 양식들은 공의성을 가지고 수용되어야 했다. 이 수용의 과정 속에서 담헌은 주체적인 태도를 보이지만 '효율'의 가치를 끝까지 밀고 나가지 않았던 점은 상

---

223) 한영호는 「서양기하학의 조선 전래와 홍대용의 『주해수용』」 70쪽에서 "홍대용은 아마도 주해수용 속에 자신이 파악할 수 있었던 당대의 서학에 대한 지식 전부를 담아내고자 의도했을 수도 있을 것이다."라고 말하고 있다. 하지만 홍대용은 산학자도 천문학자도 아니었다. 아무리 양반들도 교양서로서 산학을 가까이 해왔다 하지만, 이러한 배치와 정리의 작업을 담헌이 굳이 해야 할 이유는 없다. 저술의 목적을 지식의 양적 소개로 보기는 그래서 힘들다.

224) ○ 仁者公也, 人. / ○ 仁者, 天下之公, 善之本也. 각각 程顥·程頤, 『二程集』, 105쪽, 820쪽.

기해야 할 부분이다. 담헌을 비롯한 동아시아인들은 물리적 세계를 기로
인식하면서 기의 활용을 효율적으로 접근하는데 익숙하지 않았다. 게다
가 유동하는 '기'는 이미 시간개념을 품고 있기에 '기'의 활동에는 편리
한 사용을 돕는 분절적 시간관념이 없다. 미분되는 시간은 대상에 대한
지배와 활용을 효율적이게 한다. 결과의 달성을 위해 효율성을 높이려면
개별 조건이 맺고 있는 다양한 질적 관계들은 무시될 수밖에 없다. 기의
자연성을 인정하고 인(仁)을 통해 관계적 사고를 해야 했던 담헌에게 이
러한 무시는 낯선 것이었다.

3) 물학의 발전적 이해와 일원론적 과학의 가능성

담헌의 '다시 추루에게 부친다[又寄秋]'라는 제목의 시에서 달빛은 조선
과 중원을 공평하게, 나아가 두 사람의 마음속 깊은 곳까지를 두루 비춘
다[惟有海上月, 長照兩心肝]. 외물[月]은 두 사람의 마음을 잇고 담헌은 다시
외물의 궁구함을 통해 외물의 활동가치를 읽는다. 담헌은 외물 세계의
다양성과 그 활동 원리를 궁구하는데 적극적이었다.

> 그러나 세상에 희귀한 물건은 반드시 사람의 눈을 놀라게 하고, 비
> 상한 일은 반드시 사람의 마음을 움직이는 법입니다[225]
>
> 신기한 기계와 묘한 도구가 모두 마음의 깨달음에서 나온 것이니 어
> 찌 재주만 아름다울 뿐이랴? 정신을 지극히 썼기 때문일세.[226]

---

225) ≪杭傳尺牘 : 與秋庫書≫, 「外集 1」, 『湛軒書』: 惟物之希世者, 必開人之目, 事之變常者,
必動人之心.

외물[物之希, 神機妙鍵]에 대한 지식은 사람의 다양한 활동을 고양시킨다. 나 자신 역시 하나의 물이다. 이러한 평등한 시선 속에서 모든 물들이 각자의 자리에서 끊임없이 자기 밖 물(物)과 닿기 위해 다른 물(物)을 구하고 있다는 사실을 깨닫는다. 모든 물이 사신의 삶과 분리되어있지 않음을 알게 될 때, 담헌은 그것을 아름답고[美] 또한 이롭다[輔益]고 말했다. 외물이 나에게 주는 이 도움의 관점에서 볼 때, 만물은 선할 수밖에 없다.

> 또한 일이 뜻에 맞고 행동이 이(理)에 닿게 되면, 여러 벗들의 사랑과 알아줌을 욕되지 않게 하기 위하여 더욱더 잘하려는 기운을 내게됩니다. 이욕(利慾)이 마음에 싹트거나 태만(惰慢)이 몸에 나타나게 되면 혹시라도 여러 벗들의 기대와 촉망을 저버리게 될까 하여 반드시그 징계하여 고치는 공부를 더하게 되니, 용의 받는 보익(輔益)이 많습니다.227)

그런데 '일이 뜻에 맞고 행동이 닿는 이치'의 존재는 앞서 살펴보았듯 '예(禮)'의 영역에 있는 것이었다. '예'가 지닌 이로움의 지평은 도구에로 확장된다. 세상에 드문 물건들[物之希世者], 예컨대 자명종과 같은 신묘한 기물(機鍵)들이 적극적 역할을 부여받는다. 모든 물이 상보적 실리[補益]의 관점에서 보아진다. 안타깝게도 19세기 제국주의의 침략 이후 동아시아

---

226) ≪祭羅石塘文≫, 「內集 4」, 『湛軒書』: 神機妙鍵. 悉出心得. 豈惟才美. 精神之極.
'機鍵'이라는 단어는 담헌이 장석존의 점포에서 議政大臣이었던 傅恒의 家物 자명종을 살펴보고 묘사할 때 등장하는 말이기도 하다.
227) ≪杭傳尺牘·與秋庫書≫, 「外集 1」, 『湛軒書』: 且事有會意, 行有合理, 思不辱諸友之知愛而益勸其振勵之氣. 利慾之萌於心, 惰慢之設於身, 思或負諸友之期望而必加其懲改之功, 則容之受益多矣.

인들은 이 '예'에 부여되어 있던 질서 의식을 오직 '인간'의 영역에 제한 시켰다. 정확히는 서구 과학의 이원론적 틀 속에서 '예'를 과학으로부터 분리시켰으며, 과학의 주체인 인간은 '예'의 범주 속에 놓여있던 '물 세계'를 오직 과학의 대상으로 국한시켰다. 더 이상 '예'는 과학 활동에서 논의되지 않았다. 예지리를 통해 구현되었던 구체성은 상실되어 갔다. 이 구체성의 상실은 곧 가치의 상실이었다. 오늘의 과학의 범주는 물 세계 속의 질서를 발견하고 발명하는 일에 가치를 필요로 하지 않는다. 이러한 추세는 '물'의 독립된 지위를 가지게 했다. 인(人)과 물(物)을 관통하던 일원적 의식은 이원적 의식에 의해 완전히 대체되었다.

동서양이 만난 이래로 동아시아인들이 분수(分殊)를 관통하던 '예'를 축소시켜 나간 결정적 이유 중에는 '수학'에 대한 오해가 있었다. 『동문산지』의 머리말에서 서광계는 다음과 같이 썼다.

> 이로부터 말하자면, 수학[算學之學]은 다만 근세 수백 년 사이에 폐지된 것일 뿐이다. 그 원인으로는 두 가지가 있다. 하나는 명분의 논리를 중시하는 유가들이 천하의 실질적 일들 업신여겼기 때문이다. 다른 하나는 요망한 술수로 수에는 신묘한 이치가 있어 지나간 것을 보존하여 미래를 알 수 있다하여 효험이 있지 않은 곳이 없다고 그릇되게 말했기 때문이다.228)

서광계의 탄식어린 비판에도 담겨 있듯, 중국인이 뒤쳐진 이유는 '산

---

228) 徐光啓,「刻同文算指序」,『徐光啓文集』, 93쪽 : 由是言之, 算數之學特廢於近世數百年間爾. 廢之緣有二 : 其一爲名理之儒士苴天下之實事, 其一爲妖妄之術謬言數有神理, 能知來藏往, 靡所不效. 卒於神者無一效, 而實者亡一存, 往昔聖人所以制世利用之大法, 曾不能得之士大夫間, 而術業政事, 盡遜於古初遠矣.

학지학', 즉 수학을 놓쳤기 때문이었다. 그러나 언급된 그 이유를 생각해 보면, 의심스러운 지점이 많다. 과연 유학이 형이상학에 빠져 현실을 소홀이 했는가? 그렇지 않다. 유가의 정통은 단 한 번도 현실의 문제를 강조하지 않은 적이 없다. 오히려 그것은 불가나 도가의 특성이었다. 또한 '수(數)'에 지나친 신비술을 부여하여 그것으로 과거나 미래를 밝힐 수 있다고 그릇된 주장을 했기 때문에 수학이 덜 발달되었다 할 수 있을까? 점성술은 어느 사회, 어느 시대에도 존재했다. 서광계가 지적하고 싶었던 것은 '주역'을 읽는 일부 학파의 방법론, 상수학이 지닌 일부 맹목적 논리, 혹은 더 철저히 검증되지 못한 원리였을 것이다. 담헌 역시 이와 비슷한 말을 한 적이 있다. 물론 그 강조점이 유학 '학문' 자체이기보다 유학을 하는 '사람'에 더 가까이 있지만, 가까운 것을 소홀이 하고 절실한 문제를 외면한 현실을 언급한다는 점에서 그 의도는 같다.

> 동방의 풍속이 유학을 숭상하여 저술이 다양하나, 다만 선비들이 늙어 이가 빠지도록 종사한 것이라곤 오직 중국의 문헌에만 부지런히 애쓰며 동방의 역사와 전고는 대개 빼어놓고 강구하지 아니합니다. 먼 것만 바라보고 가까운 것을 소홀히 하니 자못 천박하고 괴이한 일입니다.[229]

서광계는 산학지학이 서학의 수학에 비해서 크게 뒤쳐져 있다고 보았다. 그래서 그것을 따라잡아야 할 것으로 여겼다. 반면 담헌은 학문의 잘못을 언급하기보다 학문하는 사람들의 병폐를 지적한다. 학문의 잘못은 동아시아 물학의 문제를 '합(合)'의 관점에서 비판하게 하지만, 개별 사람

---

229) ≪杭傳尺牘：與秋庫書≫, 「外集 1」, 『湛軒書』：東俗崇信儒學, 著述多門, 但士子沒齒從事, 惟矻矻於中華文獻, 而東史典故, 多闕不講. 鶩遠忽近, 殊爲詑异.

들의 잘못은 동아시아 물학의 문제를 '분(分)'의 관점에서 지적하게 한다. 사실 서학의 기준이 어떻게 형성되었는지를 물으면서 이 기준이 있음으로 해서 양산해낼 수 있는 구체적 실용물들의 가치를 평가해보는 일은 '뒤쳐졌다'는 생각과는 상관이 없다. 뒤쳐졌기 때문에 새로움을 좇는 것과 뒤쳐졌기에 새로움을 따져 보는 것은 다른 작업을 필요로 하기 때문이다.

담헌은 후자의 입장에서 '실(實)'에 대한 주체적 인식을 확장한다. 담헌은 실학 자체보다 학문하는 사람들의 실심을 더 우선적으로 재고한다. 이는 인간을 과학적 능력이 아니라 도덕적 품성[心]의 관점에서 평가하는 전통의 영향이 컸다. 하지만 과학의 새로운 기준들이 현실의 가치[實]를 얻으려면 유가의 정론을 구성하는 과거 특정인의 해석보다 유가의 정론으로 주유하고 있는 가치의 본래적 당위 그 자체가 먼저 제대로 설명되어야 했다. 이것을 전면적으로 보여주는 대화가 「계방일기(1774년 12월 12일)」에 등장한다.

동궁 이산은 지난번 미처 매듭짓지 못한 『중용』 서문230)의 내용을 두고 홍대용에게 의견을 물으며 자신의 생각을 이야기 하고 있었다. 여기에 서유신이 자신의 생각을 덧붙이고, 다시 홍대용이 대답을 하고 있다. 여기서 주목할 점은 이 세 사람이 유자(儒者)로서 당위를 인식하는 방식이다.

---

230) 「中庸章句 序」: 中庸何爲而作也? 子思子憂道學之失其傳而作也. 蓋自上古聖神繼天立極, 而道統之傳有自來矣. 其見於經, 則「允執厥中」者, 堯之所以授舜也;「人心惟危, 道心惟微, 惟精惟一, 允執厥中」者, 舜之所以授禹也. 堯之一言, 至矣, 盡矣, 而舜復益之以三言者, 則所以明夫堯之一言, 必如是而後可庶幾也.

서유신이, "'유정유일'의 일(一)은 성(誠)이니, 고집(固執)을 이른 것입니다. 그 말은 동정을 통하는 것이니 동궁의 말씀이 심히 마땅합니다." 하였다. 나는 말하기를, "일(一)은 성일(誠一)이 아니라, 인심이 도심의 명을 들어야 한다는 말입니다."고 하였다. 서유신은 다시, "신의 의견으론, 일(一)은 분명히 성일(誠一)입니다." 하고 또 "일(一)은 경(敬)입니다. 경(敬)은 진실로 동정에 통하니 저하의 뜻이 매우 마땅합니다."라고 말했다. 나는 말하기를, "경(敬)이 동정에 통한다는 말 등등은 비록 반드시 정일(精一)의 본뜻이라 할 수 없지만, 뜻인즉 진실로 좋습니다." 하였다. 서유신이 말하기를, "예전에 비록 이 말이 없다 한들, 뭐 해로울 것이 있습니까?" 하니, 동궁이 말하기를, "새 의론을 힘써 내놓는 것은 경의(經義)를 강론하는데 큰 병통이고 끝내 자신(自信)할 수도 없는 것입니다." 하였다. 내가 말하기를, "동궁의 말씀이 지당합니다. 또 경의를 강론하는 자가 한갓 훈고(訓詁)에만 마음을 쏟는 것도 결국 의심을 깨끗이 풀어낼 수 있는 길[融釋之理]이 없는 것입니다. 총괄적으로 절실히 체인해야 바야흐로 실효가 있고, 또 깨달음도 친절함을 얻을 것입니다." 하니, 동궁이, "그 말이 매우 좋습니다. 옛사람이 이르기를, '한 가지를 알면 그 한 가지를 행해야 한다.' 하였으니, 한갓 말만 하고 행하지 않으면, 말이 어찌 이치에 맞을 수 있겠습니까?"[231]

먼저 서유신은 '유정유일(惟精惟一)'을 '경(敬)'으로 풀고 있다. 정자(程子)의 '주일무적(主一無適)'을 염두에 둔 말이다. 그래서 그는 '동정(動靜)'을 아

---

231) ≪桂坊日記≫, 「內集 2」, 『湛軒書』: 徐曰, 一者誠也. 固執之謂也. 謂之通動靜, 睿敎甚當. 臣曰, 一非誠一也, 是人心聽命於道心之謂也. 徐曰, 臣意則一者明是誠一也. 又曰, 一者敬也. 敬固通動靜, 邸下之意甚當. 臣曰, 敬通動靜云云, 雖未必爲精一本意, 而義則固好. 徐曰, 古雖無此言, 亦何傷乎. 令曰. 務出新論. 是說經之大病, 終不可自信. 臣曰, 睿敎至當. 且說經者, 徒役心於訓詁, 終無融釋之理, 摠是切實體認, 方有實效, 且曉得親切. 令曰, 此言甚善. 古云知得一分, 行得一分, 徒言而不行, 言何能中理乎.

우르는 마음을 강조했다. 또한 그는 이것이 주자(朱子)가 말한 미발(未發)의 마음상태와 이발(已發)의 마음활동에 적용 가능하다고 본다. 하지만 담헌이 보기에 서유신의 말은 전후의 맥락을 놓치고 있었다. 『중용』의 서문은 그 서두에서부터 '중(中)'을 얻기 위한 방도에 대해 밝히고 있다. '유정유일'은 '인심유위 도심유미(人心惟危, 道心惟微)'의 현재와 '윤집궐중(允執厥中)'의 미래를 얻는 과정 사이에 놓여있다. 그리고 여기서 최종 결과는 '도심(道心)'에 '도통(道統)'을 세우는 일이다. 그래서 이 과정에는 결과를 향한 방법이 서술되어야 했다. 그런데 '유정유일'을 '동정'과 연관한다면, 이는 요·순·우 임금의 말씀이 가졌던 맥락을 서문을 쓴 주자 자신의 말로 끌고 가는 일이 된다. 그리고 그렇게 되면, 이 말은 다시 주자의 '미발-이발' 개념으로 돌아갈 수밖에 없다. 서유신은 도통의 당위를 주자의 언어를 통해 끌어 왔다. 이는 일찍이 담헌이 '주자(朱子) 이래' 유가의 병폐라고 비판했던 것이다. '미발-이발'은 성리학자들 만들어낸 의론이기 때문이다.

담헌이 보기에 '중'의 방법은 실효의 세계, 구체성으로 가는 문을 열기 위해 제시한 것이었다. 위태로운 인간의 마음을 끌고 가기 위한 말이었다. 인심은 도심의 뜻을 들어야만[人心聽命於道心] '윤집궐중'의 길[中里]을 따라갈 수 있다. 도심의 말을 듣는 다[聽]는 것은, '택선고집(擇善固執)'의 '정일(精一)'이다.[232] 도심을 따른다는 것은, 다른 많은 것들 중에 오직 '선함(善)'을 선택하여 굳세게 지킨다는 의미다. '통(統)'이라 말한 것은 '통' 자체가 이미 하나의 마음이기 때문이다. 그리고 이를 '청명(聽命)'으

---

232) 『中庸』: 其曰 '天命率性', 則道心之謂也; 其曰 '擇善固執', 則精一之謂也; 其曰 '君子時中', 則執中之謂也. 世之相後, 千有餘年, 而其言之不異, 如合符節.

로 설명한 것은 이 일이 '거부할 수 없는233)' 정감세계 속에 있었기 때문이다.

담헌은 심성론의 논의로부터, 그리고 그 자신의 수양문제로부터 자유로울 수 없는 시대에서 정치를 배웠다. 조선의 유자는 정치의 가장 근본이 되는 가치로서 '선(善)'을 택했다. 『중용』의 '윤집궐중'은 그 가치를 지지하는 방도이자, 『예기』의 수평적 질서를 재고할 수 있는 천고(千古)의 감계(鑑戒)가 되어주었다. 살펴보면 담헌이 성인을 담고자 실천한 과정들은 모두 예의 이름 하에서 이루어졌다. 담헌은 그 예를 통해 새로운 질서를 구성하는 세계로 나아가고자 했을 것이다. 직접적 경험을 강조하는 그의 태도는 그로 하여금 더 많은 물세계로 열리게 했을 뿐만이 아니라 인간의 선함을 더 적극적으로 믿고 교통하게 했다. 본서는 이러한 태도가 세 가지 방향으로 표출되었다고 본다. 이것은 담헌 철학의 주요한 독특성이기도 하다.

첫째, '예' 개념이 역사적으로 무엇에 기반 해 발전해왔는지를 검토하여 그 토대의 본래적 의미를 묻는 것이다. 담헌은 자신에게 조언을 구하는 백능에게 자신은 자부할만한 것이 없다 말하면서도 다음과 같은 말을 남긴 바 있다.234) : "그러나 그대 백능이 만약 말하기를, 자네는 왜 '보통사람으로서 남을 기대한다.'라는 횡거자의 훈계235)를 읽지 않았는가? 하

---

233) 청각은 시각보다 더 강한 침투성을 갖는다.
234) ≪贈洪伯能說≫, 「內集 3」, 『湛軒書』: 伯能若曰子胡不讀橫渠子以衆人望人之訓云, 則吾將曰於他人尙可以衆人望, 吾於伯能, 亦豈復云爾也耶. 未知伯能果以爲何如也.
235) 횡거자의 말은 『中庸』13장에 나온다. 張子所謂以衆人望人, 則易從是也. "보통 사람으로 하여 그 사람을 바라보게 하면 곧 쉽게 따른다."는 이 말은 '성인으로 사람을 다스린

신다면, 저는 다음과 같이 말하겠습니다. 딴 사람에게는 오히려 보통 사람으로 기대할 수 있으나, 제가 어찌 백능에게 다시 그리 말할 수 있겠습니까? 백능이 과연 어떻게 생각하는지는 알지 못하겠습니다." 백능의 선함을 걱정하고, 또한 그가 거업(擧業)의 선비[236]가 될까 걱정하던 담헌은 스스로 횡거자의 말을 꺼내며 백능을 향한 자신의 기대를 오히려 부끄러워한다. 서로를 잘 알기 때문일 것이다. 이 둘의 관계는 서로가 서로에게 당신의 변화는 다른 사람과 다르다고 말해줄 수 있는 관계이다.[237] 더 선하고 더 공정하고 더 참된 사람이 되어야 한다고 기대할 수 있는 관계 속에, 이러한 부끄러움이 놓여있다. 성인론은 이처럼 자신을 확장시킬 수 있는 중요한 장치로 기능해왔다. 성인을 닮고자한다는 것은 반성을 통해 '더 나은'이란 상태를 끊임없이 추구하게 하여 궁극적으로 자신을 변화시키겠다는 것이었다. 담헌에게 이러한 관계 속에서 그 '더'를 표현해주는 '성인'은 본래 내적 평등성과 위배될 수 없었다.[238] 또한 성리학자들이 강조한 '인(仁)'은 만물의 근원적 공통성을 강조했기 때문에, 담헌은 '인물성동론'을 통해 만물의 질적 수평론을 계승해야 한다고 보았다. 예

다'는 뜻으로 해석한다.

236) ≪贈洪伯能說≫, 「內集 3」, 『湛軒書』: 世俗所謂士者三, 經學也, 文章也, 擧業之士也. 工聲韻習詩律, 役役于科宦名利之途者, 今之所謂才士也, 非吾所謂士也. 剽竊經傳之文, 誦襲班馬之語, 以飾其無用之贅言, 以干譽于一時而求名于百世者, 今之所謂文士也, 非吾所謂士也. 觀其言則高明而灑落, 視其身則端嚴而莊肅. 堯舜之治, 孔孟之學, 不絶於口, 有司薦其賢, 爵祿加於身, 夷考其行則內而無不欺暗室之德, 外而無經綸天下之材, 空空然無所有者, 今之所謂經士也, 非吾所謂士也.

237) ≪贈洪伯能說≫, 「內集 3」, 『湛軒書』: 吾於伯能, 不發此而誰乎? 제가 백능에게 이런 말을 하지 않고 누구에게 하겠습니까?

238) 이러한 고민 속엔 聖人이 실재적 존재냐 추상적 존재냐는 논쟁 역시 아무런 의미가 없다.

는 일원론적 세계관 속에서 발전했다. 폭넓은 고전적 사유와 연경에서의 경험은 담헌이 일원론의 가치를 더 분명히 이해하게 도왔다. 그는 이른 바 '사람(人)'을 규정하는 기존의 문화적 문법들에 비판적 거리를 두고, 특정 관점의 시선이 수평적이고도 투명한 만남을 저해하는 것은 아닌지를 묻는다. 미개한 물(物)을 규정했던 중화 중심주의의 편협성을 비판적으로 성찰함으로써 피아(彼我)를 구분하는 관점을 비판한다. 서학의 신문물을 통해 격물의 본래적 의도를 재고하고 질서에 대한 이해를 소통에 의지하여 접근함으로써, 물 세계의 이원화를 거부한다[無彼此之別].

둘째, '예'를 통해 시대에 맞는 '기준'을 구성해 왔듯, 자기가 몸담고 있는 공동체의 '예'가 지금의 기준에 적합한지를 묻는 것이다. 전통적으로 시중(時中)의 가치를 역설하는 물음은 예가 지닌 변화가능성에 기반하고 있었다. 특히 담헌은 중용의 의미가 개별 문화 및 개별 존재가 지닌 자율성을 향한 신뢰에서 더욱 드러난다고 보았다. 인간이 선하다는 믿음으로 구축된 공동체 구성원들은 이 믿음의 유지하기 위해 인격 함양에 참여해야 했다, 이로써 공동체는 자율사회로 나아가는 토양을 마련했다. 덕의 자율성이 서로를 알아봐주는 매체로 기능했고, 이렇게 자발적으로 서로(의 가치)를 알아봐주는 과정이 곧 정치의 이상이라 믿었다. 허자가 자기를 알아봐주는 이를 찾아 떠난 이유, 예의 표현양식에 무언의 규칙성이 함의된 이유 등은 정치적 자율성의 문제와 연관되어있다. 자율적 판단은 서학의 실용적 형식을 현실의 문제와 유리되지 않게 구성하는 데에도 영향을 주고 있었다. 한편 담헌은 앞서 강조하여 살펴보았듯 대화체로 구성된 기행문과 문답 이야기를 남겼다. 이러한 서술기법의 선택은 서로간의 만남에서 오는 새로운 지식을 있는 그대로 보여주기 때문에 읽는 이 스스로의 판단을 중시하는 태도의 결과물이다. 마지막으로 담헌은 그때그때 적합한 질서를 인물의 소통 가운데에서 궁구하는 데에서 나아가, 사물 활동이 맺는 수평적 분합구도에 관심을 기울이면서 동시에 격물 활동 속에서 마땅한 가치[實理]를 찾는 경쟁방식을 끊임없이 궁구하였다. 요컨대 담헌의 예가 드러내는 자율성은 사물 간의 동질성이 구체적인 상황의 문제와 유리되지 않게 도왔다.

셋째, 담헌은 예에 대한 반성적 사유 속에서 오늘이 필요로 하는 더 나은 방법론이 무엇인지를 묻고 있다는 것이다. 인의 표현인 예는 다양할 수밖에 없건만 예의 활동은 특정 형식에 점점 고착되었다. 고정된 질서는 엄숙주의를 낳았고 실질적 가치를 외면했다. 하지만 담헌이 그린 예 개념은 유연한 질서 속에서 기능했기에, 다양한 학문에 개방적 태도로 접근할 수 있었다. 담헌에게 '예'는 그 자체가 지닌 가시성, 변화가능성, 규칙성의 특징들로 인해 세계의 확장을 품을 수 있는 이미 충분한 표현 형식이었다. 동시에 그것은 기존 '예'의 폐쇄성을 지우고 다시 그것의 재건을 통해 새로운 정치적 질서를 표현해낼 도구[用]이기도 했다. 그랬기에 그 안에서 18세기 동서양의 과학지식이 조리되었다. 서학의 새로운 측정법과 연역논리의 유용성을 (아주 초보적인 형태일지라도) 자신이 딛고 있는 일원론의 토양으로 끌고 올수 있었다. 그리고 그 안에서 사람과 사람, 사람과 물은 파편화된 상태로 고립되어 있지 않고 교통의 개방성을 공유할 수 있었다. 기대할 수 있었다.239) 기존의 학문들이 지녔던 실

---

239) 이러한 점에서 동양의 일원론은 오늘의 다원론과 이원론이 안고 있는 한계점을 비판적으로 바라볼 수 있는 다양한 아이디어를 준다. 예컨대 개체와 개체는 윤리적 합의나 사회적 문제에 있어 더 효율적으로 동의를 구할 수 있다. 한 공동체의 비합리와 잔인함에 개입할 수 있는 보편적 생명론이 자리 잡을 수도 있다. 또한 존재론적으로 교접

용적 가치도 회복될 수 있었으며,[240] 더 나은 합리적 방법론에 대해서도 함께 고민할 수 있었다. 담헌의 '예'는 살아있는 만물을 실질적으로 만날 수 있는 살아있는 길[道術]이었다.[241]

된 개체들은 가치의 당위성에도 쉽게 동의할 수 있다. 외면적으로는 독립된 개체로 존중받으며 근원적으로는 소통할 수 있는 가능성을 내포하기에 고독과 자책감, 배제와 시기와 같은 감정들은 극복과 치료의 일시적 현상이 될 수도 있다. 마지막으로 인간과 분리되지 않는 물(세계)의 인식은 다양한 분과에서 인간 자신에 대한 미래, 상생과 조화에 대한 고민의 시간을 예비하게 한다. 이에 대한 정치철학적 논의의 개진은 후속의 연구로 미루어둔다.

240) 특히 담헌은 '예' 안에서 재고되는 새로운 질서가 물욕이나 사치를 견제할 수 있다고 보았다.

≪燕記 : 市肆)≫, 「外集 2」, 『湛軒書』: 京城諸市, 往往以紙造車馬人物, 爲小兒戲具, 皆隨手粉碎. 不直一文, 猶列肆見售, 俗尙之浮侈也.; 경성의 모든 시장에 이따금 종이로써 거마나 사람 같은 것을 만들어 아이들의 장난감으로 팔고 있는데, 모두 손을 대기만 하면 부서져 버린다. 한 푼어치도 안 될 것 같은데 오히려 널브러져 벌려놓고 가게에서 팔리니 일반 풍속이 허영과 사치를 숭상하는 것이다.

≪補遺 : 林下經綸≫, 「內集 4」, 『湛軒書』: 家國之匈, 毋過於奢侈. 凡第宅器用, 敦朴精緻, 惟務適用, 其惟財之費而無益於用者, 一切禁之. 凡令行禁止, 必自上始. (…) 躬行然後發令, 自治然後勅法, 民誰有不從者乎?; 가정이건 국가이건 사치함보다 더 나쁜 짓이 없다. 무릇 第宅과 기용에 대해서 오직 튼튼하고 깨끗함에만 힘써서 쓰는 데에 알맞도록 하고 재물만 낭비할 뿐 쓰는 데에 유익이 없는 것은 일체 금지시켜야 한다. 무릇 영을 내려서 금지하자면 반드시 위에서부터 시작해야 한다. (…) 몸소 실천한 뒤에 영을 내리고 자신부터 다스린 후에 법을 가르친다면 백성치고 누구인들 따르지 않는 자가 있겠는가?

241) 이 말은 詞律을 즐겨하는 친구 곽담원을 염려하여 전하는 담헌의 말이다. 그가 '就實', '明道術'이라 표현한 데에는 언어적 세계에 대한 의도적 비판이 담겨 있다고 본다.

≪繪聲園詩跋≫, 「內集 3」, 『湛軒書』: 惟日斂華而就實, 舍文藻以明道術. 吾所願於澹園者庶在於此矣.; 다시 말하자면, '화려함은 버리고 실질에 나아가며 문장은 그만두고 도술을 밝히라.'는 말입니다. 제가 담원에게 원하는 것은 여기에 있습니다.

제3부 맺음말

맺음말
― 담헌 철학과 18세기 일원론적 과학이해의 의의 ―

현대인들은 지금의 21세기를 가리켜 다원화된 사회, 과학혁명의 시대라 말한다. 19-20세기를 통해 성취한 과학기술의 발전은 하루가 다르게 우리의 삶을 변화시키고 있지만, 상대적으로 전통과의 유리된 삶은 그 속도만큼 자연스러워졌다. 서구사회의 개념과 문물은 경계 없이 흡수되었고 개별화된 삶은 인권이란 이름으로 존중 받고 있기에 인(仁)이 내 마음속에 있다는 사실은 굳이 언급될 필요가 없다. 타인과 타물을 이해하는 배움의 과정은 성인(聖人)의 존재를 필요로 하지 않는다. 그러나 그럼에도 불구하고, 여전히 21세기 우리에게는 온전히 다른 것으로 대체하지 못한 하나의 전통적 흔적, '예(禮)'가 있다. 조선이 붕괴한지 100여년이 훨씬 넘었지만 우리 다수가 '예'로부터 자유롭지 못하다. 여전히 '예'를 말한다. 하지만 우리는 그 많았던 '예'들이 왜 순식간에 사라졌으며, 왜 아직도 그 몇 '예'들이 우리를 지배하고 있는지, 그리고 그 '예'들이 어떠한 의미로 수천 년을 지속할 수 있었는지에 대해 적절하게 설명하지 못해왔다.

담헌 홍대용은 오늘의 문제의식을 푸는 데에 도움을 줄 수 있는 환경 속에서 유사한 고민을 시작하고 있었다. 16세기 조선은 '오랑캐'란 이름을 붙여 예를 통해 자타(自他)를 가르던 중 양란(兩亂)을 맞이했고, 청조에 대한 실(實)과 명조에 대한 명(名) 모두가 위태로워지는 위기를 겪었다. 17세기 조선은 급변하는 정세 속에서 예를 중심으로 한 정파적 담론에 천착하다 형식주의와 엄숙주의 폐해를 겪었다. 18세기의 담헌은 역사를 반성적으로 재고하며 '예'와 더불어 '인물성동'을 주장한다. 하지만 여전히 조선은 '화이일야(華夷一也)'의 평등성이 주는 공효를 간과한 채 실심(實心)과 유리된 분주함, 사리사욕을 부르는 연안함(宴安) 등에 빠져 있었다. 혹자는 이러한 역사를 두고 영조와 정조의 개혁정치는 실패했으며 허학(虛學)을 깨고 실학(實學)을 찾고자 한 몇 지식인들조차 그 실용적인 가치들을 어떻게 드러내야 하는지 몰랐다고 평가할지도 모른다. 그럼에도 불구하고, 내외와 위아래를 갈라왔던 예의 질서 속에서도 도리어 그 '예'를 통해 그 갈라진 선을 성실히 지워가며 존재들 간의 평등성을 경험한 한 사람의 삶이 여기에 존재한다. 담헌에게, 그리고 우리에게, '예'는 무엇일까?

　동아시아 전통에서 예(禮)는 다른 인(仁), 의(義), 지(智)와는 달리 언제나 일[事]에 결부되어 드러나는 가치로서 평가되었다. 그래서 역사적으로 예는 인간사회에 각종 표현 형식의 층차와 다양한 문채[飾文禮]의 경계를 낳았다. 이 가운데 동아시아인들이 일련의 수(數)적 규칙성과 질서관념만을 예의 속성으로 강조했다는 사실은 주목해야 한다. 주례(周禮) 이래로 예 개념은 예절 순서나 의식주의 특정 모양을 가리키는 일상의 구체적 활동과 언어들을 지배해 왔다. 또한 도덕이나 문물제도와 같은 공동체의 추상적 관념에도 개입해왔다. 예는 사회와 공동체를 유지하기 위한 법이나 문화적 양식 등, 정치적 제반형식을 아우르는 질서개념으로 발전하였다. 송대에 이르러 성리학자들은 예의 원리가 만물에 내재된 인의 씨앗을 발아시키게 하는 표현의 원리라고 생각했다. 그리고 예 개념을 소통의 원리로 강조하고 또한 소통이 가능한 모든 영역으로 확대시키기 위해서 두 가지 방법론을 취했다. 하나는 자연세계의 질서와 변화에 근거해서 인간세계의 도덕적 당위를 이끌어 내는 것이다. 원형이정(元亨利貞)의 자연적 질서가 인의예지(仁義禮智)의 가치의 질서로 환원되었다. 예는 정감적 소통의 원리가 되고 인간은 이 가치의 해석을 통해 만물과 교류하고 또한 의미를 얻었다. 다른 하나는 자연의 표현방식이 인간의 언어와는 다르다는 것을 전제하고 수(數)라고 하는 공통분모를 통해 사물의 규칙성에 접근하는 것이다. 만물이 지닌 표현 형식 속에서 발견된 질서의 추상적 성질은 인간사의 우연성을 예측하거나 길흉화복의 필연성을 설명하기 위해 활용되었다. 의리학은 전자의 방법론, 상수학은 후자의 방법론을 바탕으로 발전된다.

한편 동아시아인들에게 예는 사물세계의 질서를 표현하는 개념이라는 점에서는 변하지 않았지만, 그때그때 시대에 맞는 구체적 표현양식을 담아야 한다는 점에서는 예가 포괄하는 범위는 확장과 변화를 피할 수 없었다. 이 가운데 유가들이 이와 같은 양면성, 즉 예 개념의 보편적[合]이면서 구체적[分]인 성격을 아우르기 위해 예의 원리가 가장 간단하고도 가벼운 원리가 되어야 한다고 주장한 사실은 중요하다. 일찍이 성인(聖人)은 '예가 사치스럽기보다 차라리 검소해야 한다'고 말했기 때문에, 이러한 예의 기준은 인사(人事)에 있어서 유가의 이상적 표현방식으로 간주되

었다. 또한 격물의 과정으로서 자연[物]이 내재한 질서 개념을 이해하고
자 할 때 예의 원리는, 활동주체(體)의 위치에서 강조되어 사물의 분화를
가능케 하는 단순성[剛中正]의 원리[理]로 풀이된다. 예가 지녀왔던 인사의
원리적 특성들을 사물을 읽는 형식에 확장시켜 반영하는 것이다. 따라서
만물에 적용된 예의 특성들은 만물의 변화와 함께 갈 수밖에 없었다. 만
물의 질서개념은 시의성의 영향 아래에서 읽혔다.

　담헌은 이러한 기존의 예(禮) 개념을 분명히 하면서 다음 두 가지 의미
를 더한다. 첫째, 사물의 절문으로서 '예'가 인간사회만의 문제가 아니기
때문에, 예는 인간과 자연적 사물을 구분하는 기준이 될 수 없다. 담헌은
만물에 대한 바르고 고른 이해의 연장선상에서 상수역학과 의리역학, 그
리고 서학의 선례를 사단취장 한다. 상수역학은 상리(象理)와 수리(數理)를
통해 자연세계의 질서를 읽는 방법을 보여주었지만 과도한 추측과 충분
한 근거를 제공치 못하는 폐단이 있었다. 의리역학은 자연세계와 인간의
질서가 근원적으로 정감의 질서로 연관되어 있다고 전제했기 때문에 인
간으로 하여금 만물의 활동에 관심을 기울이고 소통해야 할 것을 촉구하
는 학문으로서 기능했다. 하지만 지나친 인간중심의 해석으로 자연 그
자체가 표현하고 있는 질서의 구체성에 대해 정밀하게 다가가지 못하는
한계가 있었다. 특히 정치적으로는 의리역학에 입각한 체용구도가 전 방
위적으로 적용되어 수직적 봉건체제를 강화하는 방향으로 해석되었다.

　담헌은 서학을 만나기 이전부터 다양한 학문을 조망적으로 검토하는
경험을 쌓고 있었기 때문에 서학의 물리를 접하면서 이 두 가지 접근방
법의 의미를 객관적으로 분석할 수 있었다. 그는 자연적 질서의 문제가
인간적 가치와 근원적으로 연관되어 있다고 정리하며, 이 일원론의 기준

을 명확히 할수록 인물성동(人物性同)이란 결론 역시 분명해 진다고 주장한다. '예'의 기능은 언제나 소통을 목표로 했기 때문에 타인(/타물)의 마음이 인(仁)하다는 전제하에 서로의 표현방식에 귀 기울이는 이해와 함부로 상대의 표현양식을 재단하지 않으려는 배려가 함께 했었다. 뿐만 아니라 그랬기 때문에 성리학자들은 이 세밀한 이해를 위해 만물이 작동하는 소이연(所以然)을 물을 수 있었다. 격물(格物)을 통해 만물이 저마다 표현하고 있는 질서의 의미를 궁구할 수 있었고 각 사물지리[物之理]의 세밀한 차이를 분별하여 그 가치의 다양성에 논할 수 있었다. 담헌은 '예'로서 타인(/타물)과의 공통분모를 찾으려는 소통의 부분적 노력들이 합해지면 서로의 삶의 방식을 인정하고 나아가 존중하게 되어 모두의 근원성[仁]과 만날 수 있다[孤根幸有托]고 믿는다. 담헌에게 서로의 존재 가치를 이해하는 일은 궁극적으로 사물의 물성과 사람의 물성이 분리되어 있지 않다고 하는 깨달음으로 마땅히 귀결되어야 했다.

둘째, 예의 원리가 단순성을 추구했기 때문에, 물 세계를 이해하기 위해 계량과 계측, 수집과 분석의 과정 속에서 발생하는 표현 형식 역시 효율성과 자율성을 고려해야 한다. 『중용』의 '시중(時中)'은 소통을 위해 상황에 맞게 궁구되는 방법론의 가치를 강조했었다. 성인의 도는 천지를 관통하는 대강(大綱)의 방법[費]과 작고 정밀한 곳에서 드러나는 비근한 방법[隱] 모두를 가지고 있었다. 크고 작은 방법론이 상황에 따라 나누어지고 합하는 유연성을 지닐 수 있었던 것은 사랑의 마음을 드러내고자 강조한 성인의 예가 번다함과 고정성을 경계했기 때문이었다. 예지리[禮之理]는 간결한 형식성을 추구함으로써 스스로의 모습을 시의에 적합하게 변화시킬 수 있었고, 그에 따라 마련된 자율적 공간[仁義之府] 덕택에 효율적 표현원리를 궁구할 수 있었다. 이 여유의 공간에 모인 만물의 인의는 서로의 가치에 대해 동등하게 문답(問答)하고 경쟁할 수 있었다.

담헌이 배운 예는 이와 같은 정체성을 지니고 있었음에도, 담헌의 마주한 현실의 예는 이러한 기대를 충족하지 못했다. 그 가운데 만났던 서구의 물학은 개별 사물이 표현하고 있는 질서에 대해 더 정확한 근거와 원리적 정합성을 보여주고 있었다. 예컨대 몇 사람의 암기에 의존했던 문화적 달력은 객관적 측정에 의거한 합리적 달력으로 변모했다. 그것은 단순히 사심을 배제한 객관적 기준으로 활용되는 차원을 넘어서, 시간 자체의 효율성을 재구성할 수 있는 방법이 되기에 충분했다. 특히, 경우의 나열에 의존하지 않고도 형식만으로 보편적 원리의 이해를 제시하는 '기하지학(幾何之學)'은 담헌의 주목을 끌기에 충분했다. 논리의 명확성을 위해 추상적 형식들을 다양한 각도로 활용했던 서학은 구체적 예시와 개연적 확실성에만 의존해야 했던 기존의 귀납적 방법과는 다른 실효를 보여주고 있었다. 명료한 단일체계는 소통을 위해 낭비와 합리의 경계를 오고갔던 그의 고심과도 부합했기 때문이다. 그는 기존의 귀납적 연구 방식을 넘어 연역적 형식에도 열린 접근을 시도, 「주해수용」에 그 흔적을 남긴다. 담헌은 천문학에서부터 실용수학까지의 사물의 원리를 탐구하는 과정이 만물의 뜻을 열어 모든 사무를 성취한다는 개물성무(開物成務)의 원리 안으로 수용될 수 있다고 보았다. 그리고 이를 위해 예 개념 자체를 확장하는데 주저하지 않는다. 담헌이 '예' 개념의 틀 가운데 신학문의 정확성을 배우고 새로운 사물질서의 이해를 위한 균등한 접근 통로를 마련한 것은 담헌 철학 고유의 성취이다. 과학의 객관성이 단일한 앎이나 분별적 가치에 머물지 않고 정감을 공유하는 이해의 언어로 나아갈 수 있게 한 것은, 그가 과학과 정치의 문제와 분리시켜서는 안 된다는 강한 일원론자이기에 가능했다.

여기에 일원론적 과학 이해가 갖는 오늘의 의의가 있다. 담헌의 예에는 잊혀져가고 있는 공동체 가치의 원래적 위상을 회복하면서도, 새로운 세계를 읽는 질서의 형식들을 수용하려는 도전 의식이 발견된다. '예'를 통해 수렴되는 다양한 지식들은 실질을 담는 원리의 보편성을 더욱 강조하고 있다. '예'에 기반한 다채로운 만남 역시 정치질서의 수직적 한계를 비판하여 동질적 소통을 더욱 추동하고 있다. 그럼에도 불구하고 담헌의 과학은 예(禮)를 뛰어 넘는 상위 개념으로 발전하지 못했다. 담헌이 묵자와 장자를 수용한 것은 신분질서의 한계를 돌파하고자 하는 이상이었지만, 담헌의 예는 분리개념의 우위성을 끝내 극복하지 못했다. 새로운 과학의 용어와 방법들은 일차적으로 현실의 유용성 안에서 당면한 문제점들을 바로잡는데 기여해야 했기 때문에, 수리(數理)를 표현하는 방식은 일상의 구체적 예시들과 분리되지 않았다. 일원론의 예는 역학이 지켜왔던 세계의 정감적 이해와 여전히 함께 존재했기 때문에, 예로서 과학을 이해하는 방식은 인사(人事)와 분리된 별개의 분과 용어를 개발하거나 수(數)와 온전히 분리되어 논리적 형식만을 나열하는 것과는 같을 수가 없었던 것이다. 안타깝게도 담헌이 요청했던 이 확장된 예 개념은 그 이후로 동아시아에도 서구에도 현실화되지 못했다. 동아시아인들은 열린 세계의 일상 언어들과 이별하지 않았고 사물 세계만의 자립적 논리를 세우지 않았다. 담헌의 물학은 근대과학이 보이는 정량적 학술체계를 구축하지 못했다.

그럼에도 불구하고 본서는 담헌이 해석하는 예 개념과 그것이 보여주는 의미들이 오늘의 과학개념 및 정치적 표현의 문제들을 통합적으로 이해할 하나의 지평이 될 수 있다고 본다. '예'는 동아시아인들이 질서를 표현하기 위해 발전시킨 사물세계와 인간사회를 관통하는 근본적 관념이었다. 따라서 과학의 실질 역시, 사물의 질서를 왜곡 없이 전달하게 하는 소통의 효율적 방법론이 되면서도 원리의 문제를 모두의 공간에 현시하게 하여 그 원리적 실[實]에 대해 논할 수 있게 하는 구체적 바탕이 될 수 있다. 다양한 질서를 이해하는 개별적 호기심들이 인성과 물성, 토성의 가치를 연관하는 이해[貞]로 이어진다면, 인물(人/物)에 관한 지식이 드러내는 분별의 논리는 서로의 형식 존중하면서도 공통의 정치적 질서에 동의할 수 있다. 예 개념은 질서[分]의 준거이기도 했지만 예지리는 분화를 다잡는 원리[陽], 나아가 원리이해[貞]로 만나는 소통개념으로도 존중받았다. 담헌의 삶은 검약과 사양의 예를 통한 사물 이해가 만물에 본유된 공통성[仁]을 알게 하는 지혜로 연결될 수 있음을 보였다. 일원론을 통해 이해되는 인물의 평등성은 정치와 과학 모든 영역에서 서로의 가치를 확장시킬 수 있게, 비록 서로의 말이 떨어져 있을지라도[各言相別後] 언젠가는 서로의 이해가 교통될 것[此心矢不忒]이라는 믿음을 확장시킬 수 있게 돕고 있다. 담헌은 그렸던 18세기의 미래는 바로 그러한 인(人)과 물(物), 문화와 과학, 동(東)과 서(西)의 만남이었을지도 모른다. 담헌은 예로서 과학을 만나면서 질서를 읽는 세밀한 노력들[銖絲功]이 만물의 평등성을 이해하는 과정이라 보았기 때문이다. 담헌은 마음과 뜻을 서로 같게 하는[聲氣頗相同] 성실한 과정이 예(禮)로써 드러날 수 있다고 믿었기 때문이다.[1]

담헌은 아무리 다양한 문명과 풍부한 문물 속에 머물지라도 오늘의 실천과 실용의 가치를 져버린 파편화된 사상의 조각들은 가치가 없다고 확신했다. 그래서 그는 말뿐인 지식인들의 번다함을 비판했고, 특정 문화의 예의 형식을 고집하여 타인(/타물)의 가치를 들여다보지 못하는 질서의 국수성을 경계했던 것이다. 이러한 책임 의식은 사대부의 예에서 오지 않았다. 그것은 '화이일야(華夷一也)'의 원리를 드러내고자 했던 모두의 예로부터 담헌이 배운 것이다. 18세기의 새로운 지식은 '예' 개념에 관한 담헌 고유의 주체적 인식과 만나 새로운 종합을 보여주고 있다. 우리의 정치와 과학은 통합적 이해를 강조하면서도 실용과 실심을 결합하는 지혜를 상실하고 있지는 않은가. 담헌의 일원적 사유는 우리에게 여전한 울림을 남기고 있다.

---

1) ≪손용주 유의가 추루에게 부친 운을 따서 용주에게 준 詩 [次孫蓉洲有義寄秋庫詩韻仍贈蓉洲]≫ : 나는 비록 재주가 졸렬하고 쓸모도 없지만, 마음과 의지만은 자못 서로 같습니다[顧我雖拙謀, 聲氣頗相同].

원전 · 주석서

『論語』,『大學・中庸』,『小學』,『通鑑節要』

『孟子』,『古文眞寶』,『莊子』,『老子』

『書經』,『詩經』,『周易』,『春秋左傳』,『十三經注疏』

郭慶藩,『莊子集釋』, 北京：中華書局, 1997.

金昌協,『農巖集』, 韓國文集叢刊; 161, 民族文化推進會, 1996.

金昌翕,『三淵集』, 韓國文集叢刊; 165-166, 民族文化推進會, 1996.

鄧玉函 口授, 王徵 譯繪,『遠西奇器圖說』1,2, 北京：中華書局, 1985.

馬振彪 遺著,『周易學說 上, 下』, 花城出版社, 2002.

朴趾源,『燕巖集』, 韓國文集叢刊; 252, 民族文化推進會, 2000.

司馬遷,『史記』, 北京：中華書局 1992.

孫希旦,『禮記集解：十三經 淸人注疏』1,2,3, 中華書局, 1989.

陽 光 主編,『王陽明全集』, 北京：北京燕山, 2007.

黎翔鳳 撰, 梁運華 整理,『管子校注』, 北京：中華書局, 2004.

黎靖德,『朱子語類』, 北京, 中華書局 1986.

阮 元,『十三經注疏』, 臺北：新文豊出版, 1977.

王先謙,『荀子集解』, 北京：中華書局, 1998.

王陽明,『王陽明全集』, 上海古籍, 1992.

王與之,『周禮正義』, 臺灣：商務印書館, 1983.

王弼・孔穎達,『周易正義』, (十三經注疏 整理本), 北京：北京大學出版社, 2000.

王弼・孔穎達,『禮記正義』, (十三經注疏 整理本), 北京：北京大學出版社, 1999.

劉寶楠,『論語正義』, 北京：中華書局, 1990.

程 顥・程 頤,『二程集』, 北京：中華書局, 2004.

焦 循,『孟子正義』, 北京：中華書局, 1987.

湯可敬,『說文解字今釋』, 長沙：岳麓書社, 2002.

洪大容,『湛軒書』韓國文集叢刊; 248, 民族文化推進會, 2000.

黃宗羲 著,『明儒學案 上, 下』, 中華書局, 2008.

역서

권오돈 역, 『禮記』, 홍신문화사, 1990.

김원행 저, 『渼湖全集』, 여강출판사, 1986.

김학주 역, 『墨子 上, 下』, 명문당, 2003.

박은호, 김경선, 서경순 역, 『국역 연행록선집』 12冊, 민속문화추진회, 1976.

박제가 지음, 정민, 이승수, 박수밀 옮김, 『정유각집』, 돌베개, 2010.

박제가 지음, 안대회 역, 『북학의』, 돌베게, 2013.

박종채 지음, 박희병 역, 『나의 아버지 박지원』, 돌베개, 1998; 『과정록』의 국역.

박지원 지음, 신호열, 김명호 역, 『연암집 상, 중, 하』, 돌베개, 2007.

박지원 지음, 김혈조 역, 『열하일기』, 돌베개, 2009.

박희병 외 역, 『연암산문정독』, 돌베개, 2007.

성대중 지음, 김종태 외 옮김, 『국역 청성잡기』, 민족문화추진회, 2006.

성백효 역, 『周易傳義 上,下』, 전통문화연구회, 2010.

신동준 역, 『春秋左傳』, 한길사, 2006.

안병주, 전호근 역, 『莊子 1, 2』, 전통문화연구회, 2007.

왕양명 지음, 정인재, 한정길 역, 『傳習錄 1, 2』, 청계, 2007.

왕필, 한강백, 공영달 지음, 성백효, 신상후 역, 『周易正義』, 전통문화연구회, 2015.

원중거 지음, 이혜순 감수, 박재금 옮김, 『와신상담의 마음으로 일본을 기록하다』, 소명출판, 2006; 『화국지』의 국역.

원중거 지음, 김경숙 역, 『조선 후기 지식인, 일본과 만나다』, 소명출판, 2006; 『승사록』의 국역.

유월 저, 이강재, 김효신 역주, 『고증학자는 논어를 어떻게 읽었나 : 유월의 <論語平議>』, 학고방, 2006.

유형원 지음, 한장경 역주, 『국역 반계수록』 3冊, 충남대, 1968.

이덕무 지음, 『국역 청장관전서』 13冊, 민족문화추진회, 1978.

이덕무 글, 김용운 엮음, 『배고픈 새 : 이덕무의 시와 산문 모음집』, 거송미디어, 2007.

이보근, 『압록강에서 열하까지 연행노정 답사기(상), (하) : 김창업 연행일기, 홍대용 을병 연행록, 박지원 열하일기를 현장에서 읽다』, 어드북스, 2014.

이 익, 『국역 성호사설』 12冊, 민족문화추진회, 1976.

이탁오, 이영호 역주, 『이탁오의 논어평』, 성균관대학교, 2009.

이희경, 진재교 외 옮김. 『설수외사』, 성균관대학교출판부, 2011.

정인보, 『양명학연론』, 삼성문화재단, 1972.

정현, 공영달 소, 이광호 책임번역, 전병수 공동번역, 『예기정의 : 중용·대학』, 전통문화
　　연구회, 2014.
주희, 여조겸 편저, 엽채 집해, 이광호 역주『近思錄集解 Ⅰ,Ⅱ』, 아카넷, 2004.
진호(陳澔) 編; 정현(鄭玄) 注; 정병섭(鄭秉燮) 譯, 『禮記集說大全』, 學古房, 2012.
홍대용 지음, 소재영, 조규익, 장경남, 최인황 주해, 『주해 을병연행록』, 태학사, 1977.
홍대용 지음, 김태준, 박성순 옮김, 『산해관 잠긴 문을 한손으로 밀치도다』, 돌베개, 2001;
　　『을병연행록』의 현대역.
홍대용, 『신편 국역 홍대용 담헌서』 5冊, 민족문화추진회, 2008.
홍대용, 정훈식 옮김, 『을병연행록 1,2』, 경진, 2012.

사이트

사고전서 DB : lib.ewha.ac.kr
유튜브 : youtube.com
한국고전번역원 한국고전종합DB : http://db.itkc.or.kr
한국전통지식포탈 : http://www.koreantk.com/
Chinese Text Project : http://ctext.org
Stanford Encyclopedia of Philosophy : http://plato.stanford.edu/index.html

연구서

강만길, 『조선후기 상업자본의 발달』, 고려대출판부, 1973.
강명관, 『홍대용과 1766년』, 한국고전번역원, 2014.
강명관, 『성호, 세상을 논하다』, 자음과 모음, 2011.
강명관, 『조선에 온 서양 물건들』, 휴머니스트, 2015.
강재언, 『조선의 서학사』, 민음사, 1990.
강효원(江曉原, 쟝사오위엔), 『歷史上的占星學 : 了解星占歷史』, 上海科技教育出版社, 1995;
　　홍상훈 옮김, 『별과 우주의 문화사』, 바다출판사, 2008.
고려대학교 민족문화연구원 한국사상연구소 편, 『여헌 장현광의 학문세계 우주와
　　인간』, 예문서원, 2004.
고회민(高懷民, 까오화이민), 『邵子先天易哲學』, 三民書局, 1997; 곽신환 옮김, 『소강절의
　　선천역학』, 예문서원, 2011.
구구웅삼(溝口雄三, 미조구치유조), 『中國前近代思想の屈折と展開』, 東京大學出版會, 1980;

김용천 옮김, 『중국 전근대 사상의 굴절과 전개』, 동과서, 1999.

구구웅삼(溝口雄三, 미조구치유조), 『中國の思想』, 放送大學敎育振興會, 1991; 최진석 옮김, 『(개념과 시대로 읽는) 중국사상 명강의』, 소나무, 2004.

구구웅삼(溝口雄三, 미조구치유조), 이동귀지(伊東貴之, 이토타키유키), 촌전웅이랑(村田雄二郎, 무라타유지로), 『中國という視座』, 東京 : 平凡社, 1995; 농국대 동양사연구실 옮김, 『중국의 예치 시스템-주회에서 등소평까지』, 청계, 2001.

구구웅삼(溝口雄三, 미조구치유조), 『中國の衝擊』, 東京大學出版會, 2004; 서광덕 옮김, 『중국의 충격 = Chinese impact』, 소명출판, 2009.

구구웅삼(溝口雄三, 미조구치유조), 지전지구(池田知久, 이케다 도모히사), 소도의(小島毅, 고지마 쓰요시), 『中國思想史』, 東京大學出版會, 2007; 조영렬 옮김, 『중국 제국을 움직인 네 가지 힘』, 글항아리 : 문학동네, 2012.

구만옥, 『성호 이익 연구』, 자음과 모음, 2012.

구만옥, 『조선후기 과학사상사 연구. I-주자학적 우주론의 변동』, 혜안, 2004.

국사편찬위원회 편, 『하늘 시간 땅에 대한 전통적 사색』, 두산동아, 2007.

권일찬, 『동양과학개론 : 동양학의 학문적 체계와 과학성』, 충북대학교출판부, 2010.

규장각한국학연구원 편, 『실용서로 읽는 조선』, 글항아리, 2013.

금장태, 『한국실학사상연구』, 집문당, 1987.

금장태, 『조선 후기의 유학사상』, 서울대학교출판부, 1998.

길전공평(吉田公平, 요시다코헤이), 『日本における陽明學』, ぺりかん社, 1999; 정지욱 옮김, 『일본양명학』, 청계, 2004.

김길락 외 지음, 『양명학 철학연구』, 청계, 2001.

김도환, 『담헌 홍대용 연구』, 경인문화사, 2007.

김도환, 『정조와 홍대용, 생각을 겨루다 : 서연문답』, 책세상, 2012.

김만일, 『조선 17-18세기 상서해석의 새로운 경향』, 경인문화사, 2007.

김문식, 『조선후기 지식인의 대외인식』, 새문사, 2009.

김문식 외 지음, 『영·정조대 문예중흥기의 학술과 사상』, 한국학중앙연구원출판부, 2014.

김문용, 『홍대용의 실학과 18세기 북학사상』, 예문서원, 2005.

김민형, 김태경, 『수학의 수학』, 은행나무, 2016.

김선희, 『마테오 리치와 주희, 그리고 정약용 : 천주실의와 동아시아 유학의 지평』, 심산, 2012.

김영식, 박성래, 송상용 지음, 『과학사』, 전파과학사, 2013.

김영식 편, 『중국전통문화와 과학』, 창작과 비평사, 1986.

김영식(Kim YungSik), The Natural Philosophy of Chu Hsi(1130-1200), American Philosophical Society, 2000; 『주희의 자연철학』, 예문서원, 2005.

김용섭, 『조선후기농업사연구 : 농서와 농업 관련 문서를 통해 본 농학사조』, 지식산업사, 2009.

김용운, 김용국, 『한국수학사 : 수학의 창을 통해 본 한국인의 사상과 문화』, 살림출판사, 2009.

김윤조, 실학박물관, 『유득공』, 민속원, 2013.

김인규, 『홍대용 : 조선시대 최고의 과학사상가』, 성균관대학교출판부, 2008.

김인규, 『북학사상의 철학적 기반과 근대적 성격』, 다운샘, 2000.

김태영, 『실학의 국가 개혁론』, 서울대학교출판부, 1998.

김태준, 『홍대용 평전』, 민음사, 1987.

김필동, 『파별과 연대-조선사회의 신분과 조식』, 문학과 지성사, 1999.

김형효, 『물학·심학·실학-맹자와 순자를 통해 본 유학의 사유』, 청계, 1999.

김혜숙, 『신음양론 : 동아시아 문화논리의 해제와 재건』, 이화여자대학교 출판부, 2014.

니이브(J. L. Neve), 『기독교 교리사』, 서남동 역, 대한기독교서회, 1965.

대빈호(大濱晧), 『중국고대의 논리』, 김교빈, 윤무학, 안은수 옮김, 동녘, 1993.

데이비드먼젤로(Mungello, David E.), Curious Land : Jesuit Accommodation and the Origins of Sinology, University of Hawaii Press, 1989; 이향민, 장돈진, 정인재 공역, 『진기한 나라 중국 : 예수회의 적응주의와 중국학의 기원』, 나남, 2009.

도날드 베이커(Baker, Donald), Confucianism confronts Catholicism in the late Chososon Dynasty, Seatle : University of Washington, 1983; 김세윤 역, 『조선후기 유교와 천주교의 대립』, 일조각, 1997.

두유명(杜維明, 뚜웨이밍), 정용환 옮김, 『뚜웨이밍의 유학강의』, 청계, 1999.

료명춘(廖名春), 강학위(康學偉), 양회현(梁韋弦), 『周易硏究史』, 湖南出版社, 1991; 심경호 옮김, 『주역철학사』, 예문서원, 1994.

롤랑 바르트 지음, 『애도일기』, 김진영 옮김, 웅진씽크빅, 2012.

마빈해리스(Harris, Marvin), 김찬호 옮김, 『작은 인간』, 민음사, 1995.

마테오리치(Ricci, Matteo), Della entrata della compagnia di Gesu e christianita nella Cina, Vol. 1-4, 5.; 川名公平 譯, 矢澤利彦 譯注, 『中國キリスト敎布敎史』 1,2, 岩波書店, 1983.

마테오리치(Ricci, Matteo), (De)Christiana expeditione apud Sinas suscepta ab Societate Jesu =

China in the sixteenth century : the journals of Matthew Ricci, 1583-1610; 劉俊餘, 王玉川 譯, 『利瑪竇中國傳敎史』; 신진호, 전미경 옮김, 『중국견문록』, 문사철, 2011.

문석윤, 『호락논쟁 형성과 전개』, 동과서, 1999.

문석윤, 박희병, 김문용 외, 『담헌 홍대용 연구』, 사람의 무늬, 2012.

문중양, 『조선후기 과학사상사 : 서구 우주론과 조선 천지관의 만남』, 들녘, 2016.

미나모토 료엔, 『도쿠가와 시대의 철학사상』, 박규태, 이용수 옮김, 예문서원, 2000.

민족과 사상 연구회 편, 『사단칠정론』, 서광사, 1992.

민족문학사연구소 편, 『근대 계몽의 학술 문예사상』, 소명출판, 2000.

박성래, 『지구자전설과 우주무한론을 주장한 홍대용』, 민속원, 2012.

박성래, 『한국과학사상사』, 유스북, 2005.

박종천, 『예, 3천년 동양을 지배하다』, 글항아리, 2011.

박창범, 『한국의 전통과학, 천문학』, 이화여자대학교 출판부, 2007.

박희병, 『범애와 평등 : 홍대용의 사회사상』, 돌베개, 2013.

박향란, 『연행록 소재 필담의 연구의 연구 : 홍대용·박지원 등을 중심으로』, 보고사, 2013.

배우성, 『조선과 중화, 조선이 꿈꾸고 상상한 세계와 문명』, 돌베개, 2014.

백종현, 『철학의 주요개념』, 서울대학교 철학사상연구소, 2004.

베른하르드 로제, 『기독교 교리의 역사』, 차종순 역, 기독교교문사, 1990.

벤자민슈월츠(Schwartz, Benjamin I), The World of thought in ancient China, Belknap Press of Harvard University Press, 1985; 나성 옮김, 『중국고대사상의 세계』, 살림출판사, 1996.

벤자민 엘먼(Elman, Benjamin), From philosophy to philology : intellectual and social aspects of change in late imperial China, UCLA Asian Pacific Monograph Series, 2001; 양휘웅 옮김, 『성리학에서 고증학으로』, 예문서원, 2004.

빤또하(龐迪我 Pantoja, Diego de), 「七克」, 『天學初函』 4, 臺灣學生書局, 1965; 박유리 옮김, 『칠극(七克) : 그리스도교와 신유학의 초기 접촉에서 형성된 수양론』, 일조각, 2010.

복영광사(福永光司, 후쿠나가코우지), 『莊子 : 古代中國の實存主義』, 東京 : 中央公論社, 1964; 이동철, 임헌규 옮김, 『장자─고대중국의실존주의』, 청계, 1999.

산전경아(山田慶兒, 야마다게이지), 『朱子の自然學』, 岩波書店, 1978; 김석근 역, 『주자의 자연학』, 통나무, 1991.

서광계, 『서광계 문집』, 최형섭 옮김, 지만지 고전선집, 2010.

서원화(徐遠和, 쉬유엔허), 『洛學源流』, 齊魯書社, 1987; 손홍철 옮김, 『이정의 신유학』 동과서, 2011.

성광동, 백민정, 임부연, 강신주 쓰고 옮김, 『스승 이통과의 만남과 대화, 연평답문』, 이학사, 2006.

소공권(蕭公權) 저, 『중국정치사상사』, 최명, 손문호 옮김, 서울대학교출판부, 1998.

소천청구(小川晴久, 오가와 하루히사), 『실사구시의 눈으로 시대를 밝힌다』, 황용성 옮김, 강, 1999.

속경남(束景南, 수징난), 『朱子大傳』, 北京 : 商務印書館, 2003; 김태완 옮김, 『주자평전 상, 하』, 역사비평사, 2015.

송영배, 『동서 철학의 교섭과 동서양 사유 방식의 차이』, 논형, 2004.

송지원, 『정조의 음악정책』, 태학사, 2007.

수내청(藪內淸, 야부우치기요시), 『中國の科學文明』, 岩波書店, 1970; 전상운 옮김, 『중국의 과학문명』, 민음사, 1997.

수내청(藪內淸, 야부우치기요시), 『中國の天文曆法』, 平凡社, 1990; 유경로 역편, 『중국의 천문학』, 전파과학사, 1985.

수잔 벅 모스(Buck-Morss, Susan), 『발터 벤야민과 아케이드 프로젝트』, 김정아 옮김, 문학동네, 2004.

수전 손택(Sontag, Susan), 『은유로서의 질병』, 이재원 옮김, 이후, 2002.

스티븐툴민(Toulmin, Stephen), Cosmopolis, The Hidden Agenda of Modernity, Frankfurt am Main : Suhrkamp, 1994; 이종흡 옮김, 『코스모폴리스, 근대의 숨은 이야깃거리들』, 경남대학교출판부, 1997.

시야도웅(矢野道雄, 야노미치오), 『密敎占星術 : 宿曜道とインド占星術』, 東洋書院, 2013; 전용훈 옮김, 『밀교점성술과 수요경』, 동국대학교출판부, 2010.

신용하, 『조선후기 실학파의 사회사상 연구』, 지식산업사, 1997.

실시학사 편, 『담헌 홍대용 연구』, 사람의 무늬, 2012.

실학박물관, 경기문화재단, 『마테오 리치의 곤여만국전도와 조선후기의 세계관』, 경인문화사, 2013.

앤거스 그레이엄(Graham, A. C.), Disputers of the Tao : philosophical argument in ancient China, Chicago, Ill. : Open Court, 1989; 『도의 논쟁자들 : 중국 고대 철학 논쟁』, 나성 옮김, 새물결, 2003.

양웅 지음, 『방언소증 1,2,3.』, 이연주, 이연승 옮김, 소명출판, 2012.

연세대학교 국학연구원, 『한국실학사상연구』 1,2,4, 혜안, 2005.

오수경, 『연암그룹 연구』, 한빛, 2003.

왕기진(王琦珍, 왕치정), 『禮與傳統文化』, 江西高校出版社, 1995; 김응엽 역, 『중국 예로 읽는 봉건의 역사』, 예문서원, 1999.

왕진부(王振復, 왕전푸), 『大易之美 : 周易的美學智慧』, 北京大學, 2005; 신정근, 이시우 옮김, 『대역지미, 주역의 미학』, 성균관대학교 출판부, 2013.

윌리스턴 워커, 강근환 역, 『세계기독교회사』, 대한기독교서회, 1994.

유명종, 『한국의 양명학』, 동화출판공사, 1983.

유봉학, 『연암일파 북학사상 연구』, 일지사, 1995.

유휘 엮음, 『구장산술(九章算術) : 동양 최고(最古)의 수학서』, 김혜경, 윤주영 옮김, 한국 과학문화재단편, 서해문집, 1998.

이규성, 『내재의 철학—황종희』, 이화여자대학교출판부, 1995.

이규성, 『생성의 철학—왕선산』, 이화여자대학교출판부, 2002.

이규성, 『의지와 소통으로서의 세계』, 동녘, 2016.

이기원, 『지의 형성과 변용의 사상사 : 소라이학, 반소라이학, 그리고 조선유학』, 경인문화사, 2013.

이덕일, 『당쟁으로 보는 조선역사』, 석필, 2004.

이동인, 『율곡의 사회개혁사상』, 백산서당, 2002.

이동인, 이봉규, 정일균 지음, 『조선시대 충정지역의 예학과 교육』, 백산서당, 2001.

이동환, 『실학시대의 사상과 문학』, 지식산업사, 2006.

이명현, 『신문법 서설 : 다차원적 사고의 열린세계를 향하여』, 철학과 현실사, 1997.

이문규, 『고대 중국인이 본 하늘의 세계』, 문학과지성사, 2000.

이불 지음, 조남호, 강신주 옮김, 『주희의 후기철학』, 소명출판, 2009.

이상옥 역저, 『(신완역) 예기』, 상, 중, 하, 명문당, 2003, 2014, 2003.

이석규 외, 『민에서 민족으로=from people to nation』, 선인 2006.

이석명, 『회남자 : 한대 지식의 집대성』, 사계절, 2004.

이승환, 『횡설과 수설 : 400년을 이어온 성리논쟁에 대한 언어분석적 해명』, 휴머니스트, 2012.

이시필 지음, 『소문사설, 조선의 실용지식 연구노트 : 18세기 생활문화 백과사전』, 백승호, 부유섭, 장유승 옮김, 휴머니스트, 2011.

이애희, 『조선후기 인성·물성 논쟁의 연구』, 서울 : 고려대학교 민족문화연구원, 2004.

이은성, 『역법의 원리분석』, 정음사, 1988.

이장식, 『기독교 사상사』 Vol.2, 대한기독교서회, 1966.

이종우, 『철학적 주제로 본 유가사상』, 성균관대학교 출판부, 2010.

이창익, 『조선시대 달력의 변천과 세시의례』, 창비, 2013.

이창일, 『소강절의 철학 : 선천역학과 상관적 사유』, 심산, 2007.

이현재, 『여성주의적 정체성 개념』, 여이연, 2008.

이향준, 『조선의 유학자들 켄타우로스를 상상하며 이와 기를 논하다』, 예문서원, 2011.

잉게베르크 C, 『폴 틸리히의 그리스도교 사상사』, 송기득 역, 한국신학연구소, 1983.

임형택, 『실사구시의 한국학』, 창작과 비평사, 2000.

임형택, 『문명의식과 실학-한국지성사를 읽다』, 돌베개, 2009.

장입문(張立文, 장리원) 外, 『氣』, 中國人民大學出版社, 1991; 김교빈 외 역, 『기의 철학』, 예문지, 1992.

전상운, 「한국과학기술사」, 정음사, 1975.

정 민, 『18세기 한중 지식인의 문예공화국』, 문학동네, 2014.

정옥자 외, 『정조시대의 사상과 문화』, 돌베개, 1999.

정해창, 『제임스의 미완성의 세계』, 한국학중앙연구원, 청계출판사, 2009.

정훈식, 『홍대용 연행록의 글쓰기와 중국인식』, 세종출판사, 2007.

조 광, 『조선후기 사상계의 전환기적 특성』, 경인문화사, 2010.

조성산, 『조선후기 낙론계 학풍 연구』, 지식산업사, 2008.

제임스팔레(James B. Palais), Confucian statecraft and Korean Institutions : Yu Hyoungwon and the late Choson Dynasty, University of Washington Press, 1996; 김범 역, 『유교적 경세론과 조선의 제도들-유형원과 조선후기』, 산처럼, 2008.

조셉니담 저, 『중국의 과학과 문명』 1,2,3, 이석호 외 옮김, 을유문화사, 1985.

존헨더슨(John B. Henderson), The Development and Decline of Chinese Cosmology, New York : Columbia University Press, 1984; 문중양 역주, 『중국의 우주론과 청대의 과학혁명』, 소명출판, 2004.

주계영(周啓榮, 카이위초우), The rise of Confucian ritualism in late imperial China : ethics, classics, and lineage discourse, Stanford Univerisity Press, 1994; 양휘웅 옮김, 『예교주의 : 17-18세기 중국 지식인의 윤리, 학문, 종족의 담론』, Monograph, 2013.

주겸지(朱謙之, 주치안즈), 『中國思想對於歐洲文化之影響』, 上海書店, 1978; 전홍석 역, 『중국이 만든 유럽의 근대 : 근대 유럽의 중국문화 열풍』, 청계, 2010.

주백곤(朱伯崑, 주보쿤), 『易學哲學史』, 華夏出版社, 1995; 김학권 외, 『역학철학사 1,2,3,4, 5,6,7,8.』, 소명출판, 2010.

중산무(中山茂, 나카야마시게루), 『占星術 : その科學史上の位置』, 紀伊國屋書店, 2005; 이은성 역, 『점성술 : 東洋科學史上의 위치』, 전파과학사, 1975.

중산무(中山茂, 나카야마시게루), 『天の科學史』, 東京 : 朝日新書, 1984, 新版 講談社學術文庫, 2011; 김향 옮김, 『하늘의 과학사』, 가람기획, 1991.

치종천 역, 『구장산술 주비산경』, 범양사출판부, 2000.

천관우, 『한국사의 재발견』, 일조각, 1974.

천관우, 『근세조선사연구』, 일조각, 1979.

철학사전편찬위원회 외 30인, 『철학사전』, 중원문화, 2009.

켄트가이(Guy, R. Kent), The emperor's four treasuries : scholars and the state in the late Ch'ien-lung era, Cambridge, Mass. : Council on East Asian Studies, Harvard University : Distributed by Harvard University Press, 1987; 양휘웅 옮김, 『사고전서』, 생각의 나무, 2009.

켈 리, 『고대 기독교 교리사』, 김광식 역, 한들, 1999.

토마스메츠거(Metzger, Thomas A), Escape from predicament : neo-Confucianism and China's evolving political culture, New York : Columbia University Press, 1977; 『곤경의 탈피 : 주희 왕양명부터 탕쥔이 펑유란까지 신유학과 중국의 정치문화』, 나성 옮김, 민음사, 2014.

토마스쿤(Kuhn, Thomas S), The structure of scientific revolutions, Chicago : University of Chicago Press, 1962; 김명자 옮김, 『과학혁명의 구조』, 정음사, 1981.

토바이스단치히(Dantzig, Tobias), Number. The Language of Science, New York : Pi Press, 2005; 심재관 역, 『과학의 언어 수』, 지식의 숲, 2007.

평천우홍(平川祐弘, 히라가와스케히로), 『マッテオ リッチ傳』, 平凡社, 1997; 노영희 옮김, 『마테오 리치 동서문명 교류의 인문학 서사시』, 동아시아, 2002.

피터볼(Bol, Peter Kees), Neo-Confucianism in History, Harvard University Press, 2008; 김영민 옮김, 『역사 속의 성리학』, 예문서원, 2010.

하우봉, 『조선후기 실학자의 일본관 연구』, 일지사, 1989.

한국사상사연구회, 『인성물성론』, 한길사, 1994.

한국사상사연구회, 『조선 유학의 자연철학』, 예문서원, 1998.

한국사상사연구회, 『조선 유학의 개념들』, 예문서원, 2002.

한국18세기학회, 『위대한 백년 18세기-동서문화 비교 살롱토크』, 태학사, 2007.

한국철학사상연구회, 『논쟁으로 보는 한국철학』, 예문서원, 1995.

한국철학사상연구회, 『철학대사전』, 동녘, 1997.

한도현 외,『유교의 예와 현대적 해석』, 청계, 2004.

한영우,『조선후기사학사연구』, 일지사, 1989.

한영우,『꿈과 반역의 실학자, 유수원』, 지식산업사, 2007.

한영우, 정호훈, 유봉학, 김문식, 구만옥, 배우성, 고동환,『다시, 실학이란 무엇인가』, 푸른역사, 2007.

한우근,『성호 이익 연구』, 서울대학교출판부, 1980.

한정주,『이덕무를 읽다』, 다산북스, 2016.

허 민,『수학자의 뒷모습 1, 2』, 경문사. 2011 참조

허버트핀가렛(Fingarette, Herbert), Confucius : the secular as sacred, Waveland Press, 1998; 송영배 옮김,『공자의 철학 : 서양에서 바라본 禮에 대한 새로운 이해』, 서광사, 1993.

헨리율(Yule, Henry, Sir), 앙리 꼬르디에(Cordier, Henri), 정수일 역주,『중국으로 가는 길』, 사계절, 2002.

홍이변,「조선과학사」, 정음사, 1946.

황태연,『공자와 세계 1,2,3,4,5』, 청계, 2011.

황태연,『실증주역 상, 하 : 고증 논증 서증에 기초한 과학적 주역 풀이』, 청계, 2012.

황태연, 김종록 공저,『공자, 잠든 유럽을 깨우다 : 유럽 근대의 뿌리가 된 공자와 동양사상』, 김영사, 2015.

후스토 L. 곤잘레스,『기독교 사상사』Vol.3, 이형기, 차종순 역, 한국장로교출판사, 1988.

후외려 외 지음,『송명이학사』1,2, 박완식 옮김, 이론과실천, 1993, 1995.

후외려 저, 양재혁 옮김,『중국철학사』中, 일월서각, 1988.

히라카와 스케히로,『마테오 리치 : 동서문명교류의 인문학 서사시』, 노영희 옮김, 동아시아, 2002.

江曉原,『占星學與傳統文化』, 廣西師範大學出版社, 2004.

郭廷以,『近代中國的變局』, 中國圖書, 2012.

谷衍奎 編,『漢字源流字典』, 語文出版社, 2008.

本杰明 艾爾曼(Benjamin Elman),『經學・科學・文化史 : 艾爾曼自選集』, 中華書局, 2010.

徐光啓,『徐光啓全集 (全10冊)』, 上海古籍, 2011.

余英時,『論戴震與章學誠－清代中期學術思想史研究』, 臺北 : 臺灣商務印書館, 1977.

小島毅,『中國近世における礼の言說』, 東京大學出版會, 1996.

邵夢蘭,『中國文化基本教材』, 廣文書局, 1970.

束景南, 『朱子大傳』, 福建教育, 2000.

市川安司, 『程伊川哲學の研究』, 東京：東京大學出版會, 1964.

王汎森, 『權力的毛細管作用：清代的思想、學術與心態』聯經, 2013.

張壽安, 『以禮代理－凌廷堪與清中葉儒學思想之轉變』, 中央研究院 近代史研究所, 1994.

鄭文光, 席澤宗, 『中國歷史上的宇宙理論』, 北京：人民出版社, 1975.

錢 穆, 『中國近三百年學術史』上・下 5版, 臺北：臺灣商務印書館, 1972.

井川義次, 『宋學の西遷：近代啓蒙への道』, 人文書院, 2009.

朱伯崑, 『周易通釋』, 昆侖出版社, 2004.

蔡尚思, 『中國禮教思想史』, 中華書局, 1991.

淺野裕一, 『古代中國の宇宙論』, 岩波書店, 2006.

川原秀城, 『中國の科學思想：兩漢天學考』, 創文社, 1996.

黃伯祿, 『正教奉褒』, 慈母堂, 1904.

侯外廬, 『中國思想通史』 1,2, 北京：人民出版社, 1992.

Benjamin Elman, *From philosophy to philology : intellectual and social aspects of change in late imperial China*, Cambridge, Mass. : Council on East Asian Studies, Harvard University, 1984.

Catherine Jami, *The emperor's new mathematics : Western learning and imperial authority during the Kangxi Reign (1662-1722)*, Oxford; New York : Oxford University Press, 2012.

Catherine Jami, Peter Engelfriet and Gregory Blue, *Statecraft and intellectual renewal in late Ming China : the cross-cultural synthesis of Xu Guangxi {i.e. Guangqi}*, 1562-1633, Brill, 2001.

James M, Lattis, *Between Copernicus and Galileo : Christoph Clavius and the collapse of Ptolemaic cosmology*, University of Chicago Press, 1994.

Joseph Needham; with the collaboration of Wang Ling, *Science and Civilisation in China* 1,2,3,4,5,6,7, Cambridge University Press, 1954-.

Laura Dassow Walls, *Seeing New worlds-Henry David Thoreau and Nineteenth-century Natural Science*, The University of Wisconsin Press, 1995.

Liam Matthew Brockey, *Journey to the East : The Jesuit Mission to China*, 1579-1724, Harvard University Press, 2007.

Li Yan(李儼) and Du Shiran(杜石然), *Chinese Mathematics : a Concise History*(中國古代數學簡史), translated by John Crossley(郭樹理) and Anthony Lun(倫華祥), Oxford：

Clarendon Press, 1987.

Lionel M. Jensen, *Manufacturing Confucianism : Chinese traditions & universal civilization*, Duke University Press, 1997.

Roger Hart, *Imagined Civilizations : China, the West, and Their First Encounter Baltimore*, Maryland : Johns Hopkins University Press, 2013.

Peter M. Engelfriet, *Euclid in China : the genesis of the first Chinese translation of Euclid's Elements, books I-VI (Jihe yuanben, Beijing, 1607) and its reception up to 1723*, Leiden; Boston : Brill, 1998.

William James, "16. From a Pluralistic Universe", *the Essential Writings*, Bruce W. Wilshire (ed.), State University of New York Press Albany, 1984.

Yi Kai Ho, *Science In China, 1600-1900 : Essays By Benjamin A Elman*, eBook Academic Collection.

연구논문

강만길, 「조선후기 상업의 문제점-『迂書』의 상업정책 분석」, 『한국사연구』 6, 한국사연구회, 1971.

강명관, 「조선 후기 양명좌파의 수용」, 『오늘의 동양사상』 16, 예문동양사상연구원, 2007.

강춘화, 「홍대용의 실학적 인식론에 대한 연구 : 주희설(朱熹說)과의 비교를 중심으로」, 고려대학교 박사학위논문, 2000.

공병석, 「『예기(禮記)』와 『묵자(墨子)』의 귀신관-상장관(喪葬觀)을 중심으로」, 『동아시아고대학』 39, 동아시아고대학회, 2015.

구만옥, 「조선 후기 주자학적 우주론의 변동」, 연세대학교 박사학위논문, 2002.

구만옥, 「조선후기 천문역산학의 주요 쟁점 : 정조(正祖)의 천문책(天文策)과 그에 대한 대책을 중심으로」, 『韓國思想史學』 27, 2006.

구만옥, 「마테오리치 이후 서양수학에 대한 조선지식인의 반응」, 『한국실학연구』 20, 한국실학학회, 2010.

권인호, 「한국 실학사상과 근현대철학에서 실용주의」, 『동서사상』 제8집, 2010.

금장태, 「북학파의 실학사상」, 정신문화 10, 1981.

길민숙, 「홍대용의 『의산문답』 읽기와 문학교육적 성찰」, 『우리어문연구』 29, 2007.

김경호, 「여헌 장현광의 인심도심론 연구」, 『유교사상문화연구』 22, 한국유교학회, 2005.

김경희, 「『장자』의 變과 化의 철학」, 이화여자대학교 박사학위논문, 2006.

김도환, 「홍대용 사상의 연구」, 한양대학교 박사학위논문, 2000.

김권집, 「담헌 홍대용의 행정개혁론 연구」, 『한국행정사학지』 제30호, 2012.

김근호, 「명덕설에 나타난 철학적 문제의식의 변화」, 『공자학』 제28호, 2015.

김낙진, 「만물일체론과 인물성동이론을 통해본 명 유학과 조선 유학의 비교」, 『유교사상
　　　문화연구』 39, 한국유교학회, 2010.

김동건, 「『의산문답』의 창작 배경 연구-연행록의 전통 수용을 중심으로」, 『정신문화연
　　　구』 36, 한국학중앙연구원, 2013.

김동건, 「『열하일기』와 『의산문답』의 관계 재고」, 『대동문화연구』 85, 2014.

김동석, 「『호질』 연구-『의산문답』과의 관련을 중심으로」, 『한문교육연구』 14, 한국한문
　　　교육학회, 2000.

김동석, 「『열하일기』의 「상기」에 수용된 화이지분의 비유-『의산문답』을 통하여」, 『한문학
　　　보』 제3집, 우리한문학회, 2000.

김문식, 「조선후기 지식인의 자아인식과 타자인식-대청교섭을 중심으로」, 『대동문화연
　　　구』 39, 성균관대학교 대동문화연구원, 2001.

김문식, 「조선시대 중국서적의 수입과 간행-『四書五經大全』을 중심으로」, 『규장각』 29,
　　　2006.

김문용, 「홍대용의 실학사상에 관한 연구」, 고려대학교 박사학위논문, 1995.

김문용, 「홍대용 자연관의 방법론적 전환」, 『과학사상』 33, 범양사, 2000.

김문용, 「조선후기 서학의 영향과 우주론적 시공 관념의 변화」, 『시대와 철학』 18-3, 2007.

김문용, 「장현광 우주론의 상수학적 성격에 대한 검토」, 『동양고전연구』 33, 2008.

김문준, 「우암 춘추대의 정신의 이론과 실천」, 『동양철학연구』 13, 동양철학연구회, 1992.

김상곤, 「人物性同異論과 湖洛論爭」, 『유교사상문화연구』 Vol.8, 한국유교학회, 1996.

김상근, 「마테오 리치의 천주실의에 나타난 16세기 후반 예수회 대학의 교과과정과 예수
　　　회 토미즘의 영향」, 『한국기독교신학논총』, 제40집, 2005.

김상희, 「『장자』 : 渾沌으로의 전환과 獨遊의 세계」, 이화여자대학교 박사학위논문, 2008.

김성근, 「니시 아마네(西周)의 과학개념-'학', '물리', '격물'을 중심으로」, 『동서철학연
　　　구』 제73호, 한국동서철학회, 2014.

김성윤, 「조선시개 대동사회론의 수용과 전개」, 『조선시대사학보』 30, 조선시대사학회,
　　　2004.

김영식, 「조선후기의 지전설 재검토」, 『동방학지』 133, 연세대학교 국학연구원, 2006.

김영식, 「17세기 서양 과학기술의 중국 전래와 기술도에 대한 연구 : 『기기도설(奇器圖說)』
　　　을 중심으로」, 서울대학교 한국연구재단 연구성과물, 2006.

김영식, 「17세기 중국의 기계와 力學에 대한 관념 : 왕징의『기기도설』을 중심으로』, 한국
과학사학회지 28, 한국과학사학회, 2006.

김예호, 「직하 황로도가의 정치철학적 세계관 연구―『관자』4편의 도론 분석을 중심으로」,
『동양철학연구』제33집, 동양철학연구회, 2003.

김예호, 「직하 황로학파의 정치철학 연구―직하 황로도가와 황로법가의 도법론을 비교분
석하며」,『시대와철학』Vol.16 No.3, 한국철학사상연구회, 2005.

김용덕, 「소현세자연구」,『사학연구』18, 한국사학회, 1964.

김용덕, 「북학사상의 원류연구」, 동방학지 15, 1974.

김용섭, 「18,9세기 농업실정과 새로운 농업경영론」,『한국근대농업사연구』, 일조각, 1975

김용헌, 「여헌 장현광 성리설 연구의 쟁점과 과제」,『한국인물사연구』13, 2010.

김용헌, 「서양과학에 대한 홍대용의 이해와 그 철학적 기반」,『철학』43, 한국철학회,
1995.

김원명, 서세영, 「홍대용의 세계관 변화와 그것의 현대적 의의」,『동서철학연구』72, 한국
동서철학회, 2014.

김윤정, 「18세기 예학 연구 : 낙론의 예학을 중심으로」, 한양대학교 박사학위논문, 2011.

김인규, 「조선후기 화이론의 변용과 그 의의―북학파를 중심으로」,『동양고전연구』5, 동
양고전학회, 1995.

김인규, 「홍대용 인간이해의 두 양상」,『동양고전연구』Vol.9, 동양고전학회, 1997.

김인규, 「북학사상의 철학적 기반에 대한 고찰」,『동양고전연구』제16집, 동양고전학회,
2002.

김인규, 「홍대용 사회개혁론의 특징과 그 의의」,『한국사상과문화』32, 한국사상문화학회,
2006.

김정호, 「홍대용『의산문답』의 정치사상적 특성과 의의」,『한국동양정치사상사연구』6,
한국동양정치사상사학회, 2007.

김태년, 「17~18세기 율곡학파의 사단칠정론」,『동양철학』제28집, 한국동양철학회, 2007.

김태준, 「홍대용과 그의 시대」, 일지사, 1982.

김필수, 「여헌(旅軒) 장현광의 생애와 성리설 연구」,『철학사상』8, 1986.

김학수, 「17세기 여헌학파(旅軒學派)의 형성과 학문적 성격의 재검토」,『한국인물사연구』
13, 2010.

김한식, 「홍대용의 개체성논거와 정치사상의 평가」, 정신문화 10, 1985.

김현미, 「18세기 연행록의 전개와 특성 연구」, 이화여자대학교 박사학위논문, 2004.

김현우, 「조선후기 호락논쟁에서 보이는 근대적 사유에 관한 연구」,『인문사회과학연구』

11-2, 2010.

김형석, 「예의 본질과 기능 : 그 종합적 이해를 위하여」, 『인문과학』 45, 연세대학교 인문
과학연구소, 1981.

김형석, 「명말의 경세가 서광계 연구」, 경희대학교 박사학위논문, 1995.

김혜숙, 「음양적 사유와 인과적 사유」, 『철학적 분석』, 한국분석철학회, 2000.

김혜연, 「홍대용 『의산문답』의 글쓰기 방식 : 과학 텍스트로서의 특징을 중심으로」, 『교
육연구와 실천』 제76권, 서울대학교 교육종합연구원, 2010.

김혜연, 「과학 글쓰기의 또 다른 가능성-『성호사설』과 『의산문답』을 중심으로」, 『국어
교육학연구』 제48집, 국어교육학회, 2013.

김희정, 「중국 고대 감응관의 형성-주요 개념과의 관계를 중심으로」, 『동양철학』 26, 한
국동양철학회, 2006.

남문현, 한영호, 이수웅 외1, 「조선기의 혼천의(渾天儀) 연구」, 『학술지(學術誌)』 39, 건국
대학교, 1995.

남재주, 「조선후기 예학의 지역적 전개양상 연구 : 영남지역 예학을 중심으로」, 경성대학
교 박사학위논문, 2012.

도민재, 「조선전기 예학 사상연구」, 성균관대학교 박사학위논문, 1998.

돈 베이커(Don Baker), 「practical ethics and prctical learning : Tasan's approach to moral
cultivation」, 『한국실학연구』 18. 2013.

로저 하트(Roger Hart), 「world history of science, history of Linear algebra, history of Chinese
mathematics, fangcheng, Xu Guangqi, Matteo Ricci, Fibonacci」, 『한국과학사학회지』,
34-2, 2012.

류인희, 「실학의 철학적 방법론」, 『동방학지』 35, 연세대학교 국학연구원, 1983.

류인희, 「홍대용 철학의 재인식」, 『동방학지』 73, 연세대학교 국학연구원, 1991.

문석윤, 「외암과 남당의 '미발' 논변」, 『태동고전연구』 Vol.11, 한림대학교 태동고전연구
소, 1995.

문석윤, 「『맹자』의 성, 심, 성인의 도덕론」, 인간환경미래 5, 인제대 인간환경미래연구원,
2010.

문석윤, 「호락논쟁 형성기 미발논변의 양상과 외암 미발논의 특징」, 『한국사상사학』 제31
집, 한국사상사학회, 2008.

문중양, 「16·17세기 조선 우주론의 상수학적 성격-성경덕(1489-1546)과 장현관(1554-
1637)을 중심으로」, 『역사와현실』 34, 한국역사연구회, 1999.

문중양, 「18세기 조선실학자의 자연지식의 성격-상수학적 우주론을 중심으로」, 『한국과

학사회회지』 제21권 제1호, 한국과학사학회, 1999.

문중양, 「18세기 후반 조선 과학기술의 추이와 성격—정조대 정부 부문의 천문역산 활동을 중심으로」,『역사와현실』 39, 한국역사연구회, 2001.

문중양, 「18세기말 천문역산 전문가의 과학 활동과 담론의 역사적 성격—서호수와 이가환을 중심으로」,『동방학지』 123, 연세대국학연구원, 2003.

문중양, 「조선후기 실학자들의 과학담론, 그 연속과 단절의 역사—기론적 우주론 논의를 중심으로」,『정신문화연구』 26, 한국학중앙연구원, 2003.

문중양, 「조선 후기 서양 천문도의 전래와 신·고법 천문도의 절충」,『한국과학사학회지』 제26권, 한국과학사학회, 2004.

문중양, 「홍이섭의 과학사 연구를 넘어서」,『동방학지』, 연세대학교 국학연구원, 2005.

문중양, 「동국·증정·증보문헌비고』「상위고」의 편찬과 영정조대의 한국 천문학」,『진단학보』 106, 진단학회, 2008.

문중양, 「중국과 조선에서의 빛과 소리에 대한 기론적 논의 : 17세기 방이지 학파와 19세기 초 이규경을 중심으로」,『한국사상사학』 제44집, 한국사상사학회, 2013.

문중양, 「鄕曆에서 東曆으로—조선후기 自國曆을 갖고자 하는 열망」,『역사학보』 218, 역사학회, 2013.

민병희, 「주희의 대학과 사대부의 사회, 정치적 권력—제도에서 심의 학으로」,『중국사연구』 55, 중국사회학회, 2008.

박경하, 「조선후기 향촌자치제」,『인문학연구』 18, 중앙대학교 인문과학연구소, 1991.

박권수, 「서명응(1716-1787)의 역학적 천문관」,『한국과학사학회지』 Vol.20, 한국과학사학회, 1998.

박권수, 「조선후기 상수역학의 발전과 변동—『역학계몽』에 대한 논의를 중심으로」,『한국사상사학』 제22집, 한국사상사학회, 2004.

박권수, 「조선후기 서양과학의 수용과 상수학의 발전」,『한국과학사학회지』 28, 한국과학사학회, 2006.

박광용, 「18,9세기 조선사회의 봉건제와 군현제 논의」,『한국문화』 22, 서울대한국문화연구소, 1998.

박동인, 「『관자』 4편과『할관자』의 기화우주론(氣化宇宙論)」,『철학연구』 86, 철학연구회, 2009.

박동인, 「공·맹 예법관의 생성과 변화」,『서강인문논총』 32, 서강대학교 인문과학연구소, 2011.

박동환, 「예의 논리적 근원」,『인문과학』 43, 연세대학교 인문학연구원, 1980.

박봉주, 「전국시대 초지역(楚地域)의 우주자연관(宇宙自然觀)에 대한 일고찰」, 『역사문화연구』 21, 2004.

박성래, 「홍대용의 우주론과 지전설」, 『한국과학사학회지』 1, 한국과학사학회, 1979.

박성래, 「홍대용의 과학사상」, 『한국학보』 23, 일지사, 1981.

박성래, 「홍대용 담헌서의 서양과학 발견」, 『진단학보』 79, 진단학회, 1995.

박성순, 「홍대용과 '實地'로서의 유리창-시장의 발견」, 『동아시아문화연구』 제50집, 2011.

박향란, 「연행록(燕行錄) 소재 필담의 연구 : 홍대용, 박지원 등을 중심으로」, 인하대학교 박사학위논문, 2010.

박홍식, 「조선조 후기유학의 실학적 변용과 그 특성에 관한 연구」, 성균관대학교 박사학위논문, 1994.

박홍식, 「인물성동이론」, 『경산대학논문집』 제16집, 경산대학, 1995.

박홍식, 「오규 소라이 예치사상의 의미」, 『동양철학』 제32집, 2009.

박희병, 「홍대용 연구의 몇 가지 쟁점에 대한 검토」, 『진단학보』 79, 진단학회, 1995.

박희병, 「아사미케이사이와 홍대용, 중화적 화이론의 해체양상과 그 의미」, 『대동문화연구』 40, 성균관대 대동문화연구원, 2002.

박희병, 「홍대용은 과연 북학파인가」, 『민족문학사연구』 50권, 민족문학사학회 · 민족문학사연구소, 2012.

배성우, 「'탈 것' 명칭의 분절구조 연구 : 수평이동의 운송 기구를 중심으로」, 고려대학교 박사학위논문, 2001.

백민정, 「담헌 홍대용의 리기론과 인성론에 관한 재검토」, 『퇴계학보』 124, 퇴계학연구원, 2008.

백승철, 「농암 유수원의 상업관과 상업진흥론」, 『동방학지』 140, 연세대학교 국학연구원, 2007.

서동환, 「담헌 홍대용사상 연구 : 자연과학사상을 중심으로」, 영남대학교 박사학위논문, 1990.

소재영, 「연행의 산하와 연행사의 역사의식」, 『동양학』 제35집, 단국대학교 동양학연구소, 2004.

소천청구(小川晴久, 오가와 하루히사), 「18세기의 철학과 과학의 사이-홍대용과 삼포매원」, 동방학지 20, 1978.

소천청구, 「東アジアたおける 地轉(動)說の成立」, 『동방학지』 Vol.23-24, 연세대학교 국학연구원, 1980.

소천청구, 「지전설에서 우주무한론으로-김석문과 홍대용의 세계」, 동방학지 21. 1979.

소천청구, 「실학의 개념에 대하여」, 『전통문화연구』 1, 명지대학교 한국전통문화연구소, 1983.

소천청구, 「담헌홍대용 실학사상의 근대정신」, 『유학연구』 1, 충남대학교 유학연구소, 1993.

소천청구, 「삼포매원(三浦梅園)의 천경적 사민론과 예악제도」, 『한국실학연구』 5, 한국실학학회, 2003.

소천청구, 「홍대용과 청조(홍대용의 학자와 학문관)」, 『국제한국학연구』 1, 명지대학교 국제한국학연구소, 2003.

소천청구, 「일본실학의 형성과 발전(日本實學の形成と發展)」, 일본사상』 8, 한국일본사상사학회, 2005.

손태룡, 「담헌 홍대용의 음악사상」, 『한국음악사학보』 1, 한국음악사학회, 1988.

송 복, 「예의 이념적 고찰 : 사회적 기능과 관련하여」, 『인문과학』 45, 연세대학교 인문과학연구소, 1981.

송석준, 「한국 양명학과 실학의 사상적 관련성에 관한 일고찰-초기 양명학의 실학적 전개양상을 중심으로」, 『동양철학연구』 13, 동양철학연구회, 1992.

송석준, 「實學派의 思想에 나타난 陽明學的 思惟構造 宋錫準」, 『유교사상문화연구』 Vol.7, 한국유교학회, 1994.

송석준, 「한국 양명학의 실학적 전개양상」, 『유학연구』 3, 충남대학교 유학연구소, 1995.

송석준, 「조선조 양명학의 수용과 연구 현황」, 『양명학』 12, 한국양명학회, 2004.

송석준, 「한국 양명학의 역사적 성과와 발전 방향」, 『한국양명학회 학술대회 논문집』 10, 한국양명학회, 2011.

송양섭, 「반계 유형원의 공전제론(公田制論)과 그 이념적 지향」, 『민족문화연구』 58호, 고려대학교 민족문화연구원, 2013.

송영배, 「홍대용의 상대주의적 사유와 변혁의 논리-특히 장자의 상대주의적 문제의식과의 비교를 중심으로」, 『한국학보』 74, 1994.

송지원, 「조선 중화주의의 음악적 실현과 청 문물 수용의 의의」, 『국악원론문집』 11, 국립국악원, 1999.

신로사, 「1811년 신미통신사행(辛未通信使行)과 한일(朝日) 문화 교류 : 필담(筆談)·창수(唱酬)를 중심으로」, 성균관대학교 박사학위논문, 2011.

신복룡, 「천주학의 전개와 조선조 지식인의 고뇌」, 『한국정치학회보』 Vol. 31, no. 2, 한국정치학회, 1997.

신용하, 「담헌 홍대용의 사회신분관과 신분제도 개혁사상」, 『한국문화』 12, 서울대학교 한국문화연구소 1991.

신정근, 「홍대용과 경험중심의 인식론적 리기관의 재생」, 『철학사상』 13, 서울대철학사상 연구소, 2004.

신정근, 「진국시대 2단계 심(心) 담론으로서 관자 심학의 의의－관자사편(管子四篇)을 중심으로」, 『동양철학연구』 57, 동양철학연구회, 2009.

신정근, 「홍대용 범애 의미 연구」, 『동양철학연구』 제82집, 동양철학연구회, 2015.

신종화, 「한국에서의 근대성의 전개에 관한 역사사회학적 이해 : 근대와 전근대의 이분법을 넘어서」, 『한국사회학회 사회학대회 논문집』, 2003.

심경호, 「조선후기 지성사와 제자백가－특히 관자와 노자의 독법과 관련하여」, 『한국실학연구』 13, 한국실학학회, 2007.

심우섭, 「관자의 정치철학사상의 현대적 조명」, 『동양철학연구』 21, 동양철학연구회, 1999.

안대옥, 「마테오 리치와 보유론」, 『동양사학연구』 106, 동양사학회, 2009.

안대옥, 「『주비산경(周髀算經)』과 서학중원설－명말 서학수용 이후 『주비산경』독법의 변화를 중심으로」, 『한국실학연구』 18, 한국실학학회, 2009.

안대옥, 「마테오 리치와 보편주의－『기하원본』 공리계의 동전과 그 수용을 중심으로」, 『명청사연구』 34, 명청사학회, 2010.

안대옥, 「만문 『산법원본(算法原本)』과 유클리드 초등정수론의 동전」, 『중국사연구』 69, 중국사학회, 2010.

안대옥, 「중국천문역법의 계보－John B. Henderson, The Development and Decline of Chinese Cosmology, N.Y. : Columbia University Press, 1984; 한국어역 : 『중국의 우주론과 청대의 과학혁명』에 대한 서평」, 『유교문화연구』, 성균관대학교 유교문화연구소, 2010.

안대옥, 「청대 전기 서학 수용의 형식과 외연」, 『중국사연구』 65, 중국사학회, 2010.

안대옥, 「격물궁리에서 '과학'으로 : 만명(晩明) 서학수용 이후 과학 개념의 변천」, 『유교문화연구』 19, 성균관대학교 유교문화연구소, 2011.

안대옥, 「『성리정의(性理精義)』와 서학」, 『대동문화연구』 77, 성균관대학교 대동문화연구원, 2012.

안대옥, 「18세기 정조기 조선서학 수용의 계보」, 『동양철학연구』 71, 동양철학연구회, 2012.

안대회, 「조선후기 연행을 보는 세 가지 시선」, 『한국실학연구』 19, 역사실학회, 2009.

안은수, 「한원진의 인물성 이론과『주역』이해」,『유교사상문화연구』21, 한국유교학회, 2004.

안재순, 「조선후기 실학파의 사상적 계보 : 성리학파와 관련하여」,『동양철학연구』12, 동양철학연구회, 1991.

안재원, 「아담 샬, 순치제, 소현 세자−아담을 바라보는 두 시선 사이에 있는 차이에 대해서」,『인간 · 환경 · 미래』8, 인제대학교 인간환경미래연구원, 2012.

안재원, 「쿠플레의『역경』이해−"겸"(謙) 괘의 라틴어 번역을 중심으로」,『인문 논총』제67집, 서울대학교 인문학연구원, 2012.

안재원, 「쿠플레의『중국인 철학자 공자』의「서문」−Natura(性) 개념의 이해 문제를 사례로」,『인문논총』제68집, 2012.

양 칭, 「『관자』의 도론체계 연구에 대한 종합적 서술」,『동서사상』제8집, 2012.

염정삼, 「명대 말기 중국의 서양학문 수용−『서학범(西學凡)』과『명리탐(名理探)』의 소개를 중심으로,『중국학보』Vol.63, 2011.

오석원, 「우암 송시열의 춘추의리사상」,『유학연구』제17집, 충남대학교 유학연구소, 2008.

오 진, 「중국사상사에서의 '성인' 개념」,『퇴계학논집』10호, 2012년.

유권종, 「朝鮮時代 易學 圖象의 역사에 관한 연구」,『동양철학연구』52, 동양철학연구회, 2007.

유명종, 「북학파의 양명학−담헌의 주기설을 중심으로」,『철학연구』20, 대한철학회, 1975.

유봉학, 「북학사상의 형성과 그 성격−담헌홍대용과 연암박지원을 중심으로」, 한국사론8, 서울대국사학과, 1982

유봉학, 「18,9세기 연암일파 북학사상의 연구」, 서울대학교대학원 박사학위논문, 1992.

유생진, 「근세일본사상의 성인관」,『퇴계학논집』12호, 2013.

윤무학, 조주은, 「묵가의 음양오행론−제가(諸家)와의 비교를 중심으로」,『한국철학논집』38, 한국철학사연구회, 2013.

윤사순, 「실학사상의 철학적 성격」,『아세아연구』8, 고려대학교 아세아문제연구소, 1976.

윤사순, 「인성 물성의 동이논변에 대한 연구」,『철학』18, 한국철학회, 1982.

윤주필, 「조선조 寓言소설의 반문명성−『의산문답』의 허구적 장치를 중심으로」,『도교문화연구』12, 한국도교문화학회, 1998.

윤지원, 「『관자(管子)』4편에 나타나는 "심(心)" 개념연구」,『철학연구』123, 대한철학회, 2012.

윤혜순, 「朝鮮算學과 中國算學에서 방정식의 구성과 해법」, 단국대학교 박사학위논문, 2009.

이경구, 「호락논쟁을 통해 본 철학논쟁의 사회정치적 의미」, 『한국사상사학』 제26집, 한국사상사학회, 2006.

이경보, 「홍대용의 상대수의석 사유에 관한 연구」, 성균관대학교 박사학위논문, 1999.

이경보, 「존재론과 윤리론의 갈등―홍대용의사상의 철학적기초」, 『한국실학연구』 12, 한국실학연구회, 2006.

이광수, 「조선시대 정부의 향약 시행 논의와 그 성격」, 『동아인문학』 39, 동아인문학회, 2017.

이규성, 「주자의 한계을 통해 본 대진의 비판적 철학」, 『東亞文化』 Vol.20, 1982.

이규성, 「생의 기술―우울과 명랑의 세계」, 『철학연구』 Vol.39, 철학연구회, 1996.

이규성, 「정자에서의 생산과 생명의 원리」, 『철학연구』, 철학연구회, 1999.

이규성, 「정자에서의 지식과 직관의 문제」, 『한국문화신학회 논문집』 Vol.3, 한국문화신학회, 1999.

이규성, 「마테오리치의 적응주의 도입과 그 발전 과정에 대한 신학적 고찰」, 『가톨릭신학』 Vol.21, 한국가톨릭신학학회, 2012.

이동환, 「홍담헌의 세계관의 두 국면―도학과 실학사상과의 相須的 연계 관계의 한 형태」, 『한국실학연구』 창간호, 한국실학연구회, 1999.

이명현, 「새로운 현실과 신문법」, 『철학과현실』, 철학문화연구소, 1996.

이명현, 「"신문법" 그리고 철학」, 『철학적분석』 1, 한국분석철학회, 2000.

이문규, 「『개원점경』에 나타난 천체에 관한 논의」, 『한국과학사학회지』 36-1, 2014.

이봉규, 「17세기 예송에 대한 정약용의 철학적 분석 : 「정체전중변(正體傳重辨)」을 중심으로」, 『공자학』, 한국공자학회, 1996.

이봉규, 「예송의 철학적 분석에 대한 재검토」, 『대동문화연구』 31, 성균관대학교 대동문화연구원, 1996.

이봉규, 「김장생·김집의 예학과 원종추종논쟁의 철학사적 의미」, 『한국사상사학』 11, 한국사상사학회, 1998.

이봉규, 「조선후기 예송의 철학적 함의」, 『한국학연구』 9, 인하대학교 한국학연구소, 1998.

이봉규, 「실학의 예론―성호학파의 예론을 중심으로」, 『한국사상사학』 제24집, 한국사상사학회, 2003.

이봉규, 「조선후기 사상사의 쟁점1―조선후기 성리학과 실학의 관계성; 실학의 예론―성호학파의 예론을 중심으로」, 『한국사상사학』 24, 한국사상사학회, 2005.

이봉규, 「명청조와의 비교를 통해 본 조선시대『家禮』연구의 특색과 연구방향」, 『한국사상사학』 44, 한국사상사학회, 2013.

이봉규, 「실학의 유교사적 맥락과 유교연구」, 『태동고전연구』 35, 한림대학교 태동고전연구소, 2015.

이상열(李相悅), 「中國의 禮典과 律·令·格·式 : 法史的考察」, 『연구논문집』 Vol.44, 대구효성가톨릭대학교, 1992.

이상익, 「낙학에서 북학으로 사상적 발전 철학」, 『철학』 46, 한국철학회, 1996.

이상익, 「호락논쟁의 핵심쟁점 : 心과 氣質의 관계문제」, 『한국철학논집』 제35집, 한국철학사연구회, 2012.

이상호, 「'성인됨'을 위한 유학의 기획과 그 철학적 전개－원시유가에서 성리학까지」, 『동양사회사상』 제16집, 동양사회사상학회, 2007.

이승준, 「담헌홍대용의『의산문답』연구－문학적의미를 중심으로」, 『우리어문연구』 53집, 우리어문학회, 2015.

이승환, 「남당 미발론과 공부론의 현실적 함의」, 『철학연구』 제40집, 고려대학교 철학연구소, 2010.

이우성, 「실학파의 문학과 사회관」, 『한국의 역사상』, 창작과비평사, 1982.

이우성, 「18세기 서울의 도시적 양상－실학파 특히 이용후생파의 성립배경」, 『이우성 저작집 1 : 한국의 역사상』, 창비, 2010.

이장주, 「주해수용의 이해와 수학교육적 의의」, 단국대학교 박사학위논문, 2007.

이재룡, 「조선시대의 성리학적 규범관 : 특히 예(禮)와 법(法)의 관계를 중심으로」, 고려대학교 박사학위논문, 1992.

이종우, 「담헌 홍대용의 북경방문 이후 화이 평등과 그 우열의식－담헌서의 의산문답과 김종후에게 보낸 편지를 중심으로」, 『동방학』 33, 한서대학교 동양고전연구소, 2015.

이종우, 「인간과 다른 생물에 대한 윤리의 적용문제 : 홍대용과 주희의 비교와 그 객관적 재조명을 중심으로」, 『철학연구』 제85집, 철학연구회, 2009.

이지형, 「홍담헌의 경학관과 그의 시학」, 『한국한문학연구』 1, 한국한문학회, 1976.

이진용, 「『회남자(淮南子)』의 우주생성론 고찰」, 『가톨릭철학』 18, 2012.

이춘희, 「담헌 홍대용의 「의산문답(醫山問答)」연구 : 상대주의적 인식론을 중심으로」, 동국대학교 박사학위논문, 2015.

이해영, 「홍대용의 비판의식 : 유학적 세계관의 비판, 계승, 극복」, 『대동문화연구』 29, 성균관대학교 대동문화연구원, 1994.

이해영, 「홍대용의 중용장구 비판」, 『대동문화연구』 31, 성균관대학교 대동문화연구원, 1996.

이행훈, 「학문 개념의 근대적 변환―'격치', '궁리' 개념을 중심으로」, 『동양고전연구』 37, 동양고전학회, 2009.

이현식, 「홍대용 『의산문답』 청나라론 단락의 구조와 의미」, 『태동고전연구』 제28집, 태동고전연구소, 2012.

이현식, 「홍대용 『의산문답』 인물론 단락의 구조와 의미」, 『태동고전연구』 제35집, 태동고전연구소, 2015.

임명걸, 「18세기 북학파 연행록 연구」, 성균관대학교 박사학위논문, 2013.

임종태, 「17·18세기 서양 지리학에 대한 조선·중국 학인들의 해석」, 서울대학교 박사학위논문, 2003.

임종태, 「무한우주의 우화」, 『역사비평』, 71, 역사문제연구소, 2005.

임홍태, 「하곡 정제두의 인물성이론 연구―지각설을 중심으로」, 『한국철학논집』 17, 한국철학사연구회, 2005.

자끄 제르네, 송영배 역, 「유교와 그리스도교 사상; 언어의 차이와 사유의 차이」, 『종교신학연구』 제5집, 분도출판사, 1992.

장영동, 「주역의 대인사상연구」, 『공자학』 Vol.26, 한국공자학회, 2014.

장원태, 「맹자 성인론의 의미―諸家 비판과 실천론을 중심으로」, 『유교사상문화연구』 63, 한국유교학회, 2016.

장정란, 「예수회 선교사 아담 샬의 성리학 비판」, 『동아연구』 25권, 서강대학교 동아연구소, 1992.

장정란, 「아담 샬의 생애와 유교관」, 『종교신학연구』 Vol.7, 서강대학교 비교사상연구원, 1994.

장혜원, 「조선 산학의 삼각형」, 『한국수학사학회지』 제22권, 한국수학사학회, 2009.

전병재, 「예의 사회적 기능 : 예(禮)와 법(法)과의 차이를 중심으로」, 『인문과학』 43, 연세대학교 인문학연구원, 1980.

전용훈, 「17-18세기 서양과학의 도입과 갈등―(절기) 시헌력 시행과 절기배치법에 대한 논란을 중심으로」, 『동방학지』 Vol.117, 연세대학교 국학연구원, 2002.

전용훈, 「조선후기 서양천문학과 전통천문학의 갈등과 융화」, 서울대학교 박사학위논문, 2004.

전용훈, 「서양 점성술 문헌의 조선 전래」, 『한국과학사학회지』 34-1, 2012.

정병석, 「역전의 도기결합적 성인관」, 『유교사상문화연구』 Vol.24, 2005.

정병석, 「역전의 성인관을 통해 본 주역 해석의 지평 전환」, 『동양철학연구』, Vol.69, 2012.

정병석, 「여헌 장현광의 태극에 대한 새로운 해석」, 『민족문화논총』 54, 영남대학교 민족문화연구소, 2013.

정병석, 「『易程傳』을 통해 본 정이천의 정치적 사유」, 『주역연구』 제5집, 한국주역학회, 2000.

정생화, 「淸 康熙 연간 翰林學士의 朝鮮文化 인식 연구」, 서울대학교 박사학위논문, 2015.

정성훈, 「홍대용과 박지원의 작가정신 비교 연구 : 『의산문답』과 『열하일기』를 대상으로」, 조선대학교 박사학위논문, 2016.

정재현, 「묵가의 실용주의와 논리주의」, 『중국철학』 6, 중국철학회, 1999.

정재현, 「후기 묵가의 명학연구」, 『철학적 분석』, 한국분석철학회, 2001.

정재현, 「전기 묵가에 있어서의 합리성」, 『동양철학』 27, 한국동양철학회, 2007.

정재현, 「묵가윤리학과 묵경」, 『철학논집』 28, 서강대학교 철학연구소, 2012.

정재현, 「중국적 세계(天下) 질서의 性格」, 『철학』 Vol.57, 한국철학회, 1998.

정주영(鄭周永), 「『說文解字』中的"所"字結構＝ The "suo(所)" Structures in ShuoWenJieZi (說文解字)」, 『중국어문학논집』, 중국어문학연구회, No.84, 2014.

정지욱, 「성인관을 통해 본 주자학과 양명학－자력주의를 중심으로」, 『동양철학연구』, Vol.44, 2005.

정진영, 「조선후기 향약의 일고찰」, 『민족문화논총』 Vol.2-3, 영남대학교 민족문화연구소, 1982.

정훈식, 「홍대용의 연행록 연구」, 부산대학교 박사학위논문, 2007.

조 광, 「홍대용의 정치사상연구」, 『민족문화연구』 14, 1979.

조남호, 「김창협 학파의 양명학 비판 : 智와 知覺의 문제를 중심으로」, 『철학』 39, 한국철학회, 1993.

조동일, 「조선후기 인성론과 문학사상」, 『한국문화』 11, 1990.

조동일, 「조선후기 인성론의 혁신에 대한 문학의 반응」, 『한국문화』 12, 서울대학교 규장각 한국학연구원(한국문화), 1991.

조병한, 「청대 중국의 실학과 고증학」, 『한국사 시민강좌』 48집, 일조각, 2011.

조성산, 「18세기 호락논쟁과 노론사상계의 분화」, 『한국사상사학』 Vol.8, 1997.

조성산, 「18세기 후반 낙론계 경세사상의 심성론적 기반」, 『조선시대사학보』 Vol.12, 2000.

조성산, 「18세기 초반 낙론계 天機論의 성격과 사회적 기능」, 『역사와 현실』 No.44, 한국 역사연구회, 2002.

조성산, 「조선후기 낙론계 학풍에 대한 연구 현황과 전망」, 『오늘의 동양사상』 14, 예문동 양사상연구원, 2006.

조성산, 「18세기 후반 석실서원과 지식·지식인이 재생산」, 『역사와 담론』 66, 호서사학 회, 2013.

조성을, 「홍대용의 역사인식─화이관을 중심으로」, 『진단학보』 79, 진단학회, 1995.

조성을, 「실학의 사회·경제사상─신분제도 개혁을 중심으로」, 『대동문화연구』 37, 대동 문화연구원, 2000.

조영록, 「17·8세기 존아적 화이관의 한 시각」, 『동국사학』 17, 동국사학회, 1982.

조우현, 「예(禮)의 희랍적 일면」, 『인문과학』 45, 1981.

조원일, 「맹자 성인관 연구」, 『한국철학논집』 제35집, 한국철학사연구회, 2012.

조원일, 「공자의 성인관 연구」, 『동서철학연구』 제67호, 한국동서철학회, 2013.

조원일, 「순자의 성인론연구」, 『중국인문과학』 53, 중국인문학회, 2013.

조유희, 「조선후기 실학자의 음악관 연구 : 홍대용과 이규경을 중심으로」, 성균관대학교 박사학위논문, 2009.

조창록, 「전근대 동아시아 국제관계의 재인식; 조선 실학에 끼친 서광계(徐光啓)의 영향─ 서유구 가문을 중심으로」, 『사림(史林)』 41, 수선사학회, 2012.

조현주, 「조선시대 산학서 주해수용의 구성에 관한 연구」, 성균관대학교 석사학위논문, 2005.

조호현, 「조선성리학 연구에 대한 일고찰─사칠논쟁과 호락논쟁을 중심으로」, 『한국사상 과 문화』 Vol.12, 한국사상문화학회, 2001.

천금매, 「18~19세기 朝.淸文人 交流尺牘 硏究」, 연세대학교 박사학위논문, 2011.

최경옥, 「禮 이념의 전개」, 『인문학논총』 4, 경성대학교 인문과학연구소, 2001.

최석기, 「여헌 장현광의 중용 해석과 그 의미」, 『한국한문학연구』 63, 한국한문학회, 2016.

최영진, 홍정근, 이천승, 「호락논쟁에관한 연구성과 분석및전망」, 『유교사상문화연구』 19. 한국유교학회, 2003.

최해숙, 「호락논쟁 중에 나타난 性과 간장·물의 비유」, 『동양철학연구』 제41집, 동양철 학연구회, 2005.

최홍규, 「조선후기 수령지방의 향약─禹夏永의 ≪향약설≫을 중심으로」, 『향토사연구』 3, 한국향토사연구전국협의회, 1992.

추제협, 「이익의 감발설에 나타난 장현광의 사상적 영향」, 『한국학논집』 54, 계명대학교 한국학연구원, 2014.

한상일, 「북학파의 실심적 예술사상 연구 : 홍대용·박지원·박제가를 중심으로」, 성균관 대학교 박사학위논문, 2016.

한영호, 이재호, 이문규 외2, 「홍대용의 측관의 연구」, 『역사학보』 164, 역사학회, 1999.

한영호, 「서양 기하학의 조선 전래와 홍대용의 주해수용」, 『역사학보』 170집, 역사학회, 2001.

한예원, 「일본의 실학에 관하여」, 『일본사상』 6, 한국일본사상사학회, 2004.

한재훈, 「성리학적 '예(禮)' 담론의 이론적 구도」, 『국학연구(Korean studies)』 Vol.27, 한국 국학진흥원, 2015.

한정길, 「조선후기 실학자들의 양명학관」, 『한국실학연구』 10, 한국실학학회, 2005.

한정길, 「유학에서의 정통과 이단-주자학적 도통론에 대한 양명학의 대응을 중심으로」, 『율곡사상연구』 21, 율곡학회, 2010.

한정길, 「심학과 실학의 재검토-조선양명학의 실심실학과 조선후기 실학-위당 정인보 의 양명학관에 대한 비판적 성찰을 중심으로」, 『한국실학연구』 Vol.28. 한국실학 학회, 2014.

허경진, 천금매, 「홍대용 집안에서 편집한 연항시독(燕杭詩牘)」, 『열상고전연구』 27, 열상 고전연구회, 2008.

허남진, 「홍대용의 과학사상과 이기론」, 『아시아문화』 9, 한림대학교 아시아문화연구소, 1993.

허남진, 「조선후기 기철학 연구」, 서울대학교 박사학위논문, 1994.

허남진, 「홍대용의 철학사상」, 『진단학보』 79, 진단학회, 1995.

허 벽, 「中華文化의 특질과 禮」, 『인문과학』 43, 연세대학교 인문학연구원, 1980.

허태용, 「북학사상을 연구하는 시각의 전개와 재검토」, 『오늘의 동양사상』 14, 예문동양 사상연구원, 2006.

홍성사, 「조선 산학의 퇴타술」, 『한국수학사학회지』, 제19권, 2006.

홍성사, 홍영희, 김창일, 「18세기 조선의 구고술」, 『한국수학사학회지』 제20권, 한국수학 사학회, 2007.

홍성사, 홍영희, 「홍길주의 대수학」, 『한국수학사학회지』 제21권, 한국수학사학회, 2008.

홍영희, 「조선 산학과 수리정온」, 『한국수학사학회지』 제19권, 한국수학사학회, 2006.

홍정근, 「朝鮮時代 湖洛論辨에서의 人間本性 논의에 관한 考察」, 『유교사상문화연구』 38, 한국유교학회, 2009.

황정욱, 「소현세자와 아담 샬」, 『신학논단』 69, 연세대학교 신과대학(연합신학대학원), 2012.

權純姬, 「中韓文化交流的友好使者洪大容」, 『아시아 民族造形學報』 3, 民族造形文化研究所韓國學會, 2002.

山內弘一, 「洪大容の華夷觀について」, 『朝鮮學報』 159, 朝鮮學會, 1996.

川原秀城, 「數と象徵 : 皇極經世學小史」, 『中國社會と文化』 12, 1997, pp.394-357.

Adam K. Fetterman, Marc Werth, Jessica L. Bair, Florian Landkammer, Michael D. Robinson, "The Scope and Consequences of Metaphoric Thinking : Using Individual Differences in Metaphor Usage to Understand How Metaphor Functions", in *Journal of Personality & Social Psychology*. Mar2016, Vol.110, Issue 3, pp.458-476.

Catherine Jami, "Western Influence and Chinese Tradition in An Eighteen-Century Chinese Mathematical Work," in *Historia Mathematica*, v.15, 1988.

Chenyang Li, "Li as Cultural Grammar : On the Relation between Li and Ren in Confucius' Analects", *Philosophy East and Western*, volume 57, University of Hawai'i Press, Number 3. July 2007, pp.311-329.

Chu Pingyi, "Scientific Dispute in the Imperial Court : The 1664 Calendar Case", *Chinese Science*, 14, 1997, pp.7-34.

David E. Mungello, "Curious Land : Jesuit Accommodation and the Origins of Sinology", *Studia Leibnitiana Supplementa* 25, Wiesbaden, 1985.

John B. Henderson, "Ch'ing Scholars' Views of Western Astronomy". in Harvard Journal of Asiatic Studies, Vol.46, No.1, 1986, pp.121-148.

John W O' Malley, "13/ Picturing Jesuit Anti-Copernican consensus : Astronomy and Biblical Exegesis in the Engraved Title-Page of Clavius's *Opera mathematica*(1612), Volker, R. Remmert", in *The Jesuits : cultures, sciences, and the arts 1540-1773*, Vol.2, Toronto : University of Toronto Press, 2006, pp.291-313.

Limin Bai(白莉民). "Mathematical Study and Intellectual Transition in the Early and Mid-Qing," in *Late Imperial China*, v.16, no.2, December 1995.

Nathan Sivin, "Copernicus in China", Chap.IV in *Science in Ancient China*, Research and Reflections (Aldershot : Variorum, 1995); first published in Studia Copernicana (Colloquia Copernicana, 2; Warsaw, 1973), Vol.6, 1973, pp.63-122.

Nicolas Standaert, "European Astrology in Early Qing China : Xue Fengzuo's and Smogulecki's Translation of Cardano's Commentaries on Ptolemy's Tetrabiblos", in *Sino-Western Cultural Relations Journal* 23, 2001, pp.50-79.

R. Malek, S.V.D., "Western Learning and Christianity in China, The Contribution and Impact of Johann Adam Schall von Bell (1592-1666)", in *Monumenta Serica*, Vol.XXXV/1-2, 1998.

Sor-hoon Tan, "The Dao of Politics : Li (Rituals/Rites) and Laws as Pragmatic Tool of Government", in *Philosophy East and Western*, volume 61, Number 3, University of Hawai'i Press, July 2011, pp.468-491.

미발간 원고

안재원, 「쿠플레(인토르체타)의 라틴어 『공자』 서문 해제=Confucius Philosophus Sinarum : Promialis Declaratio」.

안재원, 「레기스 신부의 라틴어 『역경』에 대하여」.

● 홍대용의 삶

홍대용(洪大容)은 1731년(영조7) 5월 12일 충청도 천원군 수신면 장산리 수촌마을에서 태어난다. 본관은 남양(南陽), 자는 덕보(德保), 호는 홍지(弘之), 담헌(湛軒)은 당호(堂號)이다.

1742년에 양주 석실서원(石室書院)에 가 미호 김원행(金元行) 선생의 제자가 된다. 1746년에 거문고를 배우기 시작한다.

1759년 나주목사 부친 홍역(洪櫟)을 따라 나주에 머물 때 석당 나경적(羅景績) 선생을 찾아가 교류하는데, 이때 새로운 기술방식이 적용된 혼천의와 자명종을 만든다.

1765년에는 작은 아버지 홍억(洪檍)이 중국 사행의 서장관으로 나갈 때 자제군관의 자격으로 따라 나가 60여 일 동안 청나라를 여행한다. 돌아와 「燕記(한문본, 주제별 편집)」와 「을병연행록(한글본, 날짜별 편집)」이란 이름으로 기행문을 정리하고, 1772년과 1773년 사이에 「의산문답(醫山問答)」과 「주해수용(籌解需用)」을 저술한다.

1774년(영조)에는 음사로 관직에 나아갔는데, 선공감의 감역(繕工監監役)에 제수된다. 이어서 돈녕부 참봉(敦寧府叅奉)으로 옮겼으며, 그 다음엔 세손 익위사 시직(世孫翊衛司侍直)에 개수(改授)된다. 이때 동궁(정조)과 서연(書筵)에서 문답을 주고받으며 강학한 내용은 「계방일기(桂坊日記)」에 남아있다.

1776년(정조)에 사헌부 감찰(司憲府監察)에 승진되었다가 종친부 전부(宗親府典簿)로 전직된다.

1778년에 전라도 태인현감(泰仁縣監)에, 1780년에 경상도 영천군수(榮川郡守)에 임명된다.

1783년 53세에, 어머니의 늙으심을 이유로 하여 사직하고 돌아왔고, 귀향한 그해 10월 23일에 중풍으로 별세한다.

- 구법(舊法) = 구력(舊曆) : 대통력(大統曆) - 평기법(平氣法) = 항기법(恒氣法) : 동지 (冬至)를 기점으로 하여 24기(12절기와 12중기)를 균등하게 취한 것
- 12절기(節氣) : 입춘, 경칩, 청명, 입하, 망종, 소서, 입추, 백로, 한로, 입동, 대설, 소한
- 12중기(中氣) : 우수(1월), 춘분(2월), 곡우(3월), 소만(4월), 하지(5월), 대서(6월), 처서 (7월), 추분(8월), 상강(9월), 소설(10월), 동지(11월), 대한(12월)
- 세실(歲實) : 1년의 길이 : 약 365일 + 1/4일
- 기책(氣策) : 1기의 길이 : 15일 2시 5각 (1각은 약 15분, 하루는 100각) = 절기 배치의 길이
- 한 달에는 보통 하나의 절기와 하나의 중기를 둠= (15일 2시 5각) × 2 = 30일 43각
- 기영(氣盈) : 기책의 남는 부분 = 43각
- 삭실(朔實)=삭책(朔策) : 달의 삭망주기= 29일 53각=매월의 길이
- 삭허(朔虛) : 삭실의 부족 부분 = 46각
- 월윤(月閏) : 한 달에 어긋나는 수치 = 90각 = 46각 + 43각 = 기영+ 삭허
- 무중월(無中月) : 중기가 없는 달
- 중기칭월(中氣稱月) : 중기에 따라 달의 이름을 부여하는 것
- 무중치윤법(無中置閏法) : 중기가 없는 달을 윤달로 삼는 것. (태양의 실제 운행과는 상관없음)

- 신법(新法) = 신력(新曆) : 시헌력(時憲曆) - 정기법(定氣法) : 황도를 15 씩 분할하여 태양의 각 분점을 통과할 때를 한 절기로 취한 것

- 시각법의 차이 : 대통력은 1일 100각법/ 시헌력은 96각법
- 명과학(命課學)적 차이 : 대통력에서는 날짜 아래 간지-오행-12직-28수의 순서로 적음./

  시헌력에서는 날짜 아래 오행-28숙-12직의 순서로 적음.
- 12직(直) : 각 날짜에 이를 배분하여 각 특성에 따라 길흉을 논함 : 건(建), 제(除), 만(滿), 평(平), 정(定), 집(執), 파(破), 위(危), 성(成), 수(收), 개(開), 폐(閉).
- 28숙(宿) : 하늘의 별자리로 날짜에 배당하여 그날의 운수를 주관하게 함 : 각(角), 항(亢), 저(氐), 방(房), 심(心), 미(尾), 기(箕), 두(斗), 우(牛), 여(女), 허(虛), 위(危), 실(室), 벽(壁), 규(奎), 루(婁), 위(胃), 묘(昴), 필(畢), 자(觜), 삼(參), 정(井), 귀(鬼), 류(柳), 성(星), 장(張), 익(翼), 진(軫).

- 정기법과 평기법의 대표적 차이는 평기법의 절기 간격은 일정하지만 정기법의 절기 간격은 일정하지 않다는 점이다. 태양은 황도 상에서 부등속운동을 하기 때문에 여름의 절기간격은 길고 겨울의 절기 간격은 짧아진다.

- 클라우디어스 프톨레마이오스(127-145) : 지구가 부동하고 달과 태양 등이 지구 주위를 돌고 있다고 주장.
- 니콜라우스 코페르니쿠스(1473-1543) : 천구의 회전을 언급하며 지구가 태양 주위를 돈다고 주장.
- 티코 브라헤(1546-1601) : 지구는 여전히 중심이지만 프톨레마이오스와는 달리 금성, 수성이 지구가 아닌 태양 주변을 돈다고 주장. 요하네스 케플러(1571-1630) 티코의 친구로서 티코가 일찍 죽기 전까지 공동 작업을 함.

저자 인현정

- 1980년 서울 출생.
- 이화여자대학교 인문과학대학 기독교학, 철학 전공, 미술사학, 영어영문학 부전공.
- 이화여자대학교 일반대학원 철학 전공.
  석사학위논문 「정이천의 생의 원리[生生之理]와 감통(感通)의 문제」
  이화여자대학교 일반대학원 철학 전공.
  박사학위논문 「홍대용의 정치철학과 물학(物學)의 관계 연구」
- 現 서울대학교 자유전공학부, 이화여자대학교 철학과 강사.

일원론자 홍대용
— 정치, 예, 과학 —

초판 1쇄 인쇄 2020년 4월 20일
초판 1쇄 발행 2020년 4월 27일

저 자 인현정
펴낸이 이대현
편 집 권분옥
디자인 안혜진

펴낸곳 도서출판 역락
주 소 서울시 서초구 동광로 46길 6-6(반포동 문창빌딩 2F)
전 화 02-3409-2060(편집부), 2058(영업부)
팩 스 02-3409-2059
등 록 1999년 4월 19일 제303-2002-000014호
이메일 youkrack@hanmail.net

ISBN 979-11-6244-518-1 93150

＊이 도서의 국립중앙도서관 출판예정도서목록(CIP)은 서지정보유통지원시스템 홈페이지
 (http://seoji.nl.go.kr)와 국가자료종합목록 구축시스템(http://kolis-net.nl.go.kr)에
 서 이용하실 수 있습니다. (CIP제어번호 : CIP2020014704)